新・日本近代法論

山中永之佑❖編

法律文化社

はしがき

日本近代法史のあるべき方向を追究しつつ、新なる地平を開こうと意図して、一九九四年四月に本書を発刊して以来、はや八年の歳月が流れた。本書は、幸い大方の好評を得て（〔注1〕参照）、四刷を重ねることが出来た。

その間、日本をめぐる国内外の情勢は、めまぐるしく変わり、その動きは今も続いている。国内外の情勢は大きく変わったとはいえ、本書が発刊当時に目ざした意図の重要性は、後述するように、ますます増大してきていると言っても過言ではない。

そこで今回、発刊時において紙幅の制約から割愛せざるをえなかった項目を新しく章立てに追加し、これらの項目の執筆者に、岩谷十郎、髙橋良彰、林真貴子、出口雄一の各氏をお願いした。また従来の項目についても各執筆者に必要かつ可能な範囲で補訂をお願いし、終章として「戦後改革と法」も追加したので、本書を新版として刊行することとした次第である。

私たちは、現代日本社会の法状況を視野に入れながら日本近代法の各分野および日本近代法学について、その形成、展開の歴史を概観し、さらに日本近代法の歴史を基底としてつくられた日本の法文化についてもできるかぎり言及することを目ざして、学生諸君を含む法学を学ぶ人々を対象に本書を企画し、『日本近代法論』と題して発刊した。

はじめにも述べたように、本書を発刊した当時とは日本をめぐる国内外の情勢は大きく変わった。経済大国と言われた日本は、今、国内では不況にあえぎ、国際的地位の低下も指摘されている。「構造改革」は行われつつあると言われてはいるが、国民生活が向上に向かう方向での実効性が見えてこない現況の中で、私たち日本人は、その進むべき方向性すら見失っているようにも思われる。

このような時こそ、私たちは、日本の何たるかを過去から現在にわたって、冷静に見直し、その方向性を見出すべきではなかろうか。ドイツのワイツゼッカー元大統領が「過去に目を閉ざす者は結局のところ現在にも盲目となります。」（一八八五年五月八日、ドイツ敗戦四〇周年記念演説「荒野の四〇年」より）と述べられたのは至言である。私たち日本人は、これまで真剣に過去に目を開いてきたことがあったであろうか。余りにも過去に目を閉じてきたがために、現在に盲目となっているのではなかろうか。

現在、日本社会に存在し、機能している基本的な法的枠組みは、現行日本法であり、さらには、それを中軸とする伝統的、歴史的な日本の法文化にほかならない。

このような観点に立つならば、今日、法学の研究、教育の中で、伝統的、歴史的な日本の法の歴史とそれを基底として形成されてきた日本の法文化（法学を含む）の研究、教育は、極めて重大な意義を有するものと考えられる。なかでも現代日本法（現行日本法）とそれを中軸とする伝統的、歴史的な法文化をつくり上げるのにもっとも大きな役割を果たしてきた日本近代法の歴史と法文化（法学を含む）の研究、教育は、最重要のものであると言えよう。

そのような研究、教育は、私たちの生活と迂遠のものと考えられてきた日本の法史学、なかでも日本近代法史学に実践的意義を与えるものである（〔注2〕参照）。その意味で、本書の意図する〝日本近代法論〟は、現在、構想されている司法制度改革における法曹養成課程や法科大学院の研究、教育においても、学部・大学院法学研究科のものとは、それぞれ内容的な差はあれ、重要な位置を占めるべきであると考えられる。

本書は、おのおの固有の歴史観を持った個性豊かな研究者によって執筆されている。したがって、各章には執筆者の特性がよくあらわれている。本書のユニークな特色として御理解いただければ幸いである。

米国、マサチューセッツ工科大学のジョン・ダワー教授は、極東国際軍事「裁判の基盤にあるダブル・スタンダードに光をあてる」ことの重要性を指摘された（ジョン・ダワー〔三浦洋一・高杉忠明・田代泰子訳〕『敗北を抱きしめて第二次世界大戦後の日本人(下)』岩波書店、二〇〇一年、二五三頁以下参照）。私は今、この指摘を一定の歴史観を示されたものとして受けとめ、日本近現代（法）史を考察すべきである、と考えている。紙幅の制約もあって十分とは言えないが、今回、私自身は、そのような視点から、担当項目の旧稿を見直し、新稿を執筆したつもりである。

私たちは、本書において、私たちの意図が十分に実現できたと考えてはいない。私たちは、今後も研鑽を続け、意図した課題の実現に向けて努めていきたいと願っている。本書に対する忌憚のない御批判、御叱声をいただければ幸いである。

なお、本書では、紙幅の制約から旧版において各章末に掲げた参考文献と史料のうち、参考文献は最後に一括して掲げ、史料は別編として新たに刊行することにした。これらの点をおことわりしておきたい。史料編は、本書に続いて発刊される予定である。

末筆になって恐縮であるが、本書の刊行をお勧め下さり、何かと御高配をいただいた法律文化社の岡村勉社長、編集部・田多井妃文の両氏に、他の執筆者の方々とともに深甚の謝意を表し、厚く御礼を申し上げる次第である。

〔注1〕ただ、一九九四（平成六）年八月一日付の「毎日新聞」（朝刊）に掲載された『日本近代法論』に対する（普）なる匿名書評は、「日本近代国家は、ブルジョア民主主義国家として成立せず、帝国主義国家として成立したという観点に立って、戦前日本の近代法の歴史を概

観しようとするものである」（同上、一頁）との叙述だけを取り上げて、『日本近代法論』のどこにも、そのような叙述がないにもかかわらず、『日本近代法論』が「『ブルジョア民主主義』と『帝国主義国家』とを二者択一に相反するものとして、捉えていることは明かであろう」と断定し、自らの誤解にもとづいてつくり上げた架空の二者相反論を根拠として『日本近代法論』について「全体として根本にある国家観が」「幼稚であるため、成果がみえにくいのが残念だ。」と『日本近代法論』の執筆者全員の名誉を著しく傷つける妄評を行った。

しかし、『日本近代法論』の方法論が「的確」なものであることは、江守五夫氏が一九九四（平成六）年一二月一六日付の「週間読書人」で述べておられるし、同年一二月二四日付「読売新聞」（大阪府下版）も私たちの意図を汲んだ書評をしている。また、「毎日新聞」の匿名書評が「誤解」にもとづくものであることは、毛利敏彦氏が、日本史研究四〇三号（一九九六年）登載の『日本近代法論』の「新刊紹介」の中で「丁寧に読むと筆者は決して安易な二者択一的国家観に立っていないことが判明する。」と述べておられることから明白である。さらに日本近代国家が帝国主義国家として成立しているとする筆者の考え方が「今日の研究水準で承認されており、基本的に異論のない」ことは、藤原明久氏が法制史研究四五号（創文社、一九九六年）登載の『日本近代法論』に対する書評の中で述べておられる。筆者もまた「毎日新聞」書評がいかに妄評であり、執筆者全員の名誉を傷つけるものであることを法制史研究四五号登載の拙稿「山中永之佑編『日本近代法論』に対する毎日新聞掲載の匿名書評について」の中で明らかにしている。

私たちと法律文化社は、毎日新聞社に対し抗議し、陳謝と匿名書評者氏名等の開示を求めるとともに同紙に反論を掲載するよう要望する一方、『日本近代法論』の執筆者一二名は、「毎日新聞」書評が人権侵害に当たると考え、一九九五（平成七）年四月三日付で大阪弁護士会に対し「人権救済の申立」を行った。これに対し、大阪弁護士会は、翌一九九六（平成八）年五月二一日、私たちの「申立」を認める形で毎日新聞に対し、「毎日新聞」書評が人権侵害に当たるおそれがあること、私たちに「反論」の「機会と場を提供すべきであ」るなどの措置を求める「要望書」を提出された。私たちも、この「要望書」をふまえて同年六月二八日付で毎日新聞社に対して反論の掲載等を求めたが、同社は七月二二日、私たちの要望すべてを拒否する旨を通告してきたのである。上述のような毎日新聞社の態度は、決して許されるべきものではない。

毎日新聞社の態度が「新聞倫理綱領」（一九四六（昭和二一）年制定、一九五五（昭和三〇）年補正）に反し、横暴にすぎるものであることについては、三阪佳弘氏が「新聞の匿名書評について――山中永之佑編『日本近代法論』毎日新聞書評を題材に」日本史研究四〇一号（一九九六年）において述べておられる。また学問の自由の侵害にもつながりかねないことについては、中尾敏充氏が「ふたたび新聞の匿名書評について――山中永之佑編『日本近代法論』毎日新聞書評を題材に」日本史研究四一四号（一九九七年）において述べておられる。

以上、旧版『日本近代法論』に対する「毎日新聞」掲載の妄評について、見解と経過を述べたが、私たちは、本書に対する研究者としての常識をわきまえた批評を決して拒むものでない。

〔注2〕 例えば、法史学的考察を要する係争や訴訟への関与、判例・学説の法史学的検討、現行法の立法過程に対する法史学的考察、実定法学や現行法解釈に対する法史学的視点からする問題提起等も、現行日本法や現代日本社会の法的枠組みに関わる法史学（研究者）の実践と言うことができよう。

二〇〇二年四月

山中永之佑

〔6刷にあたっての付記〕

二〇〇二年に本書の新版を刊行して以来、はや一四年に及ぶ歳月が流れた。その間に我が国の内外の情勢は大きく変わった。そのことを考える時、新版「はしがき」に述べた「過去に目を開く」ことの重要性は、ますます大きくなっているように思われる。

現今の日本では、戦後、私たちが培ってきた平和主義、立憲主義、法治主義が壊されていく事態が進行している。それは、私たちが過去に経験し、二度と繰りかえしてはならない〝あやまち〟である。過去に、日本が歩んできた〝あやまち〟も含め、日本近代法の歴史と戦後の民主的改革にも論及した本書が、現今の日本の進むべき道を省察する〝よすが〟ともなればと願っている。

（山中永之佑）

凡例

◆本書で文献を紹介する際の記載方法について

・著書の場合、「著（編）者名、書名、発行元、発行年」、論文の場合、「執筆者名、論文タイトル、所収文献（単行本、雑誌等）」の順に記載した。

・国立国会図書館文献検索サイト他通例の表記方法に則り、著（編）者が四名以上にのぼる場合、冒頭の一名のみ記載し「…ほか編」とした。

・便宜上、著（編）者・執筆者名が二名以上にのぼる場合は名字のみの記載とした（但し論文についてはフルネームで記載している）。なお巻末の「参考文献一覧」には三名以内についてはフルネームで記載しておいたので参照されたい。

目次

序章　日本近代法総論——日本近代法の歴史の体制的・構造的把握をめざして

本章は、本書の序章として、明治以降形成されてきた日本近代法の形成、展開の歴史を体制的・構造的に考察し、それを概括することを目的とするものである。しかし、公私法の全分野にわたって述べることは、紙幅の制約上からも難しいので、叙述は、日本近代法の歴史の体制的・構造的把握に必要な最小限の範囲にとどまるものであること、公法史が中心となることを、はじめにおことわりしておきたい。

時期区分の視点　戦前の日本国家を、帝国主義国家であると規定することには、大方の異論はないであろう。本章は、このような視角から、日本近代国家は、フランスや米国の近代国家のようなブルジョア民主主義国家として成立せず、帝国主義国家として成立したという観点に立って、戦前日本の近代法の歴史を概観しようとするものである。(1)

周知のように、わが国は後進の資本主義国として特有の発達をした国であった。一般に後進資本主義国は、先進資本主義国により、自然な発展のみちをゆがめられざるをえない。ことに、わが国は、他の先進資本主義国が帝国主義段階に入り、その圧力下という国際環境の中で近代国家＝資本主義国家としてのみちを歩み出さなければならなかったことにより、国家的独立と急速な資本主義の育成による帝国主義化とを同時に達成するという近代国家形成→成立へのみちを歩んだのである（山中永之佑『日本近代国家の形成と官僚制』弘文堂、一九七四年、一九七七年、四～

六頁）。そのためには、強大な集中権力を持った国家を構築し、それによって欧米先進資本主義国から高度の生産技術・生産力の導入をするとともに、それに見合う生産関係をつくり出さなければならなかった。

概括すれば、後述するような「殖産興業」、「富国強兵」に関する政策・法とヨーロッパ法の継受を中核とする単行法の制定、法典編纂事業が、その具体的なあらわれといえよう。その結果、わが国は、資本主義が急速に発達し、条約改正を経て関税自主権を回復（一九一一年完全回復）して国家的独立を達成し、帝国主義国家として列強の一員となった。そのための法構造、すなわち対外戦争の危機感につねに包みこまれていた日本帝国主義国家の特徴である軍事優先を法的に確定する、文＝政府・官僚と軍部という二元化した国家権力の法構造がいちおう成立するのは、明治四〇年代初頭であると考えられるのである(2)（後述一一頁参照）。

以下に論述される本稿の時期区分もまた、上述したような視点からなされたものである。

第1節　日本近代国家の基本的法構造の成立

明治維新と日本近代法形成へのみち　日本の近代法の形成を考えるためには、明治維新からその考察をはじめなければならない。明治維新によって日本は近代化＝資本主義化へのみちを歩み出しはしたが、一八五三（嘉永六）年の米国艦隊の来航にはじまり、一八五八（安政五）年、日本の国家主権が侵害されるような通商条約＝不平等条約が米・蘭・露・英・仏と結ばれることによって実現された日本の開国は、国内において植民地化の危機感を生み出した。この危機感は、日本国民の不平等条約改正要求となって、日本近代化を推進するエネルギーとなった。

他方、開国による外圧の影響は、幕府諸藩の権力機構に動揺をもたらし、「世直し」をめざす民衆の闘いの中で支配層内部の分裂・抗争が激化し、幕藩体制は倒壊し、維新政権が誕生する。

維新政権は、一八六八年六月（慶応四年閏四月）「政体書」を制定し、太政官を創設した。ついで、一八六九年八月（明治二年七月）の「職員令」によって太政官制が成立した。一八七一年九月（明治四年七月）には太政官制が改革され、正院・左院・右院が置かれて太政官制が確立する。内外の危機がとりまく中で成立した維新政権にとって最大の課題は、日本を先進近代国家と対等な国にするため国家権力を統一、強化することと、そのために国家の財政的・経済的基礎を確立することであった。いわゆる「富国強兵」政策である。

一八七一（明治四）年、廃藩置県前後から相ついで実施される身分制廃止（平民の苗字許可・賤称廃止・婚姻の身分的制約の廃止・妻の離婚請求承認等）、移転・職業の自由、田畑永代売買の解禁、貨幣制度の統一、学制の発布、徴兵令、殖産興業（官営軍事工業の創出と輸入防止、輸出振興のための民間産業の保護育成）、地租改正（地租の統一金納化と土地私有権の公認）と秩禄処分などは、この富国強兵政策とそれを実施するための諸法が具体化されたものであった。地租改正は農民家族に対する検地帳による規制関係をはずし、秩禄処分は武士家族に対する知行俸禄による規制関係をはずして、個々の家族、個々の人間とした。このように幕藩体制下の規制関係からはずされた家族や個人を政府は、四民平等政策のもと、戸籍制度によって戸＝「家」の枠内でとらえて統治の対象としたのである。戸籍編製のため四・五町もしくは七・八村を組み合わせて区が設置されたが、その区が大区小区制という明治初期の地方制度へ発展した。政府は、この地方制度によって、右にあげたような政策や法を実施、推進していったのである。この戸籍制度はまた、民法の「家」制度をつくり出す基礎となった（山中永之佑『日本近代国家の形成と「家」制度』日本評論社、一九八八年、二七頁以下）。

これらの政策と法は、封建的、身分的諸拘束を廃止するかぎりにおいては、開明的、進歩的な要素を持ってはいたが、同時に江戸時代以来、民衆の中に育ってきた村の法慣行や民俗的慣習・行事を否定し、江戸時代と変わらない高率の租税を民衆から徴収するばかりか、重要な民衆の労働力を軍隊に取り立てるものであった。と同時に、旧支配階級である士族層からは、彼らの諸特権と俸禄を奪うものであった。この政策と法は、政府の主導のもと、既述したように、明治初期の地方制度である区制→大区・小区制によって強行的にすすめられた。(3) この結果、政府は、民衆と士族層からさまざまな抵抗をうけるにいたる。地租改正反対一揆、徴兵令反対一揆、主導者層を士族層から豪農商層へと移行しつつ、展開される自由民権運動、西南戦争に代表される士族反乱がそれである。一八七七(明治一〇)年の西南戦争終結以後、政府に対する主な敵対者は、自由民権運動を中核とする民衆の抵抗運動となった。

政府は、このような自由民権運動を中核として展開される民衆の抵抗運動に照準をあて、それへの対応体系として、国家統治機構と法体制を構築していったのである。

その対応体系として成立したのが、一八七八(明治一一)年の三新法(郡区町村編制法・府県会規則・地方税規則)を地方支配の中軸として構築された、いわゆる三新法体制であった。この体制は、体制維持のイデオロギーを民衆の中に育てるための小学校教育における天皇制教育の確立、いわゆる「治教権の独立」へ向けての教育制度の整備、内務省・内務官僚制と刑法など治安立法の整備を伴う行政警察・政治警察に重点を置く警察制度の整備、いわゆる「統帥権の独立」の契機となった参謀本部の独立を中核とする軍制(軍隊)の整備、軍隊と警察を結ぶ憲兵制度の創設等によって、いっそうその内実を強固なものとするようにはかられた(山中・前掲書『日本近代国家の形成と官僚制』一五一～一五九頁)。

このような三新法体制の構築にもかかわらず、自由民権運動を中核とする反政府運動は、北海道開拓使官有物払下事件を契機として、いっそうの高揚を示すにいたった。運動の高揚は、当時の財政危機とあいまって政府を危機に追い込んだ。政府は、総額一四〇〇万円あまりを投資した北海道開拓使の官営事業をわずか三九万円(無利息三〇年ばらい）で薩摩出身の政商に払い下げようとしていることを自派の新聞にもらし、民権派の新聞に政府を攻撃させて、事件のきっかけをつくった参議大隈重信と大隈系官僚を政権から追放し、天皇に一〇年後の国会開設を約束する勅諭を出させて危機を打開する（明治一四年政変）とともに支配体制の建てなおしをはかった（山中・前掲書『日本近代国家の形成と官僚制』一六〇〜一九二頁）。

政府は、明治一四年政変以前からすでに農商務省を設置して殖産興業政策の転換と支配体制の再編、強化をはかっていたが、政変によって大隈と大隈系官僚を追放するや、一八八一（明治一四）年一〇月、太政官中に強力な職務権限を持つ参事院を設置したのである。この参事院は、太政官の中枢として諸政策の立案、調整、統合を行い、政策の統一的な展開をはかることにより政策決定を主導すると同時に、権力諸機関（元老院その他の諸官省）に対する統制および国家諸機関の職務権限——なかでも行政官（機関）と司法官（機関）の権限争い——の調整などを行って、国家諸機関内部の統一をはかる役割を持っていた。したがって、重要な政策と法は、実質的には参事院において立案され、決定されたと言っても過言ではないのである（山中・前掲書『日本近代国家の形成と官僚制』二一八〜二四二頁）。

農商務省、参事院の設置とともに重要なのは、内務省が内政機関、抑圧機関として整備、強化されたことである。この整備、強化によって、内務省は、政策・法の立案、決定過程において参事院が占めた位置を政策・法の実施過程において占めるにいたる。内務省は、参事院において、実質上、立案、決定された重要な政策と法、なかでも地方統治に関する政策と法を主導的に実施していった。すなわち、内務省は、自己の軍隊である警察を駆使して、軍隊、憲兵とともに自由民権運動を中核とする反政府運動を弾圧する尖兵として働きつつ、地方統治に関する政策と法を強力に推進していったのである（山中・前掲書『日本近代国家の形成と官僚制』二五二〜二六九頁）。

他方、政府は、このようにして強化してきた統治機構をスムーズに動かせる官僚と官僚制の整備も行うため、一八八二(明治一五)年七月、「行政官吏服務規律」を達して官紀の粛正をはかり、あわせて官僚登用制度の整備をはかった(山中・前掲書『日本近代国家の形成と官僚制』二七七〜二八八頁)。こうして、整備、強化された中央・地方の統治機構と官僚制によって、政府は、自由民権運動を中核とする反政府運動を弾圧しながら、一八八五(明治一八)年一二月には、内閣職権を制定し内閣制度を発足させて、中央国家権力機構のいっそうの整備、強化を行い、その下で憲法をはじめ各種法制度を整備して、大日本帝国憲法を中軸とする天皇制支配体制を構築する「地固め」作業をすすめていったのである(山中・前掲書『日本近代国家の形成と官僚制』二八九〜三二五頁)。

このような作業を可能にした基礎条件をつくったのは、松方デフレ財政=政策であった。この政策によって、農民層の階層分化は急速に進行し、自由民権運動の指導者であった豪農商層の或る者は、寄生地主となって農民大衆と対立し、或る者は、没落して、よりいっそうの没落を回避するため自家の財産、経営の維持に全力を注がなければならなくなり、民権運動から後退するという事態を出現させたからである。こうして、松方デフレ政策は、自由民権運動の存在基盤を解体させる役割も果たしたのである。

帝国憲法を法的枠組みの基本とする天皇制支配の法構造　松方デフレ政策による農民層の階層分化の進行は、一八八七(明治二〇)年前後に地主制を成立させた。一方、殖産興業政策、松方財政政策は、産業資本を育成し、ブルジョア層をつくり出していった。このような基礎条件の変化を基底として、三新法が改められ、「明治一七年の改正」が実施される。これは、一八八八(明治二一)年に公布(一八八九年施行)される市制・町村制の先駆ともいうべき地方制度であった。中央では、既述したように、一八八五(明治一八)年一二月、内閣制度が創設される。翌一八八六(明治一九)年には、この内閣制度に即応する各省官制通則・地方官制など諸官制の整備がはじめられるとともに、

「帝国大学令」（一八八六年）、ついで一八八七（明治二〇）年には、「文官試験試補及見習規則」など内閣制度を支える官僚群の生産、再生産の装置もつくられた。

こうして一八八九（明治二二）年には、大日本帝国憲法が発布され、市制・町村制が施行され、貴族院令・衆議院議員選挙法が公布されるとともに内閣制度が改められ、内閣官制が制定された。翌一八九〇（明治二三）年には、郡制、府県制が公布され、貴族院多額納税者議員選挙（六月一〇日）と第一回衆議院議員選挙（七月一日）が実施された。

市制・町村制などの地方制度、貴族院令、衆議院議員選挙法によって、（殖産興業政策）松方財政政策によって生成されてきた地主層（・ブルジョア層）は、貴族院・衆議院―府県会―郡会―（市）町村会という系列で組織され、等級選挙制にみられるように土地所有面積（所得金高）の大小を基準として編成された（大島美津子「地方制度（法体制確立期）」鵜飼ほか編『講座日本近代法発達史8』勁草書房、一九五九年、二七頁、のち、同『明治国家と地域社会』岩波書店、一九九四年に収録）。しかも、このような系列組織の中軸に政府（内務大臣）―府県知事―郡長―町村長（市では内務大臣―府県知事―市長）を通ずる行政官僚制支配が貫徹していたのである。市制町村制の立法意図を説明した「市制町村制理由」は、このように「政府ノ事務ヲ地方ニ分任シ」て「コノ任」に当たらせようとした地主・ブルジョア層の人々を「地方ノ名望アル者」と呼んでいるので、このような支配体制は、地方「名望」家支配体制と言われている。しかし、地方「名望」家支配の法構造には、市制（都市）と町村制（農村）とでは、一定の差異が見られた点は、注意されなければならない。

まず町村制についてきわめて大ざっぱな言い方をすることが許されるならば、地方「名望」家支配体制は、町村公民から等級（二級）選挙制によって選挙された町村会（議員）とそれを基盤として選ばれた町村長、助役によって構築、維持されるという法構造上の仕組みをとっているということができよう。というのは、町村長、助役、町村会議員ともに「名誉職」＝地方「名望」家であることがたてまえとされていたからである。

これに対して、市制では、地方「名望」家支配の法構造上の仕組みが異なっている。

市制について見てみると、市長および助役は「有給吏員」となっている。したがって、「名望」家の概念に当てはまるのは、名誉職参事会員と市会議員（名誉職）ということになる。市行政の執行機関は、市長と有給吏員である助役（東京は三名、京都・大阪は各二名、その他は一名）および名誉職参事会員（東京は一二名、京都・大阪は各九名、その他は六名）によって構成される市参事会である。名誉職参事会員は、その市公民中年齢満三〇歳以上で、選挙権を有する者のうちから、市会によって選挙される。市会は、市公民から等級（三級）選挙制によって選挙された議員（名誉職）によって構成される。市長は、内務大臣が市会に命じて、三名の候補者を推薦させ、その候補者のうちから「上奏裁可ヲ請フ」て選任した。市長および助役は、先に指摘したように有給吏員であるから、必ずしも地方「名望」家であることを求められているとは言えない。そのことは、市長および助役がその市の公民であることを要しない（もちろん市長、助役に就任すれば市公民となるが）ことからも明らかであろう。

したがって、きわめて大ざっぱな言い方をすることが許されるならば、市制においては、市参事会が、それを通じて名誉職参事会員＝「名望」家参事会員が市長および助役を拘束、規制する制度的保障となって、都市「名望」家支配体制が構築され、維持される法構造上の仕組みとなっていたと言ってよいであろう（山中永之佑「大日本帝国憲法の制定と地方自治制」山中ほか編『日本近代自治立法資料集成〔明治中期編〕』弘文堂、一九九四年、一九～二〇頁、同『近代市制と都市名望家――大阪市を事例とする考察』大阪大学出版会、一九九五年、一〇〇頁、同『日本近代地方自治制と国家』弘文堂、一九九九年、一七九～一八二頁）。

こうして地主・ブルジョア層は、支配階級として、その支配の制度的保障が与えられたのである。しかし、地主層による支配、とくにその重要な表象である衆議院も、他の国家機関と同様に、相対的な地位しか与えられていなかった点は注意されなければならない。というのは、衆議院は、経済的支配階級の利害を直接に反映する可能性を持つ点において、従来の政府・官僚などの統治集団とは、異質であったからである。政府・官僚などがめざした天皇主権の確立のためには、議会ばかりではなく、全国家機関を相対化し、それらの間を調整し、最終的な政治的統合を行う仕組みが設定されていなければならない。したがって従来の統治集団にとっては、彼らと異質である議会、とくに衆議院が統治集団の中に入ることを阻止し、彼らが権力を保持しながら天皇の所で最終的に政治的統合を行う組織を実現しなければならなかったのである（利谷信義「明治憲法体制と天皇——大正政変前後を中心として」法学新報八三巻一〇・一一・一二号〔一九七七年〕六九頁）。

ことに一八八九（明治二二）年の頃は、天皇制国家権力が、ブルジョアジーとともにその支柱にしようとした大地主、寄生地主のうち、その経営が安定していたのは、主に五〇町歩以上の大地主であった。選挙民の多数を占める中小地主の地租への関心を無視できない民党議員の動向が、第一回帝国議会衆議院において「民力休養」に代表される地租軽減要求＝地価引下げ運動となり、政府の軍拡路線とも対立することになったのである。そのような動きは、また民権諸派の反政府統一運動である大同団結運動の基盤となっていた（遠山茂樹『日本近代史Ⅰ』岩波書店、一九七五年、一六三〜一七四頁参照）。当時の地主層の一定部分は、大地主・寄生地主として、ブルジョアジーとともに天皇制国家権力の支柱となり、小農民や一般農民と基本的には対立する階層に属する人々、あるいは、そのような階層へと成長していく過程にある人々へと、上昇、転化してきていたとはいえ、それ以外の人々は、まだ階級的、政治的には小作人や一般農民のエネルギーを、地価引下げ運動に、またその政治的解決のための大同団結運動に取りこみつつ、政府と対立するといった性格を、まだ保持しつづけていたのである（猪飼隆明「第一回帝国議会選挙と人民の闘争」史林五七巻一号〔一九七四年〕一二四頁）。

このような歴史的条件が、政府・官僚などの統治集団をして議会のみならず全国家機関を相対化し、彼らが権力を保持しながら、全体として天皇を頂点とする政治的統合を実現する組織づくりを行わせたのである。一八八五（明治一八）年の内閣職権が、内閣総理大臣を内閣首班として行政各部を統督する権限を与えたのに対し、大日本帝国憲法が、国務大臣をして各個に天皇を輔弼させるものとしたのはそのあらわれであった。一八八九（明治二二）年の内閣官制の制定は、内閣制度に、この点との整合性を持たせる意味もあったのである。こうして最終的な決定権を天皇に集中することによって全国家機関を相対化することができ、したがってまた議会の地位を相対化することができたのである。そして、天皇の最終的な決定権の内容は、政府・官僚などの統治集団によって実質的に決定することができたのである。このことによって統治集団は、その独自性を確保したのである（利谷・前掲論文六九頁）。

しかし、統治集団もまた、経済的支配階級との関係やその他の要因から、それ自身内部の、および経済的支配階級との間の複雑な内部対立、矛盾を有している。その調整のためには、決定の権限をさらに上に、上にと、持っていかなければならない。それは結局、頂点にある天皇に到達し、そこで調整、統合されることになる。けれども、そのことによって、統治集団と経済的支配階級との間の対立および統治集団内部の対立がなくなるわけではない。最終決定者としての天皇の地位と天皇によって公にされた意見が磐石の重みを持つだけに、天皇の意見の形成過程とその公表をめぐる対立・抗争は、ますます激しくなる傾向を持っている（利谷・前掲論文六九頁）。

帝国憲法が、一方において天皇の不可侵性を規定するとともに、天皇の諮問機関として枢密顧問の制度（枢密院）を設け、元老を置いたのは、このような対立・抗争を、この制度によって調整、緩和しようとする考えに基づくものであったと言えよう。と同時に政府・官僚らは、主権者としての天皇の地位の絶対性と権威を、歴史的にも思想的にも位置づけ、それを教育を通じて「臣民」（国民）の中に浸透、徹底させようと努めたのである（利谷・前掲論文六九～七〇頁）。

こうして天皇を「機軸」とする国家統治機構を通じて政府・官僚の独自性が確保されえたのである（利谷・前掲論文六九～七〇頁）。政府・官僚は、このように独自性を保持しながら、既述したように貴族院・衆議院―府県会―郡会―（市）・町村会という系列組織の中軸に政府（内務大臣）―府県知事―郡長―町村長（市では、内務大臣―府県知事―市長）を通ずる行政官僚制支配を貫徹させ、地方「名望」家支配の体制を確保しようとはかったのである。

一八八九（明治二二）年の帝国憲法を法的枠組みの基本として構築された天皇制支配の体制は、およそ以上に述べたような法構造を持つものであった。

日本近代国家の基本的法構造の成立　こうして天皇制国家体制は、その支配の中軸となる法制度を整備したのである。しかし、当時にあっては、近代法＝資本主義法の中核となるべき民法・商法は公布されたものの、法典論争の結果、施行延期となった（ただし、産業界の要請もあって、商法のうち会社法、手形法、破産法は、一八九三年七月に施行される）。けれども、何よりも注意すべきことは、既述したところからも明らかなように、当時はブルジョアジーはもちろん地主階級も政治的支配階級として成立したと言えるような状況にはなかったことである。それは、日清戦後経営を通じて行われた日本資本主義確立の基礎の構築とともに政治的支配階級として日清戦後の一九〇〇年前後に成立する。ほぼ時を同じくして民・商法も制定公布される（明治三一年七月民法施行、明治三二年六月商法施行）。

しかし、この時期においても、日本近代国家の法的構造の特徴である統帥権独立の制度的確定に基づく権力の法的構造の二元化は、未だ完全には実現されてはいない。それは、日露戦後の一九〇七（明治四〇）年二月の公文式の廃止→公式令の制定、内閣官制の改定、同年九月の軍令の制定によって実現される。この内閣官制の改定では、総理大臣権限が拡大、強化されるとともに警視総監、地方長官に対する総理大臣の指揮、監督権が明文化されたことも重要である。これらのことは、日本帝国主義国家の統治機構構築の一環としての閣内における総理大臣権限の拡大、強化と総理大臣の地方支配権限の拡大、強化の措置であった。また、軍令の制定によって統帥権の独立が法的に確定し、軍部の国家機構内の位置も法的根拠を得ることになるのである。文＝政府・官僚と、軍部という国家権力の法的構造の二元化の実現である（山中永之佑「内閣制度の形成と展開」日本行政学会編『年報行政研究21　内閣制度の研究』ぎょうせい、一九八七年、七六頁以下、同「明治四〇年内閣官制の改定と軍令」杉山晴康編『裁判と法の歴史的展開』敬文堂、一九九二年、四一一頁以下）。このように二元化した国家権力の地方統治機構の末端（市・町村）を法的に構成したものこそ、地方改良運動の中軸としての一九一一(明治四四)年の市制・町村制にほかならない。

また、日露戦争の莫大な費用をまかなうため臨時の非常特別税法（明治三七年、明治三八年）が制定され、それが戦後の明治三九（一九〇六）年に存続されるとともに、戦時中、国民負担の緩和をねらって応急的に行われた国税に対する市町村などの付加税賦課の制限等がほとんどそのまま戦後も地方税制限に関する法律（明治四一年三月）として恒久的に（昭和一五年の地方財税制制度の改革まで）制度化されたことは注目しなければならない。日本は、税制の面においても「戦争国家」＝帝国主義国家としての体制を構築したと言えるからである（山中永之佑「日本帝国主義国家体制の形成と町村制度――兵庫県伊丹地方の町村行財政を事例とする一試論」大阪歴史学会編『近代大阪の歴史的展開』吉川弘文館、一九七六年、三一一頁、のち山中『日本近代国家と地方統治――政策と法』敬文堂、一九九四年に収録）。

日露戦争に勝利することによって極東の小国日本は、帝国主義列強の一員となった。日清戦争による台湾領有、一九一〇(明治四三)年の「韓国併合」の領有によって、台湾・朝鮮を代表的植民地とする植民地帝国として日本近代国家が成立する（山中永之佑「『韓国併合』と皇族・華族制度の変容―『一九一〇年体制論』の意義―」阪大法学六三巻三・四号、二〇一三年、一一〇七～一一五九頁）。そのことは植民地帝国＝日本に帝国主義国家としての経済力と国民の強力な国家意識を養い「挙国一致」の体制をとることを要請する。これが帝国主義国家日本に課せられた「課題」であった。しかし、日露戦後の現実は、日露戦争の戦費のための重税徴収などの諸政策がもたらした一般国民のいっそうの疲弊と窮乏という状態にあった。農村には小作争議が、都市には労働争議が続出した。日本が帝国主義国家として要請される「課題」と、それがよって立つ基盤の「現実」との隔たりを前にして、天皇制国家権力は、軍部の地位の強化など、権力中枢を帝国主義権力として強化するとともに市町村および市町村住民＝一般国民を「課題」を担うことができるようなものに仕立て上げることを要請される（宮地正人『日露戦後政治史の研究』東京大学出版会、一九七三年、三～一八頁）。

このような要請に応じる政策・法の具体化が、右に述べた日露戦争中の臨時的税制の恒久化、内閣官制の改定、軍令の制定、一九一一（明治四四）年市制・町村制を中軸として展開された諸法制、諸政策およびそれらを遂行する基盤をつくることをめざした地方改良運動、部落有財産統一政策であった。この市制・町村制は、一八八八（明治二一）年市制町村制の全面改正である。全面改正と言っても、一九一一（明治四四）年市制町村制においても、一八八八（明治二一）年市制町村制に規定された地方「名望」家支配体制の制度的保障などは維持され、地方改良運動なども合わせて、地方「名望」家支配体制の再編、強化と国民統合がはかられたことは重要である。そのため、一九一一（明治四四）年市制では、市の執行機関が独任制の市長に改められ、明治二一年市制では執行機関であった市参事会が（副）議決機関、諮問機関とされた。市長権限が拡大、強化されたのである。町村長権限も拡大、強化されると同時に、権限を拡大、強化された市町村長に対する内務省など、監督官庁の監督権も拡大、強化された。これらのことは、市町村長が国から委任事務を多く引き受けることによって国の出先機関としての性格を強めたことあいまって、市町村住民に対する官僚制支配が、市町村長を通じて、いっそう強化されたことを意味するものであった。この一九一一(明治四四)年の市制町村制は、その後、全面改正されることなく、[4] 基本的には戦前日本の地方統治機構の末端構造を規定したのである。一九一一(明治四四)年には、関税自主権も、完全に回復され、国家的独立は完全に達成されるにいたる。この時期に、日本資本主義は、独占段階へと移行する。

上述したところから、日本近代天皇制国家は、日清戦後経営を通じて日本資本主義確立の基礎を構築し、地主・ブルジョアジーも政治的支配階級として成立し、民・商法も施行されたものの、天皇制権力の絶対主義的性格と日本資本主義の特殊性(後進資本主義として帝国主義列強の圧力下という国際環境の中で特殊な発達をしたこと——前述一頁参照)のゆえに、欧米(仏・米)型の近代ブルジョア民主主義国家として、その法的基本構造を成立させることができず、日露戦争およびその戦後経営を通じて、日本資本主義の独占段階への移行=帝国主義的転化を完成させることにより、一九一〇年前後に、植民地帝国=帝国主義国家として、近代日本の国家体制・法制度の根幹を構成する諸立法も出揃い、その基本的法構造をいちおう成立させたということができよう[5](山中・前掲書『日本近代地方自治制と国家』三二五~三二六頁)。地方制度が、地方統治を規定するものとして、その法構造の重要な一環をなすものであったことは言うまでもない。その地方制度の中核となったのは、帝国主義国家に要請される「挙国一致」体制をつくり上げるために、従来の府県→郡→町村→住民といったいわば点と線の行政系列を通ずる、地方「名望」家による住民支配方式から転換した住民支配の方式であった。このような方式は、一九一一年の(市制)町府制とそれを中軸として展開された地方改良運動によって創出された。これは、地方「名望」家支配を規定し、保障した従来の行政系列の整備、強化を伴いつつ、かつ整備、強化された行政系列を中軸とし、戸主会(家長会)などの諸種の行政補助組織を通じて、一般町村住民をも動員して、全政策・法の集中的貫徹をはかろうとする、いわば全面的・包括的な住民支配の方式であり、住民＝国民統合をめざしたものであった（山中永之佑『近代日本の地方制度と名望家』弘文堂、一九九〇年、三二九頁）。

このような国民統合政策と法の展開にもかかわらず、小作争議、労働争議はおさまらなかった。これらの民衆運動を背景に、陸軍二個師団増設問題を契機として、都市中間層の主導する「閥族打破・憲政擁護」運動が、全国的に高まり、一九一三（大正二）年二月、数万の民衆が議会を包囲する中で桂内閣が倒壊するにいたる（大正政変）。

こうした状況の中で、一九一四（大正三）年夏、第一次世界大戦が勃発する。政府は、右のような内政の行きづまりを打開する好機とみて参戦する。

第2節　日本近代国家の法構造の変容

普選・治安維持法体制の形成　日清・日露戦争に続き第一次世界大戦は、日本経済に未曽有の好況をもたらし、日本資本主義の経済構造を段階的に変容させる契機ともなった。日本資本主義の飛躍的な発展を基礎に、ブルジョアジーが国家権力内部における勢力を増大させた。それは帝国主義国家という枠内ではあったが、一定の民主化の動きをすすめるものとして働いた。しかし、その動きはまた一方では、労働運動・農民運動の規模を拡大させる動きとしても働いた。労農運動は、組織化されるなど成長して、ブルジョアジーと労働者、地主と小作人の対立が激化した。一九一八（大正七）年には富山県下での蜂起を発端として米騒動が起こり全国の主要都市に波及する。これをきっかけに労農運動は、いっそう激しさを増した。この労農運動は、いわゆる大正デモクラシーの基盤となり、先に指摘したように一九〇七（明治四〇）年代初頭に構築された日本近代国家の法構造＝国家機構・法体制を動揺させた。政府・官僚と軍部など統治集団は、動揺した法構造＝国家機構・法体制の再編、強化をはかる。それは、右に指摘したように、一定の民主化の色彩を帯びるものとなった。

すでに一九一三（大正二）年には、陸海軍省官制改正によって軍部大臣現役武官制が廃止され、軍部大臣任官者の予備役・後備役への拡大が行われていたが、一九一九（大正八）年には、朝鮮、台湾の「総督府官制」が、従来、武官に限られていた総督に文官でもなれるように改められ、一九二〇（大正九）年には「文官任用令」が改正されて、高級官僚の自由任用、詮衡任用の範囲が拡大され、一九二三（大正一二）年には「陪審法」が制定（施行は一九二八年）されるなど、国家機構の再編、強化が行われた。中央政府部内においては、この時期に天皇制国家の支配的上層部を構成した旧い勢力と新しい勢力との統一と一致を意図して臨時的な国家機関が設置された。その国家機関は、天皇および既存の「天皇の顧問」である元老・枢密院の政治的統合機能の後退を政党領袖を加えることによって「臨時的」に補完しようとして設置された「天皇の顧問」たる臨時外交調査委員会、内閣総理大臣の監督のもとに統帥と国務との統一をはかることを意図して設置された防務会議・軍需局→国勢院（これらの機関は恒常的なものとして設置されたが、一九二二年に廃止されて臨時的なものに終わる）、経済官僚と政党、財閥勢力によって構成された経済調査会、臨時財政経済調査会、内務・司法・文部官僚と政党・財界勢力が一堂に会した臨時教育会議や臨時法制審議会などである。これらの機関は、全体として、系統的に新旧のほとんどすべての支配的勢力の統一の場として機能した（利谷信義・本間重紀「天皇制国家機構・法体制の再編――一九一〇～二〇年代における一断面」原ほか編『大系日本国家史5 近代Ⅱ』東京大学出版会、一九七六年、二五八～二五九頁）。

また一九二二（大正一一）年の「借地借家調停法」、一九二四（大正一三）年の「小作調停法」(6)、一九二六（大正一五）年の「商事調停法」、「労働争議調停法」(7)も法体制の再編、強化の一翼を担った。調停法の主な目的は、農民・労働者に対する「宥和」「協調」政策であった。これらの調停法は、はじめ借地借家、小作、労働の三つの関係を包括する制度として構想されたことにも見られるように相互に関連している。

しかし、現実に解決が求められているのは「争議」であった。既述したように「争議」は、第一次世界大戦後、激発していたが、後述する普通選挙制の実施による選挙権の拡大によって労働者、農民の権利意識はいっそう高まり「争議」が拡大、発展する可能性も十分に予測された。事実「争議」件数も増大していった。

「小作調停法」(一九二四年)、「労働争議調停法」(一九二六年)は、このような「争議」(紛争)に対する対策として、動揺する支配体制を安定させるために制定されたものである。しかも、調停制度は国家の関与する制度である点から考えると、調停制度は、「争議」(紛争)を単に「丸く納める」だけでなく、紛争当事者双方、ことに労働者・農民(借地借家調停法においては、借地・借家人)の側の法的主体性を弱化させ、彼らを国家権力による操作の対象とする機能を果たすものと言わなければならない。その裏付けとして、調停制度には特設の小作官・調停官その他の国家機関が介入したことを挙げることができよう(利谷・本間・前掲論文二六一頁)。このように調停制度は、従来の社会、経済的関係の動揺から生ずる紛争に対して、国家機関の後見的介入のもとで、法的解決ではなく「互譲」による解決をめざすことにより社会経済的関係の安定をはかり、日本近代国家の法構造＝国家機構・法体制の再編、強化に重要な役割を果たしたのである、一九一九(大正八)年設置の臨時法制審議会が、民法・刑法を「日本古来の醇風美俗」に適合するよう再改正することを審議したのも、この方向に沿うものであった。

普選・治安維持法体制の成立　上述のような日本近代国家の法構造＝国家機構・法体制の再編、強化策の中軸となったのが、一九二五(大正一四)年の「衆議院議員選挙法」の改正(普通選挙法)と「治安維持法」であった。しかし、普通選挙法は、治安立法である「治安維持法」を同時に成立させることなしには実現不可能であった。同法は、国体の変革と私有財産制度の否認を目的とする結社の組織・加入を処罰するものであるが、現実には広く表現の自由を徹底的に取り締まるものとして機能した。

また普通選挙法の制定は、加藤高明首相が第五〇回帝国議会衆議院において「広ク国民ヲシテ国家ノ義務ヲ負担セシメ、周ネク国民ヲシテ政治上ノ責任ニ参加セシメ、以テ国運発展ノ衝ニ膺ラシムル」ためと述べたように、国民統合をはかるために地方改良運動に続いて一九一九（大正八）年民力涵養運動を展開したにもかかわらず、大した成果をあげることができなかった政府が、既述したような労働者、農民の運動を基盤として起こってきた大正デモクラシー運動に突き上げられて、国民を国家にひきつけその統合をはかるためにとった不可避の政策でもあった。この点では、一九二六（大正一五）年五月の「自作農創設維持補助規則」も看過できない。この規則は、一九一八（大正七）年の米騒動以後、激しくなった農業危機への根本対策として提起された。その特徴は、地主的土地所有を前提としながらも、土地所有者としての自作農を、小地主としてではなく直接耕作者である中堅自作農として創設しようとしたところにあった。この自作農創設は、以後、政府の対農民政策の中核となり、一九三七（昭和一二）年の「自作農創設維持補助助成規則」、一九四三（昭和一八）年の「自作農創設維持事業ノ整備要綱」（これらを昭和一三年の農地調整法が法的に支えた）に引き継がれ、戦後農地改革の先駆ともなったのである（後述二五～二六頁参照）。

普選法は、（府県会）市町村会議員の選挙法改正も結果した。公民権の拡大は、すでに一九二一（大正一〇）年に行われ、公民権資格が地租・直接国税納入から直接市町村税納入に改められ、町村では等級選挙制が原則として廃止され、市では三級選挙制が二級選挙制になっていたが、一九二六（大正一五）年に、普通選挙制が採用されることにより、市やとくに必要ある町村に認められていた等級選挙制も廃止された。と同時に市町村住民の統合のかなめとしての市町村長権限の拡大、強化も行われ、住民＝国民統合機能の強化がはかられた。すでに一九二三（大正一二）

年に廃止されていた郡制に続いて、一九二六(大正一五)年には、町村長の要求を受け入れて政府（内務省）の地方支配の拠点であった郡役所、郡長制も廃止される。

ついで、一九二九(昭和四)年には、戦前日本の地方制度史上、自治権が最大限に拡充されたと言われている地方制度改正が、上述のような情況の中で行われた。この地方制度改正においては府県の位置が重視され、府県会に対してはじめて府県条例と規則の制定権を与えたり、府県会議員、府県参事会員、市町村会議員、市参事会員に議案発案権を与えたりして、自治権の拡充が行われた。しかし、その反面、府県会・府県参事会および市町村（長）、市町村会、市参事会に対する府県知事権限の拡大、強化と市会、市参事会に対する市長権限の拡大、強化や町村会に対する町村長権限の拡大、強化が行われ、市町村における住民＝国民統合を中央に結びつける機構も整備、強化されたことは看過されてはならない。

第一次世界大戦後の労働・農民運動の成長は、社会主義運動を強化した。そのことによって、この時期以降の治安対策は、従来のものとは異なる性格を帯びるようになった。それに対する法的防衛策が一九二二(大正一一)年に高橋是清政友会内閣によって立案され、衆議院で憲政会の反対のために審議未了となった過激社会運動取締法である。「治安維持法」は、それに代わるものであるが、一九二六(大正一五)年、労働者・農民の団結権などを禁止していた「治安警察法」第一七条・第三〇条が廃止されたことも普選法とともに注目されなければならない。(8)

というのは、普通選挙制の実施は、国民統合をはかる一方において労働者、農民の権利意識を向上させ、労働者、農民の反体制的運動を増大、激化させる危険を伴うからである。それに対応するため、時を同じくして治安警察法第一七条・第三〇条の廃止、各種調停法（借地借家調停法・小作調停法・労働争議調停法）を中軸とする労働者、農業、農民対策が実施され、治安維持法などの弾圧法が制定されたのである。それらは、労働者・農民の運動を合法的な枠内にとどめるとともに、「宥和」「協調」政策によって労働者、農民の反体制運動を分断し、体制内化することを意図したものであった。そして、共産主義、無政府主義運動をはじめとする体制内化することのできない労働者、農民の運動に対して、治安維持法を中軸とする各種弾圧立法（暴力行為等処罰法その他違警罪即決令、行政執行法、治安警察法中の集会、大衆運動の取締りに関する諸事項、出版法、新聞紙法、刑法中の内乱罪、騒擾罪、公務執行妨害罪、脅迫罪等の規定、警察犯処罰令等）を用意したものであった。(9) これが普選・治安維持法体制の基本的法構造にほかならない。

こういった普選・治安維持法体制のなかで、日本資本主義において未発達な重化学工業を発展させる助成立法である「染料医薬品製造奨励法」（一九一五年）、「製鉄業奨励法」（一九一七年）、「軍用自動車補助法」（一九一八年）などのほか、第一次世界大戦後、連続した経済恐慌に対し資本救済をはかる「日本銀行特別融資及損失保障法」（一九二七年）、「糸価安定融資補償法」（一九二九年）、また独占を促進し、銀行合併による大資本化をはかる「銀行法」（一九二七年）、カルテルによる産業資本の独占を助長する「重要産業ノ統制ニ関スル法律」（一九三一年）、第一次世界大戦によって拡大した民間企業を軍事目的に沿って方向づけ、組織化する役割を持つ「軍需工業動員法」（一九一八年）など多数の産業立法が制定された。これらの産業立法は、後述する経済法の先駆であり、戦時法体制を準備するものであった。このようにして政府は、資本の論理を媒介として、ますます経済過程への介入を深めていったのである。

第3節　準戦時法体制から戦時法体制へ

ファシズム法の形成　一九二九(昭和四)年以来、世界大恐慌が、日本を直撃した。大恐慌の中で窮乏に追いつめられた労働者・農民の闘いは激化し、革命化していった。

政府は、大量失業者の救済のために、一九二九(昭和四)年、「救護法」(一九三二年施行)を制定し、また農村住民の統合対策として一九三二(昭和七)年、農山漁村経済更生運動を展開するが、大した効果を挙げることはできなかった。従来の普選・治安維持法体制では対応できなくなったのである。政府・官僚と軍部は、このような国内の矛盾をカヴァーするため、中国に対する侵略政策を推進した。軍部の発言権が強化され、一九三六(昭和一一)年には、軍部大臣現役武官制が復活され、「帝国国防方針」の改訂も行われた。以後、政府レベルで、戦争準備に国の政策・法が追随するような体制、すなわち準戦時法体制が成立する。ファシズム法の形成である。この過程で、法は規範体系性を失い、政治に直接奉仕するものとなって、国民の基本的人権を圧殺する経過をたどるにいたるのである。

ファシズム法の成立　こういった流れの中で、一九三八(昭和一三)年には、一九一八(大正七)年の「軍需工業動員法」を廃して「国家総動員法」が制定される。同法は、ファシズム法体制確立の画期的メルクマールとされるものである(渡辺洋三「日本ファシズム法体制・総論」東京大学社会科学研究所編『ファシズム期の国家と社会4　戦時日本の法体制』東京大学出版会、一九七九年、三八頁)。

「国家総動員法」は、準戦時、戦時に国防目的を達成するため、人的・物的資源を全面的に行政権の統制運用に委ねる広範な授権法であり、一九三七(昭和一二)年の「臨時資金調整法」「輸出入品等ニ関スル臨時措置ニ関スル件」と一体となって、既存の経済統制法のすべてを吸収、統合して、勅令による経済統制法体系[10]を構築した。

その結果、ファシズム法の形成過程において、すでに実質上、優位となっていた議会に対する政府と軍部の権限は、法制度的にも確定し、議会のコントロールの余地はなくなった。ファシズムの執行権力には、議会だけではなく、枢密院や重臣等の制約もうけず、全権限が集中された。このような大幅な授権法はまた近代的意味における法治主義の全面的な解体を意味するものである。これが「国家総動員法」の基本的な構造であり性格であった(渡辺

・前掲論文三八〜三九頁）。集権を強化するため、すでに設置されていた、一九三五（昭和一〇）年の内閣審議会、一九三七（昭和一二）年の企画院、大本営に加えて、一九四〇（昭和一五）年には内閣情報局、一九四二（昭和一七）年、大東亜省（後述二七頁参照）、一九四三（昭和一八）年、軍需省（後述二七頁参照）などの行政機関が設けられた。これらのうち内閣審議会は、首相、蔵相を会長・副会長として一五名の委員で構成された内閣の最高諮問機関で、委員に三井の池田成彬と三菱の各務謙吉が就任していた。財閥の指導者が、国策審議機関に公然と参加したのは、これが最初であった。このような経過の中で内閣も軍部の意向に沿うような形で変化し、強化されてくる。例えば、一九三六（昭和一一）年の二・二六事件の岡田啓介内閣後の広田弘毅内閣の成立に際し、閣僚の選任について陸軍大臣候補の寺内寿一が干渉したのも、そのあらわれである。

しかも、この時期に普選・治安維持法体制の初期に行われた一定の民主化、例えば、高級官僚の自由任用を増やすというような動向も逆行、崩壊してくる。このことは、先に指摘したように、一九三六（昭和一一）年の五月に陸海軍省官制改正によって軍部大臣現役武官制が復活したことにもはっきりとあらわれている。現役以外の軍部大臣が出ると軍の派閥が軍部大臣の選任に影響を与えるという理由で、粛軍の目的に反するということを名目に軍部大臣現役武官制の復活が行われたのである。このことは現実には、大正デモクラシーの影響を受けた国家機構改編の動向が、こういう形で逆行、崩壊するようになってきたことのあらわれであると言えよう（長谷川正安・利谷信義「日本近代法史」伊藤正己編『岩波講座近代法14　外国法と日本法』一九六一年、岩波書店、九二頁）。

ついで、一九三七（昭和一二）年六月には近衛文麿内閣が成立する。近衛内閣は、成立当初のファシズム化抑止の期待を裏切り、軍部ファシストの独裁を準備するという役割を果たした。近衛内閣の下で日中戦争が起こり、不拡大方針が声明されていながら、現実には戦火が拡大したことも、そのあらわれである。近衛は、いろいろな内閣強化策を考え、実行した。また、一九三八(昭和一三)年一月には、戦時体制下の健民健兵などをめざして厚生省も設置される。さらに、一九三八(昭和一三)年六月に、当時、インナーキャビネット的な性格の会議として国防・外交・財政の調整を行うために首相と大蔵、外務、陸軍、海軍でつくられていた五相会議(一九三三〔昭和八〕年一〇月設置)が、最高国策を審議・決定する機関となった。これ以降の会議では、対中国政策、日独伊三国同盟、国家総動員法発動など内政外交で、軍部の強硬な態度により内部対立が起きて閣内の不統一が目立つが、結局は軍部の意向が通った。この閣内の不統一を防止する目的もあってか、一九三九(昭和一四)年九月には、国家総動員法等の施行の統轄に関して首相権限を強化する措置もとられる。

また集権強化に直結する地域社会の統合については、まず、一九三八(昭和一三)年の「農村自治改正要綱」を起点として、農林省、内務省内の対立が内務省寄りの形で調整され、部落会、町内会を国民統合の最末端の組織とする方向で政府の方針が定まり、一九三九(昭和一四)年の「市町村ニ於ケル部落会又ハ町内会等実践網ノ整備充実ニ関スル件」、一九四〇(昭和一五)年の「部落会町内会等整備要領」(内務省訓令)など行政的措置がすすめられ、ついで、一九四一(昭和一六)年、アジア太平戦争に入ると、一九四三(昭和一八)年三月には、府県制、市制・町村制改正等によって府県知事・市町村長権限の拡大、強化と町内会、部落会を行政の最末端単位として位置づける法制化が行われた。この一連の施策によって町内会、部落会を国民統合の基礎単位とする中央への集権化の徹底がはかられたのである(渡辺・前掲論文四二〜四三頁)。

部落会、町内会の法制化とともに一九四三(昭和一八)年の市制町村制改正において注意しなければならないのは、市町村会の権限が大幅に縮少され、市町村長に市町村内の各種団体に対する指示権が与えられるなど、その権限が強化されたことである。そのうえ、市長は市会の推薦者を内務大臣が勅裁を経て選任することとなった。市会の議がまとまらない時は、内務大臣が勅裁を経て市長を選任するとか、町村長は町村会の選挙によるけれども、府県知事の許可を得るものとするというように自治行政への国の干渉も強化されたのである。

このような改革によって、市町村議会は無意味な存在となり、市町村議会を基盤とした地方「自治」の崩壊は決定的なものとなった。また地方「自治」の崩壊を決定的にしたのは、時期が相前後するが一九四〇(昭和一五)年の地方税財政制度の改革、なかでも地方分与税の創設である。地方分与税分与金のうち、地方公共団体に分与される配付税の設置によって、一九三六(昭和一一)年以来、臨時的措置(昭和一一年一〇月、内務省令、臨時町村財政補給金規則→昭和一二年七月、内務省令、臨時地方財政補給金規則)として行われていた地方財政調整交付金が恒久化されたのである。これによって地方公共団体、ことに市町村は財政上の自主性がなくなり、財政面においても日本ファシズム国家の中央集権体制に再編成されていったのである。この地方財政調整交付金が、戦後、シャウプ勧告によって一九五〇(昭和二五)年に地方財政平衡交付金として生まれかわり、一九五四(昭和二九)年に、現在、問題になっている地方交付税として改められたのである。地方交付税の原型と言えよう。また一九四三(昭和一八)年の町村制改正では、町村指導者層に地方「名望」家を求めようとする積極的な立法意図も、もはや見られないことにも注意しておかなければならない。むしろ、中堅自作農が求められていたと考えられる。町村行政では、特に町村に新しく設けられた参与制に重要な役割が期待された。この参与にも中堅自作農が進出している。しかし、このように町村行政の中枢部への中堅自作農の進出は見られたが、町村行政の主導権は、あくまでも地主層・富裕層にあったことは看過されてはならない。その基底には、厳然たる地主制の存在があった。中堅自作農はまた、戦時に国の要請に即応して食糧の確保などをはかる皇国農村の確立をめざして、一九四三(昭和一八)年四月に農林省が発布した「標準農村設定要綱」においても標準(皇国)農村の中核とされたが、戦争のための徴兵は、戦時行政の遂行を支えることを期待された中堅自作農をも農村から奪っていったのである（山中永之佑『近代日本の地方制度と名望家』弘文堂、一九九〇年、三三五～三五〇頁、山中・前掲書『日本近代地方自治制と国家』五九〇～六三二頁）。

さらに、一九四三（昭和一八）年六月に東京都制が公布され、七月から施行されたことも重要である。東京都制は、府と市の二重行政を一元化する合理性を持ってはいたが、東京都長官以下区長にいたるまで、すべて官吏によって都政を行うという意味での首都機能に対する国家統制の徹底化であった（長谷川・利谷・前掲論文一〇五頁）。また、一九四三（昭和一八）年の七月には、北海道、東北、関東、東海、北陸、近畿、中国、四国、九州の九つの地方に地方行政協議会が置かれて、府県を越えた地方行政の総合調整もはかられた。しかし、地方行政協議会[11]は、一九四五（昭和二〇）年六月には廃止され、地方総監府が設けられたが、組織を整備しないまま同年一一月には廃止された。

以上に述べたように、行政権が強化されてきた結果、国は、政党に対して官僚制を防衛する必要はまったくなくなった。そのため、戦争目的が要求する機動性発揮のための官吏制度の改革が、すでに一九四一（昭和一六）年に行われている（長谷川・利谷・前掲論文一〇五頁）ことも付け加えておきたい。

また国民統合と直接関連する農村の秩序維持については、一九三八（昭和一三）年の「農地調整法」が注目されなければならない。同法は小作人の耕作権の保障についていくつかの規定を設けていた。そのかぎりでは大正期の小作法案の伝統を受け継いではいるが、その基本的性格は、戦時における地主と小作人の対立を否認し農村の「平和」を回復する農民統合をめざして強制調停を導入するなど、大正期の小作法案とその性質を異にするものであった。この期の農業立法の特徴は、小作争議を強権的に処理し農村の「平和」と農民統合を基礎とする体制を前提として自作農創設維持事業を拡大、強化し、戦争遂行に不可欠な食糧の自給自足、そのための増産と統制政策を担保することにあった（渡辺・前掲論文四〇頁）。農民統合と関連して重要なのは、一九四三（昭和一八）年四月に農林省が決定した「自作農創設維持事業ノ整備拡充要綱」である。これは先述の標準（皇国）農村の設定とも連結する。この自作農創設維持事業は、従前（一九二六、三七年）に実施されたが成果を上げえなかったものである。一九四三年に大幅に改訂・拡充されたこの事業は、敗戦によって終わり戦後の第一次農地改革（後述三五〇頁参照）に継承されるが一九四四、四五年度は従前とは比較にならない進渉を示した。しかしこの事業はもとより寄生地主制の廃絶をめざしたものではない（福島正夫「近・現代」北島正元編『土地制度史Ⅱ』山川出版社、一九七五年、三六五〜三六七頁）。

戦時体制下において、主に工業生産力を担う都市労働者に関係する立法についても、すでに軍事的色彩が濃くなってきていたものの、ともかくも社会立法としての性格があった従来の労働者保護立法よりも、この時期以降は、国家総動員の一環としての労働力動員が中心となり、労働立法の考え方も、戦時経済に必要な人的資源確保のための労働統制法へと転換する。労働者の人権保障という観点は完全になくなり、労働力は、動物や天然資源と同様に単なる資源としてとらえられた。契約の自由は大幅に制限され、遂には契約の自由そのものが否定されるにいたるのである。これもまたファシズム法の特徴である（渡辺・前掲論文四一頁、五〇頁）。

一九四〇（昭和一五）年には、総力戦体制の構築をめざして行われた新体制運動の推進団体として、全政党が解体され、大政翼賛会が成立する。こうして政党政治は否定され、議会は、その本来の機能を失うにいたったのである。アジア太平洋戦争勃発後の東條英機内閣において、首相の東條は、内相・陸相・参謀総長を兼任する独裁的地位に就き、さらに一九四三（昭和一八）年の「戦時行政特例法」、「戦時行政職権特例」によって強大な権力を掌握する。このような行政権の強化は、一九四三（昭和一八）年一一月の戦時行政職権特例の改正（勅令第八四一号）でよりいっそう進み、五大軍需産業のほか国政全般にわたって総理大臣が指示権を発動することができるようになる。

時期が相前後するが、戦争が進むにつれて、一九四二（昭和一七）年六月「行政簡素強力化実施要領」が閣議決定される。同年七月には閣議で行政簡素化措置が決定され、一七万人余におよぶ官吏定員の減員を伴う各省部局の整理統合が行われる。そして、この年の一一月に拓務省、保険院、興亜院、対満事務局ほか二九局一三部が廃止され、大東亜省以下二二局一部が新設される。この大東亜省は、関東州、満州国、南洋委任統治領と日本の占領諸地域に対する政策・行政を一元的に行おうとした機関である。いわば八紘一宇の思想を行政機構として実現することを意図した省と言えよう（長谷川・利谷・前掲論文一〇四頁）。大東亜省は、内外地行政の一元化を試み、一九四二（昭和一七）年一一月の官制改革では、朝鮮、台湾、樺太の準内地化、つまり、内地と同様にしようとするが、植民地行政の「独自性」（総合行政）を主な理由とする朝鮮総督府等の抵抗によって準内地化は大きくは進まなかった（水野直樹「戦時期の植民地支配と『内外地行政一元化』」人文学報七九号、一九九七年、七七頁以下）。そして、戦争末期の一九四四（昭和一九）年には、朝鮮、台湾にも徴兵制度が適用されることになる。

また巨額の戦費調達のため、一九四一（昭和一六）年には「酒税等ノ増徴等ニ関スル件」などによる増税・新税の設定が行われるとともに、翌一九四二（昭和一七）年には「昭和十七年度一般会計歳出ノ財源ニ充ツル為公債発行ニ関スル件」などによる厖大な公債発行と通貨の増発が行われた（昭和一八年改正法は無制限の公債発行を認めた）。

ついで、一九四三（昭和一八）年一一月には企画院と商工省が合併されて軍需省が設置される。この軍需省の総動員局は、企画院の機能に物価統制機能を加えて、軍需物資の動員計画の中枢となった。軍需省の航空兵器総局は、従来、陸海軍に分かれていた航空機産業の一元的管理を目標として設けられ、また、企業整備本部は、企業整備の促進をはかる機関として設けられた。これらは、戦時行政職権特例改正に対応する行政改革と言えよう。なお、同じく一九四三（昭和一八）年一一月には、日本と満州を通ずる食料自給体制の確立と国民生活物資の総合確保のために農商省が、輸送力と通信力の総合的拡充のために運輸通信省が設置される（長谷川・利谷・前掲論文一〇四頁）。

上述のような国家総動員法を中軸とする戦時法体制の一環として治安立法も強化された。この時期の治安体制は、戦時体制の確立に即応したものである。治安維持法に加え、すでに一九三六(昭和一一)年には「思想犯保護観察法」、「不穏文書臨時取締法」、一九三七(昭和一二)年には「防空法」の制定、「軍機保護法」改正が行われていたが、一九四一(昭和一六)年に入ると「国防保安法」が制定され、「治安維持法」の全面改正(「予防拘禁制度」など新設)、「刑法」改正(「安寧秩序ニ対スル罪」など新設)、が行われた。太平洋戦争直後の同年一二月には「言論、出版、集会、結社等臨時取締法」、「戦時犯罪処罰ノ特例ニ関スル件」が制定された。後者は翌一九四二(昭和一七)年に「戦時刑事特別法」に受け継がれた。「防空法」も一九四一(昭和一六)年、一九四三(昭和一八)年に改正されている。さらに、戦時に即応する司法体制も整備される。一九四二(昭和一七)年には裁判所構成法戦時特例が制定された。これは区裁判所の管轄権を拡大し、二審制を採用したものである。三審制が改められて二審制になったのである。翌一九四三(昭和一八)年には「陪審法」も施行を停止される。

以上にみてきたように戦時法体制の下では、すべてが戦争目的に従属させられ、議会制度や国民の権利など憲法上の諸原則がすべて否定され、憲法そのものが国民から隔離された「無憲法状況」(憲法停止状況—山中注)が出現したのである。これが日本近代法の歴史の帰結であった。敗戦後の日本は、この「無憲法状況」から戦後改革をはじめなければならなかったのである(渡辺ほか編『現代日本法史』岩波書店、一九七六年、一四頁)。

以上、本章は、日本近代法の歴史の体制的・構造的把握に心がけながら、日本近代法の形成、展開の歴史を概観してきた。すでに与えられた紙幅も超えたので、最後に、上述してきたような日本近代法の歴史的展開によって形成されてきた戦前日本の法文化の重要な特徴といわれている「日本人の法嫌い」、「日本人の裁判嫌い」について簡単に述べ、本章のむすびにかえたい。

戦前日本の法文化(12)　日本近代法の歴史は、政府、官僚、軍部などの主導のもとに、民衆の自由や権利を守るための闘いを抑圧しつつ展開されてきた。そのために国民の側には、戦前日本においていわゆる「おかみ」がつくった法には勝てないという意識が生み出された。戦前日本の法文化の中核は、そのような意識が機軸となってつくり上げられてきたものと考えられる。それは現在、変化しつつあるとはいえ、伝統的、歴史的な日本法文化として現代にまで受け継がれている。それはまた戦前日本において個人が主体となって、個人の自由や権利を守るという意識を欠除する（正しくは欠除させられる）結果となってあらわれた。上述のことは、自由民権運動が高揚を示し、一八八二(明治一五)年までは多かった訴訟件数が、自由民権運動が弾圧され、大日本帝国憲法を法的枠組みの基本とする中央権力機構の中核となる内閣制度が創設される一八八五(明治一八)年以降は激減するという事実（熊谷開作『近代日本の法学と法意識』法律文化社、一九九一年、一一一～一一二頁）からも実証されよう。

このような事実は、自由民権期には存在していた日本人の権利意識が、明治政府の国家機構が整備されるにしたがって、しだいに失われていったことを示している。このことはまた、わが国に「法の優位」という考え方を生み出さなかった大きな原因となったように思われる。

近代欧米国家の憲法は、国家権力をコントロールする法であったが、大日本帝国憲法は、国民の権利を保障するために国家権力をコントロールする法というよりも主権者である天皇＝「おかみ」の命令を守らせる憲法であったからである。欧米国家では、国王や君主の上に法があり、権力者もこれに服さなければならないという考え方があったが、わが国では、法は主権者である天皇が、維持しようとする秩序を正当化することに、その基本が置かれていた。法は天皇の命令であり、この命令に服従することが「法治主義」であった。渡辺洋三氏は、これを「天皇制法治主義」と呼んでおられる（渡辺洋三『法と社会の昭和史』岩波書店、一九八八年、一三二頁）。こうして、法よりも権力＝「おかみ」が優位するという考え方が生み出されたのである。したがって、法は「おかみ」＝天皇の命令を国民（臣民）に守らせるためのものであり、国民を守るものではないという意識が被支配者層である民衆の中に生まれたのも当然であった。「日本人の法嫌い」といわれる日本法文化は、こうして生まれたものと言えよう。しかも、それは、実際の機能としては、どちらかといえば、国民の中でも、法によって守られ「おかみ」とその利害を共にした戦前日本の統治集団（政府・官僚・軍部）や地主・ブルジョアジーなど支配者層に属する人々よりも、法によって守られなかった被支配者層＝民衆の側に、とくに強くあらわれた現象であったと考えられる。「おかみ」＝支配者層の側も、またそのような民衆の法意識を助長する政策をとってきた。

既述したように、明治初年には、開明的、進歩的な要素を持った法が制定された。また戦時法体制期に入って「無憲法」状況があらわれるまでは、法の中にも、例えば、普選法のように、政府が国民統合をめざして制定した立法とはいえ、労農運動に支えられた大正デモクラシー運動によって促され、民衆の権利を守る要素が含まれた立法もあり、そのような運動が契機となって民衆の権利を守る要素を持った一九二一（大正一〇）年、「借家法」(13)のような社会政策的、社会保障的な立法も制定された。そのような立法は、場合によっては、現実に機能しない方が、「おかみ」＝支配者層にとって都合がよいこともあった。明治期の勧解制度(14)や大正期の調停法は、まさに、そのような機能を果たすための政策・法であった。明治期に勧解制度が設けられた背景には、裁判規範となるような実体法が十分に整備されていないということもあったが、「おかみ」は、徒らに訴訟をすることが「人情を失い、風俗を紊乱する」ものとみなして、勧解制度を設けたのである。

このように国民の権利を守る数少ない立法も、「おかみ」＝支配者層の都合によって、なるべくそれが働かないように仕組まれていたのである。そのために、「おかみ」は、民衆の中に「法嫌い」、「裁判嫌い」の法意識を持つことを助長し、それが法文化となったという側面も看過されてはならない。

このような日本では、国家と国民との関係が明確な権利義務関係としてとらえられてこなかった。そこからまた同じように「おかみ」の権力ではあっても「おかみ」の国民支配そのものである行政（権）が、司法（権）に優越するという観念が生まれる。行政（権）は、原則として司法（権）のコントロールに服さないのである。そのことから法体系としては、公法と私法が分離し、公法である行政法の体系は、私法の原理に服さない公権力の特殊な体系となった[15]。しかし一方、行政をコントロールできない司法においてもまた「おかみ」と利害を共にする支配者層の人々は、民衆よりも優位を確保することができた[16]。司法が、「おかみ」と利害を共にする支配者層の人々の側に立って、民衆の側に立つことが少なかった戦前日本の司法の歴史が、そのことをよく物語っている。このような司法のあり方も、「日本人の法嫌い」、「日本人の裁判嫌い」という法文化を民衆の中に生み出していく重要な契機となったのである。

（1）　帝国主義国家もブルジョア国家であること、仏・米の諸国も帝国主義国家へ移行していったことは言うまでもない。また近年、近代国家を「国民国家」という概念でとらえようとする所説がある。ただし「国民国家」概念においては、国民主権という要素を重視する考え方もある。そういった考え方からすれば、戦前日本の近代国家は、国民と言っても「臣民」であり、天皇主権国家であったから、戦前日本国家を国民国家とすることには問題もあろう。

（2）　利谷信義氏は、「最後進資本主義としての日本の法体制が確立するためには、国内的条件とともに国際的条件の充足の必要があると考えている。したがってそれが内外両面において確立するのは、帝国主義国としての体制を整えた明治三〇年代初頭であると考え、この体制を、改正条約発効の年である明治三二年をとって、仮に『三二年体制』と呼ぶこととした。」と述べておられる。利谷信義「補論　日本近代法史研究の問題点――国家・社会と法を中心として」（天野ほか編『マルクス主義法学講座④国家・法の歴史理論』日本評論社、一九七八年、一八九～一九〇頁）、なお、利谷氏の「三二体制」論については、同「日本資本主義経済と法」（渡辺洋三編『岩波講座現代法7　現代法と経済』岩波書店、一九六六年、一一九頁以下）を参照されたい。
（3）このような近代化政策と並行して、わが国は、早くも朝鮮・中国への侵略を志向することに注目しなければならない。一八七三（明治六）年には、「征韓論」に反対した大久保利通らも士族層の不満を外に向けるため、翌一九七四（明治七）年には、台湾侵略を企て、さらにその翌年には江華島事件を起こし、英国・米国の支持をとりつけて、朝鮮を軍事力で威圧し、日朝修好条規の締結を強要し、朝鮮を開国させた。それは、わが国が押しつけられた安政の不平等条約をまねたものであった。
（4）その後、一九二一（大正一〇）年、一九二六（大正一五）年、一九二九（昭和四）年、一九四三（昭和一八年）年などにも市制町村制の改正が行われたが、それらの改正も一九一一（明治四四）年市制町村制の部分改正である。
（5）一九一一（明治四四）年五月の商法改正もまたその一環として位置づけられる（渡辺洋三『現代法の構造』岩波書店、一九七五年、二三三頁、三枝一雄『明治商法の成立と変遷』三省堂、一九九二年、一九八〜一九九頁、高倉史人「商法典の成立」ジュリスト一一五五号〔一九九九年〕一二〜一三頁）。
（6）小作調停法については橋本誠一「小作調停法」日本近代法制史研究会編『日本近代法一二〇講』法律文化社、一九九二年、一九九三年、二一七〜二一八頁が簡潔に考察している。
（7）なお、労働争議調停法については、矢野達雄『近代日本の労働法と国家』成文堂、一九九三年、八七頁以下、その簡潔な考察は同「労働争議調停法」（日本近代法制史研究会編・前掲書（注6）二一九〜二二〇頁）を参照されたい。
（8）治安警察法第一七条の廃止については、伊藤孝夫「治安警察法第一七条問題（一）（二・完）」法学論叢一二九巻四号、一五号（一九九一年）を参照されたい。
（9）さらに普選実施の年である一九二八（昭和三）年には、治安維持法の罰則が緊急勅令によって死刑を含むものに改められたことも注意されなければならない。他方、治安立法の矛盾をカヴァーする社会立法として、一九一六（大正五）年から、女子と年少者の労働時間制限、就業制限を中心とする「工場法」（一九一一年）が施行された。ついで国際労働機関（ＩＬＯ）の影響をうけて、一九二一（大正一〇）年に「職業紹介法」、一九二三（大正一二）年に「工場労働者最低年齢法」、「船員最低年齢法」などが制定された。
（10）このような経済統制法に見合って一九三八（昭和一三）年には、商法の大改正が行われる。渡辺洋三氏によれば「これは、昭和初期から長い期間にわたって準備してきたことの総決算としての意味をももっているが、国家独占資本主義に適合的な現代会社法としての性格をもあわせもっている。これにより商人法主義に一歩近づき、無議決権株式、転換株式、社債、社債権者集会その他の制度が実現された。またこの改正には、ナチ会社法の影響もみられる。」とされる（渡辺洋三「日本ファシズム法体制・総論」東京大学社会科学研究所編『ファシズム期の国家と社会4　戦時日本の法体制』東京大学出版会、一九七九年、四三〜四四頁）。

（11）地方行政協議会については、滝口剛「地方行政協議会と戦時業務——東條・小磯内閣の内務行政（一）〜（三）完」阪大法学五〇巻三号（二〇〇〇年）五〇巻五号、五一巻一号（二〇〇一年）を参照されたい。

（12）「戦前日本の法文化」の叙述については、渡辺洋三『法と社会の昭和史』岩波書店、一九八八年、二七〜三九頁を参照した。

（13）借家法については、伊藤孝夫「借地法・借家法」（日本近代法制史研究会編・前掲書（注6）二〇二〜二〇三頁）が簡潔に考察している。

（14）勧解制度については、岩村等「勧解」（日本近代法制史研究会編・前掲書（注6）七三〜七五頁）、林真貴子「勧解制度消滅の経緯とその論理」阪大法学四六巻一号（一九九六年）、同「紛争解決制度形成過程における勧解前置の役割」阪大法学四六巻六号（一九九六年）を参照されたい。

（15）それは、国家無責任の原則と行政裁判所にもあらわれている。ただ明治期においても、私経済作用と言われるものについては、市民は司法裁判所に訴えて損害賠償をうけることができた。

ついで大正期には、大正デモクラシーの影響もあって部分的には、いわゆる非権力的作用と言われるものについては、市民が司法裁判所に訴えて損害賠償をうけることができるようになった。しかし、警察その他国家権力の行使に本来的にかかわる行政権の行使については、行政裁判所において損害賠償請求を受けつけなかった。違法な行政行為を取り消す行政裁判は、ある程度は認められたが、精神的自由に対する侵害については出訴できなかった（渡辺・前掲書（注12）三六〜三七頁）。

（16）このことは民事上、国家無責任の原則があり、他方、行政処分の違法性をめぐる争いもブルジョアジーの利害にも関わる財産的権利を中心に組み立てられ、思想の自由、学問の自由、良心の自由、表現の自由が侵害された場合には救済措置が講じられていなかった点にもよくあらわれている（渡辺・前掲書（注12）三七頁）。

第1章　条約改正と諸法典の編纂

第1節　条約改正

開国と安政の条約　一八五三年ペリー来航により開国を余儀なくされた幕府は、翌年日米和親条約を締結し、下田・箱館の開港、最恵国条項、領事の下田駐在などを承認することになった。さらに、英露蘭各国と和親条約が締結されるとともに、通商条約の締結交渉が開始された。通商条約締結をめぐり国内は尊皇攘夷運動が激化し、幕府の政治的威信が失墜していくなか、五八年、幕府は朝廷の承認を得られないまま、日米修好通商条約を締結した。これは、神奈川・長崎・新潟・兵庫の開港、江戸・大坂の開市、居留地設定、協定関税率、領事裁判をその内容とし、蘭露英仏各国とも同様の条約が締結された。これが安政の五カ国条約である。

倒幕に成功した明治新政府は、諸列強による政府承認を得ながらその権力基盤の弱さを補うために、幕府の「開国和親」の政策を踏襲し、六八年一月「是迄於幕府取結候条約之中弊害有之候件々利害得失公議之上御改革可被為在候、猶外国交際之儀ハ宇内之公法ヲ以取扱可有之」と宣言し、条約の承継と国際法遵守の意思を表明した（松井芳郎「条約改正」福島正夫編『日本近代法体制の形成（下）』日本評論社、一九八二年、二〇四頁。なお本稿は、一九世紀後半期の国際法秩序との関連で日本の条約改正過程についてすぐれた分析を行った同上論文に多くを依拠していることをお断りしておく）。一方で、新政府は不平等条約から生じるさまざまな「弊害」（前掲宣言）を強く意識し、条約改正を、早急に実現すべき重要課題として位置づけることになった。本節では、明治政府がこの課題の実現に向けた条約改正交渉過程を、先学の業績に依りながら概観していきたい。まず、幕府が締結した不平等条約が当時の国際法秩序においてどのように位置づけられたのか、またその内容について見ておくことにしたい。

一九世紀後半の国際法秩序と日本　一六世紀以来のヨーロッパ諸国による海外活動は、ヨーロッパ内部における資本制的生産様式の展開を媒介にしながら、世界的規模の植民地支配体制を含み込んだ資本主義世界市場を確立させた。そして、伝統的国際法秩序もまたこの過程と表裏の関係で形成・確立されていった。日本が開国した一九世紀後半においては、この国際法秩序において主体となりうる国家は、一定の要件を満たしたものに限定されるものとされていた。この要件は、ヨーロッパ諸列強によるアジア・アフリカの近代植民地獲得競争と世界資本市場の確立過程においては「文明国」という言葉で表されるようになり、その歴史的規定性を顕わにさせていった。ヨーロッパ諸国は、アジア・アフリカで異人種、異宗教の民族、王、王国に出会ったとき、「文明国」という基準をもって相対することになったのである（高野雄一『全訂新版　国際法概論(上)』弘文堂、一九八五年、二一六頁以下）。

この「文明国」基準とは、伝統的国際法秩序においては、資本主義経済の要求を満たす秩序的な枠組み（＝国際法）を遵守し、国境をこえた人間、商品および資本の移動を可能とする、最低限の秩序・予測可能性・安定を与えることのできる社会体制・法制度を備えた国家とされた（松井・前掲論文一九五頁、広瀬和子「国際社会の変動と国際法の一般化――一九世紀後半における東洋諸国の国際社会への加入過程の法社会学的分析」寺沢ほか編『国際法学の再構築(下)』、東京大学出版会、一九七八年、一二三頁以下）。そして、この基準に満たないとされた場合には、アジア・アフリカの大部分の地域は、「無主地」先占の法理、ヨーロッパ諸国の基本権侵害を正当事由とする戦争、保護国関係の設定などによって、植民地化ないし被保護国化されることになった。そして、一定の強力な国家組織を有する中国、トルコ、日本に対しては、「文明国」でないかぎりにおいて、その不安定性を補うための不平等条約の締結を強制したのである（高野・前掲書二七頁以下）。

不平等条約の内容　いわゆる不平等条約は三つの柱からなる。第一の柱は領事裁判であり、欧米人の身体・生命と取引の安全を確保するために設けられた。日本の場合、安政年間の条約とともに一八六九年の日独条約によってそれまでの慣行も含めて詳細な規定が設けられ、日本人が原告（人）の場合の民事刑事事件は領事裁判によることになり、日本の裁判権は侵害されることになった。日本人が被告（人）である場合でも、つねに列国からの外交的圧力にさらされることになった。適用法規についても、領事裁判では日本法の適用は困難であり、とくに検疫法規、警察法規などの行政法規についてはその内容に関してたえず列国の圧力にさらされ、主権が侵害された（小山博也「条約改正（法体制確立期）」鵜飼ほか編『講座日本近代法発達史2』勁草書房、一九五八年、一八三頁以下）。第二の柱は、関税自主権の否定＝協定税率である。日本の場合、とくに六六年の改税約書によって、税率が従価税から、従価を基準とする五％の従量税とされたことによって、後の物価騰貴により実質税率の低下を招くことになった。第三の柱は、片務的な最恵国条項であり、この条項を利用して列国は連合し、利権獲得の手段とし、改正交渉について日本が望む各国個別交渉を阻む基礎とした。一八七〇年代後半からの改正交渉において、明治政府は「列強の最恵国条款を基礎とする連合政策を打破し互いに孤立させること」を基本方針としていたが、その「連合政策」を破ることはできなかったといわれる（小山・前掲論文一九三頁）。

これらの他にも、居留地設定があり、同地内の各種行政について日本の行政権は排除されていた。逆に、対外国人の内地開放は制限され、一定目的での開港地での逗留と開港場外一〇里四方の遊歩のみが許されていた（その後若干制限が緩和）。このことは、中国と対比した場合の日本の不平等条約の特徴とされ、また、後の改正交渉において、この内地開放問題は、領事裁判権撤廃との取引材料とされることになった（松井・前掲論文一九八頁）。

条約改正と国内法体制の整備

上述の不平等条約締結によって日本は、欧米列国による差別と支配を内に含んだ伝統的国際法秩序のなかに「文明国」でないがゆえに、従属国として組み込まれた。こうした従属的地位から脱却するためには「文明国」としての基準を満たす以外になかった。一八七一年岩倉使節団の目的と使命を明示した「米欧使節派遣の事由書」(芝原・猪飼・池田校注『日本近代思想大系12　対外観』岩波書店、一九八八年、一七頁以下)は、この点を最も早い時期に指摘したものといわれる(松井・前掲論文二〇六頁以下)。すなわち、「事由書」は、不平等条約改正と国内改革とが不可分な関係にあることを、一九世紀後半の国際法秩序に照らして次のように論じた。「列国公法」は、各国が対等な権利を有してその独立を維持し、国力の強弱によらずに友好的に相互貿易を行うことを保証するものとされている。しかし、この「列国公法」の東洋諸国への適用は「国民開化ノ遅速」と「久慣ノ習俗」とによる「国体政俗」の違いから不可であるとされる。だからこそ日本も「別派ノ処置」=不平等条約によって「彼此一致ノ通義ヲ失ヒ交際貿易上ノ権利終ニ平均ヲ得サル」ことになったのである(同上二三頁以下)。このように、当時の「列国公法」=伝統的国際法秩序にあっては、「文明国」基準に満たない国家は、差別的待遇を受けざるをえないことが、正確に認識されているのである。「事由書」は、こうした認識に立って、「列国公法」が要求する「国内改革」とは「我国律、民律、貿易律、刑法律、税法等」の諸法典整備=法体制整備であるとし、使節団の任務の柱に、制度・法律理論とその実際の調査を掲げたのである(松井・前掲論文および芝原拓自「対外観とナショナリズム」芝原・猪飼・池田校注・前掲書四六九頁以下)。このように、条約改正、すなわち独立した国際法主体として国際社会へ加入するためには、国内改革を積極的に行わざるをえず、その意味で、条約改正交渉と国内の法体制整備、とくに法典編纂とは密接不可分の関係にあった。後者については次節に譲り、以下では、条約改正交渉の過程を概観していくことにしよう。

条約改正交渉の進展　明治維新後約三〇年に及ぶ条約改正過程を概観すると、次の二つの点が交渉過程の行方を左右した。第一に、改正交渉の基本は、世界資本主義市場に日本国内を組み入れようとする列国側の要求（外国人に対する完全な内地開放）と、日本側の領事裁判権撤廃要求との間のせめぎあいにあった。寺島宗則外相期の関税自主権回復交渉を除き、改正交渉は主にこの点をめぐって展開した。第二に、国内世論である。明治政府は改正交渉に関して、国民にまったく情報を与えることなく、すべて秘密外交のうちに行った。しかし、国民の民族的自立要求は、条約改正交渉に関する列強との安易な妥協を政府に許さないまでに成長し、明治政府は、秘密外交を進めながらも、たえず国民世論を配慮しなければならなかった。

以下この二つの点を基本としながら、改正交渉過程を追っていくことにしよう。

(1)　寺島条約改正交渉　寺島宗則外務卿（一八七三年六月〜七九年九月）は、副島種臣外務卿末期に問題となった領事裁判を維持したままの内地開放という列国の要求を退けた後、七六年一月に改正交渉の重点を法権の回復ではなく関税自主権の回復に置くことを決した。

その背景には、第一に地租改正事業の展開するとともに殖産興業政策が本格化することにより、育成されるべき国内産業の保護が必要とされたこと、第二に地租軽減要求が強まるなか、これ以上の財政負担を国内に求めることは不可能な状況にあったこと、第三にそのために保護関税による歳入増が不可欠であると考えられるにいたったことがある。従量税による関税は物価騰貴で実質的に低下し、輸入増をもたらすことによって国際収支の大幅な悪化と正貨流出を招き、通貨不安を招いたことが影響していた（小山・前掲論文一九六頁以下、松井・前掲論文二一九頁以下）。

そこで、寺島はアメリカを手始めに交渉を行い、一八七八年七月に、二港の開港と輸出税の廃止と引き換えに関税自主権と貿易規則制定権を獲得する吉田・エヴァーツ条約を日米間に締結した。しかし、アメリカと異なり対日輸出額が多いために日本の関税自主権回復によって損失を受けるイギリスは、日本の要求に応えれば清国にも同様の権利を賦与しなければならなくなり、イギリス東アジア貿易体制が崩壊する危険性を主張した。そして、関税自主権回復という日本の主張を退けて、協定税率を残したまま税率を上昇させることで日本の要求に対応しようとしたのである。結局、双方共に歩み寄ることができず、この交渉は、寺島が文部卿に転ずることによって終了した。

(2)　井上条約改正交渉　　寺島のあとの井上馨外務卿は、交渉の重点を治外法権の回復・領事裁判権の撤廃に置いた。そして、一八八二年一月から、井上が議長となった条約改正予議会が外務省で開催された。ここで井上は、外国人に対する内地開放と領事裁判撤廃を原則とする旨宣言し、これに基づいて提案を行った。第一に外国人が日本の裁判権に服する条件として「泰西法律の主義　principles of Western law」に基づいた日本法律を制定し、これが泰西主義に合致しているかどうかを外国政府に「了知」させるためにその欧文訳を頒布すること、第二に外国人判事の任用と外国人被告（人）事件での外国人判事多数法廷の採用、日本人・外国人両裁判官で組織する混合裁判所の設置構想、第三に移行期間を五年以内として、その間に領事裁判権の廃止を実現することであった（なお井上条約改正交渉のもとでの条約改正予議会、条約改正会議と裁判管轄条約については藤原明久「明治一五年の条約改正予備会議と日本裁判権の地位(上)(下)」神戸法学雑誌三八巻二号、三号〔一九八八年〕、同「条約改正会議と裁判管轄条約案の成立(上)(中)(下)」同上四〇巻二号、三号、四一巻三号〔一九九〇、九一年〕を参照）。

しかし、この予議会で提示された日本側の考えは、欧米列国の容れるところとならず、その後の交渉も進展をみなかった。そのため、八六年五月に開始された条約改正会議での日本側提案は予議会での案よりも後退し、外国人の内地旅行と三特約開港場の開港の承認、それと引き換えに日本行政規則の外国人への適用と裁判権の限定的適用、特約開港場における課税権の主張にとどまった。

(3) 裁判管轄条約案　しかしながら、独仏のアジア進出に影響されて、イギリス本国の産業資本が日本の内地開放要求を強めたこともあって、イギリスの態度が軟化した。そこで、英独両国は共同して、前述の予議会での井上案を基礎とした裁判管轄条約案（英独案）を第六回改正会議（八六年六月）に提案することになった（藤原・前掲論文「裁判管轄条約案(上)」三五〇頁以下）。日本側では、これを受け入れる方向で検討が進められると同時に、山田顕義司法大臣の勧めによって、八六年八月に外務省内に法律取調委員会が設置され、条約案の要求する諸法典の編纂にあたらせることになった（同委員会は八七年一〇月に司法省に移管）。そして、八七年四月二二日の第二六回会議において、法典予約と外国人裁判官の任用を条件とした領事裁判の撤廃と内地開放の実現という八二年の基本線を踏襲した裁判管轄条約案が採択されたのである。

この条約案については、日本の主権を司法権、立法権の両面において著しく損う危険を持つものとして、ボアソナード、井上毅、谷干城らの強硬な反対意見が出された。さらに、ボアソナードや谷の意見書が秘密裏に出版され国民の間に改正交渉の全貌が知れ渡ると、各地で反対運動が強まった。伊藤博文首相も政府内部と国民との反対に直面すると条約案に消極的となり、八七年七月には次回の条約改正会議を一二月末まで延期することになった（以上の経過については、利谷信義「近代法体系の成立」『岩波講座日本歴史16　近代3』岩波書店、一九七六年、一一七頁以下）。その後も「人民の公議」による外交を求める自由民権運動は、国内改革と条約改正を結びつけた三大事件建白運動を展開していった。そのため政府は、同月、条約改正会議を無期延期とした。その一方で、一二月には保安条例の制定によって反対運動弾圧を加えた。こうした状況にいたって、井上も外相を辞任せざるをえなくなった。

このようにして、井上改正交渉は挫折を余儀なくされたが、この交渉過程は条約改正実現のための条件が整いつつあったことを示すものであった。すなわち、寺島改正交渉期のように、外国資本から国内資本を保護するために内地開放を拒む、したがって列国も領事裁判撤廃を拒否するという構図から脱しつつあった。むしろ日本側には、一定の資本主義的生産関係の成長を基礎に内地開放を進め、外国資本と技術を導入し、世界資本主義市場に積極的に参加することが、植民地化の危機を防ぎ、国際社会における日本の主体性を保つことになるとする認識が生まれつつあった。列国側も、自国の産業資本の要求を背景に、内地開放がされるならば領事裁判の撤廃もやむをえないという判断に傾きつつあった（松井・前掲論文二三三頁）。内地開放と領事裁判権の撤廃という主要対立点での、日本側と列国側との歩み寄りが井上条約交渉の背景に存在したのである。これにかわって急浮上してきた問題は、条約改正＝国際社会への参加を、「人民の公議」によるか、政府の専断によるかという問題であり、この問題は、国民の要求からわかるように、条約改正の前提である法典編纂等の国内改革の進め方と不可分の関係にあった。

(4)　大隈条約改正交渉　井上馨のあと外務大臣に就任した大隈重信は、井上交渉の基本路線を修正しながら、八八年一一月から国別の改正交渉を開始した。大隈案では、内地開放と領事裁判について、外国人判事の任用と法典整備の約束は条約本文から交換公文中の外務大臣の宣言中に移し、前者については大審院に限定し、外国人が被告である場合だけに外国人判事多数裁判を行うこととされた。法典編纂については泰西主義に従う旨にとどめられた（なお、大隈交渉については藤原明久「大隈外相の条約改正交渉と日本裁判権の構成(上)(中)(下)」神戸法学雑誌四三巻二号、四四巻一号、二号〔一九九三、九四年〕）。

こうした大隈案による各国個別交渉は、八九年二月以降米独露各国との条約調印をはじめとして、若干の修正を受けながら順調に進んだ。しかし、これが国民に伝わると、外国人判事任用が憲法一九条に違反するのではないかという憲法問題に発展し、条約内容が日本の主権を侵害していることに対して再び強い反対運動が起こった。大隈の暗殺未遂をも招く国民の強い反発に直面して、黒田内閣は総辞職し、三条実美臨時内閣は「将来外交ノ政略」（八九年一二月）で、条約改正は平等の地位の獲得を目的とすること、署名済み条約の修正と、修正要求が容れられない場合の改正手続の中止を決めた。そして、問題となった外国人判事の任用については憲法に矛盾すること、法典予約は将来の立法権を束縛することなどを了解した上で交渉を進めることとした。結局、大隈条約改正交渉は、この政府方針の確定と同時に大隈が外務大臣を辞職したことによって、終了した。

(5) 青木・榎本条約改正交渉　大隈外相の後、青木周蔵、続いて榎本武揚が外務大臣となり、その間裁判所構成法と民法・商法典編纂が勢力的に進められ、改正交渉の基礎が固められていった。こうした法典編纂の事実を基礎にして行われた青木による交渉は、イギリス側から五年間の猶予期間を経て領事裁判が撤廃される旨を含む友好通商条約案を引き出すまでにいたった。しかし、山県内閣から松方内閣への交代により交渉が停滞するなか、大津事件が起こり、青木自身が引責辞任したことによって、交渉は頓挫した。榎本外相も、法典論争と法典施行延期によって松方内閣が総辞職し、具体的な条約改正交渉にいたらないまま外相を辞任した。

条約改正の実現　一八九二年八月に第二次伊藤博文内閣が成立し、陸奥宗光が外相に就任した。陸奥は井上改正交渉以後の交渉の失敗が、主に国内世論の動向にあったことを重視し、「純乎たる全面的対等条約案」の体裁をとることに腐心した。陸奥案は次のようなものであった。まず、法典予約に類することを一切行わず、領事裁判の撤廃については、従来のような猶予期間という形はとらずに、調印後数年を経て行われる。撤廃と同時に外国人も日本の裁判権に服すかわりに、内地開放が行われ居住・旅行・動産所有についての内国民・最恵国待遇を与えられる（不動産所有権は認めない）。この案は各国との予備交渉において妥協がはかられ、調印後五年を経過すれば日本は一年の予告で条約を実施させる権利を有すること、外交公文で、法典を施行するまでにはこの予告は行わないこと、居留地内の永代借地権を制限・変更しないことなどの修正が加えられ、九四年から正式交渉が開始された。

最難関とされていたイギリスとの交渉が最初に手がけられたが、交渉自体は順調に進められた。その背景には、前述したようなイギリス国内産業資本の要請とともに、極東における国際情勢の変化があった。すなわち、シベリア鉄道起工を契機にロシアが極東地域へ進出する可能性が高まり、それに対抗するために、イギリスが日本を極東において手を結ぶ勢力として位置づけ始めるという状況が生まれつつあったのである（利谷・前掲論文一三〇頁以下）。またこの当時、国内世論は排外主義的傾向を強めていたが、政府はこれに対しても慎重に対応策をとった。例えば、現行条約の規定が外国人に有利なように解釈・適用されている状況に対して、大日本協会を中心に「現行条約励行建議案」が議会に提案された（九三年一一月）が、政府は即座に議会を停会さらに解散させ、大日本協会に対しては解散を命ずるなどの弾圧策に出た（なお、上記の経過および明治二〇年代の条約改正をめぐる国内政治過程については、小宮一夫『条約改正と国内政治』吉川弘文館、二〇〇一年）。しかし、政府が国内世論に対応策を講ずるまでもなく、朝鮮をめぐる日中の対立の深刻化から日清戦争が勃発すると、国内世論は戦争遂行のために政府支持に転じ、同時に進められていた条約改正交渉に対してまったく批判が加えられることがなくなった。

こうした国内外の情勢に助けられて、交渉は順調に進められ、九四年七月一六日に日英通商航海条約が両国間で署名された。この条約において、両国は相互に裁判に関する内国民待遇と住居・旅行・動産所有における内国民・最恵国待遇、通商・航海・営業の自由を認めあった。関税自主権は原則回復され、三八品目について従価の協定税率を残すのみとなった（ほぼ完全に関税自主権が回復されるのは一九一〇年四月の関税定率法制定による）。最恵国待遇は双務的のものとなった。永代借地権の有効性の確認を条件として居留地は日本市区に編入され、旧条約と領事裁判、それに伴うイギリス人の特典・特権・免除は新条約実施日から消滅することになった。条約実施は署名後四年経過の後いつでもなしうる日本の通知の一年後であるが、外交公文においてこの通知は法典施行までは行わないものとされた。批准書は八月二五日に交換され、一一月二二日には日米条約が署名され、九七年までに順次各国との平等条約が締結されていった。これらの条約は九九年から実施されていくこととなる。

条約改正の意味　日英通商航海条約の締結は「東洋諸国を覆う『不平等条約』の網の目を破」(利谷・前掲論文一三一頁)り、日本は「文明国」として国際社会・伝統的国際法秩序の一員として参加することになった(松井・前掲論文二五六頁)。しかしながら、このことは、日本自身が今度は支配される国から支配する国に立場を転化させ(松井・前掲論文二六〇頁)、「日本が列強の一つとなって、東洋諸国に対立すること」(利谷・前掲論文一三一頁)となったことを意味した。このことは、欧米諸列強によるアジア・アフリカの国々に対する差別と支配の構造を有していた伝統的国際法秩序の構造からすれば当然であった。現に、明治政府は、欧米に対する条約改正交渉と表裏一体的に東アジア諸国に対して一連の国権主義的外交を行っていた。台湾出兵(一八七四年)、朝鮮に対する開国の強要(七五年)と日本側に有利な不平等条約である日朝修好条規の締結(七六年)、その後の壬午・甲申事変を通じての朝鮮への軍事進出といった(八二・八四年)武力を背景にしたアジア諸国に対する国権主義的外交を展開し、日清戦争によって中国に対して、欧米諸国と同じ特権を保障する不平等条約を締結させるにいたったのである(利谷・前掲論文一三二頁以下)。

このように、日本が伝統的国際法の差別と支配の秩序の枠組みを前提とし、そのなかで「文明国」の一員として主体性を確立しようとするかぎりにおいて、以上のような欧米諸国に対する平等の地位の獲得とアジアにおける抑圧者としての地位の獲得は不可分のものであった。同時に、国民に対して徹底的に秘密のうちに行われた条約改正交渉は、その前提となった法制度整備をはじめとする様々な国内改革における「人民の公議」路線の徹底した排除と不可分の関係にあったと言えよう（松井・前掲論文二五九頁以下）。

第2節　諸法典の編纂

不平等条約の改正のためには、ヨーロッパと同様の近代的な諸法典の編纂が必要であるとの認識は、早くから明治政府の内部にあった。また、列強諸国との条約改正交渉のなかで、「泰西主義」に基づく法典編纂が求められたことも、第1節で述べられた通りである。このように、対外的に条約改正の前提条件として諸法典の編纂が求められたのと同時に、国内的にも諸法典の編纂により国家体制を整え、資本主義経済を発展させることが、日本が列強諸国と対等な立場にたって条約改正を進めるために必要な条件であった。

そのための準備作業として、箕作麟祥によるフランス諸法典の翻訳は、早くも一八六九（明治二）年から始められ、同年に副島種臣の命により刑法を、翌七〇（明治三）年からは江藤新平の命により民法を、さらに憲法、訴訟法、商法、治罪法を翻訳して、正院から「仏蘭西法律書」として刊行された。

このように、明治初期にはフランス法典をモデルとする法典編纂事業が進められていき、その中で刑法・治罪法が作られたが、後にドイツ法の影響が強まるなかで、民法・商法・民事訴訟法の編纂がすすめられ、それらとは異なった流れのなかで憲法が制定されることになる。これらの諸法典の編纂過程については、以下の各章でも取り上げられるので、ここでは明治前期を中心に概観する。

刑法典・刑事訴訟法典（治罪法）の編纂　明治政府の法典編纂事業は刑法から始められた。

一八六八年、まだ明治に改元される前に、最初の刑法典「仮刑律」が編纂された。その後新刑法典編纂が行われ、一八七一年一二月（太陰暦では明治三年一二月）に「新律綱領」が、さらに一八七三（明治六）年には、新律綱領を補うものとして「改定律例」が頒布され、両者が一つの刑法典を形成することとなった。これらは、すべて中国系の律型法典であり、律例に前述の箕作による翻訳のためかフランス刑法の影響が見られるほかは、ほとんどヨーロッパ法典の影響を受けないものであった。

このため、新たに西洋的な刑法典の編纂が進められることになり、一八七五（明治八）年九月に刑法草案取調掛が置かれた。最初はボアソナードの補助を受けて鶴田皓をはじめとする日本人委員が中心になっていたが、後にはボアソナードを中心に編纂事業が進められた。その結果、一八七七（明治一〇）年一一月にフランス刑法の影響を強く受けた日本刑法草案が提出され、刑法審査局・元老院の審議を経て一八八〇（明治一三）年七月一七日に太政官布告第三六号として公布された（施行は八二年一月一日）。これがいわゆる旧刑法である。旧刑法は犯罪を重罪・軽罪・違警罪に分け、詳細な犯罪分類をするなど、フランス刑法に由来する特色を持っている。また大逆罪の新設・妾の廃止も、それまでの中国系の刑法と異なる特色である。この旧刑法は一九〇七（明治四〇）年刑法の施行（一九〇八年一〇月）により廃止された。

刑法と同時に公布・施行されたのは刑事訴訟法典たる治罪法である。編纂事業は刑法よりも遅れて始まったが、これもやはりボアソナードがフランス治罪法に基づいて起草し、一八七九（明治一二）年九月に草案が提出され、治罪法草案審査局・内閣・元老院の議を経て成立した。しかし、施行からわずか八年後の一八九〇（明治二三）年、ドイツ法をモデルとする刑事訴訟法が法律第九六号として公布・施行されたため、治罪法は廃止となった。

民法典の編纂　諸法典のなかで西洋法を継受する編纂事業が最初に始められたのは民法典である。前述したように、箕作麟祥は江藤新平の命によりフランス民法の翻訳を一八七〇（明治三）年から始めたが、それに基づいて江藤が太政官制度局に設置した民法会議で審議し七一年に決議したのが「民法決議」で、最初の民法草案である。これは人事篇中、私権の享有および身分証書に関する条項の全八章七九条からなるものであった。ついで制度局民法会議は「民法決議第二」、両者をさらに修正、整序した「御国（みくに）民法」を編纂した。これらの草案で注目すべき特色は、一八七一（明治四）年四月に公布された戸籍法による戸籍制度ではなく、フランス民法そのままの身分証書の制度を採用していることである。

続いて、一八七二（明治五）年には司法省明法寮で全九巻一一八五カ条からなる「皇国民法仮規則」が作られた。これは、わが国で起草された総合的な民法典草案の最初のものであったが、財産法はフランス民法の模倣であったのに対し、家族法は戸主権と長男子単独相続制を柱とする家父長制的なもので、後の旧民法・明治民法の骨格を最初にあらわしたものであった。

他方、七二年に司法卿となった江藤新平は、司法省において民法会議を開催し、お雇いフランス人ブスケならびにジ・ブスケの参加のもとに、フランス民法の身分証書を採用した「民法仮法則」八八カ条を作成したが、江藤の失脚により実施されずに終わった。

さて、一八七一年には太政官制改革が行われ、立法機関として左院が新設され、太政官制度局の事務はここに引き継がれたので、民法編纂事業は左院がその後行うこととなり、「皇国民法仮規則」を再検討して民法草案が作られた。この左院草案の特徴としては「わが習慣法、習俗法を参考にすることが多かったこと」（石井良助「明治文化史2　法制編」洋々社、一九五四年、五一〇頁）が指摘されている。

一八七五（明治八）年に左院が廃止された後は、江藤に代わって司法卿となった大木喬任のもとで司法省に民法課が置かれ、翌年から民法編纂が始められた。起草に携わったのは箕作麟祥と牟田口通照で、一八七八（明治一一）年四月に一八二〇条におよぶ民法全編の起草が完了し、司法卿に提出された。この草案は「明治一一年民法草案」と呼ばれている。しかし、これはフランス民法の影響がきわめて強く、「外国ノ書ヲ翻訳シ直ニ我民ニ施行スルカ如キハ決シテ取ル可カラサル事」という見解を示していた大木司法卿は採用せず、廃案となった。

その後、民法編纂事業はボアソナードを中心に、元老院に設置された民法編纂局で一八八〇(明治一三)年から行われることとなった。財産法については、ボアソナードが起草を担当したが、身分法については日本人が起草することになり、一八八二(明治一五)年に人事編の起草が始められた。民法編纂局は一八八六(明治一九)年三月に閉鎖されたが、それまでに財産編と財産取得編第一部が起草され内閣に提出された。四月からは民法編纂事業は司法省に移管され、日本人の委員が任命され、人事編、財産取得編第二部(相続、贈与・遺贈、夫婦財産契約)の本格的な編纂が始められた。一八八六年八月に条約改正のために井上馨が外務省に法律取調委員会を設置すると、法典編纂についても同委員会が全権を掌握することとなり、民法もここで審議されることになったが、井上条約改正の失敗後一八八七(明治二〇)年一〇月に同委員会は司法省に移管されたため、外務省における委員会では民法草案の審議は行われなかった。

司法省移管後の法律取調委員会における民法草案の審議は、一八八七年一二月から開始され、ボアソナードが起草した民法草案財産編・財産取得編(第一部)・債権担保編・証拠編が翻訳・検討されて一八八八年一二月に首相に提出された。翌年、元老院・枢密院の議を経て、一八九〇(明治二三)年四月に公布された。

身分法第一草案と呼ばれている人事編・財産取得編(第二部)の草案は、前者は一八八八(明治二一)年二月までに、後者は九月までには作られており、その後、内閣・枢密院・元老院・全国の地方官・司法官に配布して意見を聞いたうえで「家」的性格が強化された再調査案が作られ、さらに修正されて一八九〇年四月、内閣へ提出され、元老院で大幅に修正された後、枢密院の議を経て一〇月に公布された。

商法典の編纂　商法のなかでは、殖産興業政策の一環として会社法の編纂が最も早くに必要とされ、一八七四（明治七）年から大蔵省・内務省で会社条例の立案作業が開始された。内務省は一八七五年五月に「会社条例」草案を完成し太政官に提出した。しかし、司法省、太政官法制局から批判を受けて廃案に終わった。

ついで、一八八〇（明治一三）年九月、元老院に会社竝組合条例審査局が設置され、八一年四月「会社条例」草案が脱稿した。しかし、会社法は商法の一部であり、会社法単独ではなく商法全体に組み込んで編纂すべきである、として廃案となった。

商法全体の本格的な編纂は、一八八一（明治一四）年から太政官でロエスレルの手によりドイツ商法に依拠して進められ、八四年に一一三三カ条からなる草案が完成した。その間、参事院商法編纂局でも編纂作業が進められ、ロエスレル草案の総則と会社法の部分に大修正を加えた一一六〇カ条に及ぶ草案を作成したが、これはロエスレルの批判により廃案となった。

その後、再び会社法を単行法として制定することとなり、伊藤博文が長官となった制度取調局に一八八四（明治一七）年五月、会社条例編纂委員が置かれ、一八八六（明治一九）年三月にロエスレル法案により商社法案ができた。しかし、会社条例編纂委員長で当時同時に進められていた破産法編纂の委員長でもあった寺島宗則から破産法を編纂するより、直ちに商法全部を制定する必要性が上申され、商法編纂委員が置かれてロエスレル草案の審議が継続された。ところが、前述したように外務省に法律取調委員会が設置されると、商法編纂事業もここで行われることとなり、翌八七年四月には商法編纂委員は罷免された。しかるに、井上による条約改正は失敗し、一〇月、法律取調委員会は司法省に移管されたため、商法草案はここで審議されることとなり、八八年中にほぼ原案どおり決定した。さらに内閣、元老院、枢密院の議を経て、一八九〇（明治二三）年四月に公布されたが、旧民法と同様に施行されずに終わった。

民事訴訟法典の編纂　民事訴訟法は当時は訴訟法と呼ばれ、一八七三(明治六)年から司法省で起草作業が始められた。翌年九月、元老院に起草が命じられると、司法省の訴訟法原稿三冊が参考のために回付され、元老院の起草作業の結果、一八八〇(明治一三)年一二月に草案を議長に上申したが、結局廃案となった。これは一八〇六年のフランス民事訴訟法に基づくものであった。

一八八二(明治一五)年の条約改正予議会では、日本の訴訟手続・執行手続の不備が問題となったため、司法省はボアソナードに依頼し、翌年日本訴訟法・財産差押按が起草された。

その後、一八八四(明治一七)年からドイツ人ヘルマン、テヒョウによって、本格的な編纂作業が始められた。これは一八七七年のドイツ民事訴訟法に主として依拠するもので、司法省の訴訟規則取調委員会の審議を経て、一八八五年七月、訴訟規則が成立した。さらに修正が加えられた後、一八八六年六月にテヒョウから司法大臣山田顕義に訴訟法草案として提出された。この草案の審議は、一八八七年に法律取調委員会が司法省に移管された後、一二月から翌年一〇月にかけて行われ、モッセの参画を得て民事訴訟法調査案となった。これはさらに修正のうえ再調査案となり、元老院の議定、枢密院の諮詢を経て一八九〇(明治二三)年四月二一日に公布され、翌九一年一月一日から施行された。いわゆる旧民事訴訟法である。

憲法典　以上の五法典の起草が主にお雇い外国人の手による泰西主義的なものであったのに対して、憲法の編纂過程はそれとは異なり、ロエスレル、モッセの影響は大きかったが、伊藤博文を中心に井上毅・伊東巳代治・金子堅太郎が起草に当たった。

明治憲法制定への大きな契機となったのは、一八八一(明治一四)年政変で、同年一〇月一二日の「国会開設の勅論」はそれを具体化した。この動きのなかでプロイセン流憲法路線が打ち出され、欽定憲法主義、皇室自立主義、天皇の統帥権、大臣の天皇に対する責任、法律命令に対する大臣署名、特選議員と華士族からなる第二院、財産による制限選挙制、予算不成立の場合の前年度予算執行主義などを内容とする明治憲法の基本構想が、井上毅起草の岩倉具視憲法案として出された（平野武「憲法の制定」福島正夫編『日本近代法体制の形成(下)』日本評論社、一九八二年、二八四頁）。また同月二一日の官制改革により、国会開設に備える強力な権力機構として、太政官に参事院が設置され、伊藤博文が議長に就任した。伊藤は一八八二年から憲法調査のため渡欧し、一八八三(明治一六)年帰国後には参事院に憲法取調所を設け、翌年には宮中に制度取調局を設置して伊藤が長官となり、起草の準備が始められたが、実際の起草は制度取調局廃止後の八六(明治一九)年から八八年にかけて行われた。この作業は伊藤邸で秘密裏に行われ、八七年八月には伊藤の夏島にある別荘で「夏島草案」が成立した。それに対して井上毅、ロエスレルから意見書が提出され、一〇月、翌年二月に修正案が作られ、同年四月に最終草案が確定した。

この草案は天皇に提出された後、枢密院の審議にかけられて修正を経たうえ、一八八九(明治二二)年二月一一日の紀元節の日に、大日本帝国憲法として公布された。

この大日本帝国憲法の制定は、次の点で条約改正と法典編纂に大きな影響を与えることとなった。第一には、日本が要求されていた外国人裁判官の任用が、文武官の資格を日本人に限ると規定する憲法第一九条に違反すること から生じた諸問題であり、第二には憲法が「泰西主義」に代わる法典編纂の基準としての役割を果たす（利谷信義「近代法体系の成立」『岩波講座日本歴史16　近代3』岩波書店、一九七六年、一二四頁）ことになったことであった。

法典論争から明治民法・商法の制定へ　以上のように六法典が編纂されたが、そのうち民法・商法は法典論争の結果、一八九二(明治二五)年の第三特別議会において「民法商法施行延期法律案」が可決され、修正のため九六年末まで施行延期となった。

一八九三(明治二六)年、民法・商法の修正のため法典調査会が設置されたが、起草委員には民法については穂積陳重、富井政章、梅謙次郎の三名が、商法については岡野敬次郎、田部芳、梅謙次郎の三名が選ばれ、ここに法典編纂が外国人の手を離れ、完全に日本人の手に移った(利谷・前掲論文一二七頁)。

法典調査会の審議の結果、民法中財産法の部分は一八九六(明治二九)年に、親族相続法は九八(明治三一)年に公布され、両者とも同年施行された。商法は九九(明治三二)年に公布・施行され、同年に改正条約が発効したのであった。

第2章　中央権力機構と官僚制

日本近代国家の国家機構は、明治維新政権による封建制の廃棄と近代国家機構の形成によって成立し、大日本帝国憲法とそれに関連する国家機関の形成とによって一応完成したと考えられる。しかし、大日本帝国憲法は、国家主権の根拠を憲法に優越する神秘的原理に置くという特異性をもっていた。そして、ここでできた国家機構は、近代資本主義社会に適合的な立憲制・議会制と、特権的少数者による非立憲的・反議会主義的支配の原理とを接合した、矛盾にみちたものであり、憲法起草者の意図とは別に、たえず修正と補充を必要とした。こうした特質は、一九世紀の半ばの「外圧」を契機として近代国家形成へ踏み出したことによって生まれた。

その後の資本主義社会の形成の主要局面は、国家機構を修正・補充しつつ、つねに国家的政策として展開され、日本の支配層は、東アジアにおける帝国主義国家として自立することを選択していった。この国家機構は、一九三〇年代には、いちじるしく侵略主義的な勢力による国政の掌握を抑えることができず、一九四五年八月の敗戦によって崩壊した。

大日本帝国憲法は、敗戦後の連合国による占領によって事実上失効し、翌四六年一〇月に日本国憲法が公布された。新憲法によって国家機構は大幅に改変され、また、社会的な制度も農地改革、財閥解体、家制度の廃止などを通じてつくりかえられた。今や、完全な議院内閣制が敷かれ、議会は、社会制度面の改革をうけて、国民統合の機関としての意義をもつことになり、議会以外の諸機関が国家意思を決定する道は絶たれた。とくに、陸海軍が解体され、また、植民地を失ったことにより、軍官僚が政策決定に関与することがなくなった。国民の人権も、新憲法によってはじめて基本的人権として法的に保障されることになった。

しかし、裁判所と官僚組織については、組織原理と編成は変えられたものの、人的構成はほぼそのまま残ったのであり、戦前の法運用と政策立案・運用の技術は継承された。占領下の経済は、財閥が解体されたとはいえ、戦時統制経済の延長という側面をもっていた。占領解除の後も、国家官僚と財界首脳による強力な経済再建政策が展開され、その方式は、戦前の総力戦体制に近い。農業政策（小農主義による自作農の育成・食糧管理法による徹底した営農の国家管理）も、戦前の農林省の農業政策と戦時下の食糧管理方式の継承だった。

一九五五年からの長期にわたる一党支配体制は、法や政策が、実質的には議会外の各種の政府審議会と自由民主党の部会で決定されるという事態を生み、官僚と政党・財界との癒着を深めた。この点も、戦前の経験の継承であるといえよう。

このように、日本近代国家の権力機構は、戦後の新憲法体制によって大幅につくりかえられたとはいっても、他方で、戦後の国家体制の形成とその運用において戦前の経験が、あるいは反面教師として、あるいは継承すべきものとして、参照されてきた。

帝国憲法制定以前（太政官制から内閣制へ）　(1)　一八六八年六月（慶応四年閏四月）下旬、新政府は、天皇親政を明確にするとともに、「政体書」を制定し、全国統治のための国家機構として「太政官」が設けられた。藩権力も中央政府の統制下におき、旧幕府領と朝敵藩領は新政府直轄の府県とされた。新政府は、諸藩の連合政権として生まれ、藩主・武士層の「公議輿論」を代表する権力だったが、ここに、新政府の指導層が国政を専制的に決定し、執行する体制がつくられた。

(2)　戊辰戦争勝利ののち、一八六九年七月（明治二年六月）の版籍奉還によって藩権力（藩主と藩の役職）の世襲制が廃止され、同年八月（明治二年七月）、「職員令」によって、「太政官制」が成立した（二官六省の制）。太政官には、左右大臣と大納言・参議の三職が置かれ、各省については、卿（長官）以下の官員組織が定められた。

新政府の指導層は、つづいて再度のクーデタで藩体制を解体し、すべての統治権を中央に集中することをはかった（廃藩置県）。同時に、中央官制の整備と太政官制の改革がなされ（太政官三院制）、新設の太政大臣が天皇を輔弼する最高責任者となった。諸省は、神祇・外務・大蔵・兵部・文部・工部・司法・宮内の八省とした。機構としての太政官制と執行権力の独裁の形式は、この改革によって一応完成し、内閣制の成立まで続く。

一八七三（明治六）年五月、太政官制の改革がおこなわれ、諸参議が構成する合議体である「内閣」が、これまで各省の専権事項であった行政事務の多くを管轄することとした。ここで「内閣」が、行政権はもちろん、官吏の任免、重要な裁判にいたるまでの国政全般にわたる意思決定機関となった（太政官制の潤飾）。

しかし、内閣を統括する職はなかった。参議と諸省の卿が分離しているという欠陥については、一〇月の「明治六年の政変」後、参議が省卿を兼任するという便宜的な方法で対応することになる。一一月に内務省が新設され、各省の権限が整理されて、大蔵・内務・工部・文部・司法の各省による内政機構が全体としてととのった。

(3)　一八七五（明治八）年、「大阪会議」の結果、「漸次立憲政体樹立の詔」が出され、同時に、元老院と大審院ならびに地方官会議が設置された。元老院の権限は制限されており、内閣の下で立法の諮問にあたるに過ぎなかった。大審院は裁判権を管轄し、裁判権が行政権から分離された。また、太政官の左右両院が廃止された。

一八七八（明治一一）年一二月に「参謀本部条例」が定められ、軍令事項は、太政官（陸軍省）とは別に天皇に直属する、参謀本部が掌握することになった。これは、太政官＝内閣が国政のすべてを統括していた体制からの転換であり、天皇の軍事大権の名のもとに、軍事官僚制が形成されるきっかけとなった。

(4) 明治政府は、自由民権運動に直面して重大な危機をむかえた。明治政府も、立憲制の採用を避けられないものとしていたが、各参議とも消極的であり、方針は定まらなかった。そのなかで、一八八一(明治一四)年三月に提出された大隈重信の憲法奏議に対抗するために、岩倉具視と伊藤博文は、井上毅に命じて憲法案を作成させた。彼らはこのときはじめて独自の国家構想をもつことができた(岩倉「綱領」)。この「綱領」が、開拓使官有物払下げ事件を乗り切る軸となった(明治一四年の政変)。

この政変の後、あらたに参事院が設けられた。参事院は、太政官(内閣)のもとで、立法事務とともに各機関の間の調整を行う、強力な権限をもつ機関で、以後、参事院を中心に、議会の開設にそなえた国家機構の整備がはかられてゆく。同時に、一一月、「各省事務章程通則」が定められた。

(5) 伊藤博文は、翌年、みずから渡欧し(憲法調査)、帰国後、伊藤が中心となって(一八八四(明治一七)年三月制度取調局を設置)参事院を指揮し、八五年の内閣制への移行をはじめとし、官吏任用制度・地方制度、華族制・皇室財産の創設、枢密院の設置など、多面にわたる改革をおこなった。また、軍制と警察制度の改革もこの時期におこなわれた。

八五年一二月に創設された内閣制は、明治初年以来の太政官制からの転換であり、太政官制のもつ参議(内閣の一員)と各省卿(各省長官で、官僚の地位にあった)との分離、輔弼と執行の分離を克服するものだった。各省長官は大臣としてそのまま内閣員となり(国務大臣と行政大臣の重複制)、各大臣は、担当事務について単独で輔弼責任を負うものとしたが、内閣の統括者として内閣総理大臣が置かれた。同時に、参謀本部長が内閣を経ずに直接天皇に上奏する権限を確認した（帷幄上奏権）。

国家法の形式は、八六年二月の「公文式」によって法律と命令（勅令・閣令・省令）に分けられた。内大臣をおいたが、内閣の一員とせず、「宮中」と「府中」を制度的に区別した。各省の構成も、逓信省が新設され、工部省が廃止され、宮内省が内閣の外に置かれて、外務・内務・大蔵・陸軍・海軍・司法・文部・農商務・逓信となった。

官僚制では、八六年二月に「各省官制」によって、各省共通の組織と事務処理の原則を定め、八七年七月の「文官試験試補及見習規則」によって、官吏を試験任用によるものとした（資格任用制）。また、「官吏服務規律」では、官吏は天皇と天皇の政府に忠誠を尽くすものと定めており、これらが近代日本の官僚制の基盤となった。

帝国憲法の体制　(1)　憲法の起草と枢密院における審議は極秘のうちにすすめられ、可決された草案は天皇に上奏され裁可された。一八八九（明治二二）年紀元節の日、「大日本帝国憲法」は天皇から内閣総理大臣黒田清隆に与えられた。

憲法制定以前の法制度は、ほとんどそのまま引き継がれた。同時に、衆議院議員選挙法・貴族院令・皇室典範などが公布された。翌年七月に最初の総選挙が行われ、一一月、第一回帝国議会が開かれた。

(2)　帝国憲法で表現された国家形態は、天皇主権下の「近代」国家だった。

国家権力は、立法・行政・司法に分化したが、それぞれが独立して、主権者である天皇を「翼賛」あるいは「輔弼」することになった。しかも、内閣・議会・裁判所以外に国家権力を分有する機関（枢密院）が置かれた。さらに、憲法に規定をもたない国家機関が存在し、国家権力を分有していた（元老・参謀本部など）。このような権力の分散状況を統合するのは、天皇の主権のみだった。かくして、国家意思の決定機関は議会ではなく、天皇だった。このような帝国憲法の構成は、「外見的立憲制」と呼ばれる。

帝国憲法によれば、天皇主権の根拠は、統治権が神によって与えられ、歴代の天皇とともに「万世一系」の血統によって受け継がれてきたことにあるとされた（告文・憲法発布勅語）。第一章には天皇大権が列挙され、天皇は統治権を総覧するものとされた。

帝国議会は衆議院と貴族院とからなり、両院は、衆議院の予算先議権を除いて対等だった。議会は、法律の議決権と予算審議権を有していたが、法律の議決権に対しては、緊急勅令の規定と勅令事項（法律によらず、勅令によって定めるとされた事項。官制・軍制・教育など）による制限があった。予算審議権では、特定の予算項目では政府の同意なくして削減等ができず、財政上の緊急処分権と前年度予算執行権が政府に与えられた。こうした議会権限の周到な制限は、衆議院の政党勢力からこれまでの統治集団の支配権を守ろうとするものだった。

憲法には、内閣の組織・内閣総理大臣の選出に関する規定はなく、ただ、各大臣が個別に天皇を輔弼した。総理大臣は元老が指名し、天皇が任命した。したがって、内閣は、議会の勢力分野や信任の有無と無関係に成立した。内閣総理大臣には、内閣を統括する権限が認められておらず、内閣の一体性の保証はなかった。八九年一二月の「内閣官制」では、法律勅令の制定に関して主管大臣の専権となった。あわせて「公文式」も改正された。

枢密院は、憲法の解釈等、国家最高の事項について天皇の諮詢にこたえることを任務とする機関で、内閣や議会と別に置かれた。

憲法によれば、軍の統帥権は、天皇大権とされた。軍事機構は、西南戦争以来の国軍の建設によって、一八七八年には参謀本部が独立し、独自の軍事官僚制を生み出していた。しかも、軍事に関しては、一八八五年の「内閣職権」以来、参謀本部長は「帷幄上奏」の権限をもっており、この権限は、戦略上の問題以外に、軍の編成・定員にも及んでいた。八九年の「内閣官制」では、陸海軍大臣もこの権限をもつことになった。軍事に関しては、議会はもちろん内閣の意向をも越え得るものとなった。軍事予算は、六七条の規定によって、内閣の同意なくして削減できない費目とされた。

衆議院議員選挙法は、選挙権に性・年齢・財産による制限を付していた。これは、近代国家の選挙制度の通例だったが、このときの、直接国税一五円以上納入という制限は、国民のわずか一・二%しか選挙権をもてないことを意味した。一八九〇年代までの帝国議会は、中小地主が衆議院議員の多数を占める「地主議会」となり、議会が国民統合の機能を果たすことができず、政府が国民的基盤をもつことが困難だった。

このように、大日本帝国憲法では、国家機構内部で著しい権力の分散がみられる。権力の集中と統合の契機は、元老を仲介にして天皇に求めるほかなかった。

(3)　「初期議会」の間、明治政府は「超然主義」内閣の方針をとった。しかし、衆議院の多数党は「民力休養」を求める野党(「民党」)だったため、政府の軍拡予算をめぐって議会と政府は激しく対立した。このわずか四年の間に、政府は四回も衆議院の解散を繰り返し、予算に関する二度の詔勅を出さなければならなかった。「超然主義」は空論であること、政党を基盤とせずに政権を維持することは困難なことが明らかになった。日清戦争は、こうした政府の危機を対外戦争によって糊塗するという性格をもっていた。

戦争によって一時的な妥協が成立したのち、政党勢力も、みずからの政策を実現するために政府と妥協し、内閣と「提携」することによって政府与党となった。議院内閣制を実現する道を捨てたのである。一八九二(明治二五)年から九八年六月まで政権を担当した伊藤博文と松方正義の内閣は、いずれも自由党と提携し、自由党との提携が破れて内閣が倒れたのだった。一九〇〇(明治三三)年九月の「立憲政友会」の創立、一〇月の伊藤内閣の成立の後、政権にとって衆議院における政党との提携・妥協が必須の条件になった。

従来の統治集団は貴族院・枢密院・軍・官僚機構などに拠ってこうした動きに抵抗した。そのため、政党を基盤とした内閣はなかなか成立しなかったが、一九〇一年から一二年のいわゆる「桂園時代」には、閣僚に政党員を取り込むことによって内閣が成立した。すでに政党は都市有産者層の組織化に乗り出しており、官僚勢力もまた、政治の安定要素として資本家層を取り込もうとしていた。一九〇〇(明治三三)年の「衆議院議員選挙法」改正は、直接国税納入条件を一〇円以上に引き下げ、都市を独立選挙区とした。

国務大臣の単独輔弼制によって、内閣は、閣内不統一によっても容易に倒れた。統治集団の内部で対立がおこると、それは、各閣僚・貴族院・枢密院・元老・軍の相互間の対立としてあらわれ、これらを最終的に調停する機関は存在しなかった。日露戦争の時にあらわれた、「御前会議」での天皇の「聖断」による決定の方式は、こうした分裂のときに国家意思を統一する、最後にして唯一の方式であり、帝国憲法の規定する権力分散の結果だった。

(4) 一八九三(明治二六)年の「文官任用令」、さらに九七年の勅任参事官制によって、政党勢力が高級官僚となり、政党員が各省の次官・局長に任用された。これに対して、一八九九(明治三二)年に制定されたいわゆる文官三法(改正文官任用令・文官分限令・文官懲戒令)は、勅任官も資格任用とし、高等文官試験の合格者に限った。政党=議会勢力が官僚機構に進出するのを遮断し、同時に専門官僚群を生み出し、再生産するものだった。こうして、帝国大学出身者が各省の局長以上のポストを占めるようになるのは、およそ日露戦争後のころとみられる。

官僚機構は、一八八六(明治一九)年の「各省官制」を基礎としながら、一九〇〇(明治三三)年から翌年にかけての各省官制改正を軸に、日清戦争から日露戦争にかけての時期に、諸官庁の業務分担を整理し、最終的に完成した。

官僚の裁量・決定権は、特殊銀行(日本勧業銀行・農工銀行・日本興業銀行など、一八九六〜一九〇〇年)と各種軍工廠の設立と運営、輸出産業保護政策による資本主義の育成に重大な意義をもち、日露戦争の際の総力戦体制の整備に決定的役割を果たした。日露戦争後も、この戦時体制が恒常化し持続する。資本主義の展開に伴う労働運動・小作争議・都市問題、また、対外戦争に動員した国民に対する保障などに対処するため、内務省の機構が、社会保障・労働保護・衛生行政などに対応して整備された。

(5)　軍事機構も、この時期に、大規模な対外戦争と軍備拡張計画の実現を契機として、いっそう独自の官僚制的整備をすすめた。

統帥権の独立にもかかわらず、予算措置を伴う軍備拡張や対外侵略において、軍は事実上内閣の統制下にあった。そこで、一九〇〇年の陸海軍省官制改正によって、陸海軍大臣は現役の武官に限り、軍の意向が内閣の政策決定に直接反映する機構がつくられた。一九〇七(明治四〇)年四月の「帝国国防方針」の決定に際しては、軍のみによって立案された大軍拡計画が天皇の御沙汰書を付して下付される形式をとった。

軍は、台湾・韓国・満州の軍事的支配をも担当し、この面でも機構的に肥大化していった。軍官僚は、植民地支配機構を足がかりとして内閣の統制からの独自化をはかっており、軍事力による植民地・勢力圏の確保が日本資本主義の発展にとって不可欠の要素だったがゆえに、軍は、国家機構の中で独自に重要な地位を占めた。

一九〇七年二月の「公式令」では「公文式」の規定が改められ、すべての法律・勅令について内閣総理大臣の副署を求めることとし、総理大臣の指揮権が強化された。しかし、軍事に関しては、同年九月の「軍令」第一号によって、軍令という新たな法形式が設けられた。軍令は、軍の統帥に関する法令を一般の法律・勅令から区別し、統帥権を軍が単独で輔弼する原則(統帥権の独立)を、法形式の面で確立したものだった。

国家機構の再編　(1)　第一次世界大戦は、日本の支配層にとってアジア地域における支配地域を拡げる機会だった。そのため、戦時体制の整備をいっそうすすめる必要があり、激化する労働者・小作人による運動と都市住民による大衆運動、植民地の反日運動に対する対応も迫られていた。

一九一二(明治四五)年七月の明治天皇の死は、国家権力の分担者間の対立を調停・統括してきた中心が失われたことを意味した。翌月には、勅語によってあらためて元老を認定し、桂太郎が内大臣兼侍従長となって新天皇の輔弼体制を固めようとしたが、帝国憲法の規定した国家権力の分散状況は、新たな危機に直面した。

この危機は、はやくも一九一三(大正二)年の「大正政変」としてあらわれた。内閣・政党・軍・枢密院・官僚勢力などの意見の分裂は、一九一二年一二月、陸軍大臣の帷幄上奏による単独辞任によって西園寺内閣の倒壊に到った。その後継首相に指名されたのが、軍・枢密院・官僚勢力の代表と目された桂太郎だったことが、院外の反対運動を引き起こし、桂内閣は倒れた。

この第一次護憲運動に対して、軍と官僚を拠りどころとする旧来の統治集団は、天皇の詔勅によって専制的支配の継続をはかるが成功しなかった。天皇はもはや権力の調停者としての役割を果たせず、他方、官僚勢力と妥協した政党勢力は、議会外の大衆運動を制御できなかった。政府は、あらためて「挙国一致」の体制を構築する努力を開始する。

(2) 一九一三(大正二)年の「文官任用令」改正と翌年の「各省官制通則」改正による、自由任用の高級官僚の設定は、官僚組織に政党勢力を取り込む試みだった。同時に、各種審議会・調査会による政策決定の方式が導入された。一九一六(大正五)年の経済調査会、翌年の臨時外交調査会をはじめとする各種調査会は、国家政策のあらゆる局面に及ぶ政策体系を再検討し、関係諸勢力の利害と意思を調整して、あらたな政策体系をつくりあげた。総力戦体制に対応できる軍事組織・産業構造・外交政策・統合イデオロギーの整備など、いずれも個別輔弼体制では実現できない政策課題であり、とりわけ、統帥と国務の統一的政策決定が望まれる事柄だった。

この各種審議会・調査会には、内閣の主要大臣と枢密院など官僚勢力の代表とともに野党指導者や財界代表が加えられ、これを通じて、政党・財界・官僚・軍の統合を果たすことができ、機構上の権力の分散状況を回避することが可能となった。これによって、軍はふたたび統制下に置かれた。同時に、資本家層は、この臨時的な機関のなかで、権力の担当者との直接協議を通じて自らの利害を実現する道を獲得した。

一九一八(大正七)年九月の原敬政友会内閣成立にみられた政党内閣制の慣行は、一九二四(大正一三)年の第二次護憲運動以降、ほぼ定まった。これは、元老が内閣総理大臣を指名する点で議院内閣制とは別物だったが、この体制によって、国際的な軍縮体制（ワシントン体制）の枠組みのもとで、元老と内閣の意思調整によって軍を統制することができた。

(3)　資本主義経済の発達と、帝国主義的国家体制の成立につれて激しくなっていった労働争議・小作争議・都市住民の運動は、いまや労働組合や小作人組合の全国組織を生み出していた。こうした運動への対応と、資本主義の側からする人的資源確保の要求に応じて、社会政策の必要が認識され、一九二〇(大正九)年に内務省社会局・農商務省工務局労働課が設けられた。

同時に、借地人・借家人・小作人・労働者などに関する実体法を整備するかわりに、調停制度（一九二二(大正一一)年四月借地借家調停法・二四年七月小作調停法・二六年四月労働争議調停法）を設けた。調停にあたっては、小作官・調停官・地方庁・警察などが直接介入し、国民生活に国家権力が直接入り込むきっかけをつくった。この時期の法制度改革の方向は、その後の動きを規定した。

(4)　一九二五(大正一四)年五月に公布された「衆議院議員選挙法」の改正（普通選挙法）は、労働者・小作人・都市住民の運動に対応し、彼らに選挙権を与えることで、あらたな国民統合の形式を得るものだった。彼らの運動自体は調停制度を通じて鎮静化させ、それに服さないものは、強力に弾圧するのである。この点は、政党勢力の意向も同様だった。国家の保護によって成長してきた資本家層は、労働者や農民の運動を恐れ、官僚勢力とともにその運動を弾圧することを選んだ。かくして、普通選挙法とほぼ同時に「治安維持法」(同年四月)が公布される。

一九二八(昭和三)年に最初の総選挙がおこなわれ、これ以後、政党内閣制は、民政党と政友会の二大政党による政権交替の慣行として定着した。

ファシズムの体制へ　(1)　日本の官民による中国大陸への侵入が大規模になるにつれて、中国民衆の反日運動は強まり、また、欧米諸国との間に帝国主義的な利害の対立が激しくなった。日本の植民地軍(関東軍)は、国際的な調整の努力を無視して植民地における勢力の拡大を求めた。

関東軍は、一九三一(昭和六)年、独自の判断で満州事変をおこし、内閣と陸軍首脳の方針に反して、領土拡張のための軍事行動を拡大し、やがて「満州国」を樹立した。政党内閣も、陸軍中央や元老も、この一連の行動を抑えることができず、天皇の権威すら疑われる事態が生じた。軍は統帥権の独立を主張したが、この事態は、絶対的であるべき天皇の意思が、統帥権(軍・参謀本部)と国政(輔弼責任者たる内閣総理大臣)とに分裂していることを意味した。

いまや参謀本部は、天皇の意思をも改変して統帥権の自立的な行使を開始した。帝国憲法がもつ権力分散の構造が、支配層内部における統合の契機を失ったとき、いかに危険なものとなるかが明らかになった。

(2)　翌三二(昭和七)年の「五・一五事件」では、後継首相に政党の党首が指名されなかった(政党内閣制の終わり)。これ以降の権力闘争は、帝国憲法の規定する権力機構の枠内では国家意思決定ができなくなる過程だった。

軍による中国における戦争の拡大は、国際的な利害対立を調整不可能な状態にまで高めた。同時に、国内のあらゆる資源の動員と、イデオロギー的な統制を必要とした。一九三六（昭和一一）年、軍部大臣の現役武官制が復活し、軍の主張が直接閣議を動かし得る構成となった。さらに、軍人の総理大臣が現われ、すべての政策目的は戦争へと向けられることになった。翌三七年に近衛文麿が首相に指名され、再度軍と財界・政党勢力との統合をはかるが、軍は、その直後に日中戦争を開始し、既定の方針をすすめた。三八年の「国家総動員法」はこの方向を決定的にした。政党は解散して「大政翼賛会」（一九四〇〔昭和一五〕年一〇月）に再編され、帝国議会は最終的に無力化された。

しかし、統帥大権とともに国政輔弼の権をも手にしたはずの軍は、みずからは政治的統合を果たすことができなかった。天皇の「御前会議」が国策決定の場になった。すなわち、天皇が政治責任を引き受ける形でのみ、国家意思の形成が可能だった。

帝国憲法の体制では、国家権力は各国家機関に分有されていた。天皇大権は各国家機関によって個別に輔弼され、政治責任も個別の機関が負った。それは、天皇に政治責任が及ぶことのない体制だった。憲法の第三条はこのことを宣言している。これに対し、御前会議の形式は、各国家機関に超越する天皇がみずから裁断し、そのことによって天皇に政治責任を負わせるものだった。帝国憲法の体制は、この段階で崩壊していたのである。

第3章　大日本帝国憲法の制定と展開

日本国憲法の設計図ともいうべき「マッカーサー草案」が日本側に突きつけられたのは、一九四六（昭和二一）年二月一三日のことであった。その約二週間前、同月一日付けの『毎日新聞』は、日本側で準備されていた憲法案が、後述する「松本四原則」に則り、統治権の総覧者たる天皇になんらの変更も加えていないことをスクープした。それは、民政局長ホイットニー（C. Whitney）に言わせれば、「自由と民主主義の文書として最高司令官が受け入れることのまったく不可能なもの」であった（田中英夫「憲法制定をめぐる二つの法文化の衝突」坂本・R・E・ウォード編『日本占領の研究』東京大学出版会、一九八七年、一一七頁）。この意味で、戦後の改正過程における——とくに「松本案」以前の——日本側の憲法認識は、あらゆる観点からも「明治憲法」の大枠から出るものではなかった。しかしながら、同案はまた、「当時のわが憲法学の泰斗」による十分な検討を踏まえて作成されたはずのものであった。だとすれば「マッカーサー草案」は、戦前の我が国における憲法認識の枠内からは描き出せない内容を持っていたことになる。そこに「憲法制定をめぐる二つの法文化の衝突」（田中・前掲論文九八頁）を見た田中英夫によれば、「マッカーサー草案」を基礎として制定された日本国憲法は、まさしく過去との「断絶のシンボル」として映った（田中・前掲論文一一三頁）。

日本国憲法の制定・施行から半世紀以上を経た現在はまた、大日本帝国憲法の施行から隔たること約一世紀の時点にある。旧と新——戦前と戦後——の二つの憲法典をその制定過程において対比することを通して、我々の憲法認識の歴史的背景を考えてみよう。

第1節　大日本帝国憲法制定にいたるまでの経過

幕末維新期の憲法構想　幕末期における西洋の憲政・議会思想の導入・紹介は、黒船来航による幕藩体制の動揺のなか、幕府による衆議下問＝公議世論政策の採用と符節を合わせる。そもそも欧米の議会制度の紹介は、一七八九(寛政元)年の朽木昌綱『泰西輿地図説』や、一八二五(文政八)年の吉雄宜『諳厄利亜人性情志』による英国議会の紹介に遡ることができ(江村栄一「幕末明治前期の憲法構想」江村栄一校注『日本近代思想大系9　憲法構想』岩波書店、一九八九年、四四三頁以下)、一八四三(天保一四)年には幕府天文方の訳官杉田成卿がオランダ五法のひとつとして同国の憲法を翻訳した。しかし学問的な憲政理論の紹介は、加藤弘之の『鄰草』(一八六一年・文久元年)や『立憲政体略』(一八六八年・明治元年)を待たなければならない。また、加藤と同じく蕃書調所(一八五六年・安政三年設立)の教官であった西周や津田真道は、オランダのライデン大学に学び、彼らの師事したフィッセリング(S. Vissering)の講義を各々帰国後に邦訳した(大久保利鎌『明治憲法の出来るまで』至文堂、一九五六年、七頁)。

津田の訳出した『泰西国法論』(一八六六年・慶應二年)の第四巻は憲法の説明に充てられており、これが日本における最初の憲法の概説書となった。そこに定義される「君主の権を其行事上に限制する所ある国体」とは、「有限君主国」＝立憲君主国を指しており、憲法はこの「限制」を明文化する国家最高の規範であると紹介される。それればかりではなく、西は「議題草案」、津田は「日本国総制度」をそれぞれ一八六七年に草し、それらは我が国で最も古い憲法草案のうちに数えられる。両者とも二院制、「将軍」主権制を採用しているものの、津田の案では、幕藩体制を西洋の連邦制に模しており、将軍を大統領に据えている点が注目されよう（以上、大久保・前掲書一一頁）。いずれも大政奉還後の幕府の存続を前提にしたものであったが、王政復古による明治政府の誕生は、天皇親政による君民共治的国家構想の模索の始まりであった。

明治初年期の政府系の憲法制定経過　一八六八（慶應四）年三月一四日、「広ク会議ヲ興シ万機公論ニ決ス」べきことを「五ケ条誓文」の劈頭に掲げ、天皇は群臣を率いて右誓文を神明に盟約した。その内容は、同年閏四月二一日に公布された「政体書」において具体的な条文としてあらわれ、太政官への集権化がはかられるとともに、その権をさらに立法・司法・行政の三権に分立させた。この「政体書」の起草には、『聯邦志略』（E. C. Bridgman 撰、一八六一年中国版刊、六四年日本版刊）、『万国公法』（H. Wheaton 著、原著名：Elements of International Law 1836, 一八六四年中国版刊、一八六五年日本版刊）、それに『西洋事情』（福澤諭吉著・一八六六〜七〇年・慶應二〜明治三年刊）が参照されたと言われ（稲田正次『明治憲法成立史（上）』有斐閣、一九六〇年、二三頁以下）、そもそも「政体」なる語は、『聯邦志略』がアメリカの一七八七年の《Constitution》を指すのに用いた訳語であった。とくに議会制的な見地からは、上下両局からなる議政官と諸官の「公選入札」制がとられたことが注目される。このことから、誓文には明治政府による立憲制の公約が示されたとして、自由民権派は後にこれを盛んに持ち出した（大久保・前掲書一七頁）。

外国の憲法の参酌は続けられる。一八七〇（明治三）年に江藤新平が起草した「国法会議の議案」では、「国法」、すなわち憲法編纂のための会議の開催が提唱される。江藤の国法案は、全体の編別構成において明らかに神田孝平訳『和蘭政典』（一八六八年・明治元年）を介してのオランダ憲法のそれを下地にしていた。また同案にて江藤は、「政府と政府との交際は公法」によって、「政府と其国民との交際は国法」によって、「民と民との交際は民法」によってそれぞれ相整えられるべき旨を宣言するが（傍点、筆者）、そこに後の司法卿としての彼の立法構想が垣間見られるようで興味深い。

明治初年期の政府の立法プランは、一八七一(明治四)年に「諸立法ノ事ヲ議スル」機関として設置された左院においても示された。左院少議官儀制課長宮島誠一郎が一八七二年に同院議長後藤象二郎に建白した「立国憲議」がそれで、まず憲法の制定を急務とし、その後に、民法、刑法の順にそれぞれ定めるとあり、国家基本法の編纂と他の諸立法事業との明確な関連性を示唆している。また左院は、一八七三年から憲法起草の使命をも帯びるようになり、「民選議院仮規則」を編纂した後、より完備した「国会議院規則」を成案して、議院の組織権限を定めた。とくに後者は、オランダ、フランス、イギリスといった各国の憲法を参照して作成されたことが史料上明らかであり、翌七四年の板垣退助や副島種臣らによる「民選議院設立建白」に先立ち、その内容も、極めて制限された選挙とはいえ、民選による議院を予定していた。

そうした立憲君主制をめざした憲法構想が練られるなか、岩倉遣外使節団に随行し各国の憲法調査を経て一八七三(明治六)年に帰国した木戸孝允は、「君民同治」の憲法は時期尚早であるとして、独裁制の憲法を起草すべし、との意見書を政府に出した。この木戸の意見を基に在ドイツの青木周蔵が同年中に起草した「大日本政規」と、翌七四年に出されたその改定案「帝号大日本国政典」がある。両者全編にわたってプロイセン憲法との著しい類似性が指摘されているが、両者とも国民の政治的権利は承認されず、民選議院が設置されない点では確かに立憲的とは言い難い。しかし皇帝が即位する際に憲法遵守の誓約を求め、大臣の責任、司法、財政の諸規定には、後の大日本帝国憲法よりもリベラルな要素も見られなくはなかった。

政府の漸進的な立憲制への志向は、一八七五(明治八)年四月一四日の「立憲政体詔勅」に明らかとなった。同日の官制改革によって左院は右院とともに廃止され、新たな立法(議法)機関として元老院が設けられる。翌七六年九月には、同院は勅命を受け憲法の起草にとりかかる。同年一〇月に第一次、一八七八年七月に第二次、そして一八八〇年七月に第三次の草案がそれぞれ成立する。民選議院の設置は、第二次草案以降にあらわれたが、第一次草案から、皇帝即位時の議会における憲法遵守の誓約を明記し、特段の事情あるときの帝位継承の変更には議会の承認が必要とされ、皇室経費も皇帝即位毎に法律を以て定めるなど立憲的性格が強く打ち出され、またいずれの草案にも一七ヶ条にわたる国民の権利義務が具体的に規定された。元老院の憲法編纂は、「我建国ノ體ニ基キ広ク海外各国ノ成法ヲ斟酌シ」しつつ進められ（前述の一八七八年九月の勅命）、実際にプロシア・ベルギー・オランダ・イタリアなどの憲法が参酌された。しかしその内容はかえって政府側の不評を買い、伊藤博文は岩倉具視宛書簡で、草案は「各国之憲法ヲ取集、焼直シ」、「欧州之制度模擬スルニ熱中」したまでのことであって、「我国人情等ニハ聊も致注意候ものとは不被察」と決めつけた。侍講として天皇の信任篤かった元田永孚は元老院案に対する修正案を練る過程で、「祖宗の国体は永遠に確守すべし」との立場から、めざすべき立憲政体は西欧（イギリス）流の「君民同治」ではなく、儒教主義に基づく我が国独自の「君主親裁」であるべきことを明らかにした。

結局、元老院の憲法草案は政府の採用するところとはならなかったが、民権運動が高まる中で、政府部内にも立憲制のあり方をめぐっての深刻な対立があらわれてくる。

自由民権の憲法構想と明治一四年政変　征韓論により下野した板垣らの民選議院設立建白が契機となり、自由民権運動は急速に拡がった。その思想と運動の高揚、拡大はやがて、数多くのさまざまな私擬憲法草案を産み落とす。例えば嚶鳴社や共存同衆では、一八七九（明治一二）年頃に憲法草案を作り、とくに後者の「私擬憲法意見」は強固な議会権限を定め、イギリス流の立憲政体を基調としていた。また慶應義塾関係者の集まった交詢社が一八八一年四月に発表した「私擬憲法案」では、イギリス流の政党内閣制度が採用され、立法院は、元老院と、都市農村部の有産者により制限的に選挙される国会院から成る二院制とされた。民権（人権）については種々の但書きや留保が付され、皇位継承関係についての規定は省かれている。この憲法案を起草した一人の矢野文雄は、同年三月の大隈重信による「国会開設奏議」をも執筆しており、ここに大隈奏議と交詢社案とが内容上不即離の関係に立つ所以があった。

だがこの一方で、愛知自由党の内藤魯一などは、上述の都市民権家による憲法案を「ヨーロッパ各国の憲法に目をうばわれ、『博識の病』に罹っている」として批判し、一八八一（明治一四）年に「日本憲法見込案」を発表した（新井勝紘「自由民権運動と民権派の憲法構想」江村栄一編『自由民権と明治憲法』吉川弘文館、一九九五年、一一二頁）。同案は、国会を強い権限の下の一院制とし、皇帝が一度国会決議を否認しても、国会で再議に付し全議員の三分の二以上の同意を得た場合には、皇帝の再度の否認権は認められていない。先駆的な民権結社、立志社が同年に発表した「日本憲法見込案」も一院制を志向し、無条件に民権（人権）を承認した。そればかりか植木枝盛の「日本国国憲案」（同年）では、連邦制が構想され、その行政権は天皇に帰属するが、国家は人民の「自由権利ヲ減殺スル規則ヲ作リテ之ヲ行フヲ得」ず（第五条）、もし政府が憲法に背き恣意専断の下に人民の「自由権利ヲ残害」することがあれば、「之ヲ覆滅シテ新政府ヲ建設スルコトヲ得」（第七二条）とする国民の抵抗権・革命権を認めていた。また、通称「五日市憲法」（正式名「日本帝国憲法」）と呼ばれる、地域民権家による草の根的な学習活動が生み出した憲法案も存在し、当時における地域豪農層の憲法意識が極めて高かったことを示している（新井・前掲論文九九頁以下）。

政府内では前述の通り、一八八一（明治一四）年三月に参議大隈重信が奏議を提出した。同奏議のなかで大隈は、憲法制定の必要を説くとともに、イギリス流の政党内閣主義を標榜した立憲政治を提唱し、翌八二年に選挙を行い、その翌年に「国議院（国会）」の開設を求めた。この見解は、漸進的国会開設を唱えながらも慎重論を崩さなかった伊藤博文ら諸参議にとっては、極めて急進的なものとして映り、政府部内での不調和が生じた。大隈は同年一〇月一一日、開拓使官有物払下事件を契機に政府を追われることになる。

岩倉の制憲構想と大日本帝国憲法の制定　政府首脳部内に生じた立憲構想の乱れは、大隈の罷免と、右大臣岩倉具視の一八八一(明治一四)年七月に上奏した憲法制定方法についての方針(「大綱領」「綱領」)、ならびに意見によってひとつの方向に収斂してゆく。岩倉の示した方針——憲法制定のための、欽定憲法主義、皇室関係規定を憲法外事項とすること、天皇大権、すなわち軍の統帥権・宣戦講和権・大臣任免権・議会解散権などの列挙、大臣は議会・国民ではなく天皇に対してのみ責任を負うこと、二院制、上院を華族と勅選議員により構成すること、下院の財産による制限選挙、政府による予算案不成立の場合に前年度予算により執行すること等——は、そのまま大日本帝国憲法に受け継がれる基本線となった。そして岩倉は、日本の倣うべき立憲政体はイギリス型かプロイセン型かの根本問題を論じ、立憲君主制をとりつつも行政権がもっぱら国王の手中に掌握され、議院政党に左右されないプロイセン型に倣うべきことを意見として表明する。先の方針に列挙された諸事項は、まさしく政府を議会の勢力外に置くことを旨としたものであり、そこにプロイセン憲法の影響が濃厚にあらわれている。大隈罷免の翌日、すなわち一〇月一二日に、国会開設の勅諭が出され、一八九〇年を期して議員を召集し国会を開くことが政府によって公約された。翌一八八二年、伊藤は憲法調査のために渡欧し、とくにドイツ(プロイセン)では、グナイスト(R. v. Gneist)やその高弟アルベルト・モッセ(A. Mosse——直後に日本政府のお雇い法律顧問として来日)、オーストリーでは、シュタイン(L. v. Stein)といった公法学者の憲法講義に、日本のめざす保守的憲法制定の理論的確信を得たのであった。

ところで岩倉の奏議ならびに国会開設勅諭は、ともに井上毅の起草によるものだった。だが井上の背後には、ドイツ人お雇い法律顧問レースラー（K. F. H. Roesler）がいた。彼は当初外務省顧問として一八七八(明治一一)年より来日していたが(八一年より太政官に移る)、井上の依頼によりプロイセン憲法に基づく助言や草案の起草に携わり、憲法編纂に大いに関与する。また時期は前後するが、司法省のお雇い法律顧問であったボアソナード（G. E. Boissonade）も、一八七五年の立憲政体詔勅前後に司法卿の大木から憲法草案の起草を求められ、これに応じたと言われる。外国人法律顧問に助言を求め外国法に依拠するという方法は、他の一般的な法典編纂作業にも共通して見られ、憲法もその例外ではなかった。

そこで、一八八三(明治一六)年に帰朝した伊藤博文らは、翌年、まず立憲制への移行をスムーズにするための華族令や内閣制を制定し、八六年から憲法草案の具体的な起草に入った。秘密裏に進められた編纂作業は、総裁格の伊藤の他、井上毅、伊東巳代治、金子堅太郎の計四名であった。草案は、井上が前出のレースラーやモッセの答申を参照しつつ起草し、一八八七年四月に「乙案試草」、五月に「甲案試草」が作成され伊藤に提出された。前者にはレースラー、モッセ両者の意見が条文間に挿入され、後者には両者の答議が別本として備えられた。この井上の両案と、同時期に提出されたレースラー起草の「日本帝国憲法草案」を基にして「夏島修正案」が作られ、これにさらに訂正・推敲が加えられた。かくして一八八八年四月に成案した憲法草案は、五月八日開院の枢密院にかけられ、皇室典範、憲法(両者とも井上が議案説明・以下同)の順に審議がなされた。憲法草案はその第一審会議において七月一三日に可決され、九月から一二月にかけて議院法(伊東)、衆議院議員選挙法、貴族院令(両者とも金子)の順に審議検討される。可決された憲法案はいったん天皇に上奏された後、内閣にて再審議にかけられ、翌八九年一月一六日に第二審会議、同月二九から三一日にかけて第三審会議、および二月五日の最後の会議を経て、同月一一日紀元節の日に、議院法以下の上記の諸法とともに公布された。

大日本帝国憲法の内容

憲法の定める統治権の主体は天皇にあり（第一条）、その「総攬」の仕方は憲法の定める所に従った（第四条）。まず、その立法権の行使には議会の協賛が必要とされ（第五条）、行政権は各国務大臣の輔弼の下に行われ（第五五条）、司法権は法律に依りながら裁判所が「天皇ノ名ニ於テ」これを行うとされた（第五七条）。すなわち、天皇主権の行使の態様において、その立憲的制限が明記はされたのである。

しかし、前述したように、制憲の全過程を貫く一つの大きな課題は、天皇主権のかたわら議会制を導入するにあたって、国政上その権限をどの程度認めるかという点にあった。この意味で憲法の列挙する「大権事項」は、議会の協賛なく天皇が専行できる領域であった。それらは、法律の裁可・公布・執行（第六条）、帝国議会の召集・開会・閉会・停会、衆議院の解散（第七条）、緊急命令・独立命令の発布（第九条）、官制の制定、文武官の任免（第一〇条）、陸海軍の統帥（第一一条）、陸海軍の編成、常備兵額の決定（第一二条）、宣戦講和・条約締結（第一三条）、戒厳宣告（第一四条）、爵位・勲章等栄典付与（第一五条）、恩赦（第一六条）であった。

また、右の大権事項は各国務大臣の副署を要したが（第五五条第二項）、大日本帝国憲法には内閣そのものの規定がない。これは各国務大臣が内閣として連帯性で結ばれ、内閣総理大臣の強い指導性が発揮されることを避けたからである。井上毅らは、一方では内閣による天皇の権力の簒奪を、他方では議会の不信任を得ることにより一挙に議院内閣制へ移行することを恐れたのである（長尾龍一『思想としての日本憲法史』信山社、一九九七年、八頁）。この結果、個々の国務大臣の責任は、天皇に対しては直接だが（単独輔弼責任制・第五五条第一項）、議会に対しては間接にして道徳上のものとされた。

なお臣民の権利義務が一五箇条にわたって明文化された。統治の主体ではなかった臣民の「基本権」は、その多くに「法律の留保」が付された。その保障は形式上、議会の立法裁量に委ねられたわけだが、制限選挙制の下の帝国議会は多くの治安立法を通過させ、国民の諸権利を数々の制約の下に置いた。

明治政府による憲法典と諸法典の編纂　一八八九（明治二二）年に公布され、翌年一一月二九日に施行された大日本帝国憲法は、一八八〇年にすでに公布されていた刑法や治罪法に十年遅れ、（旧）民法や民事訴訟法、それに（旧）商法といった諸法典と並行して制定された。法典編纂とは明治国家にとって、自らの権力意志を再配分し、それらを西欧近代法的表現の下に形式化・整序化する事業であった。この意味で憲法の場合も決してその例外ではない。むしろ、上述してきたようにその制定過程は、まさに国家による権力の安定や強化を目標とした政治制度の整備を第一義とする営みであったと言えよう。もっとも制憲の胎動はひとり政府のみによって生じたわけではない。自由民権運動や元老院、そして政府部内にさえ生じた様々な思想動向が大きなうねりを描き、やがてイギリス型ではなくプロイセン型の立憲君主制を準拠とする明確な権力意志が形成されていった。そうした憲法制定の基調は当初から決して同一であったのではなく、官－民それぞれの側からの制憲活動が相互に影響を与え合いながら織りなされた歴史の過程で具体化されていったと考えるべきであろう（新井勝紘「明治政府の憲法構想」江村編・前掲書一四三～一四四頁）。

大日本帝国憲法は、政府による主要な法典編纂事業のしんがりであった。憲法により人権や私的自治といった価値理念が予め見定められることなく、他の法典編纂作業は個別のプロセスの中に自己完結していった。この意味で、憲法の制定と前後して起きる法典論争は、遅れて登場した憲法が「（旧）民法典」として実定化されつつあった私法原理を荒々しく併呑した事件であったといえよう。これ以降、大日本帝国憲法という新たなる規範を中軸として、法典相互をひとつのまとまった思想作品として結びつける国家理性の発現と、その弁証の方法としての憲法学説が、近代日本において展開することになる。

第2節　日本国憲法制定の経過

ポツダム宣言の受諾と日本占領管理体制　以上のような経過を経て制定され、発布以降「不磨の大典」として我が国の基本法典の位置を占めてきた大日本帝国憲法（明治憲法）は、第二次世界大戦における敗北を機として、初めてその改正が本格的に議論されるにいたった。

一九四五（昭和二〇）年七月二六日、連合国側は日本に降伏を勧告する目的でポツダム宣言を発した。日本政府はこれに対ししばらく黙殺の姿勢をとっていたが、広島・長崎への原爆投下、ソ連の対日参戦等を受けて、八月一〇日付で同宣言を「天皇ノ国家統治ノ大権」についての条件付で受諾する旨を連合国側に申し入れた。これに対し連合国側は、天皇及び日本国政府の国家統治の権限が降伏時から連合国最高司令官の「制限ノ下（subject to）」に置かれ、最終的な政府の形態が「日本国国民ノ自由ニ表明スル意思」に従って決定されるべきことを八月一一日付で回答した。政府は議論の末、一四日付で連合国側にポツダム宣言を正式に受諾する旨通告し、九月二日に降伏文書に調印することでその条項を「誠実ニ履行」する国際法上の義務を負うこととなったのである。

ところで、ポツダム宣言は第一〇項で「民主主義的傾向ノ復活強化」を、第一二項で「日本国国民ノ自由ニ表明スル意思」に従った「平和的傾向ヲ有シ且責任アル政府」の樹立を掲げているが、直接に憲法改正を示唆する文言は含まれていない。このことから政府は当初、大日本帝国憲法の改正を経ずともポツダム宣言の条項を履行し得るという立場を示していた。これは、当時の日本側当局者の「国体護持に対する執着」（佐藤達夫『日本国憲法制定史1巻』有斐閣、一九六二年、三〇頁）の反映とも言えよう。しかし、ポツダム宣言およびそれに関する一連の文書が、いわゆる「明治憲法体制」に深刻な動揺をもたらす内容を含んでいたことは確かであった。

こうして日本は連合国最高司令官マッカーサー（D.MacArthur）の下で連合国の占領管理に「従属する（subject to）」こととなったが、ヨーロッパにおけるものと異なり、日本占領においてはその体制について国際的な協定が欠如していたため、大戦中からすでに検討が始まっていたアメリカの対日占領政策が強い影響力を持つこととなった（豊下楢彦『日本占領管理体制の成立』岩波書店、一九九二年、三頁以下）。占領政策の実施にあたっては日本政府を通じた間接統治の形がとられたが、一九四五年四月から軍政が布かれていた沖縄においては直接統治の形がとられたため、日本全体の統治方式を視野に入れるならば、これは「変形間接統治」であったと言えよう（竹前栄治「占領とGHQ」竹前・中村監修『GHQ日本占領史1巻　GHQ日本占領史序説』日本図書センター、一九九六年、三〇頁）。

アメリカ政府内部では対日占領政策を一九四二年夏頃から本格的に検討し始めており、これらの政策を調整するために一九四四年一二月に国務・陸軍・海軍三省調整委員会（SWNCC）が設置され、翌年一月、その下に極東地域の政策起案のために極東小委員会（SFE）が設置された（五百旗頭真『米国の日本占領政策(上)(下)』中央公論社、一九八五年）。この体制の下で作成された「降伏後に於ける米国の初期の対日方針」（SWNCC150／4／A）や「日本占領及び管理のための連合国最高司令官に対する降伏後における初期の基本的指令」（JCS1380／15）等の占領初期政策文書は、四五年一〇月二日に設置され、マッカーサーの下で日本占領の担い手となった連合国最高司令官総司令部（GHQ／SCAP、以下GHQ）の活動指針となった。これらの文書には憲法改正への明示的な言及はないが、アメリカがより民主的な形態の政府を望んでいることについては明確にしており、このことは事実上明治憲法改正の必要性を強く示唆していたといえよう（R・E・ウォード「戦時中の対日占領計画——天皇の処遇と憲法改正」坂本・ウォード編・前掲書七五頁）。

内大臣府と憲法問題調査委員会における憲法改正作業　日本側における憲法改正問題の本格的な検討は、一〇月初旬のマッカーサーとの会談において東久邇内閣の近衛文麿国務大臣が憲法改正の示唆を受けたことで始まったと言える。内閣総辞職により野に下った後も、近衛は八日にアチソン（G. Acheson Jr.）政治顧問と会談して憲法改正に関する私的な示唆を受け、さらに一一日には京大教授佐々木惣一と共に内大臣府御用掛を拝命、憲法調査の勅命を受けると、憲法改正案の起草に着手した。しかしこれと平行して、九日に成立した幣原内閣では、一一日に首相がマッカーサーから「憲法の自由主義化」を含む示唆を受けた後、一三日に憲法調査に着手することを臨時閣議で決定し、二五日にその機関として憲法問題調査委員会の設置を発表した。

日本政府の憲法問題調査はこのように内大臣府と内閣との二本立ての組織で始まることになったが、内大臣府の活動については当初から批判が強く、GHQは一一月一日に近衛との関係を否定する声明を発表した。その背景には、戦犯の嫌疑がある近衛が憲法改正に関与することに対する批判と共に、近衛の作業がアチソンとアメリカ国務省との連携で進められたことに対するマッカーサーの忌避があったと言われる（成田憲彦「日本国憲法と国会」内田・金原・古屋編『日本議会史録4』第一法規出版、一九九〇年、二二頁以下）。近衛案は二二日に上奏、佐々木案は二四日に進講されたが、戦犯容疑のかけられた近衛は一二月一六日に自決し、お蔵入りとなった近衛らの案は、その後全く影響を残さなかった。

一方、松本烝治国務大臣を長とする憲法問題調査委員会、いわゆる松本委員会は、一〇月二七日の第一回総会以降、七回の総会と一五回の調査会を持った。当初憲法改正の要否の調査を目的としていた松本委員会は、内外の情勢の変化に伴って改正案の作成に着手し、「松本私案」、後にGHQ側に提出される「憲法改正要綱」の元になった「甲案」、若干広範囲の改正を求める「乙案」を得たが、これらは大まかに言って、松本国務大臣が第八九回臨時帝国議会において一二月八日の衆議院予算委員会の席上示したいわゆる「松本四原則」――①統治権の総覧者たる天皇の地位は変更しない、②議会議決事項の拡充、③国務大臣の責任を国務全面に拡張し議会への責任を負わせしめる、④人民の自由・権利の保護の強化――の線に沿ったものであった。

また、政府の活動と呼応するように、政党や民間研究団体も憲法について検討を行い、それぞれの改正案を発表していることにも触れる必要がある。その中でも、一二月二六日に発表された憲法研究会の「憲法草案要綱」はGHQ側の注目をひいたことで知られるが、これらの改正案に明治期の自由民権運動家の手による「私擬憲法」との類縁性が見られることは指摘されねばならないであろう（古関彰一『新憲法の誕生』中央公論社、一九九五年、四四頁以下）。

マッカーサー草案の起草　このような中で生じた一九四六（昭和二一）年二月一日のいわゆる「毎日スクープ」は、GHQの民政局においてマッカーサー草案が起草される大きな要因となったが、このことにはいくつかの背景事情が働いている。

まず触れるべきは、極東委員会（FEC）の設置である。連合国の占領管理機関としては当初、アメリカの提案により純然たる諮問機関である極東諮問委員会（FEAC）が設置されたが、ソ連やイギリスの反発により、一九四五年一二月二七日、モスクワ外相会談において新たに日本管理に関する政策決定機関として、ワシントンにFEACに代わりFECが、そして東京に対日理事会（ACJ）の設置が決定された。FECの活動につき緊急の際認められたアメリカ政府の「中間指令」の対象からも憲法改正問題は外され、これらの機関が機能し始めれば、憲法改正問題はその権限の下に置かれることとなったのである。FECは翌四六年二月二六日に正式に活動を開始することになっていたが、それに先立ってFEACの代表団が来日し、一月一七日に民政局スタッフとの会談の席上で憲法改正問題について質問を行っており、これが民政局に最高司令官の憲法改正に関する権限について検討する契機を与えたという説も有力である（田中英夫『憲法制定過程覚え書』有斐閣、一九七九年、五〇頁以下）。

上述の「毎日スクープ」を受けて、同日民政局長ホイットニーが作成した覚書は、この権限問題について検討したものである。ホイットニーは憲法改正問題が「急速にクライマックスに近づきつつある」とした上で、「極東委員会の政策決定がない限り」マッカーサーには憲法改正の権限があるとの見解を示した。これに対しマッカーサーは二月三日、ホイットニーに民政局で憲法草案を作成するよう命じ、その必須要件としていわゆる「マッカーサー・ノート」を示した。

これらの経過の中核をなしたものは、天皇制の取扱いに関する問題であった。アメリカ政府の対日占領政策形成過程においてもこの問題は盛んな議論を呼んだが、この時点でもまだ明確な結論が出ていなかった。しかし、マッカーサーは天皇の持つ影響力を「安価な占領」のために利用する構想を持っており、一月二五日にアメリカ本国に宛てて天皇を戦犯から除外する旨を打電していた。そして、一部に天皇制存置に強く反対する意見があったFEC諸国に対し、GHQ側で起草する憲法草案において天皇制が存続されることを認めさせるために「マッカーサー・ノート」を準備したのである（佐々木高雄『戦争放棄条項の成立経緯』成文堂、一九九七年、四〇頁以下）。

なお、民政局が憲法草案を起草することとなった背景にはGHQ内部における対立構造の存在が指摘される。占領当初のGHQでは民政局の影響力はそれほど大きくなかったが、マッカーサーの腹心であるホイットニーが局長に就任することで民政局の影響力は強まり、先に述べたJCS1380／15に基づくGHQ内部の権限再分配を巡る参謀部との対立に「勝利」したことを契機として、憲法改正問題のGHQ内での主導権を得た。そして民政局は、以後「民主化の中枢」（竹前栄治『GHQ』岩波書店、一九八三年、一〇七頁）として種々の占領政策を担うことになるのである（天川晃「三つ目の「偶然」――憲法制定史研究ノート」松田ほか編『国際化時代の行政と法　成田頼明先生横

浜国立大学退官記念』良書普及会、一九九三年、四二九頁以下)。

民政局では二月四日にケーディス（C. L. Kades）、ハッシー（A. R. Hussey）、ラウエル（M. E. Rowell）らによる運営委員会の下に八つの小委員会を組織して「憲法制定会議」としての活動を開始した。民政局ではすでにラウエルが大日本帝国憲法および前述した憲法研究会の「憲法草案要綱」の研究を行っており、マッカーサー草案起草の際の資料として参照されたと考えられるが、これと共に同草案起草に大きく影響したものとして、「日本の統治体制の改革」（SWNCC228）と題された文書が存在する。この文書はSWNCC及びSFEが一九四五年一〇月頃から作成を検討していたもので、アメリカ政府が終戦前から検討してきた日本のあるべき統治制度の概要を具体的に示したものであった。翌四六年一月一一日付でマッカーサーに「情報」として送付されたSWNCC228は「拘束力ある文書」として取り扱われ、マッカーサー草案起草作業の重要な指針となったのである。

これらを元に民政局スタッフは精力的に作業を進め、運営委員会での調整を経て二月一〇日には一応の成案を脱稿、一二日にマッカーサーの承認を得、いわゆるマッカーサー草案が完成した。

マッカーサー草案の交付から政府案の発表へ　「毎日スクープ」と、それに対する各方面の批判に接した日本側は、スクープされた案が確定的なものではないことを発表し、松本国務大臣は閣議の結果を踏まえて作成した「憲法改正要綱」を説明書を添えてGHQ側に提出した。しかし、これに応じて一三日に持たれた会談において、GHQ側は「憲法改正要綱」の拒否を伝え、マッカーサー草案を交付したのである。松本国務大臣はこれに抗して再説明書を送付したが容れられず、一九日に閣議にて経過説明を行い、二一日には幣原首相がマッカーサーと会談を持った。その結果、二二日の閣議においてGHQ側の主張する「基本原則」、すなわち象徴天皇制と戦争放棄についてはこれを承認することが決定された。松本国務大臣はさらに同日GHQを訪問し、マッカーサー草案の「根本形態」の範囲について議論を行ったが、ほとんど譲歩は得られず、自身の手で翻案の作成に着手した。二五日の閣議で松本国務大臣は翻案の一部について報告を行い、翌二六日の閣議において佐藤達夫法制局第一部長を助手として翻案作業が継続されることとなった。作業は入江法制局次長も加わって進められたが、GHQ側の再三の督促に従って当初の予定を早め、三月二日に邦文のままで提出案を作成した（いわゆる三月二日案）。

三月四日、松本国務大臣、佐藤法制局第一部長らがGHQに携行した三月二日案は直ちに英訳が始められ、併せて内容に関する交渉が開始された。しかし、これが交渉の端緒と考えていた日本側に対し、ホイットニーが「今晩中に確定稿を作る」と申し入れたのである。英訳作業の当初からGHQ側と激しく論争した松本は中途で退席したため、以降佐藤が交渉の中心となって、夜を徹しての逐条審議が行われた。五日の夕刻にGHQでの作業を終了した佐藤は暗澹たる気持ちで「深ク項ヲ垂レテ」官邸に戻ったが、基本理念についての争いを避けながら法技術的な面での抵抗を試みたことで、マッカーサー草案の「日本化」にある程度成功したと言えよう（古関・前掲書一八三頁以下）。

こうして得られた「三月五日案」はGHQの作業の進捗と平行して閣議に付され、三月六日に「憲法改正草案要綱」として勅語と共に発表されたが、同日マッカーサーは「日本政府と連合国最高司令官の関係者の間における労苦に満ちた調査と数回にわたる会合の後に起草された」この憲法を「全面的に承認」する旨の声明を発表した。その後政府は各省庁と打ち合わせると共にGHQ側となお数回にわたる交渉を行い、四月一七日に口語体で書かれた「憲法改正草案」が発表された。

第九〇回帝国議会における審議　第八九回帝国議会において成立した衆議院議員選挙法改正法に基づき、四月一〇日に戦後初の総選挙が行われた。その結果を受け二二日に幣原内閣は総辞職し、一ヶ月後の五月二二日成立した吉田内閣の下で憲法審議が行われることとなった。なお、議会への提出に先立ち政府の憲法改正案は枢密院に諮詢され、四月二二日から審査が行われたが、その席上、美濃部達吉枢密院顧問官は大日本帝国憲法に基づく改正手続をとることに異議を唱え、内閣交替による再諮詢の後に行われた六月八日の採決でも、一人で賛成しなかった。

五月一六日に召集された第九〇回帝国議会は六月二〇日に開会し、政府は元法制局長官金森徳次郎を憲法担当の国務大臣に迎えてこれに臨んだが、マッカーサーは二一日に声明を発表し、議会での憲法審議について、十分な討議と検討の時間と機会が与えられること、大日本帝国憲法との法的連続性が保たれること、そしてその採択が日本国民の自由に表明した意思に基づいていることを示すよう求めている。これはFECが五月一三日付で決定した「新日本国憲法採択についての原則」を踏襲したもので、マッカーサーのFECに対する譲歩と考えられるが、FECの政策決定は極めて一般的な原則を示すにとどまり、GHQと日本政府の間ですでに話し合われていた憲法の審議、採択方法に具体的に大きな影響を及ぼすものとはならなかった（播磨信義「日本国憲法制定過程における『日本国民の自由に表明せる意思』——その2　憲法審議・採択方法を中心に」山口大学教育学部研究論叢三三巻第一部〔一九八三年〕一二一頁）。

政府の憲法改正案はまず六月二五日に衆議院本会議に上程され、ついで二八日に設置された憲法改正特別委員会に付託の上七月二三日まで審議された後、さらに修正案懇談のために設けられた小委員会、いわゆる芦田小委員会において七月二五日から八月二〇日まで調整が行われ、二一日の特別委員会で共同修正案が可決、二四日の衆議院本会議で修正可決された。その後貴族院に送付された憲法改正案は二六日の本会議に上程され、三〇日に特別委員会に付託の上九月二六日まで審議され、二八日から一〇月二日までの小委員会で修正、三日の特別委員会で修正案が可決された後、六日に貴族院本会議で可決され、衆議院に回付された。(註) 衆議院はこれを七日の本会議で可決し、日本国憲法として帝国議会を通過した後、一一月三日に公布され、翌四七（昭和二二）年五月三日に施行されたのである。

（註）なお、帝国議会での審議においても草案にはさまざまな修正が加えられた。とくに、芦田小委員会における第九条の修正、いわゆる芦田修正は、周知のように戦後日本における憲法論議の中心となる歴史的なものであったと言えるが、ここではさらに、議会での審議過程におけるGHQおよびFECの影響について指摘しておこう。

このことは、例えば、日本国憲法において「主権」という表現がとられる経緯に明らかである。政府案においては、前文及び第一条において国民の「至高」の「総意」という表現を用いていたが、この点に関しては、英文と日本文の間に齟齬があるとして七月初旬にGHQ側から強い抗議が行われ、結局これらの表現は変更されることとなった。このGHQの強行な姿勢の背後には、FECにおいて七月二日に採択された「日本の新憲法に対する基本原則」に「日本の憲法は主権が国民にあることを認めるべきである」と明記されていたことが指摘されている。また、芦田修正に関しては、当時の日本側の意図は必ずしも明らかとされていないが、少なくともFECにおいてはこの修正は日本が自衛のための軍隊を保持する可能性を示すものと受け止められた。その解釈はFECのアメリカ代表を通じてGHQに伝えられ、その結果貴族院特別委員会においていわゆる「文民条項」（第六六条二項）が挿入されたのである。FECの決定は先に述べたようにGHQの後手に回る傾向があったが、一度決定されると大きな力を発揮したことが、これらの事実から看取されよう（西修『日本国憲法はこうして生まれた』中央公論社、二〇〇〇年、三三六頁以下）。

おわりに

一八九〇年と一九四六年の二つの憲法には、ともに外国憲法の影響が強く刻印されている。大日本帝国憲法はプロイセン憲法を立法の範とし、これを解釈する憲法学もドイツ国法学的関心の下に展開した。その結果、国体論や政体論、行政権や立法権といった統治機構に関わる議論が憲法学の主流を占め、人権やその保障といった関心には薄かったと評されている（田中・前掲書一〇七〜一〇八頁）。「大日本帝国憲法のもっとも自由主義的な解釈を樹立」（松尾尊兊『大正デモクラシーの群像』岩波書店、一九九〇年、一八九頁）したとされる美濃部達吉もその例外ではなかった。結局、彼を含む戦前における「憲法学の泰斗」たちの準拠するドイツ的な憲法認識では、ポツダム宣言で求められた、人権保障を強調した「民主主義」の意味するところを、直ちには理解できなかったのである（田中・前掲書一〇四頁）。ここに、戦後の憲法制定過程におけるアメリカ型憲法の受容を余儀なきものとした日本側の主体的条件があった。

日本国憲法は戦後法制改革に先駆けて制定され、その示す理念は、例えば民法における家族法の改正――「家」制度の廃止――や刑法における不敬罪の廃止といった、基幹となる諸法典の重要な改正や、新たなる法規範の創定を導いた。そこで否定された諸価値は、国体思想に基づく天皇制国家の下で、その法的表象たる憲法に適合的に醸成され展開されてきたものであった。そうした過去の「否定」は、大日本帝国憲法の「改正」という手続がふまえられるなか、種々のドラマを経て日本国憲法として現実化されたのだが、日本国憲法はなによりも大日本帝国憲法を歴史的所与として成立したものであることを忘れてはならない。

現代日本人にとって憲法は、最も身近《ポピュラー》な法規範と言われる。この点に、戦後、「民主」憲法が歩んできたひとつの帰着点を見出せるとすれば、我が国における二つの憲法は、日本人の国家生活上の位置づけにおいて著しく異なった歴史的帰結を、それぞれ半世紀の時間の中で示したといえよう。

※本章は、第1節を岩谷十郎が、第2節を出口雄一がそれぞれ担当し、冒頭の序論部分と、「おわりに」の部分については両者の協議によった。

第4章　徴税機構と税制

本章では、国家の行政活動を財政的に保障した徴税機構と税制について概観する。近年、国税の新設および増税・減税について、国民の関心が非常に高まっている。この背景には、税の不公平感や税の使途への関心が大いにあると言えよう。税金は「とられるもの」であって、「できるだけ払いたくないもの」という意識・感情が日本の国民のなかに強く存在し蓄積されてきたように見受けられる。近代国家が、その行政活動を財政的に保障しうる財源として、租税を賦課・徴収してきたことは周知のとおりである。本来、租税の賦課・徴収は、その租税の使途およびそれに見合う金額が明示され、議会の同意（＝国民の同意）を得たうえで、実施されることが必要とされたのである。ここには、租税の徴収とその使途とが一体であり、個別のものではないことが示されている。日本で、租税の徴収とその使途とが個別のものとして、国家および国民にも意識されてきたのは、どうしてだろうか。この手がかりを近代日本の租税制度の形成過程を検討することによって得ようとするのが本章の課題の一つである。

第1節　明治憲法と財政・租税（権）

租税条項　明治憲法は、第二十一条で、臣民の納税の義務を定め、第六十三条では、現行の租税法は将来にわたってその効力を有するという永久主義を採用している。一度議会によって議決された租税法は法律による改廃のないかぎり将来にむかって有効であり、現行の税制および税率に準拠して徴収されるべきことが定められている。これは、国家が支出経費に見合う一定の歳入を必要とするからであるとされている。

他方、第六十二条では、租税法律主義が採用されているが、この規定は、第六十三条の永久主義の規定と併せて解釈すれば、議会の租税承諾権に基づく一年毎の承認を必要とする歳入法とは異なるものである。また、第六十二条の但書では、法律によらず行政権に基づく命令でもって徴収できる行政上の手数料という考え方が採用されており、これらの規定によって天皇制国家の活動が議会により財政上拘束されないための工夫がなされている（加藤一明『日本の行財政構造』東京大学出版会、一九八〇年、七～九頁）。

明治国家の租税についての考え方は、国家が永久に存立するために必要な「経常税ノ徴収ハ専ラ国権ニ拠ル者ニシテ人民ノ随意ナル献饋《ケンキ》（贈り物―中尾注）ニ因ル者」（伊藤博文『憲法義解』明治二二年、丸善商社書店）ではないとし、国家は「租税ヲ賦課スル権」があり、「臣民ハ之ヲ納ムルノ義務」があるという、無償で負担能力に応じて賦課される一方的金銭給付義務であるとされた。

したがって、歳入と歳出とは一体（ワンセット）として議会の審議にかけられるのではなく、歳入予算が議会の審議の対象となるのは新たな租税を制定するか、現行の租税の税率を変更する場合だけであった。それゆえに、国民にとって租税とは、国家によって一方的に賦課される負担であり、できるだけその負担を逃れたいと意識される要素を有していたと言えよう。

予算条項　憲法第六十四条は、国家の歳出歳入が毎年、「予算」という形式でもって議会の「協賛」を必要とすることを定めている。これは、法律と予算とを区別して、歳入予算を単なる「収入見込金額」と解するものであった。したがって予算をもって法律を変更することは、「予算議定権ノ適当ナル範囲」を超えるものであるとされた。さらに、予算の超過または予算外の支出が生じた場合には、必ず後日、議会の承諾を求めることが必要であった。しかし、承諾が得られない場合には、あくまで「政事上ノ問題」が生じるのみで、「法律上ノ争議」を提起することはできないとされたのである（同上）。

政府（大権内閣）は、議会による予算支出上の制約をできるだけ取り除くために、まず第六十七条で、(a)天皇大権に基づく既定の歳出（大権既定費目）(b)法律上の結果による歳出（法律結果費目）(c)法律上政府の義務に属する歳出（政府義務費目）、の三つの歳出費目に関する予算額については、議会によるその「廃除」または削減には政府の同意を必要とすることをあらかじめ規定して、政府の予算支出権を保障している。ついで、第七十一条で、議会において予算を議定せず、または予算が不成立の場合には、前年度予算を執行する権限が政府に与えられていた。さらに、第六十八条で、特別の須要がある場合には、第六十四条の毎年度予算議定権の例外として、一定の年間に及ぶ陸海軍費などの継続費を定めることを政府に認め、また、第七十条では、緊急勅令による予算外支出をも政府に認めている。憲法上のこれらの規定は、プロイセンおよびドイツ帝国における予算をめぐる憲法争議の経験をもふまえて設けられたものであった。

予算案の提出が政府だけに認められ、しかも予算の大半を占める第六十七条費目の「廃滅」に政府の同意が必要とされたことは、租税などを財源とする財政の使途に、「議会」を通して国民のチェックが働くことを非常に弱める要因となった。租税の徴収と租税の使途とを関連させて、国家財政を問題とする国民の意識の成長が不十分であった原因の一端は、このような憲法上の諸規定にもあったと言えよう。

議会と予算　他方、同一憲法の規定のなかに、議会の予算議定権を包括的に定めた第六十四条と、広範囲に議会の予算議定権を制限した第六十七条とが併存するという事態は、政府と議会（とくに衆議院）との間に、予算の審議をめぐって紛議が生じることを予測させるものであった。藩閥政府は、明治憲法による帝国議会の開会に先立って、明治二四年度予算の審議の際に問題となる可能性があった第六十七条費目が具体的に何を指すかをあらかじめ明確にしておく必要があった。このために、一八九〇（明治二三）年八月会計法補則が制定されたのである。しかし、この法律はあくまでも明治二三年度予算と明治二四年度予算との関係に限定した経過措置を定める特例法に過ぎなかった。したがって、明治二五年度以降、議会における予算審議において第六十七条費目をめぐって再燃する可能性が十分にあったのである（柴田紳一「帝国憲法第六十七条施行法（会計法補則）制定問題と井上毅」悟陰文庫研究会編『明治国家形成と井上毅』木鐸社、一九九二年）。

日清戦後経営以後（一八九六年）、政府が拡大予算を組むことが常態化してからは、第七十一条の前年度予算執行権や第六十七条費目による歳出にも限界があった。これらの諸規定はあくまでも現状維持の予算執行を前提とした財政的措置であり、拡大予算を組む必要が生じた場合には、増加予算額に対する議会の承認を必要とし、また、その財源に充てる租税率の変更や新税の制定および国債の発行にも、第六十二条による議会の承認を必要としたからである。この点に、藩閥政府が政党との妥協をはかる必要性が生まれ、のちに、「政党政治」が展開される要因ともなった。桂園内閣時代および原敬内閣の誕生は、軍事予算の拡大を前提とした予算紛議の解消をはかるためにとられた対応策の一つでもあったと言えよう（坂野潤治『明治憲法体制の成立』東京大学出版会、一九七一年）。しかし、大権既定費目の拡大解釈が陸海軍によって慣行化され、また、緊急勅令による予算支出措置（第八条、第七十条）が「憲政の常道」を唱えた「政党内閣」自身によって実施される事態となれば、政党みずからが議会の予算議定権を形骸化することとなる。このような事態が一九三一（昭和六）年九月の「満州事変」勃発以後、犬養毅内閣によって展開されるのである。「政党内閣」に対する国民の期待が裏切られ、議会の予算議定権がますます形骸化し、議会のチェック機能がますます低下するにつれて、国民が予算の使い途や何のために租税を徴収するのかを問題とする風潮や意識は、成長することなく後退することとなったのである。

第2節　営業税法と税務管理局官制

営業税法　国家財政収入は、日清戦争直前まで、租税収入の約六〜八割、全収入の約四〜七割を占めた地租によって基本的に確保されてきた。日本は一八九五（明治二八）年日清戦争に勝利することによって、台湾を領有するとともに、「欧州列国」の干渉、とくに露国に対峙するため、以前にも増して軍備の拡張を押し進めることになった。さらに、政府が日清戦後経営という日本資本主義のいっそうの発展のために必要な全般的諸政策を展開することに伴って、一般行政事務も拡大し、経費もますます増大した。この結果、一八九六年度の歳入歳出合計は、それぞれ一億八七〇一万円、一億六八八五万円で、従来の歳入歳出合計に比べて、ほぼ倍増した。このうち、経常費の増額は、三三五六万円で、従来の一・五倍となった。それゆえ、経常費の増加した額に見合う歳入不足を恒常的に確保することが国家財政の確立にとって喫緊事項となったのである。

当時の大蔵大臣松方正義は、「財政前途ノ経画ニ付提議」を閣議に提出し、財政の基本的な計画と着目すべき三項目を提案した。このなかで、日清戦後経営のために必要な財源の一つとして、地方営業税を国税営業税として整理・改正する案が提案されている。

一八九六年三月、法律第三三号によって営業税法が制定された。施行期日は翌九七年一月一日からであり、初年度の納期は七月とされた。課税対象は、物品販売業、銀行業、保険業、製造業、運送業、旅人宿業、料理店業など二四の業種とされ、課税標準は、資本金額・売上金額・建物賃貸価格・従業者などの基準を組み合わせるものとした。各営業者は、帳簿記載義務が課せられ、毎年一月三一日までに業名および課税標準を詳記して届け出る必要があった。さらに、義務違反者に対する罰則と税務官の検査権・尋問権が定められた。営業税法では、二四の課税対象業種に応じて課税標準および課税率がそれぞれ異なるため、複雑・専門的な課税調査・査定手続が税務行政に必要とされることになった。このような複雑・専門的な税務行政に対応できる税務行政官僚としての専門知識・技術および熟練が税務官吏に要求されるとともに、従来の国税徴収機構の改正が重要な課題となったのである。

税務管理局　一八八四(明治一七)年五月、明治政府は各地方の租税局出張所を廃止して、府県庁に専門的に国税徴収事務を取り扱う収税長を設けた。これ以降、地方行政機構に依存した国税徴収機構が形成されることになる。一八八九(明治二二)年四月市制町村制が施行されるとともに、郡区長に依存していた国税徴収事務は、他の一般行政事務との混同・混乱を避けるため、府県庁の収税部に直轄する収税部出張所（→直税分署・間税分署→収税署と改正）を「各郡市役所所在地」に設置し、収税属を配置して取り扱わせ、郡区長の手を離れることになった。

一八九六(明治二九)年一〇月、税務管理局は「大蔵大臣ノ管轄ニ属シ内国税ニ関スル事務ヲ掌ル」機関として設置された。税務管理局官制が制定され、税務管理局長は「大蔵大臣ノ指揮監督ヲ承ケ税務ニ関スル法律命令ヲ執行シ其管轄内ノ事務ヲ管理ス」る権限および「所部ノ官吏ヲ監督シ税務属ノ任免ヲ大蔵大臣ニ具状ス」る権限を有した。したがって、地方長官の管理・監督のもとで税務行政を遂行してきた従前の地方行政機構に依存した徴税機構が一変され、大蔵省の管轄の下に、統一的・専管的な徴税機構が形成されることになった。この改革は、府県庁において専門的に国税徴収事務を取り扱う収税長と大蔵省（主税局）との間に、地方長官が「介在」して国税徴収行政を管理・監督する現行の制度が、「税務ニ関スル管理」が複雑化・専門化するのに応じてその「進歩発達」を阻害し、「無用ノ手数」を費やすという弊害・矛盾を生み出すとともに、「税務上ノ取扱ハ一ニ公明正大ヲ旨」としなければならないのに、地方長官は「往々地方行政ノ事務ト混同」して「或場合ニ於テハ其地方ノ形勢ニ依リ若クハ政略上一時ノ出来事」から「一般行政ノ余波ヲ及」ぼし、結局、税務行政の独立を侵し、その「公平」さを損なうという事態を引き起こしていることに対応してなされたものであった。

さらに、この税務管理局を中核とする徴税システムは、日清戦後経営を行うために必要な財源確保の一環として国税営業税が制定され、課税上一定の技術的専門性が要求され、徴収に際して一定の困難性が伴う営業税に対応した改革でもあり、大蔵省による中央集権的・統一的な専門的徴税機構の形成を意味した（中尾敏充「一八九六（明治二九）年営業税法の制定と税務管理局官制」近畿大学法学三九巻一・二号〔一九九一年一一月〕）。

所得税法の改正　日清戦後経営の第二増税計画の一環として、一八九九（明治三二）年二月法律一七号により所得税法が改正された。この改正は、従来の一般所得課税主義を種別課税主義に改め、課税対象を第一種法人所得、第二種公債社債の利子、第三種個人所得の三種類に区分した。第一種・第二種には比例税率を適用し、源泉課税方式による実績主義を採用、第三種には累進課税率を適用し、総合課税方式による予算主義を採用した。所得金額を調査するために、各税務署所轄内に所得調査委員会を設置した。第三種個人所得を三〇〇円以上の一二等級に分けて、全額累進税率で賦課した。この所得税法の改正で、法人がはじめて課税対象となったが、所得税を賦課された法人より受け取る配当金には所得税を賦課しないという配当所得優遇政策がとられた。このことは、地主の蓄積資金を土地に対してよりも株式に投下する方法が税制上有利となる制度的保障を与え、地主資金の商工業部門への流入を促進しようとする租税政策としての意義を持った。このような税制の改正に伴って、その税務行政遂行上、税務署長および税務署の役割がいっそう重要となったのである。

第3節　税務監督局・税務署官制と非常特別税法

税務監督局・税務署　税務管理局官制のもとでは、税務管理局長が法律命令の執行権と内国税事務を管理し税務署長を指揮監督する権限とをともに有し、執行機関および監督機関として位置づけられ、税務署長はあくまでもその指揮監督のもとで国税徴収事務を取り扱うものであり、執行機関としての権限が与えられていなかった。それゆえ、現行の制度のもとで税務署長が「真ノ執行機関」としての役割を果たしている現況では、「責任ノ属スル所」が曖昧で、徴税事務に支障をきたし、「直接人民ノ利害」に大きく影響することになった。したがって、税務に関する執行機関と監督機関を分離して、前者の権限を税務署長に、後者の権限を税務監督局長に与えて、税務監督局は「純然タル監督機関」として、従来の税務管理局よりも広い区域を管轄することにより「税務執行ノ画一ヲ期スル」ことが期待され、税務署は執行機関としてその責任を果たし、確実に国税を徴収・確保することが期待されたのである。国税の賦課および徴収の順序は、議会の協賛を得て公布された租税法とそれに関する行政手続を、大蔵省主税局長が全国の税務監督局長および税務署長に通達することによって開始され、地租および勅令で指定された国税の賦課徴収は市町村が行い、それ以外の国税は税務署が行った。税務署長は納税者の納税申告に基づいて徴収額を確定し、納税者に対して納税金額・納税期日・納付場所を指定した納税告知書を発した。こうして、一九〇二(明治三五)年一一月、国税徴収機構は、大蔵省(主税局長)→税務監督局(長)→税務署(長)→市町村(長)→納税者という行政系列として整備・確立することとなった。この徴税機構は、一九四一(昭和一六)年七月、財務局官制が制定されるまで存続したのである。

国税徴収法の改正　徴税機構の整備・改革とともに、国税徴収法も一九〇二年三月改正された。この改正では

(1)納税者が「脱税又ハ逋税ヲ謀ルノ所為アリト認ムルトキ」は納税期日にいたらない段階でも納税義務の確定した国税を徴収することができるとして、脱税や逋税の防止をはかり、(2)共同納税者の連帯責任に関する規定を追加して、税金の確実な確保をはかり、(3)納税義務者が納税に関する事務を十全に処理できるようにするため、納税管理人を設置することができるとして、円滑な納税処理に便宜をはかった。こうして、政府は国税徴収をより確実に、より強化する措置を施し、脱税や滞納に対処して、国家財政の確保に努めたのである。

非常特別税法　日露戦争の戦費は、総額一九億八五〇〇万円に上り、当時の経常歳入の約七・五倍、租税収入の約一三・五倍に当たった。この戦費の約八割は国債収入によって賄われ、一割強が広範な増税によって補充された。国債の元利も将来、国民の租税負担によって償却されなければならないものであり、増税を意味した。この増税は、一九〇四(明治三七)年四月および一九〇五年一月の二回にわたる非常特別税法の制定によって行われた。地租・営業税・所得税・酒税・各種輸入税など大半の国税に割増増徴され、第一次増税では約六二〇〇万円、第二次増税では、約七四〇〇万円の増収がはかられた。このとき、政府は、毛織物消費税、石油消費税および相続税を新設し、また、従来の葉煙草専売を、製造煙草を含む煙草専売制に改め、さらに、塩専売制も実施した。この非常特別税法は、戦争遂行のために必要な財源を確保するための税制であった。

地方税制限　政府は、戦費調達のため、地租・所得税・営業税への付加税を制限し、かつ戦時増徴額に対する付加税の付加をも禁止し、さらに、地方経済緊縮の方針をとって、国税優先主義を徹底させた。日本は、日露戦争では賠償金を獲得できず、約二一億八九〇〇万円もの巨額の国債未償還金額が残った。この利子支払いのための国債費は年間、一億五三〇〇万円に急増した。この結果、戦争が終結すれば廃止されることになっていた非常特別税法は、一九〇六年三月法律七号によって戦後も存続することになった。これにより、戦時中の国税負担は、ほとんど軽減されることなく、平時の課税に固定化された。また、一九〇八年三月「地方税制限ニ関スル法律」の制定によって、戦時中設けられた国税付加税に対する制限が恒久化され、地方団体の課税が戦後も引き続き強く制約を受けた。また、日露戦後期の日本の財政は、有力税源の徹底した国税集中と、地方税における府県税付加税（戸数割を含む）依存という税源配分の特質が定置されることになった（金澤史男「両税委譲論展開過程の研究」社会科学研究三六巻一号、一九八四年、七五頁）。これらは、この時期に創設されたその他の収奪立法とともに、日本がまさに戦争国家＝帝国主義国家として体制的に成立するための収奪機構の中軸をなす立法であったと考えられる（山中永之佑『日本近代国家と地方統治』敬文堂、一九九四年、三一四頁）。

督促手数料条例・納税組合　督促手数料条例は、明治三六年頃から明治末年にかけて各市町村で相次いで制定されていった。これは、国税徴収法の改正および「府県税徴収ニ関スル件」の改正によって、国税および府県税の徴収強化がはかられた一方で、市町村税の徴収強化の措置がとられなければ、ますますその滞納が増大し、国政委任事務の遂行が困難となることに対応したものであった。当時の市町村行政は市町村独自の自治行政に支出できる経費よりも国家行政遂行のための義務的経費が多く、市町村税と言えども政府にとっては、みずからの国家行政を遂行するために必要な財源であった。それゆえ、政府は国税や府県税と同じように、市町村税についてもその督促手数料条例の制定を許可したのである。

督促手数料条例という国家的強制力による徴税の強化とは異なる徴収方法が、日露戦後に展開された地方改良運動の実施過程で、納税組合の設置として実現されていく。納税組合は、納税の良習を興し、納税を準備するために日掛り・月掛りの方法による納税預金などを行って、滞納を防ぐための重要な手段として位置づけられた。納税期日内に町村税を完納した納税組合には、奨励金などが授与され、他方、滞納処分を受けた者が組合内に生じた場合は、その者を組合や区の体面を毀損した者として協議に付し、必要な場合には「村八分」に処するという厳しい制裁を定めて、住民自身の持つ社会的連帯感や日常的相互強制などを利用して、納税に協力するための行政の補助組織として、積極的に設置することが期待されたのである（大島美津子『明治国家と地域社会』岩波書店、一九九四年、二七四～三一六頁）。

第4節　臨時財政経済調査会と税制整理

現代所得税法の原型　日露戦後期に国政の重要な政策課題となった「財政整理」は、非常特別税法によって増徴された「国税ノ整理」および日露戦争時に発行された膨大な「国債ノ整理」が主なものであった。しかし、大蔵大臣阪谷芳郎が一九〇七年四月、税法整理案審査会で「歳計ノ膨張ハ内外ノ情勢ニ照ラシ避クヘカラサル必須ナルヲ以テ財源ノ涵養及留保ハ最モ緊要ノ事ニ属ス」（「税法整理案審査会審査要録」三頁）と力説したように、税制整理は収入の減少を生じる大規模な税制改革が避けられ、非常特別税を恒久化するための試みに終わった。

一九一三（大正二）年四月および一九二〇年七月、所得税法が改正された。その改正は(1)法人に対する課税を幾分、強化・合理化すると同時に、重要物産製造業に対する免税措置を規定してその保護をはかり、(2)個人所得の課税最低限度を引き上げ、各所得を二一等級に区分して超過累進税率を賦課するとともに、勤労所得控除および扶養家族控除などを新設して、個人総合課税主義の徹底および社会政策的配慮がはかられた。これらの改正によって、所得税の収入額は一九一八年度に一億二二八二万円に上り、酒税収入額を抜いて、租税収入の首位に立ち、以後、所得税は租税の中軸を占めることとなったのである。

臨時財政経済調査会　米騒動の責任をとって総辞職した寺内正毅内閣に代わって誕生した原敬内閣は、国防の充実・交通通信機関の整備・教育の振興・産業の奨励を四大政綱に掲げた。なかでも国防の充実は優先的に遂行され、一九二一年には予算中に占める軍事費の割合は四九％に達し、国家財政を極度に圧迫するようになった。原内閣は一九一九年七月、臨時財政経済調査会を設置し、これらの積極政策を遂行するために、一九二〇年六月、税制改革の根本方策を同調査会に諮問し、財源調達およびその配分の改革にのりだした。

同調査会は、この諮問案に対する特別委員会を設けて、その審議を付託した。特別委員会は二か年余にわたる審議の結果、税制整理案大綱を作成し、調査会に報告した。この税制整理案大綱は、⑴直接国税の体系を改革して、一般所得税を中軸とし、その補完税として一般財産税を創設する構想をとり、現行の地租および営業税は地方税に委譲すること、⑵間接国税については、消費税のうち生活必需品に対する課税をなるべく避け、主として奢侈品に課税する主義をとり、現行税種のうち醤油造石税・石油消費税などを廃止し、また、酒造税・砂糖消費税などを整理し、さらに、化粧品税・清涼飲料水税を創設すること、⑶地方税については、その根本的整理として、道府県においては地租、家屋税および営業税を中軸とし、所得税付加税をもって補完すること、市町村においては府県税たる地租、家屋税および営業税の付加税を中軸とし、独立税たる戸数割をその補完税とすることを提案していた。

しかし、この案は臨時財政経済調査会の総会で一致するところとならず、調査会はこれを政府の参考案として提示することにとどめ、「政府ハ更ニ其ノ利害得失ヲ攻究シ実際ニ付テ十分ナル調査ヲ遂ケ現下ノ財政経済ノ実状ニ鑑ミ適当ナル整理ヲ実行セラレ可然ト認ム」と答申した。単なる参考案にとどまったこの税制整理案は、当時の経済界および学界の権威によって、詳細な調査・検討のすえ作成されたもので、わが国税制の根本的整理に関する調査として最も詳細で抜本的なものであった。それゆえ、その一部は、一九二三年の税制改正において実現され、また整理案そのものは、その後ながく税制整理に対し重要な指針を与えたと言われている（大蔵省昭和財政史編集室

『昭和財政史五』東洋経済新報社、一九五七年、三七〜三八頁)。

税制整理　一九二六年一月、加藤高明内閣(第二次)(→若槻礼次郎内閣)は、国税・地方税全般にわたる大規模な税制整理案を第五一議会に提出した。大蔵大臣浜口雄幸はその提案理由説明で「我国財政ノ現状ハ到底歳入ノ減少ヲ生ズベキ所ノ減税的整理ヲ行ヒ得ルノ余裕ノ無イト云フコトヲ遺憾トスルモノ」で、「今回ノ税制整理ハ歳入ニ著シキ増減ナカラシムル範囲内ニ於テ、大体現行直接国税ノ組織ヲ基トシテ実行セントスルモノ」と述べて、減税的整理が不可能であることを表明した。とくに、留意した点として、「時代ノ趨向ニ鑑ミ、社会政策的ノ効果ヲ挙グルコトニ努メルト同時ニ、事業ノ基礎ヲ鞏固ナラシメ、産業ノ発展ニ資セントスルノ方針ヲ採ッタ」ことを強調した(『帝国議会衆議院議事速記録四七』東京大学出版会、一九八二年、一〇七頁)。

二二の多数に上る税制改正関連法律案は議会の承認を得て、一九二六(大正一五)年三月公布されたが、その整理内容は複雑多岐にわたったのである。

(1)直接国税については、一般所得税を中軸とし、地租に改善を加えて存置し、現行営業税を廃止して営業収益税をもってこれに代え、新たに資本利子税を設けて租税体系を整え、負担の均衡をはかろうとした。(2)間接税については、通行税・醤油税・売薬税を廃止し、綿織物に対する織物消費税を免除した。(3)これらによって生じる財源不足を補塡するため、相続税・酒税を増徴し、煙草の定価を引き上げ、また清涼飲料税を新設した。(4)地方税制についても一定の整理改正が加えられた。臨時財政経済調査会の地租営業税地方委譲案や政友会の地租委譲案などが提案され、一時、地方団体に有力な独立税源が与えられるかに思われたが、財産税や特別所得税などの創設が不可能となり、道府県市町村間における税源の移動と独立税に対する整理規制にとどまった。

地方税改正の主なものは、(1)道府県家屋税の創設と戸数割の市町村への委譲、(2)市町村所得税付加税の原則的禁止と府県所得税付加税の増率、(3)府県営業税の合理化、(4)地租免税点以下のものに対する特別地税の新設などであった（藤田武夫『日本資本主義と財政』実業之日本社、一九五六年、四一五～四一七頁）。

浜口蔵相は、この税制改革について「中産階級以下、多数国民ノ生活上ノ負担ヲ軽減スルニ努メタ」と述べ、社会政策的効果を強調したが、酒類、煙草および清涼飲料などへの増税は生活必需品への課税であり、しかも総額六〇〇〇万円以上にも上り、中産階級以下の多数の国民は却って負担を加重されることとなった。それに反して、法人所得の負担軽減および資本利子税の軽課によって、産業の保護救済という目的は達成された。ここに、この時期の税制整理の特徴があったのである。

第5節　一九四〇年税制改革と納税施設法

馬場税制改革案　一九三一（昭和六）年九月、「満州事変」が勃発して内外の政治情勢を一変させ、さらに、一五年戦争（中国東北部→中国全土→東南アジア→太平洋）の拡大に伴う軍事費の増大は、日本財政の動向を大きく転換させることになった。一般会計歳出に占める軍事費の割合は、一九三一年度三〇・八％、一九三二年度三五・二％、一九三四年度四三・五％まで増加し、国家予算はますます軍事的色彩を加えていた。この方向を決定づけたのは、一九三六年の二・二六事件であった。同年五月には軍部大臣現役武官制が復活し、軍部の政治的影響力は飛躍的に拡大した。国政は日中全面戦争へと向かっていくことになる。

二・二六事件後に成立した広田弘毅内閣のもとで馬場鍈一蔵相は「高橋（是清）財政」の公債漸減政策を放棄し、増税、低金利政策などを基調とする「馬場財政」の方向を打ち出した。これは、「国防充実」のために軍事費の膨張を認め、そのための財源を公債増発と増税に求めるとともに、公債政策を円滑に遂行するために低金利政策をとることを確認したものである。

増税のための税制改正案の特徴は、⑴国税に新しく財産税および売上税を採用して、弾力的税制を作ろうとし、⑵地方財政調整交付金制度を恒久的に確立して地方間の負担不均衡の是正をはかろうとした画期的な改革であった。しかし、内閣の更迭とともに馬場税制改正案も廃案になった。それゆえ、根本的な税制改革は一九四〇年にいたるまで見送られ、その間、臨時的な増税立法によって毎年大幅な増税が行われた。一九三七年の「臨時租税増徴法」、「北支事件特別税法」、一九三八年の「支那事変特別税法」、一九三九年の「特別税法改正」などである（鈴木武雄『財政史』東洋経済新報社、一九六二年、二二八頁）。

一九四〇年税制改革　一九四〇（昭和一五）年度において、国家予算は一段と膨張し、六〇億九七〇〇万円を計上することとなった。これは前年度予算に対して一二億九二〇〇万円の大幅な増額となった。他方、臨時軍事費特別会計も四四億六〇〇〇万円の予算を計上した。こうして、軍事費予算総額は六四％を占めることとなり、わが国の財政は、全く徹底した戦争財政となったのである。しかし、この膨大な歳出予算に対して、租税収入見込額は、わずか二四％にとどまった。不足分は公債の発行によって確保することを予定したが、一九三九年度末の公債累積額は二二八億八五〇〇万円もの巨額に達していた（大蔵省昭和財政史編集室・前掲書四九二頁）。

政府には、戦局の進展に対応した税収入の増大を可能とする弾力性のある租税制度の樹立がぜひとも必要とされるとともに、複雑化した租税体系を統合整理すべしとの強い要望が財界その他各方面からなされた。政府は一九三九年四月、税制調査会を開き、同調査会に対して「中央地方ヲ通ズル税制ノ一般的改正ニ関スル方策如何」を諮問し、その税制改正の目標として、⑴租税負担の均衡化、⑵経済政策との調和、⑶税収入の弾力性、⑷税制の簡素化の四つをあげた（大蔵省昭和財政史編集室・前掲書四九三〜四九四頁）。

一九四〇年三月、所得税法改正、法人税法、地方税法、地方分与税法、家屋税法その他四〇に上る税制改正に関する法律が制定され、長年にわたる懸案であった租税制度の抜本的改革がついに実現した。改正の特徴は、(1)第一種所得として所得税制の一部を構成していた法人所得を分離して、個人所得税と法人税が制度的に独立したこと、(2)個人所得税が分類所得税（不動産、配当利子、事業、勤労、山林、退職の六種類の所得に異なる比例税率を適用）と総合所得税（各種所得の総合金額に超過累進税率を適用）の二本立てとなったこと、(3)支払段階で確実に税収を確保するために勤労所得と退職所得に源泉徴収制度が導入されたこと、(4)従来課税されなかった産業組合などの特別法人にも特別法人税が賦課されたこと、(5)臨時地方財政補給金制度を廃止し、新たに地租、家屋税および営業税などの還付税と、所得税、法人税、遊興飲食税および入場税の一部の配付税からなる地方分与税制度を創設して、独立財源である地方税を物税本位とし、また戸数割を廃して市町村民税を創設したことなどであった。戦時の度重なる増税によって所得税と法人税が国税の大黒柱になるとともに、所得税の納税者数が従来の一五〇万人程度から約四五〇万人にまで激増し、所得税の大衆課税化をいっそう促進した。この税制改革は、戦後税制の基調となったのである。

納税施設法　一九四〇年の税制改革によって、源泉徴収の国税が増加し、新税の多くは市町村に委任徴収することをせず、税務署が直接徴収することを定めた。そのため、国税徴収機関も日銀のほか、大都市の一般市中銀行も国税徴収補助機関として登場することになった。また、一九四二年二月から施行された税務代理士法により、税務相談業を制限して、弁護士・計理士のほか税務署出身者に税務代理士を限定し、徴税上の補助機関とした。

さらに、戦局の拡大に伴って、増税はますます大規模になり、また所得税の免税点引下げなどによって納税者数も激増した。このため、租税の滞納が逐年増加し、徴税成績は著しく低下することとなった。政府は、滞納を防止して、国民の納税を完遂させるとともに、貯蓄の増強にも役立てるために、一九四三年三月、納税施設法を制定した。これは、町内会、部落会および納税組合を法制化して、これらの納税団体が徴税に協力する役割を明確にすると同時に、法人の納税積立金制度・納税準備金制度・租税の貯蓄納付制度を創設して、租税の納付を確実にしようと企図するものであった。この納税団体は政府の「納税額」の宣伝普及に協力させられ、税額の割当、納税の督促・確認、徴税上の諸問題の調停、納税のための貯蓄奨励など、政府を援助する施設となった。こうして、政府は、国民経済の租税負担能力の限界をこえた租税を徴収するためには主税局―財務局―税務署という徴税機構の整備・拡充をはかるとともに、民間の各種納税機関を政府の統制下に置き、徴税補助団体として動員しなければならなかったのである（大蔵省昭和財政史編集室『昭和財政史二』東洋経済新報社、一九五六年、二五〇～二五四頁）。

戦後改革との関連　上述したように、戦前の税制改革は、日清戦争・日露戦争・第一次大戦・一五年戦争という戦争遂行による国家財政の膨張に対応して行われたことが特色であり、また、国税優先を常に先行させるものであった。他方、所得税法の改正に見られたように、一定の社会的状況のもとで、社会政策的配慮によって、納税者の不満を解消させることにも注意がはらわれた。しかし、これらはあくまでも不十分なものであり、この配慮の背景には、重要物産製造業などの資本擁護の租税措置に対する社会的な批判をそらす意図が隠されていたように思われる。

一九三一年の「満州事変」から一九三七年の「支那事変」へ、さらに、一九四一年のアジア・太平洋戦争へと、戦争が拡大していくに応じて、課税対象は生活必需品、財貨、サービスなどあらゆるものに拡大されていった。増税の重圧はもはや合理的な租税観念では説明しえなくなり、神がかりの「皇国租税理念」などが大まじめに説かれるようになった。こうして、大衆課税を中心とした戦時増税は、税源そのものを枯渇させ、財政の危機をもたらしたのである。ここに、租税に対する国民の意識・感情は、嫌悪を伴う最悪のものとなったと言えよう。

戦後改革において、⑴分類・総合の二本立て所得税を総合所得税に一本化し、⑵所得税の納税を納税者自らの申告納税に切り替え、⑶地方自治の育成という民主化政策にそって地方独立税の充実をはかるなどの税制改革が行われた。さらに、シャウプ税制によって、⑴国、市町村、都道府県による政府の役割分担にふさわしい主要な税の割当が行われ、⑵国は所得、市町村は固定資産、都道府県は消費というように課税対象が分離され、国と重複しない、または国の干渉を受けない地方独自の税こそ地方自治の財政基盤と考えられた。しかし、このシャウプ税制の基本的なしくみは一九五四年前後から国税・地方税とも共に解体され、戦前からの税制や地方制度の伝統に復帰することが強調されていったのである。

第5章　地方自治法制と法文化

福沢諭吉の構想

わが国で最初に地方自治の意義を唱えたのは福沢諭吉である。福沢は一八七七（明治一〇）年に出版した『分権論』のなかで、国権を法律制定・軍事・租税・外交などに関する「政権」government と、警察・衛生・学校・社寺・道路・河川・公園などに関する「治権」administration に分け、後者は地方に一任すべきであると主張した（石川一三夫『日本的自治の探求』名古屋大学出版会、一九九五年、第一部第二章参照）。

人民の日常生活に密着する事務は、中央官庁に集中させるのではなく、国内各地の便宜に従い、人民の自発的な創意と工夫にまかせるほうが、人民の幸福につながると考えたからである。自治の精神を養うためには、人民に治権を与えて公共の事務に参加させるよりほかに良策はない、というのが福沢の基本的考えであった。また福沢は、地方分権は「外国交際の調練」であるとも説いている。そして、一八七八年に出版した『通俗民権論』のなかでは、衛生・土木・祭礼などの江戸時代以来のムラの固有事務に言及しつつ、「固《もと》より政府の関わる所に非ずして町村の権内に在ることなり」と述べ、「一人に権理あれば一村一町にも権理あり」と論じているのである。いずれも、現在なお意味を失っていない主張と言えよう（福沢諭吉「通俗民権論」慶応義塾編『福沢諭吉全集4巻』岩波書店、一九五九年、五七四頁）。

過去につながる現在

しかし、以来一〇〇有余年が経過したが、福沢の主張はまだ実現されていない。現行憲法の第八章において「地方自治の本旨」が高らかに宣言された今日においても、いぜん中央官庁の権限が強く、地方自治の実態はきわめて遺憾な水準にとどまっているからである。なるほど、私たちの周辺を見回すと、「まちづくり」や「むらおこし」など地方自治をめぐる状況は近年とくに変わりつつある。また、地方分権や地方自治に関する提案や討論も活発である。しかし、地方自治を求める人たちの前に立ちはだかる障害はいぜん大きく、私たち自身の自治意識の側にもあいかわらず問題点が多いのが実情である。その意味で、憲法は変わっても地方自治の不振という明治以来の構造（法文化）は生きており、現在は過去につながっているとも見ることができよう。

この章では、明治憲法下の地方自治制の構造と展開を、①制度上の特色、②運用上の特色、③思想史上の特色に分けて概観する。そして、何が変わり、何が変わらなかったかという点に注意しながら、法文化の一端を提示しようと思う。

第1節　制度上の特色

明治地方自治制の前史　一八七一（明治四）年に廃藩置県が実施された翌年、従来の庄屋・名主・年寄などの村役人の制度が廃止されて、大区小区制が実施された。この制度は、大区に区長、小区に戸長を新設し、そのもとに副戸長・用掛・組総代を置くというものであった。ここに大区小区制の導入によって、かつて存在した約六万四千の村が制度上廃止され、人為的に一挙に約九百の大区と七千七百の小区に束ねられることになった。そうした維新政府の政策は、旧来の法制ないし慣行とあまりにも違うものであったから、そこに幾多の無理が生じることは避けられなかった。すなわち、地租改正・徴兵・学制の実施など新政府の諸政策に対する反対運動とあいまって、それらの政策を支える大区小区制それ自体が地方住民の非協力と反発を生む温床となったのである。

かくして一八七八（明治一一）年に制定されたのが、いわゆる三新法（郡区町村編制法・府県会規則・地方税規則）である。郡区町村編制法は大区小区という画一的制度を強行したことを反省し、府県のもとに旧来の郡や町村を復活させようとするものであった。府県会規則は各地においていわば自然発生的に誕生しつつあった地方民会を法律で規制しようとするものであったが、その府県会が自由民権運動とむすびついて国会開設などに大きな役割をはたしたことは周知のことに属する。地方税規則は地方税の税目（地租附加税・営業税・雑種税・戸数割）や、地方税をもって支弁すべき費目（警察費・港湾道路堤防橋梁費・学校費・勧業費など）を定めたものである。こうした三新法とならんで、この時期の重要な法律は区町村会法（一八八〇年）である。この法律はその名のとおり区町村会の組織と活動を規制するものであったが、その条文はわずか一〇条で、具体的には各地方の便宜にしたがって各々のルールを定めるとしていた。

そうした前史を経て制定されたのが、明治地方自治制である。すなわち、市制・町村制（一八八八年）と郡制（一八九〇年）、府県制（一八九〇年）などを総称して明治地方自治制と呼ぶが、ここではその制度上の特色を四点だけ指摘しておこう。(1)

官治的性格　第一は、自治体が官僚的統治機構の一環に組み込まれ、その補完物として位置付けられたという点である（団体自治の不徹底）。すなわち、市町村は法人格をもつ自治体として設定されたが、その長は市町村会の意思とは関係なく監督庁の命令にしたがって国政委任事務を遂行しなければならないとされた。その他、内務大臣および上級監督庁の権限は強く、市町村公共事務に対する監督権をはじめ、市長選出に対する裁可権、町村長選任に対する認可権、強制予算権、代議決権、行政事務監査権、市町村会に対する解散権、市町村吏員に対する懲戒処分権などが法令によって認められていた。

また、市町村には自らの意思によって徴収・運用できる独立税が存在しなかった。したがって、財源は主として国税などの付加税に頼らざるをえず、この面からも国家の統制が自治体の内部に強く及ぶ仕組みになっていた。

さらに、市町村の上級団体に目を移すと、府県と郡には公選の議会が設置されたが、府県知事と郡長の公選制は認められなかった。そのうえ、府県と郡は当初、公法人としての性格さえ明記されておらず、市町村以上に網の目のような官僚的統制下に置かれていたのである。

名望家支配　制度上の第二の特色は、地主・ブルジョアなどの地方名望家層による自治体支配が企図されたことである（住民自治の不徹底）。

第一に、一戸を構える二五歳以上の成年男子にして、地租もしくは直接国税（所得税・営業税）二円以上を納める者にのみ公民権が与えられ、市町村行政への参加が認められた。地主や高額俸給者、商工業者を優先して、小作人や労働者など広汎な住民を排除しようというのがそのねらいである。第二に、市町村会議員選挙において、公民をランクづけして多額納税者に特権を賦与する等級選挙制度が導入された。等級選挙制度とは、財産や収入の多寡によって一票の重さに格差を設けようとする選挙方法のことで、例えば町村会についていえば、町村公民が納める税額総計の二分の一を納める上位納税者を一級選挙人とし、残りの下位納税者を二級選挙人として、それぞれ同数の議員を選挙する制度が採用された（市会は三級選挙制度）。第三に、間接選挙制度が導入された。間接選挙制度の導入により、市町村長は公民の直接選挙ではなく市町村会議員の選挙によって選ばれることになった。また、郡会議員は郡内の町村会議員によって、県会議員は県内の郡会議員と市会議員によって間接的に選ばれることになった（複選制）。ピラミッド型の名望家支配の体制を築きあげようというのがその立法趣旨であった。第四に、名誉職制度が採用されたという点も重要である。とくに町村においては、町村長や議員は無給で職務を全うし、正当の理由なく辞任した場合には罰せられるというのが原則であった。「無知無産ノ小民」（市制町村制理由書）の進出を防止するためである。

市制と町村制の違い　制度上の第三の特色は、市制（都市）と町村制（農村）を別個の法律として制定し、その間に差異を設けたことである。(2)

第一に、監督庁の違い。人口二万五千人以上の市の監督庁は府県知事―内務大臣の二段階制であるが、その他の町村の監督庁は郡長―府県知事―内務大臣の三段階制とされた。ただし、監督の方法や態様に違いがあるわけではない。第二に、選挙方法の違い。議員の選挙に関して、市では三級制、町村では二級制が採用されたが、首長選挙に関しても、とくに市長の場合には市会が推薦した三名の候補者のうちから内務大臣が上奏裁可を請うて選任するという方法が規定された。第三に、行政組織の違い。町村の行政は町村長が単独で責任を持つ仕組みになっていたが、市には合議制の執行機関たる参事会制が導入された。市参事会は、市長・助役および市会が選挙する名誉職参事会員でもって構成される。名誉職参事会員の定数は市条例によって増減することができたが、通常は東京十二名、大阪・京都は九名、その他は一名であった。第四に、身分待遇の違い。町村長や町村助役は原則として名誉職であったが、市長と市の助役は有給吏員であった。市の行政は複雑多岐にわたり専門的知識を要する面があったから、素人の名誉職制ではなく、専門の官僚制に依拠したほうが、行政の効率性という点で優れていると考えられたからである。

右に例示したように、市制と町村制の間にはいくつか興味ある違いが存在するわけであるが、そうした差異が意識的に法制化されたところに、明治地方自治制の大きな特色が認められるのである。農村部においては名誉職制度を媒介とする地主支配が意図されたのに対して、都市部においては名誉職制度と官僚制度の巧みな組み合わせによって、「ブルジョア支配と官僚支配」の融合が意図されたと見て大過ないであろう。ごく大まかに図式化するならば、農村における地主階級と都市におけるブルジョア階級の力にそれぞれ依存しつつも、彼らを官僚機構の網によって包摂して監督指導しようというわけである。(3)

条例制定権と訴願訴訟権の法制化　制度上の第四の特色は、市町村に対する法人格の賦与である。自治体固有説が認められていないという理論上の問題や様々な法制上の制約があったとはいえ、市町村に法人格が与えられ、法律上において個人と同じく権利義務を有する主体としての地位（法人）が明文化されたことの意味は大きい。第一に、上級庁の許可が必要ではあったが市町村に「自主の権」が与えられ、条例・規則の制定権が認められた。第二に、郡・府県・国などの上級庁の一定の処分や決定に不服があれば、市町村には当該官庁に対して訴願する権利が認められた。第三に、市町村には上級庁を相手に行政裁判所に提訴する権利も認められた。もとより、市町村が訴願や訴訟で勝利をおさめることはむずかしく、結果として上級庁の監督権の大きさをあらためて再確認することが多かったとはいえ、大局的に見て訴願権・訴訟権が自治権の拡張につながったことは確かである。

以上、明治地方自治制の制度上の特色として、第一に官治的性格、第二に名望家支配、第三に市制と町村制の違い、第四に条例制定権と訴願訴訟権の法制化という四点を指摘した。農村と都市を区別しつつ一定の自治権を承認しながらも、官僚機構の末端において地主やブルジョアなどの名望家支配の実現をはかり、国家の基盤を強固にしようというのが、明治地方自治制の基本的なねらいであった。

第2節　運用上の特色

つぎに、明治地方自治制の運用面にはどのような特色が見られたであろうか。

官僚的指導と監督　運用上の第一の特色は、自治体の行政に対する上級庁の指導と監督が大きな比重を占めた点である。

市制・町村制が実施された当時の地方自治体は、上から強制された市町村合併の後遺症ともいうべき部落対立を多かれ少なかれ抱え込んでいた。また、市町村内における吏党と民党の政治的対立もいぜん激しかった。それゆえに、新しく設けられた市町村は、公共団体としての統一性に欠けるうらみがあった。また、名誉職を基軸とする素人行政が実施されたことも、いたるところで行政事務の渋滞と混乱を増幅する原因となった。かくして、そうした自治不振の状況を克服するために、上級庁は、①市町村に対する事務報告の義務づけ、②郡長の定期的巡察の実施、③官製的な諸規則の制定とその遵守の強制、④模範例を称揚しながらの吏員への叱咤激励、などの自治体への締め付け策を推進したのである。

その結果、役場は「お上の役所」としての色合いを強め、煩瑣な形式主義や硬直した先例主義が日常化することになった。すなわち、統計上必要であるとの理由で、飼馬の年齢や樹木の大小を調べ、はなはだしきに至っては川魚の数、大根人参の数、雪隠芥溜《せっちんごみため》の構造、人力車の塗色、祭礼の服装まで報告させるといった、煩瑣きわまりない形式主義が横行して住民を煩わせるにいたった（福沢諭吉「国会難局の由来」慶応義塾編『福沢諭吉全集6巻』岩波書店、一九五九年、七八〜七九頁）。こうした役場事務の実態を批判して、福沢諭吉は「大家に嫁入して無数の舅姑《しゅうと》に事《つか》へ、又小舅姑に交はるが如し。舅姑の心、或は深切ならんと雖も、嫁の身と為りては実に辛抱も出来兼る次第なり。法を以て民を煩はすの弊、極ると云ふ可し」（福沢・前掲書一三八頁）と皮肉っている。

自治振興策の展開　運用上の第二の特色は、地方改良運動（明治後期）・民力涵養運動（大正期）・農山漁村経済更生運動（昭和初期）・皇国農村建設運動（戦時期）などの、官製的な自治振興策が推進された点である。地方行政の活性化をはかるためには、単に官僚的指導と監督を強めるだけではなく、人民の自発性を喚起して行政への積極的協力心を引き出す必要があったからである。

内務省や農商務省が推進した自治振興策の内容を見ると、「村の平和」や「一村一家」の観念を鼓吹して、地主・篤農・教師・住職・神主などの地方有力者層にリーダーとしての自覚を持たせようとする意図が明瞭である。また、「勤倹貯蓄」「分度推譲」「醇風美俗」「忠君愛国」などを説いて、刻苦勉励型の献身的な国民を育成しようとする意図も明瞭である。しかし、自治振興策は単なる精神主義的な運動ではない。地方の指導者や一般人民の心構えや気概を鼓舞することによって、具体的には戸主会・青年会・婦人会・風紀改善会・勤倹貯蓄会・農会・産業組合などの官製的な行政補助組織を全国津々浦々に組織し、納税・勧業・衛生・教育・消防などの行政事務の遂行を下から支える体制を作り上げることがそのねらいであった。

共同体的秩序の利用　運用上の第三の特色は、ムラ（部落・自然村）が温存され利用された点である。町村合併の強行と市制・町村制の実施により、ムラの法人格は否定された。だが、ムラの存立そのものが解消されたわけではない。むしろ、新市町村の内部に行政区—区長の設置が認められたことに象徴されているように、ムラは再編されて行政の末端に積極的に位置づけられたという点が重要である。

第3節　思想史上の特色

わが国における地方自治の思想と理論には、歴史上どのような特色が見られたであろうか。

欧米理論の継受と土着思想　まず確認しておくべき第一の特色は、近代日本における地方自治論は欧米の理論を継受することによって体系化されたという点である。地方自治論を本格的に論じたわが国最初の著書は福沢諭吉の

『分権論』（一八七七年）であるが、その理論はトクヴィルの『アメリカにおける民主主義』をヒントにして形成されたものである。その他、地方自治の先駆的理論としては、鈴木唯一『英政如何』（一八七七年）や神田孝平『和蘭邑法』（一八七二年）をはじめ、黒川誠一郎『仏蘭西公法附政法』（一八七七年）、若山儀一『分権政治』（一八七八年）、大森鍾一『仏国地方分権法』（一八七八年）などをあげることができるが、それらの著書はいずれも西洋の理論や制度を紹介したものである。その後、イギリスやフランスに代わってドイツの理論がわが国の思想界で有力になるという変化は生じたが、いずれにせよ欧米理論の影響は決定的であった。

このように、欧米理論の継受なくして近代日本の地方自治論を考えることはできないのであるが、もとより欧米理論の継受がすべてではない。幕末の国学者や農政学者らの土着思想のなかにも、地方自治観の萌芽が認められるという点が大切である。すなわち、「愚昧の百姓を教へ導き、公事《くじ》訴訟の起らざる様に村内を和睦し、其職を利欲の為にせず、専ら其村を治る事に力を尽すを真の村長《むらおさ》とはいふなり」（宮負定雄「民家要術」芳賀・松本校注『日本思想大系五一巻　国学運動の思想』岩波書店、一九七一年、六七七頁）とする観点や、また「村長たらん者自謙《みけん》して驕《おご》らず、約にして奢《おご》らず、慎んで分限を守り、余財を推譲《おしゆずり》て、村害を除き、村益を起すべし」（二宮尊徳「二宮翁夜話」奈良本・中井校注『日本思想大系五二巻　二宮尊徳・大原幽学』岩波書店、一九七三年、二三〇頁）とする観点——幕末庄屋層の自治観——のなかにも、日本の地方自治思想の一源流が認められるのである。

地方自治論の隆盛　思想史上の第二の特色は、わが国には地方自治の必要性を説く論者が多数存在し、早くから精力的な理論活動が見られたという点である。地方自治に対する理論的関心はすでに明治維新当時において芽生えつつあったが、その勢いはその後いっそう強まり、郡区町村編制法・府県会規則・地方税規則などいわゆる三新法が制定された一八七八（明治一一）年の頃には、「地方分権ノ政図ハ今日朝野ノ一大問題タリ」（大森鍾一）とまでいわれるにいたった。そして、明治一〇年代から二〇年代にかけて地方自治論隆盛の時代を迎えたわけであるが、その背景には幕末から維新にかけての地方リーダー（自立した地方名望家層）の成長と、その結果としての府県会闘争に代表される自由民権運動の台頭――自治を求める意識の高揚――という歴史的流れが存在した。

私たちはともすれば、日本の地方自治思想の貧困ないしは後進性ということに目を奪われがちである。しかし、過去の日本を振り返ってみると、日本には近代的な地方自治論がすでにかなり初期の段階から存在していたのであり、しかもそれは単なる借り物ではなくきわめて精力的な理論活動の一貫として存在していたという事実に気付くであろう。そうした理論面での先駆性とそれを支えた地方リーダーの活躍に目をつむったままでは、なぜ一八七八（明治一一）年という早い段階で三新法の体制をしき、約一〇年後には市制町村制をはじめ府県制・郡制などを制定して、アジアで最初の立憲体制の基礎を築くにいたったかという問題は解くことができないのである（宮本憲一『地方自治の歴史と展望』自治体研究社、一九八六年、二九～三〇頁参照）。

第4節　地方自治観の相剋

このように、近代日本の地方自治論は土着思想のうえに欧米の理論が継受されることによって体系化され、地方自治論隆盛の時代を迎えたわけであるが、ここで明治地方自治制が制定された時期以降に目を移すと、わが国には主として三つの地方自治観が併存し相克していたという点が重要である。

官僚的地方自治観　まず第一の系譜は、わが国における通説である官僚的地方自治観ないしは後見的地方自治観(4)である。

山県有朋は『徴兵制度及自治制度確立ノ沿革』という有名な回顧録を残しているが、同書には、地方自治は丁壮が兵役に服するのと同じく公民の義務であるとの原則が強調されている。そして、治道の要諦は国民をして法律規則の外に家族のように親和させることであるとの原則も再確認されている。このように、地方自治を軍隊制度にたとえたり、家族制度に模したりする発想はいわば日本の通説とでもいうべきもので、戦前の政界・官界における支配的見解であった。たとえば、内務大臣であった床次竹二郎は『地方自治及振興策』（一九一二年）の中で、国と地方の関係を親密な親子関係にたとえつつ、「日露戦争に勝利を得た原因は種々あらうが、此自治制度が布かれてあつたのも、確かに戦争に勝つた原因の一つであると思ふ。一例を挙げて言ふと、一寸茲でベルを押せば、ずつと隅まで響きが応ずる如く、陛下の思召がずつと隅から隅まで及んで居る。これは全く自治制度のお蔭であると思ふ」と述べている（辻清明『日本の地方自治』岩波書店、一九七六年、八頁参照）。

こうした官僚的地方自治観の影響は公法理論のうえにも顕著で、わが国においては自治権は国家から与えられたものであるとする「伝来説」が学界の通説であった。このことは、戦前において最も市民法学的な公法理論を提供したとされる美濃部達吉でさえ、「凡そ自治体は、国家の之を認むるに依りて始めて成立するものにして、国家以前に自治体あることなし。自治体の事務は、凡そ国家より分配を受けたるものにして、自治体に初より固有なる事務あるべき理由なし」（『改正県制郡制要義』一八九九年）と説いていることからも明らかであろう。

自立的名望家自治観　第二の系譜は、通説たる官僚的後見的自治観に対峙する形で明治二〇年頃に台頭した、自立的名望家自治観である。

市制・町村制の公布に際し、当時の新聞・雑誌は全体として好意的な論評を載せたが、それは必ずしも政府を支持するためではなかった。むしろその論調は、山県有朋らに代表される官僚主導の後見的地方自治観に対抗しつつ、地方名望家の主体的な活躍に熱い声援を送ろうとするものが中心であった。(5)　そのうち、とくに重要なのはまず陸羯南の『東京電報』四九三号であろう。同紙は、市制町村制を「政治上自由の基礎にして、一国元気の本源」とまで呼んでいる。そして、「理論上の自由が事実上の自由に転化する千載一遇の好機」を心の底から歓迎しているのである。また、徳富蘇峰の『国民之友』二九号も、「市制町村制の公布ハ、我邦の政事歴史に特筆大書す可き一の紀元《エポク》を生したり」としている。そして、(1)今後は一身一家と郷里郷党を拠点とする着実な政治運動が形成され、(2)政治運動に参加する者は「産を治め家を為す人」でなければならないとする自覚も生まれ、(3)「我がために我が事をする」自立的精神が広く定着するであろう、と高らかに歌いあげているのが印象的である。

陸羯南や徳富蘇峰の理論のなかには、市制・町村制を主体的に読みかえることによって山県有朋流の後見的自治観を転換させ、「地方人士」や「田舎紳士」など、要するに地方名望家を主体とする力強い自治体制を築きあげていこうとする意欲がみなぎっていた。まさにそうであったがゆえに、彼らの理論は多数の地方名望家の支持を得て、いち早く言論界においてオピニオンリーダーの役割を果たすことになったのである。しかし、この新日本を建設していこうとする潮流は、ついに結実することがなかった。日清戦争から日露戦争の時期にかけて生じた「中等階級の堕落」化現象に歩調を合わせて、言論界の主舞台から姿を消していったからである。

総じて、日本の近代においては、初期ブルジョアジーを担い手とする名望家自治観が、都市中間層を担い手とする「市民的自治論」へと漸次発展していく過程を認めることはできない。公法の分野における市民法学の不振がそれを物語っていよう。

ラディカルな自治観　第三の系譜は、人民の立場から地方自治の意義を説いたラディカルな地方自治観である。その先駆的論者としては植木枝盛と島田邦二郎が出色であろう。

植木枝盛は自由党左派に属する理論家として有名であるが、彼は『土陽新聞』のなかで市制・町村制をとりあげ、これに手厳しい批判を加えている。すなわち植木は、制度の上で住民と公民が区別されている点、公民のみに参政権が認められている点、等級選挙制や名誉職制を採用している点などを指摘し、市制・町村制は多数の住民を排除して有力者支配の体制をめざすものであると批判している。また植木は、婦人に公民権が与えられていないのも市制・町村制の不十分な点だとしている（植木枝盛「市町村制」『土陽新聞』明治二二年五月二〜一〇日）。

島田邦二郎の名はほとんど知られていない。(6) だが彼の地方自治論もまた、そのラディカルさにおいては同時代の論者の追随を許さぬものがあった。すなわち、島田邦二郎はトクヴィルを引き、福沢諭吉『分権論』の観点を継承しながら、さらに一歩を進めて「吾輩ハ之ニ加フルニ自治区機関ノ構成権ヲ以テセントスルナリ。即チ自治区議員ノ選挙ハ勿論、其行政首長モ亦之ヲ撰挙セントスルナリ」（島田邦二郎「立憲政体改革の急務」江村栄一校注『日本近代思想大系9　憲法構想』岩波書店、一九八九年、四〇〇頁）と明快である。そして、島田は構成権がいかに重要であるかを説明して、「自治権ノ消長ハ只《ただ》此権ノ有無如何ニヨリテ別カル、モノニシテ、設《も》シ其機関ノ基礎ニシテ自由ニ本ヅクニアラザレバ、仮令《たとい》其他ノ権限ニ於テ如何ニ大ナリト謂フト雖モ、自治区ハ常ニ干渉ヲ受ケテ其実決シテ挙ラザレバナリ」と述べている。政権と治権を分割するだけでは不十分で、治権の担い手の選出方法ないしは住民自治の側面にも留意しなければならないとする意見である。

島田は右のような観点に立って、普通選挙制、直接選挙制、知事・郡長の公選制など、明治地方自治制の根幹にかかわる改革意見を展開している。立憲政治は「凡人《ぼんじん》的ノ政治ニシテ英傑的ノ政治ニアラズ」「百姓的ノ政治ニシテ富豪的ノ政治ニアラズ」というのが、島田邦二郎の主張の眼目であった（島田・前掲論文四二〇頁）。福沢諭吉の理論を継承しながらそれを越え、かつ陸羯南や徳富蘇峰の名望家自治論をも乗り越えようとする画期的理論と言えよう。

ラディカルな地方自治観はその後、片山潜・幸徳秋水・安部磯雄らの社会主義者に引き継がれ、昭和初期には織本侃『我国市町村財政と無産階級』(一九二九年)や奈良正路『市町村法律必携』(一九二九年)、布施辰治『自治研究講話』(一九三〇年)などの無産階級自治論へと発展していく。しかし、それらの理論が日本人の自治意識を変え、わが国の法理論と法文化のあり方に決定的な影響力をもつことはついになかったと言えよう。

第5節　変化と持続

明治地方自治制の展開　一九一一(明治四四)年には市制・町村制が大幅に改正された。この改正は上級庁の権限強化を意図するものであったが、ついで大正時代に入るとデモクラシーの波を受けて地方自治に関しても制度上、民主化が進められることになった。すなわち、第一に、内務官僚や貴族院の反対を押し切って一九二一(大正一〇)年に郡制が廃止され、一九二六(大正一五)年には郡役所が廃止されている。そして第二に、選挙法の改正によって間接選挙制(複選制)や等級選挙制が撤廃され、最終的には普通選挙制が一九二六年に導入されている。

このように、明治地方自治制は決して固定的なものではなく、時代の推移とともに小作人や労働者の自治参加権が認められ、その支配構造は法制上、大きく変貌することになった。(7) しかし、ここで留意しておかなければならないことがある。それは、制度は変わっても、制度の運用は変わらなかったという点である。すなわち、すでに述べた明治地方自治制の運用上の特色である①官僚的指導と監督②自治振興策の展開③共同体的秩序の利用という点に関していえば、変化よりはむしろ持続のほうが顕著である。制度上の民主化を進めながらも、運用上は共同体的秩序を利用して自治振興策を展開し、官僚的支配を徹底させようというのが政府の一貫した姿勢であった。

農本主義的自治観の役割　そうした政府の共同体秩序利用政策を下から支えたのが農本主義的自治観である。ここで農本主義的自治観とは、幕末庄屋層の土着の自治観を受け継ぎつつ、近代日本において開花した思想のことである。その代表的理論家としては山崎延吉や橘孝三郎、権藤成卿らをあげることができるが、その主張は要するに、都市文化に対するに農村の醇風美俗を称揚し、欧米文化に対するに国粋主義を標榜するというものであった。資本主義や官僚主義にも警戒感を示すが、本音のところでは民主主義や法治主義に嫌悪感を示すこの自治観は、主として、農村自治振興策の担い手である地方の指導者層（中小地主や篤志家・精農）に受容されやすい思想であった。困難な条件のもとで額に汗して働く地方の指導者層の胸中には、「不毛な議論や制度改革よりも人心一新のほうが先だ、やる気がなければ何をやってもだめだ」との思いが強かったからである（石川一三夫『近代日本の名望家と自治』木鐸社、一九八七年、二一五〜二一七頁参照）。

官僚的自治観が中央の通説であるとするならば、この農本主義的自治観は地方の通説であった。先に紹介した自立的名望家自治観の系譜が都市中間層を担い手とする市民的自治論へと発展せずに、農本主義的自治観の系譜に合流し、後見的官僚的自治観の補完物となってラディカルな自治観を圧倒していったところに、近代日本の顕著な特徴が認められるのである。農本主義的自治観に支えられながら、自治振興策を媒介にして官僚支配と共同体的支配を融合するという体制がムラの中に定着するのは、大正期から昭和初期にかけてのことである。(8)

おわりに

戦後改革　日本国憲法はとくに「地方自治」の章を設けた。そして、民主主義制度の一環として団体自治と住民自治の原則も明記された。明治憲法にはなかったことで、歴史的大転換と言ってもよい。

一九四七（昭和二二）年には、わが国で最初の地方自治に関する包括的な法律である地方自治法が制定された。これはまさに新憲法の精神を体現しようとするもので、民主的な地方行政体系をつくりあげるべく、(1)普通地方公共団体という名称によって都道府県と市町村が法制上同格の扱いを受けることが宣せられ、(2)国および都道府県の監督権のうち強制予算と代執行制度が廃止され、(3)自治体の住民に「条例請求」「解職請求」「議会解散請求」「事務監査請求」などの直接請求権が認められた。そうした地方自治法の制定とならんで特筆すべきは、内務省の解体、警察制度・教育制度の改革、部落会・町内会・隣組の廃止などであろう。いずれも明治憲法体制のもとで見られたような中央集権体制を打破しようとするものであり、まさに戦後は歴史的大転換の渦中にあったと言っても過言ではないのである。

悲観論と楽観論　以来、半世紀が過ぎようとしているが、はたして地方自治は戦後の日本に定着したと言えるであろうか。

(1)　内務省は解体されたが、官僚主導の体制は旧態依然であるといわれている。また、今日ではかつての名望家支配はすでに崩壊し、ムラ共同体も大きく変貌した。しかし、私たちの住む町や村の現状を見るとき、その前途は必ずしも楽観できるものではない。戦後のある時期、農村の封建性が問題になり、共同体を解体しさえすれば日本の民主化がおのずと可能であるかのように信じられたときもあった。しかし、いまではそうした素朴な楽観論はすっかり過去のものになってしまった感がある。自治の不振ということが、いたる所であらゆる機会に語られているのが実情である――。

(2)　しかし他方、近年の動向を視点をかえて細かに観察するとき、社会が静かに変動しつつあるのも事実である。例えば、近年とみに地方分権や地方自治、「まちづくり」「むらおこし」等々について活発な提案や討論が行われるようになった（田村明『まちづくりの発想』岩波書店、一九八七年参照）。また、「中央にお伺いをたてて事を進める明治以来の行政のやり方に、静かな革命が起き始めている」（朝日新聞・平成三年四月二三日社説）とも言われている。

この「静かな革命」は本物であろうか。もしそれが本物であるとするならば、自治不振の構造はいわば日本の政治文化と法文化の奥底に潜む底流のようなもので、容易にその姿を変えることはない、と決め付けるのはあまりにも悲観的にすぎるということになる。私たちの住む町や村は、静かながらも確実に進行している社会変動のなかで、今まさに新しい胎動期にさしかかっているのかもしれないのである――。

このように、現在は悲観論と楽観論が交差しあう不透明の時代であるが、この時点において、いま私たちに求められているものは何か。それは、明治以来の地方自治の思想と制度(法文化)を批判的に回顧し、何が変わり、何が変わらなかったのか――変化と持続――を、しっかりと観察することである。

(1) 明治地方自治制に関する研究は多数存在するが、入門書としては大島美津子『明治のむら』(教育社、一九七七年)や宮本憲一『地方自治の歴史と展望』(自治体研究社、一九八六年)、都丸泰助『地方自治制度史論』(新日本出版社、一九八二年)が便利。また、一歩立ち入って専門的に明治地方自治制の概観を得ようとする者には、亀卦川浩『明治地方自治制度の成立過程』(東京市政調査会、一九五五年)や大石嘉一郎『近代日本の地方自治』(東京大学出版会、一九九〇年)、石田雄『近代日本政治構造の研究』(未來社、一九五六年)などが好著。法制史プロパーのものとしては、山中永之佑氏の『日本近代国家の形成と官僚制』(弘文堂、一九七四年)、『日本近代国家の形成と村規約』(木鐸社、一九七五年)、『近代日本の地方制度と名望家』(弘文堂、一九九〇年)の三部作が必読文献。

(2) 近年、近代日本の市制ないし都市自治の研究が盛んである。小路田泰直『日本近代都市史研究序説』(柏書房、一九九一年)、山中永之佑『近代市制と都市名望家――大阪市を事例とする』(大阪大学出版会、一九九五年)、原田敬一『日本近代都市史研究』(思文閣出版、一九九七年)など参照。右の山中氏の著書に対するコメント、ならびに大阪市を扱った研究史については飯塚一幸氏の書評(日本史研究四一一号、一九九六年)参照。また、秋元せき「明治地方自治制形成期における大都市参事会制の位置――京都市の事例を中心に」(日本史研究四七二号、二〇〇一年)も、近年の研究史をふまえつつ日本近代都市史研究を実証的に一歩進めるものとして貴重である。市民自治の思想が重要になっている今日、都市自治の実証研究はますます盛んになっていくであろう。多様で自由な発想が求められている。

(3) 市制と町村制の法構造上の差異に注目し、都市と農村の支配体制の違いを強調したものとしては、山中永之佑『日本近代地方自治制と国家』(弘文堂、一九九九年)一七九～一八二頁参照。市制と町村制の法文上の違いを詳述したものとしては、亀卦川浩『地方制度小史』(勁草書房、一九六二年)が基本文献である。

(4) 「後見的自治観」と「自立的自治観」については、辻清明『日本の地方自治』(岩波書店、一九七六年)参照。

(5) 私たちはとかく、地方自治の可能性が官僚制の下にからめとられてしまった宿命的時代として明治二〇年代を理解しがちである。しかし、明治二〇年代は後世の私たちが考えているほど選択の可能性と将来の展望を失った時代ではない。名望家の自立的自治を求める声がまだまだ斬新な響きをもつ時代であった。すなわち、市制・町村制の公布は決して自治論隆盛期の終焉を意味するのではなく、名望家の眼からすれば、新しい時代の到来を告げる特筆すべき出来事であったという点が見落とされてはならないのである。

(6) 島田邦二郎は、慶応義塾で英学を学んだあと郷里の兵庫県淡路島に帰り村会議員・県会議員などを歴任した在地の人であるが、その理論の特徴は英国流の責任内閣制を基調としながら、とくに住民の主体性に立脚した民主的地方自治の重要性を説いている点にある。

(7) 昭和四年の改正は、府県に条令規則制定権を与えてその団体自治権を拡充したほか、府県会と市町村会の議員に議案提出権を認めるなど地方議会の権限を強めるものであった。ここに法制上、戦前において最も地方自治と地方分権が花開く時代が実現することになった。しかし、政治上においては、経済不況のなか地方自治と地方分権を抹殺しようとする軍国主義とファシズムの足音が身近にせまりつつあったのが当時の特徴である。

(8) 生活共同体としての部落会・町内会の活用が内務省によって具体的にとりあげられたのは、国家総動員法が制定された一九三八(昭和一三)年である。その二年後、内務省は訓令「部落会町内会等整備要領」を発してその法制化をはかり、翼賛体制のもと国策を遂行するための基盤整理を急いだ。部落会・町内会が最終的に法制化されたのは、一九四三(昭和一八)年の市制・町村制改正によってである。この部落会・町内会は、軍国主義とファシズムの協力機関であったとの理由により一九四七(昭和二二)年に廃止されたが、その後また復活し今日に及んでいる。

第6章　教育・学校法制

第1節　学制・教育令

近代日本の教育制度は、明治五（一八七二）年の学制（文部省布達第一三号）から始まった。その基本理念は、同時に発布された「被仰出書」（太政官布告第二一四号）に明らかにされており、「学問は身を立つるの財本」で、「自今以後一般の人民」「必ず邑に不学の戸なく家に不学の人なからしめんことを期す」と近代的教育観を示したが、それは翌年発布された徴兵令の実施や殖産興業政策のための前提として国民教育が不可欠ということに基づくものであり、富国強兵のための基礎としてのものでしかなかった。

学制は中央集権主義、干渉主義をとり、当時の地域社会の現実を無視したため多くの問題を生み出し改正せざるをえないこととなり、一八七九（明治一二）年九月に教育令（太政官布告第四〇号）が制定された。これは、学制が全一〇九章に及ぶ大部のものであったのに対して、わずか四七条のもので、教育行政について大幅に町村の自治を認め、第二次大戦後短期間行われた教育委員公選制を先取りするかのような「町村人民ノ選挙」による学務委員を置いたり、私立学校の設置・廃止の要件を府知事県令への「開申」のみとするなど、「自由教育令」と呼ばれた通りの内容を持つものであった。しかし、この教育令の実施は就学率の低下、公立学校設置の中止、教則不備の私立学校の増加などの事態を生み出し、また自由民権運動への対策からも、わずか一年で全面改正を迫られることとなり、一八八〇（明治一三）年一二月太政官布告第五九号により改正教育令が公布された。

この改正教育令は、再び中央集権制を復活強化させ干渉主義をとるものであり、また小学校の学科の筆頭に修身を置いたことに示されるように徳育を重視するものであった。この教育令は一八八五(明治一八)年八月、干渉主義を緩和して全面改正されるが、それは経費節減だけを考えた教育「放任」政策(安川寿之輔「学校教育と富国強兵」『岩波講座日本歴史15　近代2』岩波書店、一九七六年、二三七頁)でしかなかった。そして第2節で述べるように、それからわずか半年余り後には初代文部大臣森有礼による諸学校令が制定され、教育令は廃止された。

第2節　明治憲法体制成立期の教育制度

諸学校令の制定　一八八五(明治一八)年一二月、内閣制度が創設され、伊藤博文を首相とする最初の内閣が発足したが、その初代文部大臣に就任したのは森有礼であった。森の教育観は、ドイツ教育思想の影響を受けた「国家富強主義」によるもので、学問と教育を峻別し、学問は国家の指導者階級となるエリートが学ぶべきものであり、それと臣民=大衆が受ける「教育」とは別であるとし、教育を実用主義的にとらえ、日本の国際的発展のためには「国民ノ志気ヲ培養発達」させることが根本であり、それこそが国民教育の課題であると考えた(土屋ほか編『教育学全集増補版3　近代教育史』小学館、一九七五年、五八~五九頁)。このような教育観に基づき、森は一八八六(明治一九)年、小学校令・中学校令・帝国大学令・師範学校令を制定して日本の学校制度の基礎を確立した。また、それまでの重要な教育法令では「学制」は文部省布達、「教育令」は太政官布告であったのに対し、これらの法令はすべて勅令として制定されており、ここに教育立法における勅令主義の成立を見ることができる。次に各学校令について見ていこう。

(1)　小学校令(勅令第一四号)は条文数わずかに一六ケ条のみであるが、森文相みずからが起案したといわれ、森の初等教育政策が直接反映していると考えられるものである。小学校を尋常小学校・高等小学校各四年とし、前者を義務教育とした。就学義務についても明確にし、「父母後見人等ハ其学齢児童ヲシテ普通教育ヲ得セシムルノ義務アルモノトス」（第三条）と、「義務」という文言が初めて使われた。また、「父母後見人等ハ小学校ノ経費ニ充ツル為メ其児童ノ授業料ヲ支弁スヘキモノトス」（第六条）と、授業料の徴収を明文で規定した。「学科及其程度」は文部大臣が定めるものとし、教科書も文部大臣が検定したものに限るなど、教育内容については文部大臣＝国家の統制するところとした。

(2) 中学校令（勅令第一五号）は、中学校を「実業ニ就カント欲シ又ハ高等ノ学校ニ入ラント欲スルモノニ須要ナル教育ヲ為ス所」とし、高等・尋常の二段階とした。尋常中学校は府県が設置するものとしたのに対して、高等中学校は文部大臣の管理下に全国で五校設置し、法・医・工・文・理・農・商等の分科を設けることができるもので、中学校といっても尋常中学校とはまったく性格を異にし、後述するように一八九四（明治二七）年の高等学校令により高等学校と改称された。ここに、小学校・尋常中学校・高等中学校・帝国大学という四段階編成の学校体系が成立し、これはその後の学校制度の基本構成となった。中学校の教育内容については、小学校と同様に「学科及其程度」は文部大臣が定め、教科書も文部大臣検定にかぎり、文部大臣の統制下に置かれた。

(3) 帝国大学令（勅令第三号）は、帝国大学の目的を「国家ノ須要ニ応スル学術技芸ヲ教授シ其蘊奥ヲ攻究」（第一条）することとし、国家主義を明確に表明した。「学術技芸ノ蘊奥ヲ攻究」する大学院と、「学術技芸ノ理論及応用ヲ教授」する法・医・工・文・理の各分科大学が帝国大学を構成するものとし、学問と教育の分担を明確にした。総長は法科大学長を兼ね、法科大学についてのみ法律学科及政治学科を置くという学科に関する規定があるなど、高級官吏養成機関としての法科大学偏重が見られた。また、翌年制定の文官試験試補及見習規則により、法科・文科大学の卒業生は無試験で高等官試補に採用されるという特権が認められた。この特権は一八九三(明治二六)年の文官試験規則で廃止されたが、なお予備試験免除という特典が残された。

(4)　師範学校令(勅令第一三号)は、第一条に「生徒ヲシテ順良信愛威重ノ気質ヲ備へシムルコトニ注目スへキモノトス」と定め、この「順良信愛威重」は戦前の師範教育の基本となった。師範学校も尋常・高等の二段階とされ、高等師範学校は尋常師範学校長と教員の養成を目的とし、官立で東京に設置するものとした。尋常師範学校は公立小学校長と教員の養成を目的とし、府県に一校を設置するものとした。学費支給制がとられた代わりに卒業後の服務が義務とされ、全寮制で軍隊式の教育が行われた。

小学校令の改正――勅令主義の確立　一八八八(明治二一)年の市制・町村制、九〇(明治二三)年の府県制・郡制制定で、地方制度が全面改正された(第5章参照)。この新たな地方制度において、教育は軍事・警察とならんで「全国ノ公益ニ出ツル」ものとして国家の委任事務とする方針が示された(「市制・町村制理由」)ため、それに適合させる必要と、最初の小学校令の諸規定の不備を補うため、一八九〇(明治二三)年に小学校令の全面改正が行われることとなった。このとき、文部省は「小学校法」＝法律として制定することを主張したが、枢密院は教育への議会の介入を防ぐため勅令とすることを主張し、結局小学校令は勅令として制定されることとなり、ここに教育立法における勅令主義が確立された。

この第二次小学校令は一八九〇(明治二三)年一〇月七日に勅令第二一五号として公布された。条文数は全九六ケ条からなり、第一次小学校令と比べてはるかに詳細なものとなった。小学校の目的について、それまでは単に「普通教育」としていたのに対して、「小学校ハ児童身体ノ発達ニ留意シテ道徳教育及国民教育ノ基礎並其生活ニ必須ナル普通ノ知識ヲ授クルヲ以テ本旨トス」(第一条)と、道徳教育を第一に明示した。この規定は、起草の中心であった江木千之がドイツの学校規定を参照して立案したもので、ここにいう道徳教育、国民教育とは教育勅語に現れた天皇制国家主義に基づくものであった。教科目のなかでも修身が第一に挙げられた。

このような第二次小学校令の関連法令として重要なものには次のようなものがある。まず小学校祝日大祭儀式規程（一八九一〔明治二四〕年六月文部省令第四号）は、「紀元節、天長節、元始祭、神嘗祭及新嘗祭」に①天皇・皇后の写真＝御真影に最敬礼、天皇・皇后に万歳奉祝、②教育勅語奉読、③訓話、④唱歌合唱を内容とする儀式を行う事を命じ、教育勅語、御真影の普及徹底を促進した。

小学校教則大綱（同年一一月文部省令第一一号）は、各教科目の教授要旨を詳細に規定したが、第一条には「徳性ノ涵養ハ教育上最モ意ヲ用フヘキナリ」とし、各教科目の最初に修身を挙げ「修身ハ教育ニ関スル勅語ノ旨趣ニ基」づくべきことを明らかにした。

教育勅語の発布　前述のように、第二次小学校令による小学校教育からは、教育勅語がその中心となった。教育勅語は一八九〇（明治二三）年一〇月三〇日に天皇から文部大臣に「下賜」された。その直接の契機となったのは、同年二月の地方官会議でそれ以前から論争となっていた「徳育」が取り上げられ、「徳育涵養ノ儀ニ付建議」を提出したことであった。これに応じて山県有朋首相と芳川顕正文相の下に法制局長官井上毅が起草に当たり、枢密顧問官元田永孚が協力した。この教育勅語は、伊藤、森に代表される開明主義、元田に代表される儒教的、天皇親政思想、山県に代表される軍国主義思想の巧妙な妥協の産物であった（井ケ田・山中・石川『日本近代法史』法律文化社、一九八二年、一四一頁）。

教育勅語では、「皇祖皇宗」による建国神話に基づき「臣民」が忠孝を尽くすことが「国体ノ精華」で、「教育ノ淵源」はそこにあるとし、一般的な道徳や遵法を説き、さらに「一旦緩急アレハ義勇公ニ奉シ以テ天壌無窮ノ皇運ヲ扶翼スヘシ」と軍国主義の要請を述べていた。さらに、教育勅語の官版解説書である『勅語衍義』は「以テ天皇陛下ノ命令ニ従フコト、恰モ四肢ノ忽チ精神ノ向ク所ニ従ヒテ動キ、毫モ渋滞スル所ナキガ如クナル」ことを求めた。すなわち、教育勅語は、臣民がひたすら天皇＝国家の前にひれ伏し、その命令に唯々諾々として従うことを求めたのである（井ケ田・山中・石川・前掲書一四二頁）。このような教育勅語に敬意を表しない者への弾圧として発布翌年早々に起こったのが内村鑑三不敬事件で、当時第一高等中学校の嘱託教員であった内村が勅語に拝礼しなかったことが問題とされ、依願解嘱に追い込まれたのであった。

実業教育　日本資本主義の発展は、一八九〇年代には産業資本主義の確立をみるにいたり、このような産業の発展に応ずる教育政策が求められることとなった。このような時代の要請に基づき、実業教育を制度化したのが一八九三（明治二六）年三月に文部大臣に就任した井上毅であった。井上は国家富強の基礎は近代産業の振興にあることを確信し、科学、技術、実業を一致配合する教育の確立を構想した（仲新・伊藤敏行編『日本近代教育小史』福村出版、一九八四年、八五頁）。

井上により制定された実業教育に関する法令は、九三年一一月の「実業補習学校規程」、九四年六月の「実業教育費国庫補助法」「工業教員養成規程」、七月の「徒弟学校規程」、「簡易農学校規程」で、尋常小学校卒業後の勤労青少年の労働力の質を高めようとし、そのための実業教育の普及振興をはかるために国庫補助金を制度化した。

また中学校においても、九四年六月に「尋常中学校実科規程」が制定されて、「地方ノ必要ニ従ヒ専ラ実業ニ就カントスル者ニ適切ナル教育」をするための実科中学校を設置することとした。

第3節　近代学校制度の整備

文部省は一八九六(明治二九)年一二月に学制改革問題を審議するため、高等教育会議を設置し、これは中央教育審議機関の嚆矢となった。その答申に基づき諸学校令の全面的改正や新たな制定がなされ、近代学校制度が整備されていく。

小学校令の全面改正　一九〇〇(明治三三)年八月、小学校令が全面改正され勅令第三四四号として公布された。第三次小学校令である。これにより、日本における義務教育制度が確立したとされる。一般に義務教育の構成要件は、無償性・義務性・世俗性の三点にあるとされる(仲・伊藤編・前掲書九二頁)が、これらが第三次小学校令に伴い一応実現されたのである。この三点について順次見ていこう。

(1)　無償性　第三次小学校令は、授業料について「市町村立尋常小学校ニ於テハ授業料ヲ徴収スルコトヲ得ス但シ補習科ハ此ノ限ニ在ラス　特別ノ事情アルトキハ府県知事ノ認可ヲ受ケ市町村立尋常小学校ニ於テ授業料ヲ徴収スルコトヲ得」(第五七条)と規定し、ここに初めて義務教育無償の原則が成立した。しかし、これは当時の用語で「無謝儀教育」と呼ばれたもので、無償教育の理念からはほど遠いもの(土屋ほか編・前掲書八五頁)でしかなく、次に述べる義務性すなわち就学督促の強化とひきかえ(同前)に実現されたものであった。

(2)　義務性　就学義務に関する規定は、この第三次小学校令において詳細厳密なものとなった。学齢児童を就学させることをその児童の保護者の義務とし、その保護者とは「学齢児童ニ対シ親権ヲ行フ者又ハ親権ヲ行フ者ナキトキハ其ノ後見人ヲ謂フ」と規定したが、これは一八九八(明治三一)年制定の民法親族編に適合するものであった。なお、文部省原案には「正当ノ理由ナク督促ニ応セスシテ」児童を就学させない保護者は「十円以下ノ罰金ニ処ス」、「警察官吏ハ学齢児童ノ就学督促ニ関シ市町村吏員ヲ補助ス」とまであったが、このような強制的な就学督促により児童数が急増すると、貧困な市町村財政が応じきれないことなどを理由に削除された。この市町村財政への補助については、一八九六(明治二九)年に市町村立小学校教員年功加俸国庫補助法で初めて導入されたが、これは補助の対象を年功加俸にのみ制限していた。それでは不十分として、帝国議会では議員立法により一八九九(明治三二)年に市町村立小学校教育費一般を補助する小学校教育費国庫補助法を成立させたが、政府にはその実施の意図はなく、翌一九〇〇(明治三三)年に補助対象を年功加俸と特別加俸に限定する市町村立小学校教育費国庫補助法を成立させた。

(3)　世俗性　これについては、小学校令そのものには何ら規定はされなかったが、一八九九(明治三二)年の私立学校令公布と同時に出された文部省訓令第一二号は「一般ノ教育ヲシテ宗教ノ外ニ特立セシムルハ学政上最必要トス依テ官立公立学校及学科課程ニ関シ法令ノ規定アル学校ニ於テハ課程外タリトモ宗教上ノ教育ヲ施シ又ハ宗教上ノ儀式ヲ行フコトヲ許ササルヘシ」と命じた。これは学校教育からキリスト教などの宗教の影響を排除することを目的とし、義務教育の学校は宗教から完全に分離されることとなったが、他方、教育勅語や修身を通じて国家神道による教化が進められた。すなわち、学校教育から分離された宗教には国家神道は含まれておらず、むしろ国家神道に基づく教化を進めるために他の宗教を学校教育から分離しようとしたのであった。

このように、この三要件の成立は、教育勅語や国家神道に基づき、国家の役に立つ臣民を生み出すための教育を、それにもかかわらず「無謝儀」と恩恵的なものとして義務づけ、しかも市町村財政を考慮して就学の強制には踏み切れないというものでしかなく、ここに成立したのはまさに国家のための義務教育であった。

なお、この小学校令改正により、それまでは三年又は四年となっていた尋常小学校の修業年限を四年に統一し、さらに七年後の一九〇七(明治四〇)年の改正で義務教育六年制(実施は翌年)が実現された。

また、教科書については、教育勅語による国民思想の統一を求める立場から、一八九六(明治二九)年に貴族院が修身教科書の政府委員会による編纂を建議したのを皮切りに、帝国議会を中心に国定化の要求が強まっていた。このような時期に、教科書疑獄事件が発生し(一九〇二年)、教科書国定化の世論が形成され、一九〇三(明治三六)年の小学校令中改正で、「小学校ノ教科用図書ハ文部省ニ於テ著作権ヲ有スルモノタルヘシ」(二四条)と規定され、翌年から最初の国定教科書が使用された。

中学校制度改革——高等普通教育の成立　森文政による中学校令では、中学校は「実業ニ就カント欲シ又ハ高等ノ学校ニ入ラント欲スルモノニ須要ナル教育」を行うところと位置づけられ、その性格は幅広く、また男女の別についても規定がなかった。しかし、実業教育については井上文政によって制度の整備が進み、また徐々に増加していた女学校については一八九一(明治二四)年の中学校令改正により尋常中学校の一つとされたが、九五(明治二八)年には独立法令として高等女学校規程が制定され、これらの中等教育の系統的な制度化が必要となっていた。それを実現したのが一八九九(明治三二)年二月に一挙に公布された中学校令(全面改正、勅令第二八号)、高等女学校令(勅令第三一号)、実業学校令(勅令第二九号)であった。これにより中学校は「男子ニ須要ナル高等普通教育」を、高等女学校は「女子ニ須要ナル高等普通教育」を行うことを目的とすることが明文化され、ここに高等普通教育が成立し、中等教育の三系統化が実現した。また、中学校・高等女学校については道府県に設置を義務づけ、実業学校についていては文部大臣が府県に設置を命ずることができるとし、三者とも私人による設置を認めたので、これらの学校数は以後大きく増加した。なお、私人による設置を認めたので同年八月に私立学校令が勅令第三五九号として制定された。これは、条約改正の実施に伴い、外国人が経営する私立学校の監督が重要問題と考えられたからでもあった。次に、各学校令について重要な点を個別に見ていこう。

中学校令改正の要点としては、かつての尋常・高等中学校の別が廃止されたことがある。一八九四(明治二七)年の高等学校令制定により、従来の高等中学校はほとんど高等学校となっており、この改正によって尋常中学校は単に中学校と称されることとなった。

高等女学校令に伴い一九〇一(明治三四)年に高等女学校令施行規則、一九〇三年に高等女学校教授要目が制定されて基本法制が確立されたが、これらに規定された教育課程を男子の中学校と比較すると、「高等普通教育」の内容が男女の性別で異なるものとされたことが明らかである。中学校では総時間数一四六時間中、修身五、国語及漢文三三、外国語三四、歴史・地理一五、数学二〇、博物・物理及化学一四、法制及経済三、図画四、唱歌三、体操一五とされたのに対し、高等女学校では総時間数一四〇時間中、修身一〇、国語二八、外国語一五、歴史・地理一三、数学一〇、理科八、図画五、音楽一〇、体操一五、家事六、裁縫二〇となっており、高等女学校では漢文、法制及経済がまったくなく、外国語・数学・理科が中学校の時間数の半分のみであり、家事・裁縫に二六時間もあてていた。女子に対する高等普通教育とは「賢母良妻タラシムルノ素養ヲ為スニ在リ、故ニ優美高尚ノ気風、温良貞淑ノ資性ヲ涵養スルト倶ニ中人以上ノ生活ニ必須ナル学術技芸ヲ知得セシメ」る(高等女学校令制定時の文相樺山資紀)ためのものと考えられ、ここに「良妻賢母主義」という女子教育理念が制度的に定着せしめられた(土屋ほか編・前掲書八八頁)。

実業学校は、工業学校・農業学校・商業学校・商船学校・実業補習学校の五種類とされ、それぞれについて学校規程が文部省令で定められたが、実業補習学校規程は一九〇二(明治三五)年の改正で、基本教科の補習と低度の実業教育を組み合わせ、授業時間のとり方について地域の実情に適合させるものとしたので、農村等の勤労青少年教育に最適なものとして急速に普及した。

高等専門教育　(1)　高等学校令・専門学校令　井上文相の産業発展に対応する教育政策のなかで、一八九四(明治二七)年に高等学校令が制定され、高等学校は「専門学科ヲ教授スル所」で「帝国大学ニ入学スル者ノ為メ予科」の設置もできる、と帝国大学より一段下の専門教育機関と位置づけようとした。しかし、高等中学校から高等学校になった第一から第五の各高等学校中、第三高等学校は予科を置かずに法・医・工学部を設けて専門学科のみを教授したが、他の四校は医学部と予科を設置しただけであった。その後一八九七(明治三〇)年に三高にも予科が置かれ、翌年には同校の法・工両学部が廃止となった。さらに各高等学校の医学部を独立した医学専門学校としたため、高等学校は予科中心の学校となり、専門教育機関の性格を失った。

そのため、新たに帝国大学以外の高等専門教育機関についての制度が必要となったことと、明治初期から法的根拠を持たないままで成長してきていた専門学校を制度化するため、一九〇三(明治三六)年に専門学校令を勅令第六一号で制定した。同令は専門学校を「高等ノ学術技芸ヲ教授スル学校」と定義づけ、入学資格は中学校・修業年限四年以上の高等女学校の卒業者及び同等の学力を有する者、修業年限は三年以上とし、官立のほか、文部大臣の認可を得て公立・私立の専門学校を設置できることとした。これにより、それまでにあった和仏法律学校(後の法政大学)、明治法律学校(明治大学)、関西法律学校(関西大学)など一三校が専門学校として認可された。

(2)　帝国大学の増設　帝国大学が東京に一つあるのみであったのに対して、京都にも大学を設け、大学の独占がもたらす「学風の沈滞」を防げという論は一八九〇(明治二三)年ころから主張されていたが、さらに高等学校への進学希望者・帝国大学進学者の急増という現実に、一八九七(明治三〇)年、京都帝国大学が新設され、従来の帝国大学は東京帝国大学と改称した。その二年後には貴族院で「高等学校及帝国大学増設ニ関スル建議案」の可決、さらにその翌年には「九州東北帝国大学設置建議案」を衆議院で可決と、帝国大学増設を求める声が高まり、一九〇七(明治四〇)年東北、一九一〇(明治四三)年九州、一九一八(大正七)年北海道と帝国大学が設置された。これらの新設帝国大学の分科大学は、京都は理工・法・医・文、東北は理・農・医・工・法文、九州は医・工・農・法文の順で設置され、自然科学系の高度な技術者養成が重視されたことが窺われる。

教員養成制度　一八九七(明治三〇)年、森文政のもとで制定された師範学校令に代わって師範教育令が制定された。師範教育令になって新たに改正されたのは、次の四点である。第一に、従来の師範学校が高等・尋常の二種類であったのを高等師範学校・女子高等師範学校・師範学校の三種類とし、従来の尋常師範学校は師範学校と改称された。第二に女子高等師範学校の新設により、師範学校女子部・高等女学校の女子教員養成が推進されることとなった。第三に、従来は「順良信愛威重」の三つの「気質ヲ備ヘシムルコトニ注目スヘキモノトス」としていたのを、これら三つの「徳性ヲ涵養スルコトヲ務ムヘシ」と徳育を一層重視するようになった(以上第一条)。第四に、従来の尋常師範学校は「府県各一箇所ヲ設置スヘシ」と規定したのを、各府県に「一校若ハ数校ヲ設置ス」と複数設置できるようになった。このような改正が行われたのは、小学校の就学率の急速な上昇による有資格教員の欠乏と、女子就学率の上昇・高等女学校進学者の増加により、小学校・高等女学校の女子教員の養成が求められるようになったためであった。

第4節　臨時教育会議・文政審議会とその後の教育改革

臨時教育会議　一九一七(大正六)年に設置された臨時教育会議は、教育関係としては初めて内閣総理大臣直属の諮問機関として設けられたもので、官制公布勅令の裁可文中に「朕中外ノ情勢ニ照シ国家ノ将来ニ稽ヘ内閣ニ委員会ヲ置キ教育ニ関スル制度ヲ審議シ其ノ振興ヲ図ラシムルノ必要ヲ認メ臨時教育会議官制ヲ裁可」する旨の、異例の一句が挿入されていたことは、それまでの教育諮問機関とは異なって重要な役割が期待されていたことを示している。またその答申は他の諮問機関には例のないほどほとんど実施に移された。

開会における寺内正毅首相の演説は「戦後ノ経営ニ関シテハ前途益々多難」であることを述べ「一層教育ヲ盛ニシテ国体ノ精華ヲ宣揚シ堅実ノ志操ヲ涵養シテ自彊ノ方策ヲ確立シ以テ皇猷ヲ翼賛」すべきことを要求し、国民教育の目標を「護国ノ精神ニ富メル忠良ナル臣民ヲ育成スル」ことに、実科教育の目標を「帝国将来ノ実業経営ニ資」することに、高等教育の目標を「国家有用ノ人材ヲ養成」することに置くことを指示した。

臨時教育会議は一二回の答申と二件の建議「兵式教練振作ニ関スル建議」「教育ノ効果ヲ完カラシムヘキ一般施設ニ関スル建議」(当初は「人心ノ帰嚮統一ニ関スル建議」案)を議決した。

これらの答申・建議は、前述の寺内首相の演説に示された方針に加え、審議中に起こったロシア革命や米騒動に対する危機感から、国体観念・国民道徳の涵養が強調された。それを受けて、小学校教育では地理・日本歴史の授業時間数が増加させられた。中学校令も改正され(一九一九年)目的に「特ニ国民道徳ノ養成ニカムヘキモノトス」との文言が追加され、高等女学校令も、女子教育についての「国体ノ観念ヲ鞏固ニシ……我家族制度ニ適スルノ素養ヲ与フルニ主力ヲ注クコト」という答申により一九二〇年に改正されて、目的規定に「特ニ国民道徳ノ養成ニカメ婦徳ノ涵養ニ留意スヘキモノトス」という文言が追加された。高等学校令は後述するように全面改正されたが、その目的にも「特ニ国民道徳ノ充実ニカムヘキモノトス」と規定された。さらに、一九一八年に新たに制定された大学令の目的規定にも「人格ノ陶冶及国家思想ノ涵養ニ留意スヘキモノトス」という文言が入れられた。

制度面で答申に基づき実施された改革の主なものは、次の通りである。

小学校教育については、小学校教員の俸給についてその資質向上のための増俸を希望事項にあげ、半額を国庫支出で賄うことを求める答申を受けて一九一八(大正七)年に「市町村義務教育費国庫負担法」が制定された。

高等普通教育では、第一に高等学校令が一九一八(大正七)年全面改正された。高等学校の目的は、前述のように一八九四年の高等学校令では専門教育として位置づけられたのがその後その性格を失い大学予科中心となっていたが、この改正により「男子ノ高等普通教育ヲ完成」することへ変えられ、いわゆる「ナンバー・スクール」の八校から「地方高校」の増設、公立・私立の高等学校の新設により大幅に増加した。修業年限は高等科三年・尋常科四年の七年制とし、尋常科への入学資格は尋常小学校卒業、高等科への入学資格は中学校四年修了としたので、高等学校卒業までの教育年限が一年短縮された。第二に中学校令改正（一九一九年）により中学校へ小学校五年修了から入学できるものとしたので、ここでも教育年限の短縮が可能となった。

高等専門教育では、一九一八(大正七)年に「大学令」が勅令第三八八号で制定され、官立の帝国大学の他に公立・私立の大学の設置を認め、これにより、私立専門学校から大学への昇格は、一九二〇年から二四年の間に一九校について実現した。制度的な改革ではないが、専門学校の増設も実施され、とくに女子専門学校の新設が進んだ。

通俗教育＝社会教育の改善に関する答申は、社会教育史上画期的な行政機構の整備（小笠原正『日本教育法制史序説』敬文堂、一九九一年、六五頁）をもたらした。文部省が青年を主な対象に通俗教育の施策を始めたのは日露戦後期からで、一九〇八(明治四一)年の戊申詔書以降内務省が地方改良運動を展開しはじめてからは、青年団体について内務省と共同で訓令を発していたが、通俗教育の担当局課は普通学務局第三課で、その管掌事項の末尾に通俗教育に関する事項が置かれていた。しかし、臨時教育会議の答申は文部省に主任官を置くことを求めたので、一九一九(大正八)年の文部省分課規程を改正して普通学務局に通俗教育専管の第四課を新設し、これは一九二四年には社会教育課と改称され、一九二九(昭和四)年に社会教育局が成立してからは「教化動員」が進められていく。

「国民精神作興ニ関スル詔書」の発布と文政審議会

一九二三(大正一二)年一一月、「国民精神作興ニ関スル詔書」が発布された。これは、大正デモクラシー状況下で自由主義・民主主義・社会主義などが広まるという、支配層にとっての「思想の悪化」に対する「思想の善導」の必要性と、同年九月の関東大震災による人心の動揺や社会不安への対処のためであった。翌年一月発足した清浦内閣の文部大臣に就任した江木千之は臨時教育会議の委員であったが、この詔書の趣旨に基づいて「国民精神ノ作興、教育ノ方針其他文政ニ関スル重要ノ事項ヲ調査審議」(文政審議会官制第一条)するため、臨時教育会議にならって内閣総理大臣直属の機関として文政審議会を設置した。これは一九三五(昭和一〇)年まで存続し一二件の答申を行ったが、その答申に基づいて実施された教育制度のうち主なものを、次に見ていこう。

学校教育における軍事教練については、すでに臨時教育会議が「兵式教練振作ニ関スル建議」を行っていたが、この実行に向けて文政審議会に「学校ニ於ケル教練ノ振作ニ関スル件」が諮問され一九二五(大正一四)年一月に答申が出された。これに基づき四月に勅令第一三五号により「陸軍現役将校学校配属令」が制定され、官立・公立の師範学校・中学校・実業学校・高等学校・大学予科・専門学校・高等師範学校などに軍事教練担当の陸軍現役将校を配属することとした。また、この答申はこれらの学校に在学しない一般の青年に対しても教練を実施することを要望していたため、同年一二月に「青年訓練ニ関スル件」が諮問され、翌二六年一月の答申を受けて四月に青年訓練所令が勅令第七〇号で制定された。青年訓練所は「青年ノ心身ヲ鍛練シテ国民タルノ資質ヲ向上セシムル」ことを目的とし、教練の他に修身及公民科、普通学科、職業科が訓練項目とされた。中学校などの学校に在学しない青少年に対する補習教育機関としては、前述のように実業補習学校が設置されていたが、青年訓練所の多くは実業補習学校に併設され、両者は一九三五(昭和一〇)年の勅令第四一号青年学校令により統合された。なお、これらの教練を受けた者は在営期間の短縮が認められた。

幼稚園は、一八七六(明治九)年の東京女子師範学校附属幼稚園開設以来、当初は上流階層の子女を対象にしていたが、その後キリスト教系を中心に増設され庶民にも普及していた。しかし、法的基盤は小学校令に基づく一八九九(明治三二)年の文部省令第三二号「幼稚園保育及設備規程」しかなく、大正期に入ってからの目覚ましい増設に対応する法的整備が必要となっていた。このため、文政審議会の答申に基づき一九二六(大正一五)年四月、勅令第七四号により幼稚園令が制定され、幼稚園の目的を「幼児ヲ保育シテ其ノ心身ヲ健全ニ発達セシメ善良ナル性情ヲ涵養シ家庭教育ヲ補フ」ことと規定した。

第5節　戦時体制下の教育

教学刷新評議会・教育審議会の設置　臨時教育会議以降の教育における国体観念の強調は、日本が準戦時体制から戦時体制へと向かう中でさらに一層強化される。一九三五(昭和一〇)年二月には貴族院で天皇機関説が問題とされ、三月には貴族院が「政教刷新ニ関スル建議」を、衆議院は「国体明徴ニ関スル決議」を可決した。このような動向のなかで文部省が「教学ノ刷新振興ニ関スル重要ナル事項ヲ調査審議」するために同年一一月に設置したのが教学刷新評議会である。翌三六年一〇月に「教学刷新ニ関スル答申」を可決したが、そこでは「我カ教学ハ源ヲ国体ニ発シ、日本精神ヲ以テ核心」となす、として教学刷新の基本方針は祭祀と政治と教学の三位一体にあることを明らかにした。また答申に基づき教学刷新の中央監督機関として文部省の外局として教学局が設けられ、『国体の本義』、『臣民の道』などを刊行した。

一九三七(昭和一二)年一二月、教学刷新評議会の答申に基づき、教育審議会が設置された。これは臨時教育会議・文政審議会と同様に内閣総理大臣直属の教育諮問機関で、教育制度の全般にわたって審議し答申を出したが、その根本理念とされたのは「皇国ノ道」であった。次に、教育審議会の答申に基づき実施された制度改革の主なものをみていこう。

国民学校の成立　一九四一(昭和一六)年三月、勅令第一四八号により国民学校令が公布され、従来の小学校に代わる初等普通教育機関として国民学校が成立した。国民学校の目的は「皇国ノ道ニ則リテ初等普通教育ヲ施シ国民ノ基礎的錬成ヲ為ス」こととされ、初等科六年・高等科二年の八年を修業年限として義務教育を二年延長し、また就学義務の徹底をはかった。ただし、義務教育年限延長は一九四四年から実施されることになっていたが同年の国民学校令等戦時特例(勅令第八〇号)により年限延長は無期延期されたため、結局は実施されなかった。

中等学校令の制定　一九四三(昭和一八)年一月、勅令第三六号により中等学校令が公布され、従来の中学校令・高等女学校令・実業学校令が廃止された。これにより中学校・高等女学校・実業学校を中等学校として統一し、その目的を「皇国ノ道ニ則リテ高等普通教育又ハ実業教育ヲ施シ国民ノ錬成ヲ為ス」こととした。また、修業年限を四年に短縮し、教科用図書は国定を原則とした。

「決戦体制」における教育の崩壊　一九四三年のガダルカナル島からの撤退以後、戦局はますます悪化し「決戦体制」と呼ばれる状況に突入するなかで、修業年限の短縮・徴兵猶予の廃止・理工系重視の学校転換・学徒動員・学童疎開などの措置がとられて教育は崩壊していった。さらに、東京大空襲のあった一九四五年三月、政府は「決戦教育措置要綱」を閣議決定し、「全学徒ヲ食糧増産、軍需生産、防空防衛、重要研究其ノ他直接決戦ニ緊要ナル業務ニ総動員」するために、国民学校初等科を除き授業を同年四月一日より一年間停止することとした。五月に公布された戦時教育令（勅令第三二〇号）は「尽忠以テ国運ヲ双肩ニ担ヒ戦時ニ緊切ナル要務ニ挺身シ平素鍛練セル教育ノ成果ヲ遺憾ナク発揮スルト共ニ智能ノ錬磨ニ力ムル」ことを学徒の本分とし、文部大臣は「我国学制頒布以来茲ニ七十有余年今ヤ戦局ノ危急ニ際シ教育史上未曽有ノ転換ヲ敵前ニ断行セントス」と述べ、ここに日本の近代教育の完全停止が宣言された（土屋ほか編・前掲書二三〇頁）。

第6節　戦後教育への影響

戦前日本の教育法制の特徴として、第一に教育を受けることを臣民の義務とする考え方を基礎に成立していたこと、第二に基本的事項を法律でなく勅令で定めるに勅令主義の慣行が成立していたこと、第三に教育と宗教を分離する原則にたちながらも教育の最高基準を明治天皇の「教育ニ関スル勅語」に求めたことが指摘されている（神田修也編『史料教育法』学陽書房、一九七三年、一六～一八頁）が、以上に述べてきたことからこの特徴を明らかにできたであろう。

戦後になり日本国憲法が制定され、第二六条に国民の教育を受ける権利が保障され、その理念に基づき教育基本法が制定された。しかし、文部行政や教育現場では、教育を受けることを国民の権利ではなく義務と考える戦前の教育観が、今日まで根強く残存してきたのではないだろうか。近年教育上の一大問題となってきた不登校に対して、ようやく最近になって文部省はフリースクールなどの学校以外の場における教育を認めるようになってきたが、これまでそれを認めず、場合によっては強圧的な登校督促が行われていたのは、教育を受けること（＝登校）を義務とする教育観の残存を示しているといえよう。

その他、教育に実用性を求め理工系・技術系を偏重するという今日の問題も、一九〇〇年頃からの帝国大学増設において、すでにあらわれていたことなど、現代の教育問題の数々が戦前の教育法制に端を発することを明らかにできたと思う。戦前の負の遺産を清算して憲法・教育基本法の理念に基づく教育法制を構築していくことは、これからの重要な課題である。

第7章　軍事・警察法制

第1節　軍事法制

戦前日本の天皇制国家は、権力支配の維持とそれと密接不可分な対外侵略をはかるために、軍拡を基調とした軍事政策と対外侵略政策を展開し、一五年戦争さらには太平洋戦争によって日本国民をはじめとして近隣アジア諸国民に対して甚大な被害をもたらした。こうした軍拡と侵略政策の中心を担ったのが軍部であり、その軍部がたてとしたのがいわゆる「統帥権独立」であった。この問題こそ、国民の民主主義的自由にとって軍事力がどのように編成され運用されるべきかという問題の重要な部分を構成する（大江志乃夫『統帥権』日本評論社、一九八三年、三頁）。本節では、軍事制度のうち統帥権の問題に焦点を絞って先学の業績に依拠しながら概観していきたい。

1　参謀本部の設置と帷幄上奏権の成立

参謀本部の設置　明治維新後、軍事機構の本格的整備は、一八七二年四月に兵部省が廃止され、陸軍省・海軍省が設置されたことに始まる。そして、六九年以来の官制では、一切の軍事事項は他の一般国政と同様に一元的に太政官政府＝太政大臣の統轄下に置かれ、陸・海軍卿が統一して管掌していた。しかしながら、西南戦争などの反政府活動の鎮圧の過程で、軍隊に対する指揮命令・作戦用兵事項などの軍の統帥にかかわる軍令事項について、太政官――陸軍省の系列とは別に、天皇に直隷する軍令機関の設置がめざされた。さらに七八年の竹橋騒動を契機として、自由民権運動の影響が軍隊内部へ波及浸透することを恐れた軍部指導層は、一方で「軍人訓誡」を頒布して軍人の政治関与を禁止して軍紀の確立をはかるとともに、他方で、同年一二月、陸軍省の外局であった参謀局を廃止し、天皇に直隷する参謀本部を設置し、軍令執行機関である監軍本部を置いた（以下参謀本部設置に関しては、大江・前掲書、藤田嗣雄『明治軍制』信山社、一九九二年、第五章、福島正夫「軍事機構の建設」福島正夫編『日本近代法体制の形成(上)』日本評論社、一九八一年、二七二頁以下などを参照）。

参謀本部条例によれば、参謀本部は東京に設置され、本部長は「部事ヲ統轄シ帷幄ノ機務ニ参画スルヲ司トル」ものとされ、平時においては「陸軍ノ定制節度団隊ノ編制布置ヲ審ニ」し、地理・戦区の状況等の調査研究を行うものとされた。さらに「凡ソ軍中ノ機務戦略上ノ動静進軍駐軍転軍ノ令」「行軍路程ノ規」「運輸ノ方法」「軍隊ノ発差」などについては、本部長が参画して、天皇の親裁を受けた後に陸軍卿に施行させることが規定されていた。参謀本部条例の制定を受けて「本省ト本部トノ権限ノ大略」と、翌年一月の「省部事務合議書」が定められた。これらによれば、陸軍省管轄の軍政事項は、渉外事項、軍令の布達と施行、予算事項、人事事項（将校職務の命免を除く）などとされた。これに対して、参謀本部管轄の軍令事項は、前述の参謀本部条例の規定するもののほかに、演習、将校職の命免に関する事項などがあり、これらにつき本部長は創議、上奏し天皇の裁可を仰ぐものとされた。

帷幄上奏権と陸海軍における軍政機関と軍令機関の分離　軍令機関としての参謀本部の設置は、全国政を一元的に太政官の統轄下に置いていた太政官制の編制原理を変更することになった。なぜなら、国政上軍令事項に関しては、参謀本部長が太政官を経由することなく天皇に上奏しその裁可を求めること（帷幄上奏）が制度的に認められたからである。さらに、重大なことは、前述「権限ノ大略」には「省部（陸軍省と参謀本部）共ニ直隷タルニ相違ナシ」との文言があり、本来太政官＝太政大臣の隷下にある陸軍省＝陸軍卿も、参謀本部と同様に天皇に直隷する機関とされたことである。このことは、軍令事項にとどまらず、軍事一般を一般国政から切り離し、太政官の関与を排除する傾向を生み出し、同時に、陸軍卿もまた軍政事項の一部につき帷幄上奏権を持つことが認められていく契機ともなった（なお、海軍については、海軍卿が軍令・軍政の両方の事項を太政大臣のもとで統一管掌した）。

参謀本部条例は一八八六年三月に改正され、陸海軍を統一した参謀本部が設置され、軍令機関と軍政機関の二元的組織化が、海軍にも及ぼされた。八八年には、参謀本部は参軍と改められ、そのもとに陸軍参謀本部と海軍参謀本部が置かれた。しかし、翌年三月には参軍と海軍参謀本部が廃止され、陸軍についてのみ参謀本部＝参謀総長が設置された。海軍については、海軍大臣が各省官制に基づいて軍政事項を統轄し、軍令事項に関して天皇に直隷し帷幄に参画するものとされたが、九三年に海軍軍令部が設置され、再び軍令機関と軍政機関が分離された。

このような天皇に帷幄上奏できる軍令機関（陸軍参謀本部・海軍軍令部）の成立は、内閣制の導入後、天皇を輔弼し責任を負う内閣との関係で、軍事事項の意思決定について重大な問題を潜在させることになった。

2　内閣制度・憲法制定と帷幄上奏権

内閣職権と公文式の制定　一八八五年一二月に内閣職権が定められ、内閣制度が導入された。内閣職権によれば、内閣総理大臣は「各大臣ノ首班トシテ機務ヲ奏宣シ旨ヲ承テ大政ノ方向ヲ指示シ行政各部ヲ統督」するとされ、国政の最高意思決定機関としての内閣の統一を維持・強化するために、各省大臣を統制する強大な権限を有した（大宰相主義）。この権限を実質化させるために「凡ソ法律命令ニハ内閣総理大臣之ニ副署シ、各省主任ノ事務ニ属スルモノハ内閣総理大臣及主任大臣之ニ副署スヘシ」とされ、各省の所管事務についての法律命令にも総理大臣は副署するものとされた。しかし「事ノ軍機軍令ニ係リ参謀本部長ヨリ直ニ上奏スルモノト雖モ陸軍大臣ハ其事件ヲ内閣いて主任大臣の副署とともに、内閣総理大臣の副署が必要であることが規定されたのである。とくに内閣職権により副署という形で内閣総理大臣の国政全般に対する権限が強化されたことに伴い、法律と勅令につ上奏権が確認されていた。八六年二月には公文式が制定され、太政官制時代の法令形式が大きく変更された。総理大臣ニ報告スヘシ」という規定によって、報告義務を陸軍大臣に課すという限定のもとに、参謀本部長の帷幄

内閣職権・公文式と帷幄上奏権　内閣職権と公文式制定は、軍令機関（当時は陸軍参謀本部長）の帷幄上奏権行使にどのような影響を与えたであろうか（以下は永井和『近代日本の軍部と政治』思文閣出版、一九九三年、第二部に依る）。公文式制定当時、軍令事項については、帷幄上奏によって定められたことを明示するために、頭書に「定メラル」といった文言が使われた「ラル達」と呼ばれる「達」形式の法令が出されていた。公文式の制定による「達」形式の廃止に伴い、これらはすべて「ラル省令」形式に置き換えられた。しかし、一八八六年一一月に省令についても内閣の閣議を経由することが求められることになった（内閣訓令）。そこで「ラル省令」への内閣の関与をきらった陸軍は「陸軍省達」形式を、また同年に軍政機関と軍令機関が分離された海軍も、陸軍にならって八八年以降「海軍省達」形式を復活させた。こうして、軍部は、軍令事項について他の省庁には認められていない特殊な命令制定権として帷幄上奏による「達」制定権を獲得したのである（永井・前掲書三五七〜三六二、三八一頁以下）。

さらに公文式制定以後の注目すべき変化として、帷幄上奏勅令の制定慣行の成立がある。一般国政事項及び軍部省を含めて各省管轄事項に関する勅令は、通常各省大臣からの勅令案提出→法制局審査→閣議→国務大臣の天皇への上奏・裁可→副署という手続で制定された。しかし、一部の軍事事項に関する勅令は、参謀総長・軍部大臣による天皇への帷幄上奏・裁可→内閣への下付→総理大臣と軍部大臣の副署という手続で制定されるようになった。注意すべき点は、こうした閣議を経ない帷幄上奏勅令については、まず帷幄上奏の主体が軍令機関の長だけでなく、

監軍や陸軍大臣にも範囲が拡大している点、また、内容的に軍諸機関の組織編制にかかわる事項（参謀本部条例などの軍官衙の官制、陸軍団隊配備表や軍管区表、師団司令部条例や艦隊条例・軍隊条例などの陸海軍の部隊・艦隊の編制、師団学校条例ほかの軍関係学校の組織・編制）にふみこんでいた点である。そして、帷幄上奏勅令は、第一次黒田内閣期（八八年四月〜八九年一二月）になってから急増していったとされている（以上永井・前掲書三一一〜三五頁参照）。このような閣議を経ない帷幄上奏勅令およびラル達という軍事法令を生み出した帷幄上奏慣行の確立は、内容的に本来の軍令事項の範囲を超える軍諸機関の組織編制に関る事項にまでふみこんでいる点で、後に「統帥権独立」拡張解釈の基礎となったと言えよう。

大日本帝国憲法第一一・一二条の成立　帷幄上奏立法の拡大に見られるような軍部の内閣に対する独自性の拡大は、憲法の制定過程にも影響を及ぼした。一八八八年初旬頃陸軍省は「帝国陸軍将来必要ト認ムル要件」と題する意見書を提出した（以下、稲田正次『明治憲法成立史(下)』有斐閣、一九六二年、三八五頁以下、永井・前掲書三五二頁以下）。これによれば、陸軍の扱う業務は「軍法」事項（兵役令、戒厳令、徴発令など）、「軍政」事項（軍の行政経理事項）、「大元帥ノ宣令シ玉フ軍事一切ノ命令」である「軍令」事項、「陸軍ノ組織編制職任及統属主権ノ制ヲ立ツル」「軍制」事項に分けられている。注目すべき点は、軍令事項のみならず、軍諸機関の組織編制に関る（陸軍本省の官制のみは閣議決定に従う）「軍制」事項の両方を、陸軍大臣・参謀本部長・監軍が単独または共同して帷幄上奏して親裁を仰ぎ、制定された法令は「陸軍令」という法形式によって公布発令されるべきである、とされていた点である。この意見に対して、当時憲法起草に携わっていた井上毅は強力に反対した（「陸軍提出案ニ付意見」、稲田・前掲書）。井上は「軍制」事項を「陸軍令」というような特別の法形式で制定することになれば「必然ニ軍事内局ノ権限張大ニシテ内閣ト相拮抗スル」ことになり、「責任副署ノ勅令ヲ一変シテ無責任ノ軍令トナスコトヲ得サルヘシ」

と主張した。

枢密院では「天皇ハ陸海軍ヲ統帥ス。陸海軍ノ編制ハ勅令ヲ以テ之ヲ定ム」という条項の審議過程で、後者の編制大権事項は「勅令」で定められるべきか（閣議を経るべきか）、それとも「親裁（帷幄上奏）ニ依ルモノ」なのかという形で同じことが議論となった。これについて、大山巌と山県有朋から「陸海軍ノ編制」事項のなかには帷幄上奏により定められるものが含まれているので「勅令」を「勅裁」に改めるように修正要求がだされたのである。この修正要求を契機に、草案は統帥大権規定と編制大権規定に分割され、それぞれ大日本帝国憲法第一一・一二条として規定されることになった（稲田・前掲書六一四頁以下）。起草者の意図を示す伊藤博文の『憲法義解』はあくまでも編制大権事項は国務大臣の輔弼事項であるとしているが、憲法の条文上、第一二条に国務大臣の輔弼による事項以外の帷幄上奏による事項が含まれているのかどうかという点は不明確なままにされたのである。

内閣官制の制定　一八八九年二月に大日本帝国憲法が制定され、内閣職権による内閣制度は、同年末の内閣官制（勅令第一三五号）によって、内閣総理大臣の権限を弱める形に変更された。すなわち、内閣総理大臣は「行政各部ヲ統督スル」権限を削られ、法律と一般の行政に関する勅令についてのみ副署し「各省専任ノ行政事務」に属する勅令については、主任大臣のみが副署することとされた（公文式も同じ趣旨で改正）。帷幄上奏については、第七条で「事ノ軍機軍令ニ係リ奏上スルモノハ天皇ノ旨ニ依リ之ヲ内閣ニ下付セラルルノ件ヲ除クノ外陸軍大臣海軍大臣ヨリ内閣総理大臣ニ報告スヘシ」と規定された。これらの規定によって、帷幄上奏主体が軍令機関である参謀総長以外の陸軍大臣・監軍に拡張されていた慣行、帷幄上奏勅令が閣議を経ないで制定されていた慣行は、それぞれ、帷幄上奏主体を明示しない法文に改正されたこと、憲法の国務大臣単独輔弼主義をたてにした主任大臣単独副署に改められたことによって、内閣制度と矛盾しないものとして存続することになったのである。

「統帥権独立」の拡大の基礎　憲法上、第一二条の編制大権事項についてどこまでを帷幄上奏事項とすべきか、あるいは閣議に諮るべきなのかが不明確である以上、その境界線は結局内閣と軍部との間の政治的な力関係に委ねられることになった。現に軍部はすでにこの時点で、憲法第一二条の編制大権規定に含まれるべき軍の組織編制事項（「軍制」事項）の一部について帷幄上奏勅令という形でふみこんでいた。以後、軍部はこうした憲法上の不明確さをいわば利用して「統帥権独立」の範囲のさらなる拡大を追求していくのである。

3　軍令の制定

公式令の制定と内閣官制の改定　明治三〇年代初頭から、政府は、詔書などの天皇の個人的な意思によって議会をおさえて政策を遂行するといった超然主義を放棄して、議会に責任を負わざるをえない状況が生まれつつあった。そのために、伊藤博文らは、天皇の個人的意思による詔勅などに対しても国家法上の形式と効力を与えると同時に、国政全般についても内閣が天皇に対する輔弼責任を一手に引き受け、諸機関、国民に対して強力な統制力を行使できるようにすることをめざした。この作業は、帝室制度調査局（一八九九年八月）を中心に行われた。そして、伊東巳代治総裁のもと公文式の改正が着手され、一九〇七年二月には公式令の制定と内閣官制改定が行われた。これによって、内閣総理大臣はすべての勅令について副署することが規定され（公式令第七条・内閣官制旧第四条削除）、閣令制定権（新第四条）と警視総監、地方長官等に対する総理大臣の指揮監督権（第四条ノ二）が新設された（以下の叙述は、家永三郎「天皇大権行使の法史学的一考察」家永三郎『刀差す身の情なさ』中央大学出版部、一九八五年、神田文人「明治憲法体制における天皇・行政権・統帥権」日本史研究三三〇号（一九八九年）、山中永之佑「明治四〇年内閣官制の改定と軍令」杉山晴康編『裁判と法の歴史的展開』敬文堂、一九九二年、増田知子『天皇制と国家』青木書店、一九九九年、四九頁以下などに依る)。

軍令第一号の制定　この改正は、軍部の憤激と改正要求を引き起こすことになった。前述の帷幄上奏勅令が「勅令」形式をとる限り、内閣総理大臣の副署が不可欠となるからである。内閣の国政全般に対する輔弼責任を強化しようとする伊藤博文の意図が貫徹されれば、軍部の帷幄上奏に内閣の統制が加えられることになる。そこで山県有朋を中心とする軍部は「抑モ事ノ軍機軍令ニ関シ若ハ之ト同一ノ性質ヲ有スル軍事命令ハ憲法第十一条同第十二条ノ統帥大権ノ行使ヨリ生スルモノニシテ普通行政命令ト全ク其性質軌道ヲ異ニシテ専門以外ノ立法機関若ハ行政機関ノ干与ヲ許ササルヲ以テ建軍ノ要義ト為ス」と主張した。統帥権は憲法第一一条の統帥大権と第一二条の編制大権の両方を包含するという拡大解釈を基礎として、帷幄上奏勅令に対する内閣の関与を拒否する姿勢が示されたのである。そして、一九〇七年九月一二日に陸海軍大臣のみの副署による軍令第一号が制定され「陸海軍ノ統帥ニ関シ勅定ヲ経タル規定」に「軍令」という新しい法形式が与えられ、主任の陸軍大臣・海軍大臣のみが副署することとされたのである。この「軍令」形式は、それまでの帷幄上奏勅令に対して、公式令に定められた内閣閣議経由の勅令とは別系統の法形式を与えるものであった。その意味では、前述した憲法制定期に陸軍が求めた「陸軍令」形式がこの時点にいたって実現されたのである。このような軍部による統帥権拡大の解釈を基礎とした「軍令」形式の創出について、伊藤博文は、統帥大権と編制大権とを区別し、後者は予算と国民の権利義務に関わるものである以上、内閣総理大臣の副署を通じて内閣の統制下に置かれなければならないことを主張した。しかし明治天皇は軍部の主張を支持し、軍令第一号が制定されることになったのである(以上、増田・前掲書六一〜六四頁参照)。

軍令、帝国国防方針と憲法問題　美濃部達吉は軍令第一号について、憲法一一条の統帥大権事項が国務大臣の輔弼外にある以上「必ズシモ違法ナリト言フベカラズ」とする一方で、公式令までの帷幄上奏勅令については「大ナル錯誤」であり「帷幄上奏ヲ以テ国家ノ意思ヲ決定スルコトトナリ即チ政府ノ権力ニ依ラズ軍隊ノ権力ヲ以テ直接人民ニ命令シ得ベキモノトナリタリ」と批判した（本稿では美濃部達吉『憲法撮要（第四版）』有斐閣、一九二九年、五七〇頁以下に拠った）。また、軍令第一号以後制定された軍令についても、軍の編制や国務に関する多くの規定を含み、甚だしいのは軍令によって勅令を廃止変更するものもあるとし、これら編制大権事項にふみこんだ軍令については、憲法上「其効力極メテ疑ハシキモノ」と主張した。美濃部の力点は、憲法第三条の天皇無責任は第五五条の国務大臣の輔弼責任があってはじめて実現される以上、国政に関する内閣の議会に対する責任を貫徹させるためには、内閣の関与が及ばない軍部による帷幄上奏を憲法第一一条の範囲に限定しようとすることにあった。しかしながら、こうした美濃部の憲法解釈と批判にもかかわらず、前述したように憲法自身がこのことについて不明確さを残している以上、それを利用した軍部による「統帥権独立」の範囲の拡大に対する歯止めは、内閣と軍部の間の政治的力関係に委ねられざるをえなかったのである。このことは、一九〇七年の天皇の御沙汰書による「帝国国防方針」「国防ニ要スル兵力量」「帝国軍用兵綱領」策定にすでにあらわれていた。仮想敵国をロシア・アメリカとする同方針は、陸海軍につき大軍拡を行おうとするものであり、外政・内政に密接に関わるものであった。しかしその策定手続についてみると、陸海軍統帥部の中堅将校の策定による案が天皇に上奏され、その際に陸海軍統帥部長は「国防方針」についてのみ総理大臣に審議させ他の二つについては実質的な審議に関与させない方針をとった。天皇もこれを承認し、結局これらの重要な政策策定が内閣の実質的な関与を排除する形で行われたのである（大江・前掲書七五〜八六頁）。

4　「統帥権独立」の拡大

陸軍大臣現役武官制の廃止と陸軍省、参謀本部及教育総監関係業務担任規定　明治末期から大正期にかけての政党勢力の伸張によって政党内閣の可能性が高まると、軍部はそれまでに築き上げてきた権限を擁護するために、「統帥権独立」を主張するようになった。最初に軍部にとって脅威となったのは、第一次護憲運動の高まりを背景にした第一次山本権兵衛内閣が、一九一三年六月に軍部大臣現役武官制を廃止して、その任命資格を予備・後備役にまで拡大し政党員の軍部大臣実現の可能性をもたらしたことであった。これに対抗するために、陸軍は、一九〇八年の陸軍省、参謀本部関係業務担任規定を改定して、一三年七月に陸軍省、参謀本部及教育総監関係業務担任規定を制定した。これによれば、従来陸軍省――陸軍大臣の主管とされていた平時の軍隊編制事項の大部分を参謀本部――参謀総長の主管とし、その起案の後、陸軍大臣に協議し連署上奏することになったのである（藤原彰『天皇制と軍隊』青木書店、一九八六年、一一五頁以下）。

ロンドン海軍軍縮条約と海軍省軍令部業務互渉規定　海軍においても、一九三〇年のロンドン海軍軍縮条約締結時に同じ問題が生じた。問題は、同年四月一日に浜口雄幸内閣が、加藤寛治軍令部長らの反対にもかかわらず補助艦保有量に関して対米七割を下回る線での妥協案受諾の閣議決定を行い、二二日に条約調印がなされたことに始まった。若槻は編成大権・兵力量の決定には「統帥権独立」は及ばないとする前述美濃部の見解に従って、軍令部を押し切ったのであるが、第五八議会では、軍令部の反対を無視して閣議決定を行ったことは統帥権干犯に当たるとして政府攻撃が高まった。これが、軍令部内の動揺を招き、右翼団体も呼応、さらには枢密院の条約審査委員会における政府批判を招いた。政府は強硬姿勢を貫き枢密院の承認を獲得することができたが、枢密院に対して兵力量の決定に際しても軍令部の同意が必要であることを認める書類を提出せざるをえなかった。この統帥権干犯問題の後、海軍では三三年に「海軍省軍令部業務互渉規定」定められ、兵力量に関しては軍令部長が起案し海軍大臣に協議の上天皇の裁可を仰ぐとするなど、陸軍と同じように軍令部の権限が拡大され、海軍大臣の権限が削減されたのである（藤原・前掲書、なお以上の経過については増田・前掲書一四九〜一七九頁参照）。

「統帥権独立」の拡大　これらの陸海軍における担任規定の制定によって、国政全般に密接な関係を持つ憲法第一二条の編制大権事項の重要部分が、憲法上何ら責任規定の存在しない軍令機関の主管に移され、憲法上輔弼責任を負う国務大臣である陸海軍大臣は単に協議にあずかるのみとされたのである。そして、このことは、まさに拡張解釈された「統帥権独立」をたてにして行われた。軍部は、すでに「軍令」形式の獲得によって内閣から独自の法体系を獲得していたが、この時点でさらに、編制大権事項の重要部分について、輔弼責任を負う陸海軍大臣の関与さえも形骸化し、つねに軍令機関の実質的な関与を必要とすることとしたのである。

このように憲法第一二条の範囲にまで拡張解釈された「統帥権独立」は、一五年戦争期に入ると、さらに歯止めを失い、総力戦の要請に名をかりて、本来軍令機関の同意を必要としない事項にまで際限無く拡大されていった。その典型例を、閣議に先立って首相・陸海軍大臣などの一部の国務大臣と軍令機関とが対等の資格で実質的に協議決定を行い、開戦などの重要事項が実質的に決定されていった大本営政府連絡会議やいわゆる御前会議などにみることができよう。こうして「統帥権独立」をたてとして、軍部は政治外交への関与を増大させていったのである。

第2節　警　察　法　制

一九九四年、「日本の警察の強さは地域と密着しているところ」であるという「日本警察の伝統」を強調しつつ、

「生活安全警察」「日本の安全は地域の安全の総和」をスローガンにして警察法改正が行われた（生活安全局設置）。七〇年代以来、警察は「国民の要望の高まり」ということをたてに、高度経済成長に伴う社会の変化によって生み出された公害規制、交通政策、暴力取り締まり、少年警察などの領域に活動を拡大し、積極化させた。さらに、地域の共同体的な連帯意識や伝統的規範意識の変化に対応して、「国民との連携の強化」という名のもとに防犯活動などを通じて、警察を媒介にした地域共同体の新たな組織化がめざされてきた（渡辺治「現代警察とそのイデオロギー」『講座現代資本主義国家2　現代日本の国家構造』大月書店、一九八〇年、原野翹「現代警察法における治安と人権」杉村ほか『治安と人権』岩波書店、一九八四年参照）。そして、九〇年代に入って顕著になった「ボーダーレス化」社会あるいは「匿名化」社会（コミュニティの衰退と社会統制の機能喪失を生んだ社会の都市化・匿名化、個人のアトム化）の進行を反映した、警察主導の市民的「コミュニティ」の再編強化の試みが冒頭の警察法改正なのである。この改正では、英米のコミュニティポリシング論が参考にされ「個々の顔を持った警察官による警察活動」すなわち「特定の警察官によるパトロール等の活動が同一の地域で定着性をもって地域の特定の場所を拠点として行われる」こと、「事件事故の事後よりは、むしろその発生前の段階から予防先行的に民間協力の下で様々な問題を把握し解決することを目的として行われる」ことがめざされている。その結果「分権化され個性化された警察活動」を通じて「警察は地域社会の外側から地域社会に対して命令を発するという存在ではなく、むしろ、地域社会の人々によって、その地域社会の当面する問題を解決するための協力者として活用されるべき存在」となるものとされている（以上、島田尚武「『地域安全活動』とは？」警察学論集四七巻九号、一九九四年参照）。こうした考えは、その紹介者自身が認めているように、適用される社会と警察機構の分権化、民主化そして機構の水平化が前提とされ、それが乏しい場合には「人々の考えの中に、国家を中心に据える原理が植えつけられる」危険性を潜在させている（ヘイリー・渥美東洋『《対談》コミュニティ・ポリースィングと警察』警察学論集四七巻三号、渥美東洋「コミュニティ・ポリースィングについて」同上四七巻九号、いずれも一九九四年）。

七〇年代以来警察当局が市民社会への積極的介入をはかろうとする際に、つねに「歴史的論拠」として持ち出されるのは、戦前の警察が築き上げた、駐在所・派出所システムとそれによる住民と警察との間の日常生活のすみずみにわたる密着関係である。問題は、このことが、日本警察自体が歴史的に有してきた中央集権性と非民主性（コミュニティーポリシング論適用の前提的要件に反する組織原理）を抜きにして日本警察の「伝統」として評価されるところにある。本節ではこの日本警察の「伝統」なるものの実態の一端を先学の業績に依りながら検証していきたい。

1　中央集権的国家警察組織の創出

近代的警察制度の創出　日本における近代的警察制度の創出は、一八七〇年頃に、東京における「浮浪徒」「不平徒」の横行や日田における農民暴動といった反政府運動に対抗するために広沢真臣によってまず構想された。その後広沢自身の暗殺、信州での農民暴動を契機に、七一年「ポリス」設置が東京府によって構想された。廃藩置県後の権力集中をまって、一〇月には邏卒三〇〇〇人が東京府管轄のもとに設置された。翌年には、司法省に新設された警保寮が東京の羅卒を移管・吸収し、それに国家警察的な性格を付与したのである。七三年には、各府県で設置されていた羅卒、取締組、補亡吏などを番人に統一して、全国警察の統一が行われた（この時期の経緯については大日方純夫『近代日本の警察と地域社会』筑摩書房、二〇〇〇年、第一章参照）。

内務省警察の成立　上述の端緒的警察組織を基礎に中央集権的機構が創出されていく出発点となったのが、川路利良の警察制度に関する建議（七三年）である。ヨーロッパの警察制度を視察した川路が将来の日本の警察のあり方として選択したのは、市民に対する犯罪の除去を主要任務とする自治体警察中心のイギリス型警察ではなく、国家・政府に対する犯罪を予防することを主要任務とする中央集権的国家警察中心の大陸型警察であった。そのために、内務省を設置して、上から設定される秩序を国民に浸透させ、それに対する反抗の予防を主な任務とする行政警察を司法警察から分離すること、行政警察機能の中でも国家・政府にかかわる国事（高等）警察機能を充実させること、首都警察を設置すること、内務卿を全国行政警察の長とし、首都警察の長と各府県警察の責任者である府知事県令を統轄させることなどが構想された（大日方純夫「日本近代警察の確立過程とその思想」由井・大日方校注『日本近代思想大系3　官僚制　警察』岩波書店、一九九〇年、四七七頁以下）。

彼の構想は、明治六年政変後の内務省設置によって実現されていった。一八七四年一月には内務省に警保寮（のち警保局）が移管され、「人民ノ凶害ヲ予防シ其権利ヲ保守シ其健康ヲ看護シテ営業ニ安ンシ生命ヲ保全セシムル等」の通常の行政警察と「国事犯」の探索・予防といった国事警察を任務とすることが明示された。同年司法警察規則によって、司法警察は行政警察の力が及ばず法律に違反するものがあるときにその犯人を探索補亡するものとして区分されることになった。もっとも、フランス法に由来する両者の区分は、日本においてはしばしば著しい人権侵害を引き起こすことになった。その典型的な事例は、犯罪捜査という司法警察作用の目的のために、行政執行法（一九〇〇年）上の行政検束という行政警察作用が濫用されたことである。行政執行法一条において規定されている検束の要件「公安ヲ害スル虞アル者」がその前にある「暴行、闘争其ノ他」という文言を無視して不当に広く解釈され、捜査の対象者を簡単にこの要件に該当させるという運用が行われた。刑事訴訟法上は任意でしか許されない捜査を、行政警察上の権限で強制するという、戦前の刑事手続上の重大な悪弊をもたらすことになったのである（大國仁「行政警察活動と犯罪捜査」ジュリスト増刊『刑事訴訟法の争点』一九九一年）。

首都である東京には東京警視庁が設置され（七七年一月）、首都においてこの行政警察を中心とする警察の基本理念に見合う機構の整備が行われた。その後、東京警視庁は警保局と統合されたのち（警視局設置）、八一年に再び警保局と首都警察としての警視庁に分離された。地方についても、七五年三月に、全国に共通する警察組織を規定した「行政警察規則」（太政官第二九号達）が制定され、行政警察中心の機構が整備された。さらに、七七〜八一年にかけて、各府県の警察機構は、警察本署→警察署分署に統一されていった。

こうして、内務卿→内務省警保局を頂点とし、東京は警視庁（警視総監）、他府県は府県（府知事県令）→警察本署（警察本署長＝警部長）→警察署分署という指揮系統が確立されたのである（いわゆる集兵警察制）。こうして、秩序の予防を主要任務とする通常の行政警察事務と後述する国事（高等）警察を柱とする、全国を中央集権的に掌握する国家警察機構の原型が創出されたのである。

2　中央集権的国家警察の確立

行政警察概念の肥大化　中央集権的国家警察機構の創出によって、政府がめざしたのは、上から設定する秩序・価値を国民に浸透させ、それに対する反抗を予防することにあった。このような機能にふさわしいものが「予防ヲ以テ本質トス」（川路述「警察手眼」由井・大日方校注・前掲書二四四頁以下に所収）る行政警察の概念であった。前に引用した警保寮事務章程と行政警察規則第一章第三条とには、その項目として「権利ノ保守」「健康ヲ看護」「放蕩淫逸ヲ制止」そして国事犯の探索補亡が列挙されていた。大日方純夫氏によればまさに「犯罪の予防、安全の確保という観点から、経済的・社会的諸関係に介入し、さまざまな規制を加えていくこと、身体・生命の維持・再生産に関与し、労働力の安定的な再生産を保証していくこと、国家に対する反逆、反体制的動向を事前に察知し、その排除・抑止をはかっていくこと」がめざされたのである。その結果、複雑化していく社会に対応して行政領域が拡大すればするほど、予防を目的とする警察が担当すべき領域は肥大化していかざるをえないという構造が生まれたのである。一八八五年の時点ですら、警保局編集の『警務要書』によれば、警察行政は、安寧・宗教・衛生・風俗・営業・河港・道路・建築・田野漁猟の多岐にわたることになっていたのである（大日方・前掲論文四八八頁以下参照）。

集兵警察制から散兵警察制へ　警察がこのような予防を本質とする行政警察機能を中心とする以上、国民に対する日常的なきめ細かい監視と統制ができるような機構の構築が不可欠である。しかし、前述の集兵警察制のような、交通産業の中心地にある各府県警察本署と二、三の分署に人員を集中し、巡査がそこから出勤して管内を巡回するものでは不十分であった。この集兵制は、明治一〇年代後半の自由民権運動と呼応した民衆暴動に対して、その軍隊的機能によって十分な力を発揮したが、それらの弾圧と軍隊制度の整備がなされると、むしろより地域末端までを掌握できる機構の構築がめざされたのである。この作業は、プロイセン型国家路線への変更とともに、警官練習所教師として来日していたプロイセン警察大尉へーンと山県有朋、清浦奎吾を中心に一八八五年頃から進められた。そして、本署分署の警察官数を少なくする一方、地域末端に派出所に加えて駐在所を設置して受持ちの巡査を張り付かせ、警察網を行き渡らせることが考案された。これが「地トシテ警察ノ眼ノ届カザル所ナク、処トシテ警察ノ耳ノ聞ヘザル地ナカラシメント」（清浦）する散兵警察制であり、八八年の警察官吏配置及勤務概則（内務省訓令第六四〇号）によって制度化された。翌年から全国に約一万カ所の駐在所が設置され、警察による日常的監視が地域末端にまで及ぶことになった。以後基本的にこの体制は変わることなく、戦後にも引き継がれ、日本警察の「伝統」とされるにいたるのである（大日方純夫『日本近代国家の成立と警察』校倉書房、一九九二年参照）。

警察からの地方自治的要素の排除　以上のような集兵警察制の構築と同時期に制定された市制町村制では「地方

警察ノ事務」は市町村長の権限とされ、例外として、但書に別に警察官署を設けるときにはこの限りではない旨が定められていた（市制七四条、町村制六九条）。市制町村制制定に関与したモッセらは、地方警察事務について市町村会などの市町村機関の関与を排除したが、国家による統制・管理という限定付きで、市町村の長にこれらを委任しようとしたのである。しかし、市町村「自治」の未熟を理由に市町村に警察権を付与すべきでないとする政府は、市制町村制の例外規定によって、市町村警察ではなく、内務省→府県→警察本署・分署→派出所・駐在所という中央集権的国家警察を選択したのである。その後、市制町村制の上の規定は、一九一一年改正によって廃止され、中央集権的国家警察の傾向はいっそう貫徹されることになった（大日方・前掲書『成立と警察』参照）。

国事警察から高等警察へ　明治一〇年代に入ると、自由民権運動が国民の政府に対する不満と要求に理論的基礎を与えながら全国的規模に広がったために、政府はこれらに対するいっそうの弾圧の強化を必要とした。そこで、一八八一年に警視庁が再設置され、警視総監は、自由民権運動を当面の目標とする国事警察について直接大臣参議の命令を受けるものとされた。地方においても、警部長が設置され警察本署長とされるとともに、国事警察については内務卿に直属し、府知事県令を介さず直接その指揮を受けるものとされた。これらの国事警察の強化によって、間諜を利用した自由民権運動に対する徹底した探索と情報蒐集が行われたのである。国事警察は、明治一〇年代末になると、憲法制定、議会開設を前にして、新たに政党に結集する反政府勢力抑圧のために「高等警察」として再編強化されることになった。まず八六年の内務省官制改正により、警保局保安課は新聞雑誌の検閲発行、政治風俗図書検閲、政治結社集会などに関する事務を扱うものとされた。同年警視庁官制では、従来の国事警察にかわって高等警察という語が用いられることになり、それに関して総監は直接内閣総理大臣の指揮を受け、同庁第三局は「政治ニ関スル結社集会新聞雑誌図画及其他ノ出版ニ関シ高等警察ノ事」を扱うものとされた。八八年には、前述警察官吏配置及勤務概則によって、事務繁忙な府県にも高等警察主任の警部が置かれることになった。さらに、九一年の内務省官制の改正によって、警保局に高等警察事務担当の警保局主事が置かれ、中央と地方を通じる高等警察機構の整備がはかられていった。このようにして整備強化された高等警察は、議会内の反政府勢力となった政党勢力に対する徹底した監視と抑圧を主要任務とし、とくに選挙運動取り締まりと選挙干渉に猛威をふるった（高等警察の成立と展開については荻野富士夫『増補特高警察体制史』せきた書房、一九八八年、第一章参照）。

地方自治的要素を排除して徹底的に中央集権化された国家警察機構は、行政警察が社会のすみずみにまで政府の設定する秩序の浸透と強制をはかり、そこからはみ出る反体制的な動きに対しては高等警察が弾圧を加えるという構造をとったのである。

3　警察機構の肥大化と社会介入の強化

特別高等警察の整備と肥大化　明治三〇年代後半以降、労働・農民・社会主義運動などのさまざまな社会運動が活発化する。こうした運動は、従来の政治運動とは異なり、「国家存立ノ根本ヲ破壊」し「国体」を中心とする「社会ノ安寧秩序」を混乱させるという天皇制国家そのものの変革につながる可能性を秘めていた。そのことを危険視した政府は、高等警察とは別にこういった各種社会運動の取り締まりを任務とした特別高等警察を整備していった。それが「特別」であるのは、高等警察が対象としていた政党＝議会と次元を異にする「国体」＝天皇制国家そのものの擁護を目的としていたからである。特別高等警察の整備は、一九〇一年の社会民主党の結成、日露戦争前後の社会主義運動の活発化に対応して、一九〇六年に警視庁総監官房へ「高等課」が設置されたことにはじまる。赤旗事件、大逆事件を機に社会主義運動に対する政府の危機意識が高まり、その壊滅をめざして、一一年警視庁に、翌年大阪府に特別高等課が設置された。同時に内務省警保局保安課には、新たに社会運動取り締まりの専任職員が置かれた。

大正期に入ると、大正デモクラシー状況、ロシア革命、米騒動という状況の中で、労働・農民運動をはじめとするさまざまな社会運動は、組織の時代という新たな段階を迎えつつあった。社会主義運動も大逆事件後の冬の時代から脱し、二二年には日本共産党が結成されるにいたった。こうした状況に対して、政府は、翌年第一次共産党事件や関東大震災の混乱を利用した社会運動家に対する弾圧を行うと同時に、主要府県に特別高等課を設置した。二五年に制定された治安維持法を武器に再建共産党を弾圧（三・一五事件）した二八年には、全府県に特別高等警察課が設置された。全国的な組織化が完成した特別高等警察は、全警察のなかで、まさに政党政派から超越して「国体」＝天皇制国家を擁護する最重要部門として位置づけられ、日中全面戦争以後には、共産主義運動のみならずあらゆる思想・運動の弾圧に猛威をふるい、肥大化していった（この点については荻野・前掲書を参照）。

警察主導の地域の組織化　第一次世界大戦後の国民の民主化要求や社会運動の高揚による秩序の動揺に対して、特別高等警察の整備拡充による弾圧の強化のみがはかられたわけではない。警察当局は、一九一八年米騒動の弾圧と検挙活動に国民が反発し、各地で警察署・派出所を襲撃したことを、国民と警察との間の溝があったためであると総括した。このことを契機にして、警察当局は身上相談、家族紛争、求職・雇用問題、感化保護問題、衛生問題、住宅問題などの広範な市民生活にかかわる人事相談活動を全国的に展開し、国民の信頼を獲得しながら、社会矛盾が犯罪へ発展することの「予防」を行おうとした。このことは警察主導による地域の再編の試みへとつながり、市町村内の青年会員、在郷軍人、消防組員らを中心に警察を媒介にした自警組織の結成が全国で進められていった。関東大震災時に自警団が軍・警察の統制を逸脱して朝鮮人虐殺などを行った点を問題としながらも、警察当局は基本的にはこうした組織の効用について再認識し、警察の下部組織としてより積極的に育成していくことになった。東京では、こうした組織を母胎としながら、町内会が発生することになる（大日方・前掲書『地域社会』第五・六章参照）。

散兵警察制は地域のすみずみに警察の「耳目」としての派出所・駐在所を置いたが、この時点で、さらに警察を媒介とした組織を地域に育成して、よりいっそう国民を警察に組織化していくことに成功していくのである。

一五年戦争下の警察による国民の組織化　市民生活への介入を進めてきた警察は、昭和恐慌下の労働争議、小作争議の激増期に入ると、労使関係、地主小作関係にも積極的に介入していった。労使関係については、一方で強制力をもって弾圧すると同時に、一九二六年の労働争議調停法をうけて警視庁内に設置された調停課などにより、数多くの労働争議の調停を行った。小作争議についても、各地で小作紛議防止委員会や調停委員会などが警察当局によって設置され、調停が行われたのである。日中全面戦争が始まると、さらに挙国一致体制へ向けて労働者・農民を組織して動員することがめざされるようになった。三八年の産業報国連盟の発足に始まる産業報国運動においては、警保局と各府県警察部がその積極的推進を図り、その結果四〇年には労働組合が解消され、大日本産業報国会が設立され、その統制下に労働者は組み入れられた（大日方・前掲書『地域社会』第一一章、荻野・前掲書第五章参照）。

三七年の軍需工業動員法の発動や翌年の国家総動員法の制定は、労務、物資、資金などあらゆる人的・物的資源を統制下に置く戦時経済統制をもたらした。これに対応して、警察は、警保局と各府県に経済警察部門としての経済保安課を設置し、経済統制という領域に手を拡げていった。戦争の進展に伴って統制対象が拡大すればするほど、機構のいっそうの肥大化をもたらしていき、それだけ国民の日常生活に対する監視と統制が強められることになったのである。こうした統制に対する国民の反抗に備えて、特別高等警察を中心とした治安維持のよりいっそうの強化がはかられ、さらにそれに伴って警察機構はますます肥大化していった（荻野・前掲書第五章参照）。

日本警察の「伝統」の実態　以上のように、戦前日本の警察は、その「耳目」としての派出所・駐在所を地域末端にまで配置する一方で、国民の中に警察の下部機構としての自警団組織（↓町内会）を組織させることによって、国民の日常生活のすみずみにわたる監視と介入と統制とを強めていった。そして、あくまで自治体的要素を徹底的に排除した国家警察であることによって、市民の生命身体財産の維持と犯罪の捜査と被疑者の逮捕といった市民社会秩序の維持ではなく、国家そのものの防衛に至上の価値が認められていた。そのために、反国家的思想・運動に対する強力な弾圧装置である特別高等警察の肥大化と警察による社会に対する介入に歯止めを持ちえず、ついには戦時期の強力な統制の網の目に国民を組み込んでいったのである。これが、現代警察が新たな機構と権限拡大の基礎として再評価し賞賛する日本警察の「伝統」の実態であり、その一つの帰結であった。

4　戦後改革から現代警察へ

天皇制警察の解体　戦後改革によって、国民の人権抑圧の最先端を担っていた「天皇制警察」は、根本的に変革された。第一に、一九四五年一〇月ＧＨＱの「政治的、市民的自由制限の除去に関する覚書」により、治安維持法、治安警察法などの廃止とともに特別高等警察が解体された。第二に、四七年一二月には「民主化」と「地方分権」を理念とする旧警察法が制定され、内務省を頂点とする中央集権的警察機構は、自治体警察と国家地方警察に二元化された。第三に、行政執行法、警察犯処罰令、違警罪即決令等の、取り締まりに関して警察に大きな権限を付与していた警察権限法が廃止され、権限行使に慎重な要件を課した警察官等職務執行法が制定された。第四に、以上の改革を通じて戦前天皇制警察が有していた膨大な行政警察事務の多くは警察の手から切り離され、他の省庁に分割移管された。こうして、警察の扱う事務は、その本来の責務としての「生命身体財産の保護」と「公共の安全と秩序の維持」（犯罪の捜査、被疑者の逮捕、公安の維持）に限定されることになったのである（渡辺・前掲論文、原野・前掲論文、広中俊雄『警備公安警察の研究』岩波書店、一九七三年参照）。

中央集権的国家警察の復活と警備公安警察の充実　一九五〇年代に入ると、米ソ間の冷戦構造のなかで「集団的」かつ「計画的な、統一的な破壊的犯罪」に対応するためとする警察機構の再編が行われた。そして、五一年以後の二回の部分改正の後、五四年に旧警察法が全面改正され、現行警察法が制定されたのである。改編された警察機構は以下の特色を持つ。第一に、中央集権的、国家的警察化である。警察機構は、国家公安委員会（長は国務大臣）・警察庁（長官）→管区警察局（局長、ただし警視庁と北海道警察は含まない）→府県警察（本部長）→各警察署（署長）という指揮監督系統に基づくものにされた。人事面でも警視総監と道府県本部長、警視正以上の階級の任免はすべて国家公安委員会によって行われることになった。第二に、第一の点の裏返しであるが、地方分権的要素の徹底した形骸化である。すなわち、知事、議会は、都道府県公安委員会の人事を除いて、警察予算、上級警察官の人事、警察官の定員、給与に関与することはできない。また「民主化」「地方分権」のシンボルとして設置された各都道府県公安委員会も形骸化された。第三に、警備公安警察組織の強化・発展である。警察機構のなかでも、警備公安警察に関しては、さらに警察庁警備局長→管区警察局公安部長→警察本部警備部・公安部→各署警備課・公安課という指揮監督系統がつくられ、特定政党や団体に対する情報収集と内偵活動が強化され、一般警察とは異なる政治警察としての実態を展開させていくことになった（以上渡辺・前掲論文、原野・前掲論文、広中・前掲書参照）。

こうして、戦後「民主化」「地方分権」を理念として再出発した警察機構は、再度改編され、中央集権的国家警察に再編され、六〇年安保闘争での経験を経て、警備公安警察に比重を置きながら、警察機動隊の充実をはじめとして組織の強化と拡大がはかられていくことになる。

第8章　刑法と治安法制

本章は、明治維新以後一九四五年の敗戦にいたるまでの約八〇年間における、刑法と治安法制（主要な治安立法）の歴史について概観する。近代日本国家は、別名「天皇制治安国家」とも称されることがあるように、国家はその支配秩序を維持するために、膨大な体系からなる治安法制に依存していた。したがって、刑法と治安法制の歴史を考察することは、近代日本国家の特質を理解することにもつながる。なお、治安機構としての軍隊・警察については、第7章を、また植民地における治安法制については第17章を参照されたい

第1節　明治初期刑法と治安法制

明治初期刑法と律の復活　維新政府は、成立直後、治安確保のために新刑法典の編纂までは、旧幕府時代の刑法の効力を容認するとした一方で、各府藩県からの擬律や断刑に関する伺に対して指令を発する執務上の準則として仮刑律を編纂した。こうして近代日本の刑法史は始まったが、この維新政府最初の刑法典は、養老律、唐律、明・清律、御定書百箇条とともに肥後藩刑法草書を参酌して編纂された、律型の刑法典であった。政府はまた、五箇条の誓文を発した翌日（一八六八年三月一五日）には、五倫の道を説き、徒党・強訴・逃散を禁じ、キリスト教を邪教として禁ずる五榜の禁令を各地に掲示して維新後の秩序の回復・維持をはかろうとした。

維新直後早急に編纂された仮刑律は、不完全な法典であったため、政府は、これにかわって全国を適用範囲とする本格的な刑法典の編纂に着手した。その結果、一八七〇年一二月に新律綱領が制定され、各府藩県に頒布された。

新律綱領は、六巻・八図一四律一九二条からなる律型の刑法典で、西欧型近代刑法典とは異なる規定が多く見い出される。例えばまず、罪刑法定主義を否認した。すなわち名例律・断罪無正条において「凡律令ニ該載シ尽サヽル事理、若クハ罪ヲ断スルニ正条ナキ者ハ、他律ヲ援引比附シテ、加フ可キハ加ヘ、減ス可キハ減シ、罪名ヲ定擬シテ上司ニ申シ、議定ツテ奏聞ス。若シ輙《たやす》ク罪ヲ断シ、出入アルコトヲ致ス者ハ、故失ヲ以テ論ス」と規定して類推適用を許容し、また雑犯律・不応為条において「凡律令ニ正条ナシト雖モ、情理ニ於テ、為スヲ得応《うべ》カラサルノ事ヲ為ス者ハ、笞三十。事理重キ者ハ、杖七十」と規定して、正条なくして情理による処罰を認め、さらに、名例律・断罪依新頒律においては「凡律ハ頒降ノ日ヨリ始ト為ス、若シ所犯頒降已《い》前ニ在ル者モ、並ニ新律ニ依テ擬断シ、旧律ヲ援引スルコトヲ得ス」と規定して、刑法の遡及効を是認した。

次に、刑罰を科する上で、身分による差別待遇を是認した。すなわち名例律・閏刑において「凡士族罪ヲ犯シ本罪笞刑ニ該《あた》ル者ハ謹慎ニ処シ、杖刑ニ該ル者ハ閉門ニ処シ、徒刑ニ該ル者ハ禁錮ニ処シ、流刑ニ該ル者ハ辺戍《へんじゅ》ニ処シ、死刑ニ該ル者ハ自裁ニ処ス。若シ賊盗及ヒ賭博等ノ罪ヲ犯シ廉恥ヲ破ルコト甚シキ者笞杖ニ該ルハ、廃シテ庶人ト為スニ止メ、徒以上ハ仍ホ本刑ヲ加フ、罪科未タ定ラサル者ハ監倉《あがりや》ニ入レ、庶人ト別異ス、卒モ亦之ニ準ス」と規定して、士族・卒の刑法上の差別待遇を認めた。また、官吏の私罪も士族に準じて閏刑の特典にあずからしめた（名例律・官吏犯私罪）のである（西原春夫「刑法制定史にあらわれた明治維新の性格」比較法学三巻一号〔一九六七年〕五七頁以下）。

新律綱領の施行後も、これを暫定的な法と認め、社会の変化に応じて単行法令による追加・修正がなされた。それらはやがて整理され、補充・修正を加えて一八七三年六月に改定律例として頒布され、翌月より新律綱領と並びあわせて施行された。この改定律例は、三巻・一二図一四律三一八条からなり、上諭に「各国ノ定律ヲ酌ミ改定律例ヲ修撰セシム」とあるように、編纂にあたってはじめて西欧刑法を参酌して制定された刑法典である。その結果、形式においてはじめて逐条主義を採用し、刑罰は、新律綱領における笞杖徒流死の五刑制を廃して、懲役・死刑の二種とし、さらに士族の犯罪に対して認めていた閏刑を改め禁錮刑とするなど、内容において若干西欧刑法（フランス刑法）の影響が見られる。しかし改定律例は、体裁・内容ともに基本的には律型の刑法典であった。

なお、風俗・交通・衛生・営業・用水など日常的秩序維持にかかわる軽微な犯罪の処罰については、一八七二年一一月の東京違式詿違《かいい》条例に続いて、翌年七月に各地方違式詿違条例が制定され、各地に公布・施行された。これら違式・詿違の罪に対する裁判権は、大警視以下の警察官に与えられていたことに注意を要する。

治安立法　維新政府は、成立直後から官許を経ない書籍の発行を禁じ、新聞の私刊を禁止するなど言論の統制にのり出し、早くも一八六九年には新聞紙印行条例と出版条例を制定した。その後一八七三年の新聞紙発行条目によって、新聞紙の発行は許可制とされ、掲載禁止事項について、「国体ヲ誹《そし》リ国律ヲ議シ及外法ヲ主張宣説シテ国法ノ妨害ヲ生セシムルヲ禁ス」（第一〇条）、「政治法律等ヲ記載スルコトニ付妄リニ批評ヲ加フルコトヲ禁ス」（第一一条）と定められた。また、前年に改正された出版条例は、掲載禁止事項について、「妄リニ成法ヲ誹議シ人罪ヲ誣告スルコトヲ著スルヲ許サス」（第二条）と規定した（奥平康弘「検閲制度」鵜飼ほか編『講座日本近代法発達史11——資本主義と法の発展』、勁草書房、一九六七年、一四三頁以下）。

一八七四年一月、前参議板垣退助・後藤象二郎・副島種臣・江藤新平らによって民撰議院設立建白書が左院に提出され、これが「日新真事誌」に掲載されると、ジャーナリズムを舞台に民撰議院論争がまきおこり、にわかに反政府批判の言論活動が活発化することになった。こうした事態に直面した政府は、翌年六月讒謗律《ざんぼうりつ》と新聞紙条例を制定し、九月には出版条例を改正して、本格的に言論統制に取り組んだ。

讒謗律は、「著作文書若クハ画図肖像」を用いて人を讒毀《ざんき》（名誉毀損）・誹謗（侮辱）する者を処罰するための法律であるが、とくに第四条で、「官吏ノ職務ニ関シ讒毀スル者」もしくは「誹謗スル者」を処罰する規定（官吏侮辱罪）をおいて官吏を言論による批判から保護することをねらった。また、新聞紙条例においては、「政府ヲ変壊シ国家ヲ顚覆《てんぷく》スルノ論ヲ載セ騒乱ヲ煽起セントスル者」（第一三条）、「成法ヲ誹毀シテ国民法ニ遵《したが》フノ義ヲ乱リ及顕《あら》ハニ刑律ニ触レタルノ罪犯ヲ曲庇スルノ論ヲ為ス者」（第一四条）に対して刑罰を科するとするなど、刑罰規定を整備強化した。

このように、台頭しつつあった初期の自由民権運動の言論活動に対し、政府は、厳しい言論統制を行ったが、やがて自由民権運動の政治的な結社や集会の活動が盛んになるにつれ、これらに対する統制を行っていった。一八七八年七月、政治結社や集会を警察官に視察させ、民心扇動・国安妨害と認めるものを禁止するように内務省と府県に指令したのを皮切りに、愛国社が第四回大会で社名を国会期成同盟と改称するなど国会開設運動が大きな盛りあがりをみせた一八八〇年の四月には集会条例を制定して取り締まりの強化をはかった。集会条例は、「政治ニ関スル事項ヲ講談論議スル為メ公衆ヲ集ムル者」もしくは、「政治ニ関スル事項ヲ講談論議スル為メ結社スル者」に対し、「管轄警察署ニ届出デ其認可ヲ受クベシ」と規定し、警察署は、「国安ニ妨害アリト認ムルトキハ之ヲ認可セザルベシ」と定め、さらにまた制服警察官の会場への派遣と監視や派出警察官に集会解散権を与えるとともに、軍人・警察官・教員・生徒などの政治集会への参加禁止などを規定した。

第2節　旧刑法の成立と治安法制

旧刑法の成立　不平等条約を改正し、欧米列強に並立する「文明国」にするために、政府は、西欧近代法に基づく諸法典の編纂と司法制度の確立をめざした。刑法においても、この方針は採用され、西欧近代刑法にならった刑法典の編纂が要請された。実際にも、維新変革後急速に進んだ新しい社会関係の形成に伴って、律型の新律綱領・改定律例の不権衡・不備が顕著となり、西欧近代刑法の継受による新しい刑法典の編纂が避けられなくなった。この編纂作業は、一八七五年九月から司法省で開始され、「欧州大陸諸国ノ刑法ヲ以テ骨子トナシ本邦ノ時勢人情ニ参酌シテ編纂スル」こととの編纂方針に基づいて、「日本帝国刑法初案」を作成したのち、お雇い仏国教師ボアソナードの直接の指導のもとに編纂作業を進め、二年後の一八七七年一一月に「日本刑法草案」が編纂された。ついで、刑法草案審査局で、国家の支配秩序の根幹にかかわる重大問題について太政官に上奏して指令を仰ぎながら、逐条審議を進め、一八七九年六月に刑法審査修正案が太政官に上進された。この修正案は、治罪法修正案とともに元老院の議に付され、そこでさらに修正されたのち、一八八〇年七月一七日、太政官布告第三六号で刑法が、同第三七号で治罪法が公布された。こうして律型の新律綱領・改定律例は廃され、西欧型近代刑法典（いわゆる「旧刑法」）が成立した。この刑法・治罪法は、わが国における西欧型近代法典の最初のものとなった（新井勉「旧刑法の編纂(一)・(二完)」法学論叢九八巻一号・四号〔一九七五年・一九七六年〕）。

旧刑法は、一八一〇年のフランス刑法典を基礎とし、他にドイツ刑法・ベルギー刑法・イタリア刑法草案など、当時のヨーロッパ諸国の刑法をも参酌して、ボアソナードの折衷主義刑法理論に基づいて編纂された草案に、明治初期刑法（新律綱領・改定律例）の要素を採り入れる形での修正を加えて制定された。四編二一章四三〇条からなる旧刑法は、まず、罪刑法定主義を明文をもって宣言した。すなわち、第二条は「法律ニ正条ナキ者ハ何等ノ所為ト雖《いえど》モ之ヲ罰スル事ヲ得ス」とし、第三条一項は「法律ハ頒布以前ニ係ル犯罪ニ及ホス事ヲ得ス」と刑法不遡及の原則を規定した。また、刑罰の身分による差別待遇を廃止し、さらに、第七条・第八二条において責任条件および責任能力に関する規定を設けて責任主義を確立するなど、律型の明治初期刑法とは異なる近代的刑法典としての性格を持つとともに、未遂犯や従犯の刑の必要的減軽規定、刑の酌量減軽規定など、折衷主義刑法理論に基づくと言われる規定を持っている。しかし他方でまた、絶対主義的な天皇制国家の支配秩序の中核である「皇室ニ対スル罪」や「家」制度の保護に通じる尊属に対する罪の重罪規定、さらには官吏侮辱罪や「兇徒聚衆ノ罪」といった規定を持っており、国事犯には死刑の適用を認めていた（内藤謙「日本における『古典学派』刑法理論の形成過程」法学協会編『法学協会百周年記念論文集2巻』有斐閣、一九八三年、五一一頁）。

なお、一八八二年一月一日より陸軍刑法と海軍刑法が、旧刑法・治罪法とともにあわせて施行された。

治安立法　一八八二年から一八八四年にかけて、福島事件・高田事件・群馬事件・加波山事件・秩父事件・飯田事件・名古屋事件などのいわゆる激化諸事件が各地であいついで起こった。このように激しさを増す自由民権運動の展開に対して、政府は、新聞紙条例・出版条例を改正するとともに、集会条例を改正するなど、これらの取り締まりを強化した。

一八八三年四月に全面改正された新聞紙条例は、「新聞紙ニ記載シタル事項治安ヲ妨害シ又ハ風俗ヲ壊乱スル者ト認ムルトキハ内務卿ハ其発行ヲ禁止若クハ停止スルコトヲ得」（第一四条）と規定し、東京府を除く各地方で発行する新聞紙は府知事・県令によっても発行停止されることになった（第一五条）。また第一七条は、「一人又ハ一社ニシテ数個ノ新聞紙ヲ発行スル者一個ノ新聞紙ヲ停止セラレタルトキハ其停止中他ノ新聞紙ヲ発行スルコトヲ得ス」と、身替り新聞に対する防止を規定し、さらに、第三四条で「陸軍卿海軍卿ハ特ニ命令ヲ下シテ軍隊軍艦ノ進退及一般ノ軍事ヲ記載スルコトヲ禁スルコトヲ得」、「外務卿ハ外交上ノ事件ニ付特ニ命令ヲ下シテ記載ヲ禁スルコトヲ得」と、陸軍卿・海軍卿および外務卿による記事掲載の禁止権を新設した。

その後一八八七年に、外交政策の挽回・地租軽減・言論集会の自由を目標にかかげた三大事件建白運動が起こり、前年来後藤象二郎・星亨らが中心となって進めた大同団結運動と結びついて反政府運動の気運が高まると、政府は、同年一二月、新聞紙条例・出版条例を再度改正し、保安条例を発して、こうした運動を取り締まろうとした。

今回の新聞紙条例と出版条例の改正は、憲法発布や議会開設（政府は、一八八一年の国会開設の勅諭で議会を一八九〇年に開設することを約束）を目前にひかえ、これに先立って既成事実として出版取締法規を確立しておこうとするねらいがあった。すなわち、新聞紙条例は、発行手続を許可制から届出制に変更し、府知事・県令の発行停止権や身替り新聞の防止規定を廃止するなどの改定をほどこしたものの、内務大臣の発行禁止・停止権や陸海軍両大臣の記事差止権の規定など核心部分は一八八三年の新聞紙条例とほとんど変更はなかった。また出版条例は、出版物についても内務大臣の発売頒布禁止権に服する規定を設けたほか、一八八三年条例を体系化した（奥平・前掲論文一四六頁以下）。

一八八二年六月、集会条例が改正・追加された。これによると、「何等ノ名義ヲ以テスルモ其実政治ニ関スル事項ヲ講談論議スル為メ結合スルモノ」をも政治結社とみなすとし、また、いったん集会・結社を認可したのちでもこれを取り消すことができるなどの規定を設け、さらに、あらゆる形態の集会に対して、警察官の臨監・監視ができるものとした。

一八八七年一二月、政府は、突如として、一切の秘密結社・集会の禁止、「内乱ヲ陰謀シ又ハ教唆シ又ハ治安ヲ妨害スル」恐れがあると認められた人物の皇居三里以外への退去命令などを内容とする保安条例を発し、反政府運動家を追放した。また一八九〇年七月には、帝国議会の開設に先立って集会条例を改正し、これを強化する集会及政社法を制定した。すなわち、議会開設にそなえて「帝国議会開会ヨリ閉会ニ至ルノ間ハ議院ヲ距ル三里以内ニ於テ屋外ノ集会又ハ多衆運動ヲナスコトヲ得ス」（第八条）、「政談集会ハ屋外ニ於テ開クコトヲ得ス」（第六条）などの規定を設けたほか、女子の政談演説の傍聴・政社への加入などを禁止した。このように政府は、憲法制定・議会開設直前に周到に治安法制の整備・強化をはかったのである。

第3節　現行刑法の成立と治安法制

現行刑法の成立　旧刑法に対しては、当時ヨーロッパにおいて台頭した近代学派（新派）の刑法理論を学んだ者からの批判、あるいは新律綱領・改定律例の復活を主張する保守的反動の立場からの批判が加えられ、その施行前後には早くも、司法省をはじめ政府部内において旧刑法の改正問題が持ち上がり、いくつかの改正案が作成された。司法省は、法律取調委員会をして改正作業にあたらせ、一八九〇年一二月に、改正案が出来上がると、政府は、この改正案を翌年一月、第一回帝国議会に提出したが、議決にいたらずして会期が終了した。司法省では、一八九二年一月、刑法改正審査委員会を設けて審査に従事せしめ、その後法典調査会がこの改正作業を引き継いだ結果、二編三〇〇条の改正案が作成された。政府は、この改正案を一九〇一年二月、第一五回帝国議会に提出したが、議決にいたらなかった。政府では、この改正案を全国の裁判所・検事局・弁護士会などに諮問するとともに、再び法典調査会の審議に付して改正案を作成させ、第一六回帝国議会と第一七回帝国議会に提出したが、いずれも可決されるにいたらなかった。

一九〇五年二月、第二一回帝国議会に「刑ノ執行猶予及ビ免除ニ関スル法律案」が提出され、両院を通過して同年四月一日「刑ノ執行猶予ニ関スル法律」として公布された。その後政府は、司法省内に法律取調委員会を設置し、審査・修正にあたらせた結果、二編二六五条からなる改正案が作成され、この改正案を一九〇七年一月、第二三回帝国議会に提出した。同案は、貴衆両院による修正および両院協議会の協議を経たのち、二編五三章二六四条からなる成案を得、これが両院を通過して、同年四月二四日法律第四五号として公布され、翌年一〇月一日より施行されるにいたった（吉井蒼生夫「現行刑法の制定とその意義」杉山晴康編『裁判と法の歴史的展開』敬文堂、一九九二年）。

現行刑法は、一八七一年のドイツ刑法ならびに当時における最新の各国刑法（刑法草案を含む）を参酌すると同時に、ヨーロッパの刑法改正運動を主導しつつあった近代学派の刑法理論の影響を強く受けて制定された。現行刑法は、もとより旧刑法の規定を多く受け継いでおり、その意味では旧刑法の修正とも言える。まず、罪刑法定主義については、現行刑法はこれに関する規定を削除したが、その理由は憲法第二三条に「日本臣民ハ法律ニ依ルニ非スシテ逮捕監禁審問処罰ヲ受クルコトナシ」と規定されているため、刑法の中に罪刑法定主義の規定を設ける必要を認めなかったのである。また、刑罰上の身分による差別待遇の廃止や責任主義については、現行刑法はほとんど旧刑法と変わるところがない。もっとも旧刑法に対して重要な改正が加えられたことにも注意を要する。すなわち、旧刑法に対比して条文数を大幅に削除し内容を簡素化したことに示されるように、犯罪類型をはるかに包括的・弾力的なものとし、刑の範囲を拡張することによって、犯罪の成立範囲と量刑について裁判官に広い裁量の余地を与えた。このことは、裁判官の法規的拘束性を著しく緩和し、人権侵害の危険性を増す可能性とともに、司法部の政治的台頭を促すことにもつながったと言われる（三谷太一郎『近代日本の司法権と政党』塙書房、一九八〇年、四九頁以下）。また、刑事政策的見地から刑の執行猶予制度を採用し、従来の監視の制度を廃止した。

現行刑法の制定（旧刑法の改正）は、たしかにヨーロッパの新しい刑法理論の影響のもとに推進されたが、その成立を促した主要な原因は、日露戦争後における日本の国内的および国際的条件に規定されて、帝国主義国家へ転化しつつあった近代天皇制国家の秩序維持に適合する新たな刑法典が必要とされたことにあった（吉井・前掲論文四八二頁）。このことは、現行刑法の制定過程が次にみる治安立法の体系化と深くかかわりを持っていたことからも言えるのである。

治安立法　日清戦争後、いわゆる戦後経営の推進によって日本資本主義はいちじるしく発展したが、これに伴って急増した労働者は、劣悪な労働条件の改善を要求して団結し、労働運動を展開するようになった。一八九七年には労働組合期成会とこれを組織母体としてわが国最初の近代的労働組合といわれる鉄工組合が結成され、その組合拡大やストライキの多発は、農民運動や社会主義の普及のきざしとあいまって政府に大きな衝撃をあたえた。こうした事態に対し、政府は、刑法（第二七〇・第二七一条）や保安条例・予戒令（一八九二年）・集会及政社法といった従来の取り締まり法規では対応できないと考え、一九〇〇年三月に新たな治安立法として治安警察法を公布した。

治安警察法は、まず、集会・結社の自由に関する規定として、①政治に関する結社・集会の届出制、②「屋外ニ於テ公衆ヲ会同シ若クハ多衆運動セムトスルトキ」の届出制、③現役及召集中の予備後備の陸海軍軍人・警察官・神官神職僧侶その他諸宗教師・官立公立私立学校の教員学生生徒・女子・未成年者・公権剥奪及停止中の者の政治結社加入の禁止、未成年者の政談集会への参加禁止、④「安寧秩序ヲ保持スル為必要」とする場合の警察官による集会の禁止・解散権と内務大臣の結社禁止権、⑤集会においては、犯罪の予審に関する事項を公判前に「講談論議」してはならないなど言論の諸制限、⑥秘密結社の禁止と各処罰などを規定した。また、この法律の主要なねらいである労働運動・農民運動に関する規定として、第一七条（罰則第三〇条）は、労働組合への加入・争議行為・

団体交渉に関連する暴行・脅迫・公然誹毀または誘惑・煽動の処罰および小作争議の禁止を定めた（この第一七条については、第15章を参照）。治安警察法は、同年六月公布の行政執行法とともに労働運動・農民運動をはじめ社会的政治的運動を取り締まる刑事弾圧法の中核として威力を発揮した。

一八九七年三月、新聞紙条例が改正された。すなわち、かねてから問題とされていた内務大臣の発行禁止・停止権がようやく廃止された。しかし他方で、従来の「政体変壊」「朝憲紊乱」に加えて新たに「皇室ノ尊厳ヲ冒瀆シ」た論説を記載した場合にも、発行人・編集人・印刷人を処罰し得るとしたことが重要である。この新聞紙条例改正に先立つ一八九三年四月には、出版法が公布された。この法律は、一八七五年の出版条例の諸規定を基本的には継承しつつ、出版すべからざる事項に関し、「皇室ノ尊厳ヲ冒瀆シ政体ヲ変壊シ又ハ国憲ヲ紊乱セムトスル文書図画」の出版について、著作者・発行者・印刷者を処罰することを規定した（第二六条）。

新聞社を中心とする言論自由の拡大要求を背景に、一九〇九年三月、第二五回帝国議会に議員立法として新聞紙法案が提出された。この法案は、委員会の審議過程において政府の言論統制強化の要求を反映して規制色の強い内容に修正され、同年五月に、新聞紙法が公布された。全四五条からなる新聞紙法は、①新聞紙の発行を届出制とし、②保証金制度をとり、③陸軍大臣・海軍大臣および外務大臣に記事掲載禁止権を与え、④記事掲載禁止事項として、「安寧秩序ヲ紊シ又ハ風俗ヲ害スル事項」や「皇室ノ尊厳ヲ冒瀆シ政体ヲ変改シ又ハ朝憲ヲ紊乱セムトスルノ事項」をあげるなど、旧条例の抑圧規定を継承し、さらにまた、内務大臣が「安寧秩序ヲ紊シ又ハ風俗ヲ害スルモノ」と認めた場合、発売・頒布を禁止し、必要あれば差し押えることもできるとした。この新聞紙法は、以降第二次大戦の終結まで中核的な言論統制法規として君臨していく（内川芳美「新聞紙法の制定過程とその特質」東京大学新聞研究所紀要五号〔一九五六年〕）。

これら治安警察法・行政執行法と刑法・警察犯処罰令（一九〇八年）および新聞紙法など一連の治安立法は、一体となって労働運動その他の社会諸運動の取り締まりに大きな役割を果したのである。

第4節　刑法改正と治安法制

「刑法改正ノ綱領」・改正刑法仮案　第一次大戦後における資本主義の急激な発展に伴う社会変動を背景に、労働運動や農民運動をはじめ社会諸運動が高揚し、支配体制の危機に直面した政府は、一九一九年七月、臨時法制審議会を設置して本格的な法体制の再編作業にのり出した。施行以来一〇余年の現行刑法に対し、全面的改正の必要を認めた政府は、一九二一年一一月二八日の臨時法制審議会総会において、第一「現行刑法ノ規定ハ之ヲ我国固有ノ道徳及美風良習ニ稽《かんが》ヘ改正ノ必要アルヲ認ム」、第二「現行刑法ノ規定ハ人身及名誉ノ保護ヲ完全ニスル為改正ノ必要アルヲ認ム」、第三「輓近《ばんきん》人心ノ趨向ニ見テ犯罪防遏ノ効果ヲ確実ナラシムル為刑事制裁ノ種類及執行方法ヲ改ムルノ必要アルヲ認ム」の三点を主な理由として、刑法改正の可否ならびに改正の綱領如何《いかん》について諮問を発した。諮問をうけた臨時法制審議会は、牧野菊之助・江木衷・倉富勇三郎・豊島直通・花井卓蔵ら一一名を主査委員に指名し、刑法改正綱領案の審査に従事せしめた。主査委員会では、一九二五年一一月に綱領四十箇条を可決し、これを総会に附議した。翌一九二六年一〇月、総会は、「刑法改正ノ綱領」を原案通りに議決し、内閣に答申した。

答申内容には、「各罪ニ対スル刑ノ軽重ハ本邦ノ淳風美俗ヲ維持スルコトヲ目的」とし、とくに「忠孝其ノ他ノ道義ニ関スル犯罪」の規定に注意すること、また「天皇ニ対スル罪ニ関シテハ独立ノ規定ヲ設クルコト」、新たに「皇室ノ尊厳ヲ冒瀆スル罪ニ関スル規定」を設けることなどが掲げられており、さらに、犯罪防遏の効果を確実にする方策としては、公権の喪失および停止、譴責《けんせき》、居住制限、懲罰償金、不定期刑に関する規定のほか、「保安処分トシテ労働嫌忌者、酒精中毒者、精神障害者等ニ関スル規定」を設けることなどが掲げられている（繁田実造「改正刑法草案と改正刑法仮案との連続性」法律時報臨時増刊『改正刑法草案の総合的検討』一九七五年、二四頁）。この綱領は、支配体制の危機を、「我国固有ノ道徳及美風良習」に基づく社会防衛によって克服しようとする意図で貫かれている。

一九二七年一月、司法省内に司法次官林頼三郎を委員長とする刑法改正原案起草委員会が設置され、「刑法改正ノ綱領」に基づいて「刑法改正予備草案」と称する刑法草案を作成した。同年六月設置の刑法並監獄法改正調査委員会ではこの草案を基礎に、一九三一年九月に総則編を、一九四〇年三月に各則編をそれぞれ脱稿し、若干の条項を保留したまま未定稿として発表した。これがいわゆる「改正刑法仮案」（四六二条）である。この仮案のねらいについては、起草者の「国体の明徴、醇風美俗の尊重を旨とし個別処遇の原則に即して社会の防衛と本人の教化改善とを完了することを主眼としてゐる」との説明によく示されている（泉二新熊「刑法改正仮案の眼目」岩切登編纂『泉二新熊伝』中央出版社、一九五五年、二五〇頁）。

治安立法　刑法改正作業に並行して新たな治安立法が成立・展開した。第一次大戦後には、高揚する普選運動と関連しつつ、労働運動・農民運動をはじめ部落解放運動・女性解放運動・学生運動・都市住民運動・無産政党運動などの社会諸運動および植民地の民族解放運動がいっせいに繰りひろげられた。こうした社会諸運動の展開によって危機感をつのらせた政府は、新たな治安立法の制定に着手した。

一九二二年二月政府は、第四五回帝国議会に「無政府主義共産主義其ノ他ニ関シ朝憲紊乱スル事項ヲ宣伝シ又ハ宣伝セムトシタル者」、およびそのような「目的ヲ以テ結社、集会又ハ多衆運動ヲ為シタル者」を処罰する「過激社会運動取締法案」を提出したが、国民や野党の反対で廃案となった。しかし翌一九二三年に関東大震災が勃発すると、緊急勅令「治安維持ノ為ニスル罰則ニ関スル件」が発令され、一二月の第四七回帝国議会で承諾された。これによって過激社会運動取締法案が意図した目的は、ある程度達成されることになったが、政府は、一九二五年二月第五〇回帝国議会に男子普通選挙法案とともに治安維持法案を提出した。法案は、院内外のはげしい反対運動にもかかわらず、部分修正を経て可決され、四月に公布された。政府が取り締まりの重点を無政府主義者・共産主義者の運動と思想に置いていたことは、立法理由からも明らかである。治安維持法は全七条からなるが、その内容は、国体の変革または私有財産制度の否認を目的とする①結社の組織または加入およびこれらの未遂行為、②その目的たる事項の実行協議と実行煽動、③騒擾・暴行その他生命・身体又は財産に害を加うべき犯罪煽動、④上記の罪を犯さしめる目的に出た金品その他の財産上の利益の供与、を罪の性質に応じて一〇年・七年または五年以下の懲役または禁錮に処すというものである。

この治安維持法と男子普通選挙法は、一体となって支配体制の維持・強化の役割を担っていく。すなわち、後者のねらいは、民衆による普選の要求と運動を吸収することによって体制内部に組み入れ、権力の支持基盤を拡大・強化することにあり、労働者・農民をはじめ無産勢力が議会勢力化することに対しては、治安維持法を中心とする治安法制によって抑圧するのである。こうしてここに、男子普通選挙法・治安維持法の同時制定による新たな民衆統合と抑圧体制＝普選・治維法体制が形成された（吉井蒼生夫「大正デモクラシーと法」長谷川・渡辺・藤田編『講座革命と法3巻』日本評論社、一九九四年、一一四頁以下）。また、この時期には治安維持法の成立に加え、刑法・警察犯処罰令を補強する目的で制定された「暴力行為等処罰ニ関スル法律」（一九二六年）が、実際には治安警察法第一七条の撤廃にもかかわらず、労働運動・農民運動にも適用され、その抑圧に威力を発揮したことに注意しなければならない。

関係当局においては、治安維持法の施行直後からその改正を志向したが、一九二八年日本共産党関係者が大量に逮捕された三・一五事件をきっかけに、政府は、治安維持法中改正法律案を四月の第五五回帝国議会に提出した。改正案は、国体変革を目的とする結社の組織者を厳罰に処するなど刑罰の重化をはかり、また結社の目的遂行のためにする行為を処罰する規定を新たに設けた。この改正案は、野党の反対で否決されたにもかかわらず、政府は、同年六月緊急勅令をもってこれを公布し、翌年の議会で承諾をとりつけた。この改正治安維持法によって、同法を中核とする治安法体系は一層強化されることになった。

戦時体制下の刑法と治安法制　一九三一年の満州事変以降、一九四五年に敗戦を迎えるまでの間、国内体制は、準戦時体制から戦時体制へと移行していったが、これに伴って戦争に反対し、軍国主義体制を批判する運動と思想を取り締まるために、刑法の一部改正と治安法制の改編・強化がなされた。すなわち、一九三六年に思想犯保護観察法や言論統制法である不穏文書臨時取締法を制定し、一九三八年にはいっさいの人的物的資源の政府による統制運用をねらった国家総動員法を制定した。そして国家総動員法体制の下で一九四一年には、国家機密の漏泄を防ぐために死刑・無期を含む重罰を規定した国防保安法や、国体の変革を目的とする思想・行為・結社を徹底的に取り締まるために、予防拘禁制度の導入などを含む治安維持法の全面改正を行い、さらに言論・出版・集会・結社等臨時取締法を公布した。こうした治安法制の強化とともに、同年三月、「安寧秩序ニ対スル罪」を新設するなど「改正刑法仮案」に基づく刑法の一部改正がなされ、太平洋戦争突入後にはいち早く「戦時犯罪処罰ノ特例ニ関スル法律」が公布され、翌年（一九四二年）にはこれを吸収して戦時刑事特別法が公布された。これら一連の抑圧立法をもって戦時における治安維持の確保がはかられていったのである。

戦後の刑法改正と戦前治安法制の崩壊　戦前の治安立法のほとんどは、第二次大戦直後の占領軍による指令で廃止される。すなわち、一九四五年の「政治的・市民的および宗教的自由に対する制限の撤廃に関する覚書」および「新聞および言論の自由への追加措置に関する覚書」がそれで、これらの指令に基づいて政府は、治安維持法を中核とする一連の治安立法と秘密警察機関・内務省警保局・特別高等警察・保護観察所などの治安機関を廃止し、ここに戦前治安法体制は解体を見るにいたるのである。また、日本国憲法の制定に伴って刑法についても部分的改正がほどこされ、憲法の原理に矛盾する皇室に対する罪・国交に関する罪・安寧秩序に対する罪・姦通罪などの規定が刑法典から削除された（中山研一『現代社会と治安法』岩波書店、一九七〇年、七二頁以下）。このように刑法の全面的改正はなされなかったものの、この改正は、新憲法の原理ないし精神にのっとった改正であった点で大きな歴史的意義を持つものであった。

第9章　司法制度

明治初期以来、わが国は近代国家の形成の一環として、西欧諸国の司法制度の導入を試みてきた。しかし、現在、多くの西欧諸国で実施されている陪審制や参審制の導入は、国民主権を基調とする日本国憲法下においても、今なお閉ざされている。また、英米法系諸国で採用されている一定期間弁護士の経験を経た者のなかから裁判官を任命する法曹一元制も採用されず、官僚裁判官制が明治以来続いている。こうしたわが国の司法制度の特質は、明治以来の司法制度の形成過程にその原因があるといってよいだろう。本章では、西欧型司法制度の移入、司法行政権と裁判権の分離、裁判官の身分保障、司法官の養成、弁護士制度の形成等の問題を検討して、わが国の司法制度の形成の特徴について考察してゆくことにする。

第1節　太政官制下の司法制度

司法省の創設と江藤新平の司法改革　わが国における本格的な司法制度改革は、一八七一(明治四)年七月の司法省創設から始まる。政府は中央集権国家体制を樹立するために廃藩置県を断行し、司法機関として司法省を設置した。近代的司法制度の創出にあたって、司法省は西欧諸国の司法制度を模範とし、それを参酌して立案することを基本方針とした。

一八七二(明治五)年、かねてから司法の行政からの分離、裁判権の統一を持論としていた江藤新平が初代司法卿に就任し、司法職務定制を制定して司法改革を推進することになった。司法職務定制は、江藤の所信、日本の旧制度およびお雇い外国人のブスケに教示されたフランスの制度その他を参酌して作成されたもので、司法制度全般にわたる改革を意図したものである(福島正夫『福島正夫著作集1巻』勁草書房、一九九三年、八七頁以下)。司法職務定制を中心に江藤司法卿が主導した司法改革をまとめると次のようになる。第一に、司法と行政の分離、裁判権の統一を原則として行政機関から独立した裁判機構を創設したことである。裁判機構は司法省臨時裁判所・司法省裁判所・出張裁判所・府県裁判所・区裁判所の五種類とされた。司法省臨時裁判所は、臨時に開かれ、国事犯罪と裁判官の犯罪を審理する。平常は官員を置かず、臨時判事が担当する。司法省裁判所は府県裁判所の上に位し、府県裁判所の裁判に服しないで上告する事件、府県裁判所において審理の難しい事件、勅奏官および華族の犯罪を裁判する。出張裁判所は司法省裁判所の出張裁判所であり、遠隔の地方に設置される。その権限は司法省裁判所と同じである。府県裁判所は各府県に設置される第一審裁判所である。一般的な民事事件と流刑以下の刑事事件を裁判する。区裁判所は府県裁判所に属し、地方の便宜によって設置される。

第二に、新たに裁判官制度と検察官制度が設けられた。江戸時代においては、裁判機関は捜査機関・訴追機関を兼ねていたが、裁判官・検察官の設置は、江戸時代以来の捜査機関・訴追機関を兼ね備えた裁判機関から捜査機関・訴追機関が分離していく第一歩となった(弁護士については後述)。裁判官は判事と解部から成る。解部は下級の裁判官である。裁判官の人事権は司法卿にあり、裁判官の身分保障は未だ認められていなかった。検察官は検事と検部から成る。検部は下級の検察官である。検察官は訴追権を有するとともに、人権保護を任務とし、とくに裁判官の民刑事裁判を監督するものとされている。

第三に、司法省と裁判所の関係については、司法省が裁判所を管轄下に置き、司法卿が司法裁判所の所長を兼任していること（翌年廃止）、府県裁判所は死罪および疑獄について司法省に伺を提出することが義務づけられていること等、司法省が裁判事務に関与することが認められていた。また、国事犯罪、死罪、勅奏官および華族の犯罪の裁判は、司法本省を通じて正院の許可を得る必要があり、政治が裁判に介入する余地が残されていた。このように、司法職務定制における裁判は、司法と行政の分離が不完全であったのである。

第四に、行政裁判制度を創設し、これを裁判所に取り扱わせることにした。これは司法職務定制に定められたものではなく、一八七二（明治五）年の司法省達第四六号によって定められたものである。人民の権利義務の主張を裁判所で認める道を初めて開いたのである。

第五に、明法寮を改めて司法省の管下に設けたことである。明法寮は、すでに一八七一（明治四）年九月に設置され、法典編纂事業や法学教育の機関として役割を持っていた。司法職務定制は明法寮の職務として、それらを取り入れたのである。

以上のような特徴を持つ司法改革のなかで、江藤司法卿は司法と行政の分離、裁判権の統一を実現するために、裁判機構の整備とりわけ府県裁判所の設置を最も重視した。しかし、府県の裁判権を掌握している地方官と中央統治機構において地方統治を所管する大蔵省は裁判権の剝奪に反対し、司法省の裁判所設置計画の見直しを要求した。司法省と大蔵省の対立は、近代化を進める文部・工部両省をも巻き込んで、政府内部に深刻な政治危機を招くことになった。このような政府内部の対立・抗争を打開する方策として、一八七三（明治六）年五月、太政官制の改革が行われ、その関連人事で江藤司法卿も司法省を去って参議に転出することになった。江藤新平が司法卿在任中に設置された府県裁判所は、首都とその周辺、京都・大阪・開港地の三府一三県であり、これは全国三府六九県の二割強に過ぎず、出張裁判所も開設されなかった。さらに太政官制の改革により司法省の法典起草権も剥奪された。しかし、江藤司法卿の司法改革は近代的司法制度創設のための出発点となったのである。

大審院の設置　一八七五(明治八)年一月から二月にかけて、大阪において政府改革に関する木戸孝允・大久保利通・板垣退助・伊藤博文を中心とする会議が開かれ(いわゆる大阪会議)、木戸と板垣の政府復帰と元老院・大審院の設置、地方官会議の再開が合意された。大審院の設置が大阪会議で取り上げられるにいたった背景には、木戸の司法省批判と国家構想が存在していたと考えられる。木戸は岩倉使節団の副使として西欧諸国から帰国後、長州派がからむ裁判(とくに小野組転籍事件)に関連して激しく司法省を批判し、また、一八七三(明治六)年一一月に政府に提出した意見書のなかで司法省と裁判所の分離を主張していたのである。太政官正院の政体取調局で国家機構改革案の策定が開始されたが、改革案の策定作業の実務を担当したのは、司法省の視察団の一員としてフランス・ドイツで司法制度・行政制度について調査・研究して帰国した井上毅であった。

一八七五(明治八)年五月、大審院諸裁判所職制章程・司法省検事職制章程が制定された。大審院設置に伴う司法改革の内容の主要な点は以下のとおりである。第一に、国家機構上、司法行政を所管する司法省と裁判権を所管する大審院以下の裁判所が分離され、さらに、司法官養成、法典編纂、法律の解釈について府県・裁判所からの伺に対する司法省指令案の作成を任務としていた明法寮も廃止となった。

第二に、裁判機構は大審院・上等裁判所・府県裁判所の三種類で構成されることになった。大審院は上等裁判所以下の審判の不法なものを破棄して他の裁判所に審判させ、またはみずから審判することができる。この他、大審院は判事の犯罪、国事犯罪の重大な事件および内外交渉の重大な民刑事事件を裁判し、上等裁判所より提出される死罪案の当否を決定する。大審院の審判は五名以上の合議体によった。さらに、法律解釈に疑問ある場合は大審院が決定することになっていた。上等裁判所は東京・大阪・長崎・福島（八月に宮城に移転）に置かれ、死罪にあたる事件を裁判し、また府県裁判所が判決した終身懲役刑の当否を審理する。この他、府県裁判所の裁判に服しないで控訴するものを覆審する（刑事事件の控訴は認められていない）。上等裁判所の審判は三名の合議体によった。そのほか、管内に裁判官を派遣して巡回裁判を行う。府県裁判所は各府県に置かれ、すべての民事事件と懲役刑以下の刑事事件を裁判する。死罪についての裁判権はなかった。府県裁判所の審判は裁判官一名の単独制である。なお、同年五月以降、各地に府県裁判所の支庁が設置され、支庁の裁判は民事は金額一〇〇円以下、刑事は懲役三〇日以下の事件とされた（裁判支庁仮規則）。

第三に、行政庁である司法省と裁判権を行使する大審院以下の裁判所が制度上分離された結果、従来行われていた裁判事務に関して裁判所が司法省に対して伺を提出する義務はなくなり、司法卿の裁判不関与も規定された。また、裁判所が正院に対して断刑伺を提出する義務もなくなった。大審院以下の裁判所は裁判事務に関して、他の国家機関から独立して権限を行使する体制ができあがったのである。

第四に、裁判官制度としては従来の判事と解部に代わって、判事と判事補が置かれた。判事は一等判事から七等判事までの判事に分かれ、判事補も一等判事補から四等判事補までであった。裁判官の身分保障については、特別の規定はなく、司法卿に判事と判事補の任免権が認められていた。司法省は人事を通じて大審院以下の裁判所を統制することが制度的に可能であったのである。

第五に、大審院以下の諸裁判所が裁判権を行使する国家機関であることが規定されたが、大審院・上等裁判所・府県裁判所の関係を見てみると、大審院長と各上等裁判所長は、随時、法廷に臨んで裁判長の職務を行うことができ（一九七七年一〇月に削除）、また、上等裁判所が死罪の裁判をするときは大審院の、府県裁判所が終身懲役の裁判をするときは上等裁判所の許可をそれぞれ受けなければならないというように、下級裁判所が裁判権の行使について上級裁判所の指揮監督を仰ぐシステムとなっており、裁判官の職権の独立は保障されていなかった（久保田穣「明治司法制度の形成・確立と司法官僚制」利谷ほか編『法における近代と現代』日本評論社、一九九三年、一四〇頁）。

司法と行政の分離を柱とする司法改革の実施は困難であった。裁判機構について、大審院から府県裁判所にいたるまで行政機構から独立した裁判機構が確立されることになっていたが、大審院職制章程は、「別ニ裁判所ヲ置カサルノ県ハ地方官判事ヲ兼任ス」と定めて、県令・参事・七等出仕の県官が判事を兼任するという地方官の判事兼任制が容認されていたのである。府県裁判所が設置された府県は三府五九県のうち三府一二県に過ぎず、新たに設置された府県裁判所は皆無であった。また、司法省の権限は司法行政に限定されることになったが、司法省はあくまでも大審院を司法省の統括下に置く立場をとり、従来のように司法行政の優位が確保できるように努めた。まず、一八七五（明治八）年八月、大審院の国家機構上の位置について、司法省の主張にそって大審院の位置は諸省の下であることが正院によって決定された。ついで、法律の疑問について解明することは大審院の権限と規定されていたが、これも司法省の意向にそって、同年九月、法律の解釈に関して各裁判所・府県からの伺に対する回答は司法省の権限として残すことが正院によって認められたのである。その結果、司法省は法律解釈の権限を通して裁判事務に関与し、大審院すら法律解釈について司法省の訓令を仰ぐ事態になったのである（岩谷十郎「訓令を仰ぐ大審院」法学研究六六巻八号〔一九九三年〕五二頁以下）。さらに一八七六（明治九）年には、司法卿の裁判不関与規定が削除され、翌年には大審院の確定判決について司法卿の再審請求権が認められるというように、司法行政権と裁判権の分離は骨抜きになっていくのである（三阪佳弘「明治九・一〇年の裁判所機構改革」法制史研究三八号〔一九八八年〕六七頁）。

判事兼任制の廃止　一八七五（明治八）年の司法改革以後の課題は地方官の判事兼任制の廃止であった。府県裁判所未設置の県が存続し、地方官が判事を兼任する制度が採用されたことについて、ただちに反対の意思を表明したのは地方官であった。地方官は江藤司法卿の司法改革の時には司法省による裁判権の剥奪に抗議したが、今や人民統治のためには、地方においても行政と司法の分離が必要であると主張するにいたったのである。この地方官の裁判所設置要求は財政逼迫を理由として、太政官正院によって拒否された。

他方、地方統治を管轄する内務省も、県庁の実権が不平士族に握られている難治県について、県政改革の一環として県庁機構から独立した裁判所の設置を要求する上申書を正院に提出した。内務省上申はただちに許可され、一八七五年一二月、鹿児島・山口・高知に府県裁判所が設置された。また、翌年になって、司法省も府県裁判所設置を推進することになり、既存の裁判所の廃止（足柄・佐賀）と司法省予算によって経費を捻出することによって、愛知・三潴・宮城・鶴岡に府県裁判所を設置した。さらに、再度、地方官による裁判所設置要求が活発化してきた。一八七六（明治九）年五月、司法省は、府県裁判所既設の県と未設置の県が並存する現行制度は、国家機構上きわめて不適切な制度であり、また人民の裁判に対する信頼を失い、政府の政策遂行に致命的な弊害となりかねないと判断し、府県裁判所と同一の権限を持つ支庁を設置すること、また、裁判所設置の障碍となっている財政負担の面については司法部内の予算と各県の裁判関係の予算を合算することによって解決することが可能であるとの上申書を正院に提出した。正院はただちに検討を開始した。経費節減政策と難治県対策を目的として府県の大廃合を促進していた内務省の政策とも合致し、財政当局の大蔵省も大筋において異存のないことを表明した。

九月一三日、太政官布告第一一四号をもって府県裁判所の名称を地方裁判所と改め、二三の地方裁判所を設置することになった。従来の大審院・上等裁判所・府県裁判所の裁判機構に代わって、新たに大審院・上等裁判所・地方裁判所の裁判機構が置かれることになったのである。さらに、同日、地方官の判事兼任制度も廃止されることになった。ついで同年中に地方裁判所の本庁が設置されていなかった一六県すべてに支庁が設置された。このほか、地方裁判所の本庁の置かれている県においても、地方の重要都市に支庁が置かれることになり、全国の主要都市に地方裁判所の支庁が設置されるにいたったのである。なお、同時に区裁判所を置くことも定められ、従来の支庁は区裁判所となった。

治罪法の制定　不平等条約を撤廃し、国家的独立を確立するための前提として、法典編纂が急がれていたが、最も早く制定され、実施に移されたのは刑法・治罪法であった。治罪法はボアソナードがフランスの刑事訴訟法を範として原案を起草したものであり、一八八〇(明治一三)年に公布され、一八八二(明治一五)年から施行されることになった。治罪法は刑事訴訟の手続と同時に裁判所の構成を規定しており、このため裁判機構の改革が行われることになったのである。

治罪法は犯罪の種類によって裁判所の管轄を分けることにしており、違警罪は違警罪裁判所、軽罪は軽罪裁判所、重罪は重罪裁判所の管轄とし、違警罪裁判所には治安裁判所を当て、軽罪裁判所には始審裁判所を当て、重罪裁判所は始審裁判所または控訴裁判所において三ヵ月ごとに開くものとした。さらに控訴裁判所を置き、軽罪事件についての始審裁判所の判決に対する控訴を裁判させ、最終判断機関としての大審院および特殊な管轄を有する高等法院を設けたのである。これに対応して従来の裁判機構は改革され、大審院はそのままであるが、上等裁判所は控訴裁判所、地方裁判所は始審裁判所、区裁判所は治安裁判所となり、地方裁判所の支庁は廃止された。高等法院は司法卿の奏請によって開かれる特別裁判所であり、皇室に対する罪、国事に関する罪、皇族の犯した重罪および禁錮の刑に該当する軽罪、勅任官の犯した重罪を裁判し、その裁判は一審かつ終審であって上訴は許されなかった。大審院は上告、再審の訴、裁判管轄を定める訴等を裁判する。この改革で刑事事件についても民事事件と同様に三審制をとることが明らかになっている。

裁判所の構成は、治安裁判所および始審裁判所は単独制、控訴裁判所は三人以上の裁判官の合議制、重罪裁判所は五人の裁判官の合議制、大審院は五人以上の裁判官の合議制、高等法院は元老院議官および大審院判事あわせて七人の合議制とされた（最高裁判所事務総局『裁判所百年史』大蔵省印刷局、一九九〇年、一三頁）。

治罪法の制定によって刑事事件についても三審制が確定し、また裁判の公開の原則も確定したが、高等法院を設置して特殊な犯罪を裁判させ、裁判官も司法官に限られず、開設も司法卿にゆだねられたこと等は、近代的裁判権のあり方に逆行する性質のものであった。治罪法は施行前からその実施の困難性が問題となっていた。とくに裁判所の構成について、違警罪の管轄を従前の警察署に代わって治安裁判所、軽罪の管轄を従前の区裁判所に代わって始審裁判所としたが、裁判機関の発達が不完全な当時においては実情に合わなかった（染野義信『近代的転換における裁判制度』勁草書房、一九八八年、一〇六頁以下）。そこで、東京・大阪・京都・函館・新潟・神奈川・兵庫・長崎の府県以外の県においては、違警罪の裁判を治安裁判所から警察署に戻し、その違警罪の裁判に対する控訴上告を認めないことにした。この暫定的措置は一八八五（明治一八）年の違警罪即決例によって恒久化し、警察官の裁判機関補助員としての地位を確定するとともに、刑事手続に大きな弊害をもたらすことになったのである。また、刑事控訴に関しても当分実施しないことになった（小田中聰樹『刑事訴訟法の歴史的分析』有斐閣、一九八六年、一一八頁）。

司法官の養成　司法官の任用については、一八八〇（明治一三）年まで何らの規定もなく自由任用制であった。新政府の成立当初、自由任用制の下で司法官になった者は、裁判担当の役人であった者を含め武士の出身であった。しかし、彼らは予め近代法についての系統だった知識や技術についての教育なり、訓練なりを経てきた者ではなかった。一八七一（明治四）年八月、司法省は将来の司法制度拡充に備え、大量の司法官を育成するために明法寮の設置を太政官正院に申請し、その許可を得た（同年九月）。ついで、翌年七月、後に司法省法学校と称される法学の専門教育機関が発足し、一八七四（明治七）年四月には、ボアソナード、ブスケが担当する法律学専門の授業が開始されることになったのである。

法学校は一八七二（明治五）年に開設された正則科（正則課程）のほかに、一九七六（明治九）年には速成科（速成課程）も設けられた。前者は一八八四（明治一七）年司法省から文部省に移管されて東京法学校になり、さらに翌年にその予科が東京大学予備門、本科が東京大学法学部に合併された。法学校は、在学者が卒業後に次期生徒を募集する形態をとり、約一五年の歴史の間に正則課程では四回、速成課程では三回の生徒募集をそれぞれ行った。司法省法学校出身者がはじめて司法界に入ったのは、一八七六（明治九）年、正則科第一期生の加太邦憲が司法省出仕に抜擢されたのが、その最初であるが、その後、正則科・速成科の卒業生の大半は、裁判官、検察官あるいは司法本省の事務官として奉職したのである。一九〇〇年代になると、法学校出身者は、組織的な教育を受けていないいわゆる特進組を駆逐して司法界に牢固たる地位を占めていくのである（手塚豊『明治法学教育史の研究』慶應通信、一九八八年、一三頁以下。東京大学百年史編集委員会『東京大学百年史　通史一』東京大学出版会、一九八四年、七〇〇頁以下）。

弁護士の誕生　弁護士制度は、司法職務定制で民事訴訟手続において訴訟代理が認められたことに始まる。司法職務定制は、代言人（現在の弁護士）が民事事件の訴訟代理人となることができることを規定し、それまで公然の存在でなかった代言人をはじめて法的に認めた。しかし、その資格については何ら規定されず、当事者から依頼されれば誰でも代言人として出廷することができたのである。ただ本人に代わってものを言う人ということで「代言人」と呼んだのである。

一八七六（明治九）年、ようやく代言人規則が制定され、代言人は免許制となった。これによって弁護に関する専門職の制度が誕生することになった。代言人試験は府県の地方行政官が試験官となって行われた（東京大学法学部卒業生は免除される）。免許の期限は一年であり、免許のつど一〇円の免許料を司法省に納めなければならなかった。そして、この免許は府県裁判所（地方裁判所）・上等裁判所の二種類に分かれており、一方だけでも、また、双方を兼ねることもできたが、区域は限定されていた。すなわち大阪上等裁判所の免許状で東京上等裁判所での代言をすることはできなかったのである（ただし、大審院は特別の免許状を必要としない）。一八八〇（明治一三）年、代言人規則が改定され、代言人の営業区域の限定（裁判所別・審級別）が廃止され、代言人は全国の裁判所で執務することが可能となった。また、代言人試験が司法省による全国統一の試験となり、さらに代言人組合が裁判所本庁支庁ごとに設立され、代言人組合への加入が義務となった。しかし、代言人組合は検事の監督下に置かれることになり、自治権は認められなかったのである（大阪弁護士会編『大阪弁護士会百年史』大阪弁護士会、一九八九年、一〇頁以下）。なお、刑事事件について代言人が認められたのは、治罪法の制定によってである。これによって被告人は弁護士を依頼することができ、弁護人を選任していない重罪被告人に対しては、弁護人を付することを強制し、国選弁護人制度を認めることになった（最高裁判所事務総局・前掲書二五頁以下）。

第2節　明治憲法下の司法制度

裁判所官制および司法省官制の制定　一八八五（明治一八）年一二月、憲法発布・国会開設を前提として、国家機構の根本的改革がはかられることになり、太政官制を廃して内閣制度が創設されることになった。このような国家機構の改革の一環として、翌年、司法省官制と裁判所官制が制定された。司法省官制と裁判所官制は、明治憲法下の司法制度の方向を明確にしたものとして重要な意義を有するものであり、次のような内容を持つものであった。

第一に、裁判機構は高等法院・大審院・控訴院・始審裁判所・治安裁判所によって構成されることになっており、控訴裁判所が控訴院と改称されたこと以外は治罪法の裁判機構と同じである。第二に、裁判官の任用資格とともに裁判官の身分保障を規定したことである。裁判官の身分保障については、裁判官は刑事事件または懲戒裁判によらなければ、その意に反して退官、懲罰を受けることはないとして、初めて裁判官の身分保障を規定した。裁判官の身分保障は司法権独立のための不可欠の要件であり、司法制度の近代化への方向を明確にしたものであった。しかし、転所に関する保障はなかった。第三に、司法大臣の司法行政権については、司法省官制は、司法大臣が司法行政権を持つことを明らかにしており、裁判所官制においても司法大臣の行政権が裁判所に及ぶことが認められている。裁判所官制と司法省官制に規定された内容は、ほとんど変更されずに裁判所構成法に組み入れられてゆくのである。

裁判所構成法の制定　条約改正交渉は政府の一貫して追及するところであったが、条約改正の重要課題であった領事裁判権の撤廃は、西欧法にならった裁判制度の確立と法典の編纂を急務とした。一八八六(明治一九)年外務省に設置された法律取調委員会は、条約改正会議で審議中の裁判管轄条約に対処するために、ドイツ人オットー・ルードルフを中心に「裁判所構成法」から起草を開始した。草案は新たに制定された憲法の規定との重複を避け、また調和をはかるために修正されて、一八九〇(明治二三)年二月、裁判所構成法として公布され、翌年一一月から施行されることになった。裁判所構成法は、従来のフランス型の司法制度をドイツ型の司法制度に体系的に統一し、明治憲法下の明治・大正・昭和期にわたり、わが国の司法制度を規律する基本法となった。明治憲法の司法権に関する規定と裁判所構成法から司法制度についてまとめると次のようになる。

第一に、司法裁判所として、大審院・控訴院・地方裁判所・区裁判所の四種類が置かれ、三審制を原則とした。

大審院は最上級審の裁判所として、上告、再抗告につき裁判権を有するほか、皇室に対する罪および内乱罪に関する裁判権（一審かつ終審）を有し、その裁判は原則として七人の合議制である。控訴院は第二審の合議裁判所であり、地方裁判所の一審判決に対する控訴、区裁判所の判決に対する控訴についてなした地方裁判所の判決に対する上告、および地方裁判所の決定・命令に対する抗告についての裁判権を有し、その裁判は五人の合議制によった。地方裁判所は第一審の合議裁判所であり、原則的な第一審の裁判権を有するとともに、区裁判所の裁判に対する控訴および区裁判所の決定・命令に対する抗告についての裁判権を有し、その裁判は三人の合議制である。また、地方裁判所は必要により支部を設けることができる。区裁判所は最下級の単独裁判所である。

第二に、明治憲法下においては、司法権の範囲は民事・刑事の裁判権に限られ、行政事件の処理は司法裁判所の権限に属さず、別に行政裁判所が設けられた。また、刑事・民事についても法律によって特別裁判所を設けることが許されていた。特別裁判所として陸海軍の軍法会議、皇族相互間の民事訴訟を扱う皇室裁判所があった。また、違警罪即決裁判所としての警察官署等も認められた。

第三に、裁判官は従来の判事補が廃され判事のみとなった。判事の任用資格については憲法は「裁判官ハ法律ニ定メラレタル資格ヲ具スル者ヲ以テ之ニ任ス」（第五八条一項）と規定し、一般官吏の資格が勅令で定められていたのとは異なり、法律事項であることを明らかにしている。

第四に、裁判官の身分保障については、判事は終身官とされ、身体等の衰弱による職務執行不能、裁判所の組織の変更・廃止による待命の場合を除いて、刑の宣告または懲戒の処分によるのでなければ、その意に反して、転官・転所・停職・免職・減俸させられることがないとして身分が保障された。

第五に、検察官は捜査機関・訴追機関としての地位を与えられ、検事局は裁判所と設備・会計を協同し、検事も司法官と称された。検事は判事の裁判事務に干渉できないことが明記されたが、司法行政の関係では、判事も検事も司法大臣の監督下にあり、検事の方が職務上も一体としてその指揮を受ける直系の下僚として、これに近接していたため、その勢力は判事を圧倒するものとなった。

第六に、司法行政の監督権は司法大臣にあり、その補助機関として控訴院長、地方裁判所長がそれぞれ管下の裁判所職員に対して監督権を有した。大審院長の監督権は大審院内部の職員に対してだけであり、下級裁判所の職員には及ばなかった。この司法行政の監督権は裁判事務に影響を与えてはならないとされていたが、裁判官は官僚組織をなしており、人事が政府によって左右されることは免れなかった。とくに判検事と司法省官吏との交流により、優秀な判検事が抜擢されて司法省に入り、その方が昇進出世の早道となった。このことは司法省と裁判所の関係を中央官庁と出先機関の関係と同視する傾向を生み、一般裁判官の待遇や社会的地位を行政官に比して低くても良いと考えさせる一つの原因となったのである（兼子一・竹下守夫『裁判法』有斐閣、一九五九年、五八頁）。

司法官の任用制度　一八八四(明治一七)年、最初の官吏資格任用令である判事登用規則が制定された。判事登用規則は判事の任用資格について法学士、代言人、試験に及第した者としていたが、判事補、判事、検事を五年以上精勤した者を判事に任命できるとして、自由任用制の下で在職した判検事を引き続いて判事に任用できることを認めていた。また、法学士であって他の官庁に奉職している者を判事に任命できるとも定めており、自由任用制を完全に払拭したものではなかったのである。判事に登用された者は、まず始審裁判所に御用掛として一年以上事務を見習った上、判事に任命することとした。

一八八六(明治一九)年の裁判所官制は、司法官試補の実習を終えて新たに裁判官に任命される者は治安裁判所に勤務する、始審裁判所の裁判官は一年以上治安裁判所裁判官または検察官であった者から任命する、控訴院の裁判官は五年以上裁判官または検察官であった者から任命する、大審院の裁判官は一〇年以上裁判官または検察官であった者から任命すると定めて、各級裁判官は一定の法曹経験を有する者でなければならないと定めた。これは自由任用制の下で横行した情実人事・政治的人事や、行政官からの横滑り人事から、離脱の方向を明らかにしたものであり、政治や行政から広い意味での司法の独立を確保しようとしたものと位置づけることができる（久保田・前掲論文一四二頁以下）。

一八八七(明治二〇)年制定の文官試験試補及見習規則では、司法官は高等試験の合格者でなければ試補に任命されず、また治安裁判所一年半、始審裁判所一年半の実務練習を経た者でなければ本官に任命されないとしている。文官試験試補及見習規則による司法官任用制度は、裁判所構成法による司法官の別途採用により修正をうけることになった。裁判所構成法では、司法官（判事および検事）への任用は二回の競争試験の合格と三年間の実地研修を経た者からか、三年以上帝国大学法科教授もしくは弁護士である者とした（帝国大学法律学科卒業生は第一回試験が免除される)。また、判事、控訴院判事および大審院判事の任用資格は、それぞれ三年以上、五年以上、一〇年以上判事・検事・帝国大学法科教授もしくは弁護士の経験を有する者から任命できるとし、帝大教授を別にして一定年数の法曹経験を要すると定めている。この任用規定の細則である判事検事登用試験規則によると、第一回試験は学術試験であって、第二回試験は第一回試験を通過して採用された試補の実務修習熟度を試すものである。ただし、裁判所構成法による司法官任用の実際は、文官試験試補及見習規則時代とさほど変わるところはなかった。

裁判官の大量退職処分　裁判所構成法の施行後、司法界における人材上の近代化が重要課題となった。近代的な裁判制度が確立したものの、司法官（判事および検事）のなかには、近代法の知識を欠く者や、司法官としての技量そのものを欠く者が少なくなかった。こうした老朽司法官を退職処分にすることは、裁判所構成法に規定された司法官の手厚い身分保障のために容易なことではなかった。

一八九四(明治二七)年二月、司法当局は老朽司法官の整理と密接に関連する司法官の進級(陞等または増俸)について、これまで先任順であった(一八九〇〔明治二三〕年、判事検事官等俸給令第七条)のを改定して、進級法の規定の明示を削除し、抜擢進級を可能にした。さらに、裁判所構成法第七四条を活用して老朽者を退職に追い込んだり、あるいは同法第七三条但書に「補闕ノ必要ナル場合ニ於テ転所ヲ命セラルヽハ此ノ限リニ在ラス」とあるのを利用して、事実上の左遷である当該者の意思に反した転補(転所)を命じ、これによって間接的に引退を促すなどの手段を用いて老朽者の退職処分を大量に行った。

その後、老朽司法官の退職処分は再び第三次伊藤博文内閣(一八九八〔明治三一〕年一月~同年六月)の時期、また、第二次山県有朋内閣成立直後の一八九八(明治三一)年一一月から翌年三月頃までに断行され、判事の休退職者が大量にのぼった。こうした老朽司法官の休退職が国家的合意の下で断行された背景には、近代法知識を欠く司法官では裁判運営に重大な支障をきたすおそれが出てきたこと、なによりも政府が最も危惧したのは、条約改正にかかる対外信用問題であったのである(楠精一郎『明治立憲制と司法官』慶應通信、一九八九年、一六七頁以下)。

弁護士制度の確立　一八九三(明治二六)年、弁護士法が制定された。弁護士法(旧々弁護士法と称される)は、弁護士の職務の範囲を裁判所における訴訟行為とした。また、弁護士の資格については、司法大臣の定める弁護士試験規則による試験に及第することを原則とし、地方裁判所毎に弁護士会を設立し、所属弁護士全員を加入させた。弁護士会については、検事正に監督権・懲戒訴追権・会への臨席権を与え、また司法大臣には会則の認可権・会の決議取消権・議事の停止権を与えており、弁護士会は検察官・司法大臣の官僚的統制に服することになっており、その後の弁護士会の社会的地位や活動に大きな影響を与えることになった。他方、弁護士にとって判検事と同一の地位にあるということは弁護活動を充実させ、社会的な信用を高めるために不可欠の条件であったが、一九一四（大正三）年、判事検事登用試験規則と弁護士試験規則が高等試験令に統合され、それによる司法科試験が一九二三（大正一二）年に実施された。これによって、帝大法科卒業生に与えられていた無試験で判事検事試補や弁護士になる特典は廃止されることになった（大阪弁護士会編・前掲書一七九頁）。

一九三三（昭和八）年、弁護士法改正案が公布された（旧弁護士法）。改正点の第一は弁護士の職務範囲が拡張されたことである。明治二六年法は、弁護士の職務範囲を裁判所における訴訟行為に限定していたが、今回の改正により、裁判所外の一般法律事務にもその職務範囲を拡張したのである。第二は弁護士養成制度として、弁護士試補制度を創設したことである。第三は婦人弁護士が認められたことである。普通選挙法においても婦人に選挙権が与えられなかった時代を考えるならば、特筆に値する改正である。第四は、弁護士会を法人化するとともに、弁護士会は司法大臣の監督を受けるものとされたことである（大阪弁護士会編・前掲書一八九頁以下）。

法曹一元運動　裁判所構成法は弁護士の経験のある者を裁判官に任用できることを定めていたが、裁判官の任用資格に弁護士をした者に限るという法曹一元制を採用していなかった。一九〇七（明治四〇）年、日本弁護士協会は、臨時総会で初めて法曹一元制の採用を決議した。この決議は弁護士団体が法曹一元制を司法改革の目標として掲げた最初であった。大正時代に入ると、法曹一元論はさらに盛んに展開されたが、法曹一元運動も弁護士法改正問題や陪審制度が弁護士層の司法改革の中心的課題となってきたことや、弁護士層の分裂・対立（東京弁護士会が分裂し、第一東京弁護士会が設立され、また、日本弁護士協会に対抗して帝国弁護士会が設立された）による影響があり、一時停滞の様相を呈した。

一九三四（昭和九）年、司法大臣小原直が司法制度の改善に関して各弁護士会に対して諮問を発したことを契機に、弁護士層に再び法曹一元運動が活発となった。一九三六(昭和一一)年、日本弁護士協会は全国弁護士大会を開催し、法曹一元制の確立を決議した。一九三八(昭和一三)年、日本弁護士協会の会員である衆議院議員の議員提案により、法曹一元制を採用することを内容とする裁判所構成法中改正法案が国会に提出された。また、これに並行して、政友・民社・社会大衆各党の法曹出身議員から成る法曹議員連盟の議員からも、裁判所と検察庁の分離、法曹一元制の採用、大審院長の権限強化を内容とする裁判所構成法改正案および検察庁法案が提出された。法曹一元制の実現をめざす二つの法案が別々に出されたのは、弁護士層の内部対立と無関係ではなかった。この両法案のうち、法曹議員連盟案が衆議院を通過し貴族院に回付されたが、会期満了のため不成立、廃案となった。こうした法曹一元運動も戦火が激しくなるなかで運動の幕を閉じることになったのである(大阪弁護士会編・前掲書一七三頁以下)。

日本国憲法下の司法制度

一九四五(昭和二〇)年八月、ポツダム宣言を受諾した政府は、ポツダム宣言にいう「民主主義的傾向の復活強化」を基本的な国策として戦後改革の諸政策を進めることになった。日本国憲法下における司法制度は、憲法改正案と並行して審議され、一九四七(昭和二二)年四月に裁判所法、検察庁法が公布され、四九(昭和二四)年六月に弁護士法が公布された。以下、戦後司法改革の特徴を見ておこう。

戦後司法改革における特徴の第一は、最高裁判所が憲法上の機関として設置されたことである。日本国憲法が最高裁判所を国会・内閣と並んで憲法上の機関として規定したことは、三権分立の建前を確立させ、立法権・行政権に対して、司法権の独立を徹底させる意味を持つものであった。第二に、裁判所に法令審査権を与えたことである。明治憲法下では、裁判所は法令適用の際、その制定手続が適法になされたかどうかを審査できるだけであって、法令の内容が憲法に適合するかどうかの問題を判断することはできなかった。第三に、法曹一元制度が否定され、裁判官の本流は司法修習生の修習を終えた者の中から判事補が任命され、判事補を一〇年勤めた者が判事に任命されるという官僚裁判官制がとられることになったことである。第四に、下級裁判所の裁判官に関する人事行政事務が最高裁判所に委譲され、また、予算に対する権限も裁判所が独立してこれを行うことになったことである。この二つの重要な側面で、裁判所の独立が達成されることになった。第五に、弁護士の独立と弁護士会の自治を根幹とした画期的な弁護士法が制定され、司法省・裁判所による指揮監督という弁護士に対する官僚統制が排除されたことである。弁護士会は自主権を認められ、弁護士の養成も判事検事とともに行われることになったのである（潮見俊隆「日本の司法制度改革」東京大学社会科学研究所編『戦後改革4』東京大学出版会、一九七五年、一一一頁以下）。

第10章　訴　訟　法　制

第1節　近代的訴訟法制への第一歩

裁判の公開・身分差別的取扱いの廃止・拷問の廃止　近代的な訴訟法制を作り出すことは、明治政府にとって不平等条約改正のためにも国家を近代化し資本主義を勃興させるためにも急務であった。領事裁判権の撤廃を中心とする条約改正実現のためには、欧米人が日本の裁判権に服することを納得するような司法制度の整備が必要であった。明治政府は、維新前後からの世直し一揆、打ち壊しなど新しい世の中を求めた民衆運動やさらに不平士族の反乱などの最中にあって、日々現実に治安維持を行うことと統一国家として裁判権の一元化とを果たさなければならなかった。このためにまず、維新直後から中国の律や江戸時代の幕府法・各藩法を参酌して罪と罰に関わる諸法（仮刑律、新律綱領、改定律例）を制定した。さらに、近代的司法制度の導入の方向に反しないで全国統一的な裁判の運営を行うために、江藤新平によるさまざまな司法改革が行われ、司法省・裁判所機構とその職制について「司法職務定制」が定められた（本書第9章参照）。近代的な裁判制度の形成は、一八七四（明治七）年に裁判の傍聴が許可され（明治七年司法省達甲第九号「裁判所取締規則」第八条、明治八年太政官第三〇号布告「傍聴規則」）、裁判の場における身分差別的取扱いが撤廃され（明治六年司法省達第二二号「断獄則例」では「犯罪ノ者勅奏官士族社人僧侶及ビ平民ヲ論セス一体ニ棚欄ノ下ニ立タシメテ聴審ス」と規定し、白洲における平等を示した）、さらに、拷問の廃止などによって漸次進められた（髙橋良彰「取引社会と紛争解決」水林ほか編『法社会史』山川出版社、二〇〇一年、五〇三～五一〇頁）。江戸時代の裁判が民事刑事ともに非公開であったこと、拷問が正式な手続の一つであったことを考えれば、これらの変化は重要である。一八七三年の改定律例三一八条は「凡罪ヲ断スルハ口供結案ニ依ル」と規定し、自白を法定証拠の要としていたが、一八七六年六月一〇日には同三一八条は「凡罪ヲ断スルニハ証ニ依ル」と改正され、ついに一八七九年一〇月八日に拷問は廃止された。西欧諸国の視線を意識して、ボアソナードの建議に従って、拷問を廃止したのである。

刑事裁判からの民事裁判の分離　訴訟法制の近代化を考えるうえで、刑事裁判手続からの民事裁判手続の分離は重要である。むろん江戸時代においても、現在の刑事手続を「吟味筋」、民事手続を「出入筋」と呼んで区別していたが、民事事件は幕府や藩権力の手を煩わせずに、「内済（内々ニテ相済マス）」することが原則であり、貸金の返済ができなくて裁判にまでいたった場合には、奉行所に「留め置かれ」るなど強制的な処罰がくだされることもあった。このような点を改め、民事と刑事とにおける手続を分離していくことが訴訟法制近代化の課題の一つであった。一八七二（明治五）年には聴訟（民事）は人民の権利を伸張するために曲直を決めるものであるから、断獄（刑事）と混同して原被告人へ笞杖を加えることのないようにという達が出されている（明治五年司法省第六号達）。この種の達はその後も繰り返し出され、一八七六年にも民事呼出の上拘留することを禁止している（明治九年司法省第二号達）。もっとも、一八八四年頃まで民事事件の審理過程のなかで犯罪が露見した場合には、その事件を判事が職権で断獄課（刑事）へ送付することができる、「刑事廻シ」という手続が行われていた。このことは『司法省民事統計年報』の統計項目から確認できる。民事裁判手続を刑事裁判手続から完全に分離し、その出訴を人民の権利として認識するにはかなりの時間が必要だったのである。しかし以下では便宜上、明治初期から刑事裁判手続と民事裁判手続とを分離して説明する。また、本章では行政裁判手続について、まったくふれることができなかった。

第2節　刑事裁判手続の史的展開

訴追者の出現　明治政府は、近代的な裁判手続の確立をめざすために、江戸時代の糾問主義的な「吟味筋」のやり方を改めていかなければならなかった。糾問主義とは、犯罪の捜査から事実の審理、刑罰の決定、判決申渡、刑の執行の手続をすべて、判決の言渡をする役人（裁判官）が指揮監督して行う、罪責追及者と被追及者との二極的な訴訟構造のことをいう。裁判官は職権で訴訟手続を開始し、事実を調べ、犯人と証拠・証人を糾問した上で、その捜査過程で明らかとなった証拠に基づいて裁判する。この手続では、裁判が始まるときから有罪が推定され、自白を得るための拷問による人権蹂躪と冤罪の温床になりやすい。そこで、近代的な刑事裁判手続では人権保護のために、当事者主義的な訴訟構造を取り入れるようになった。これは弾劾主義と呼ばれ、訴追者（検察・警察）による訴えの提起で手続が開始され、対立する両当事者（訴追者と被告）がそれぞれ自己に有利な法律上・事実上の主張・証拠を出し合い、裁判官は両当事者の主張に対して中立の第三者として訴えの範囲内でのみ審判をすることができるというものである。ヨーロッパ大陸諸国でも啓蒙思想の影響のもとで、絶対王政期の糾問主義的訴訟から近代的な弾劾主義的訴訟へと移行し、その際、口頭主義、公開主義、自由心証主義等の原則や証拠法則を確立してきた。したがって、明治政府の近代刑事裁判手続受容は、第一に、捜査・訴追と裁判とを分離すること、第二に、裁判において基礎となる証拠の収集方法を近代化することから始まった。

一八七二（明治五）年の「司法職務定制」のなかに見られる裁判の手続的規定は、刑事・民事ともに実際には江戸時代以来の手続を踏襲した面が強かった。「司法職務定制」によれば検事は「罪犯ノ探索捕亡ヲ管督指令ス」とあり、検部は「罪犯ノ探索を掌」り、逮部が「罪犯ヲ探索捕亡」した。検事は「裁判ヲ求ムルノ権アリテ裁判ヲ為スノ権ナク」と定められていた（第二二条）。刑事裁判は、初席、未決中、口書読聞せ、落着の四段階となっていた。それは、判事が「罪人」（公判中から既に罪人と呼ばれている）を「推問」し、罪人が罪を認めた時、その供述を録取した書面（口書案）を作成し、その内容に相違がないかどうかを罪人に読み聞かせて確かめ、判事と検事が「口書」に連判し、その後もう一度口書を罪人に読み聞かせ、爪印を押させたうえで、律に照らして刑名を定めるという手続であった（第九三条）。このように、裁判の中心は判事による口書の作成とそれを「罪人」に読み聞かせることによって判事・検事の面前で認めさせることにあった。この時期の判事は「悪行を為したものを懲らしめることを職務とする行政官（警察官・検察官）であり、裁判所はそのための行政機構」であった（水林彪「新律綱領・改定律例の世界」石井・水林校注『日本近代思想大系7　法と秩序』岩波書店、一九九二年、四五八〜四六四頁）。それは、裁判官が訴追者（警察・検察）と被訴追者（被告人）のそれぞれの主張を中立の第三者として判定する、いわゆる弾劾主義の構造とは全く無縁であり、判事は検事・警察とともに罪責追及を行っていただけである。しかし、新しく「検事」という職制をつくり、裁判機関と訴追・捜査機関の分離をはかろうとした点は、近代化の第一歩として評価できよう。一八七四年の「検事職制章程司法警察規則」第七条は「検事ハ原告人ト為テ刑ヲ求ムルノ権アリテ裁判ヲ為スノ権ナシ」と規定している。なお、一八七三年に定められた「断獄則例」（司法省第二三号）は、新律綱領や司法職務定制、罪案書式などと重複のないように定められ、治罪法施行まで機能していた。

治罪法の制定　近代的な刑事訴訟手続をはじめて規定したのは、一八八〇（明治一三）年七月一七日に公布された治罪法（太政官第三七号布告）である。刑法とともに一八八二年一月一日から施行された。治罪法は一八〇八年フランス治罪法の継受であり、ボアソナードが原案起草を行った。六編四百八十条から成り、刑事訴訟の手続とともに、犯罪の種類（重罪・軽罪・違警罪）により裁判管轄を定めていた。

刑事訴訟手続について治罪法は、公訴・公訴附帯の私訴を定め、検察官が公訴の提起を行うことを原則とした（第一編総則）。検事は、捜査機関である司法警察官と検察官を指揮し、捜査が終了すると重罪事件については予審を請求する。予審とは公訴提起後に事件を公判に付すべきかどうかを決定する非公開の公判前手続（調査）であり、予審判事は被告人の召喚・勾引・収監などの強制処分の権限をもち、被告人には弁護人選任権がないなど、糺問的色彩の強い制度であった。公判は原則として公開され、非公開の裁判は無効となる。被告人は弁護人を選任できたが、実際には一八八二年太政官第一号布告で弁護人不在の裁判が認められていた。このように治罪法は、検察官による訴追と糺問的予審手続（非公開・書面・非対審）＋弾劾的公判手続（公開・口頭・対審）とを特徴とし、制度上は弾劾主義といいうる訴訟構造をもっていた。しかし、予審を経た事件についての公判審理は予審調書が中心となり、被告人訊問、証人訊問は補充的に行われるに過ぎないなど、予審は公判審理の形骸化につながった。このように治罪法下での刑事訴訟法制は、予審判事を全刑事手続の実質的決定者としているので「糺問主義的予審判事司法」と呼ばれている（小田中聰樹『刑事訴訟法の歴史的分析』有斐閣、一九八六年、一二八頁以下）。

また、治罪法はもともと陪審制度の導入を前提として作られており、重罪には陪審の適用が予定されていたため、控訴についての規定がなかった。なお、軽罪・違警罪には控訴が認められていたが、これも当分実施しないことが布告され、一八八五年の軽罪に関する控訴規則（太政官第二号布告）で、裁判費用保証金一〇円を予納したときに限り、軽罪の控訴が許されることとなった。

さらに、違警罪の裁判は、三府五港（東京・大阪・京都・函館・新潟・神奈川・兵庫・長崎の府県）以外の県では当分の間は府県警察署または警察分署で行うこととなっていたが、この措置は一八八五年「違警罪即決例」（太政官第三一号布告）によって恒久化された。これにより、警察官の裁判機関補助員としての地位を確定するとともに、一九〇八（明治四一）年には警察犯処罰令（内務省令第一六号）に結びついて警察による犯罪捜査に利用された。

明治刑事訴訟法の制定とその運用における変化　明治憲法は刑事手続に関する人権条項（第二三条、第二五条）をもったが、いずれも法律の留保が附されていた。一八九〇（明治二三）年に刑事訴訟法（法律第九六号）が、ドイツ法を継受した裁判所構成法にあわせて制定された。これ以降の刑事訴訟法制は、被疑者・被告人の人権を尊重し糺問主義から脱却しようとする方向と、治安政策のために職権的な捜査・強制処分権限を保持しようとする方向との綱引きとして考えることができる。

明治刑事訴訟法は原則として治罪法を引き継ぎ、予審手続において、被告人に対する「密室監禁」を認めるなどの糺問主義的性格は変わらなかった。だが、一八九七年には日本弁護士協会が設立され、人権保障をもとめる在野法曹の動きも活発化し、予審弁護制度の実現など人権保障強化を強く主張していった。明治刑事訴訟法は一八九九年に一部改正され、条約改正実施のためにとりあえず必要とされた「密室監禁」の廃止、官選弁護人の附与、有罪判決の理由の明示等が実現した。

しかし捜査検察機関は、違警罪即決例に基づく被疑者取調・拘留や行政執行法（明治三三年法律第八四号）に基づく行政検束を捜査目的で行い、あるいは任意処分の名目で身柄を事実上強制的に拘束するなど、脱法的身柄拘束手段を駆使した。明治三〇年代（一八九七年〜）は、違警罪犯数の最も急激な増加時期である。その内容は今日の軽犯罪に類似し、交通・安寧・衛生・営業等々に関することなど地方の特色にも合わせて民衆の日常生活を多岐にわたり取り締まるものであった。この時期の主な取り締まり対象は、「定リタル住居ナク平常営生ノ産業ナクシテ諸方ニ徘徊スル者」すなわち「無職無産の路上徘徊者」であった。違警罪即決例は、刑事罰よりも事前の行政的規制を「説諭」「保護」という名目で肥大化させて民衆の生活を監視するとともに、窮乏を訴える労働者や組合運動の指導者らを「路上徘徊者」として拘留するなど、昭和戦前期を通じて大衆運動・思想運動の弾圧と犯罪捜査に使われていった（岩谷十郎「明治時代の罪と罰」水林ほか編・前掲書四六五～四七〇頁）。

さて、検察機関は明治一〇年代（一八七七年～）から「微罪不検挙」の形で起訴猶予を行ってきたが、一九〇七（明治四〇）年刑法制定後には起訴便宜主義は微罪に対してだけではなく、刑事政策的見地から重大犯罪についても行われていった。一九〇九年には司法省刑事統計年報の項目に「起訴猶予」が登場するなど、起訴便宜主義が事実上確立した（三井誠「検察官の起訴猶予裁量――その歴史的および実証的研究㈠」法学協会雑誌八七巻九・一〇号〔一九七〇年〕九〇九頁以下）。一九〇七年以前において検事は、予審判事と司法警察官との間にあって犯罪捜査に関して積極的な役割を果たしていなかったが、一九〇九年の日糖事件と言われる政治的疑獄を直接捜査したこと、選挙違反事件への捜査・追及、さらには一九一〇年の大逆事件の摘発を通じて政治的台頭を果たすとともに、起訴するか不起訴とするかが検事の裁量となる起訴便宜主義の確立ともあいまって、検察官の裁判官に対する司法行政上の優位、捜査機関としての検察官の、司法警察官に対する地位の上昇を導いた（三谷太一郎『近代日本の司法権と政党』塙書房、一九八〇年、四九～七三頁）。

以上のように、検事による政治家・政府高官・有産者への強制捜査とそこでの勾留・自白の強要などの糺問主義的捜査手続は、人権侵害問題として政治家や在野法曹に認識され、刑事手続の自由主義的改革をめざす契機となった。さらに、大逆事件が証人調さえ十分に行わずに結審したことも、在野法曹のみならず原敬を中心とした政友会人脈にも検事への不信と改革の必要性を痛感させた。このような対立の中で、一九二二（大正一一）年に大正刑事訴訟法（法律第七五号、一九二四年一月一日施行）が制定され、陪審制度が導入（一九二三年法律第五〇号として公布、一九二八年一〇月一日施行）されたのである。

大正刑事訴訟の制定と陪審制度の導入

大正刑事訴訟法は、人権保障の面で制度上は前進を遂げた。それらは、予審弁護制度の導入、未決勾留の要件・期間の規制の強化、被告人の供述拒否権の保障、捜査検察機関作成の聴取書の原則的な証拠排除、訓示的な人権保護規定の新設などである。また、予審制度は従前の起訴前予審から起訴後予審へと変化した。しかし、予審弁護人は被告訊問への立会権がみとめられず、未決勾留期間の更新回数に制限がないなど、実質的には十分な人権保障につながったとは言えない。さらに、捜査検察機関の権限拡大がはかられた。捜査検察機関は区裁判所または予審判事に請求して捜査上必要な強制処分を求めることが出来るようになり、また、急速を要し、強制処分についての令状を判事に求めることができないときには自ら被疑者の勾引・勾留・訊問を行う権限を保持した。とくに、起訴便宜主義が明文化されるなど、公判提起や公判維持に関して検察官の裁量が拡大したことが大きな特徴である。（小田中聰樹「明治憲法下の刑事手続」法学教室一二一号〔一九九〇年〕一二・一三頁）。

陪審制度は、一八八〇年治罪法が重罪事件についての陪審制を当然の前提として法案作成され、一八八〇年二月に治罪法審査修正案が太政官に上申された時点においても規定されていた。しかし、井上毅らの強い反対で元老院に付議された段階で陪審制度は削除されていた。その後の民間の憲法構想のみならず政府系の憲法草案においても陪審の採用を主張するものも見られたが、実現しなかった（利谷信義「天皇制法体制と陪審制度論」日本近代法制史研究会編『日本近代国家の法構造』木鐸社、一九八三年、五一七頁以下）。しかし、一八九七年以降の日本弁護士協会の活動や、上述の人権侵害事件などをうけて、江木衷ら在野法曹の一部は陪審導入が必要であると論じ、一九一八年に原敬が内閣を組織すると陪審制度実現に向けて大きく前進した。公布から施行までの期間には各裁判所や各弁護士会が模擬陪審裁判を行うなど、啓蒙活動を展開した（例えば昭和三年の『法律新聞』には二八〇四号、二八三一号、二八四〇号、二八五九号、二八六六号など多数の関連記事がある）。

陪審法は、法定陪審（死刑、無期の懲役・禁錮にかかる事件は請求の有無に関係なく陪審に付された）と請求陪審（長期三年をこえる有期の懲役・禁錮にかかる事件で被告人の請求があった場合は陪審に付された）の二種類からなる公判陪審を規定している。陪審員となる資格は、引き続き二年以上同一市町村内に居住し、二年以上直接国税三円以上を納める、読み書きのできる三十歳以上の男子のみに制限されていた。陪審は刑事事件の第一審の公判に、事件毎に抽選で選ばれた一二名の陪審員によって構成された。陪審裁判において裁判長は犯罪構成に関する法律上の論点および問題となる事実と証拠の要領を説示し、陪審員は、裁判長の問いに応じて、犯罪事実の有無を過半数で決定して、答申した。

しかし、陪審法では陪審員となる資格が制限され、陪審事件の範囲が限定され（皇室に対する罪、内乱・外患・国交に関する罪、騒擾罪、軍事機密関係の犯罪、選挙違反事件、治安維持法違反事件は陪審事件から除外された）、被告人は陪審の判断を受ける権利を放棄することが認められており、法定陪審の辞退や請求陪審の取り下げが容易に出来た。さらに陪審の答申は過半数で決せられ（当時の英米では全会一致が原則であった）、しかも陪審の答申には拘束力がなく、裁判所が陪審答申を不当と認めるときはこれを採用せず、更新して他の陪審に付することができたというような種々の欠陥があり、また陪審では控訴が許されないこともあって、結果としてあまり利用されなかった。さらに、裁判官は総じて陪審の利用に対して積極的ではなく、陪審を請求すること自体が被告人に不利になるのではないかと弁護士からも恐れられた。その後、戦時治安体制の確立と戦争の激化とともに、「陪審法ノ停止ニ関スル件」（法律第八八号）により陪審法は停止され、今日にいたっている。

大正刑事訴訟法および陪審法の制定過程は、米騒動・農民運動や毎年数万人規模で行われていたストライキ等々の労働運動、社会主義運動が活発化した時期にあたり、刑事手続の自由主義的改革をめざしたブルジョアジーや弁護士層も最終的には治安政策的刑事手続化に傾斜していき、陪審制度の導入にあたっても陪審の答申が信頼できないものであることを前提としていったと考えられよう（なお、本節は三阪佳弘「刑事訴訟法——近代日本刑事司法制度史の軌跡」〔石川・中尾・矢野編『日本近代法制史研究の現状と課題』弘文堂、二〇〇三年〕を参照した）。

第3節　民事裁判手続の史的展開

勧解による紛争解決　刑法・治罪法が一八八〇（明治一三）年に公布され一八八二年から施行されたこととは対照的に、民事法に関する法典編纂は進まず、また民事訴訟法の編纂も頓挫した（明治十三年元老院訴訟法草案）。したがって、一八七五年に裁判所機構が整備されて以来、一八九一年の民事訴訟法施行まで、民事裁判は実体法・手続法ともに近代的な法典なしで、単行法と各裁判所から司法省、司法省から太政官への伺—指令などによって行われていた。この時期の手続規則は、司法職務定制のほか、一八七三年「訴答文例」（明治六年太政官第二四七号布告）、「出訴期限規則」（明治六年太政官第三六二号布告）、一八七五年「裁判支庁仮規則」（明治八年司法省達第一五号、翌年「区裁判所仮規則」へ改正）など、各審級裁判所の管轄および若干の手続規定によって決められていた。

しかし、明治初年以来、民事裁判がまったく近代化されなかったわけではない。一八七二年「司法職務定制」の規定では、目安糺、初席、落着の三段階に分かれていた。目安糺とは、原告から提出された訴状を係りの判事らが検査し、訴えの受理不受理を決定する手続である。訴状が受理されると、それを被告に交付し答書を出させ、判事・解部が原被双方を召喚して審問が始まる。民事では訴え提起が行われた後も、判決が出されるまでいつの時点でも和解が推奨された（熟議解訟）。判決に対しては原告被告の双方から請証文をとった。この手続の中で目安糺は訴訟提起抑制のためのものであり、一八七七年司法省丁第二九号によって廃止された。また、訴え提起時の奥印の廃止、法廷への村役人付添い制の廃止（一八七五年）がなされ、裁判所への出訴を抑制する要因となる制度が廃止されていった。

一八七五年に「裁判支庁仮規則」が定められて以来、一八九一年の民事訴訟法施行までの期間、民事事件の大部分が勧解という手続によって処理され、裁判による解決は全事件の約二割程度であった（染野義信『近代的転換における裁判制度』勁草書房、一九八八年、一一八頁表）。勧解とは紛争当事者のどちらか一方の申立てにより、裁判所で判事が和解を試みる制度である。口頭での申立てが認められており、村役人の付添い等も必要とされていない。担当官は両当事者を交互に呼びだし、事情をよく聞いて両当事者を説得することに努めた。民事事件の大部分は金銭関係の事件であるが、勧解ではどのようにしたら返済が可能であるかを相談し、分割で弁済することが多く、かつ判事の面前で返金まで行っていた。また、借金返済の「延期」、「日延べ」が認められており、さらには減額も行われていた。勧解の場での分割返済が滞ると、「不調」となった。これらのことは、政府が、民事紛争は共同体内部で解決すべきであるという江戸時代までの原則を棄て、勧解提起の費用については無償（一八八四年まで）とするなど、積極的に紛争を取り上げて解決しようとする姿勢をとったことを示している。明治維新以降の人民エネルギー解放政策は、多種多様なそして多量の利害対立を生み出しつつあった。明治政府はその人民のエネルギーを制度内で解決する方法の一つとして勧解制度を駆使したと考えられる（利谷信義「明治前期の法思想と裁判制度」利谷信義編『法学文献選集5　法と裁判』学陽書房、一九七二年、一五七頁以下）。法典編纂は進展せず、法学識を備えた司法官も十分にいないような状況の中では、一定の基準に基づく権利義務関係の裁定はほとんど不可能であり、法に則った紛争解決ではなく実情に合わせた紛争解決を試みたのである。大量の紛争が勧解に持ち込まれ処理されることによって、裁判での紛争解決のあり方が変化してきた。それまでの裁判の終局（終結）は、ほとんどの場合「熟議解訟」（和解）であったのが、勧解導入により徐々に「判決」を出す割合が増えてきたのである。このことは、紛争が勧解を経由することによって取捨選択され、裁判では法的紛争について判決を出すことができるようになっていったのであり、勧解はいわば西欧型裁判の導入を「下支え」したといえよう（林真貴子「紛争解決制度形成過程における勧解前置の役割」阪大法学四六巻六号〔一九九七年〕一六三頁以下）。

近代法典成立以後の裁判　西欧型裁判の成立をめざして、一八八四（明治一七）年頃からドイツ人テッヒョーを中心に、民事訴訟法の法典編纂が始まった。一八九〇年に公布された民事訴訟法（法律第二九号、一八九一年四月一日施行）は、口頭主義、処分権主義、弁論主義、当事者進行主義を特徴とした。全八編八〇五条からなり、弁護士強制主義をとらなかった点を除けば、基本的に一八七七年ドイツ民事訴訟法を忠実に倣ったものである。

法典成立前後における訴訟手続上の最も大きな変化は、書面主義を廃して、口頭主義を取り入れたことである。目安糺の制度が廃止されたのちも、裁判において訴状および証拠書類の重要性は非常に高く、実際上は書面審理が中心であった。しかし、「事実上ノ関係ノ説明並ニ法律上ノ討論ハ書面ニ掲クルコトヲ得ス」（第一〇六条）という規定により、準備書面の記載事項を大きく制限し、口頭弁論を原則とし、集中的審理を行うことをめざした。

また、明治民事訴訟法では特別手続として証書訴訟および為替訴訟の制度を設け、証書又は手形を所持する債権者に債務名義を簡易迅速に与えることをはかった。区裁判所専属の手続として督促手続を設け、簡易迅速な債務名義の確定を行うとともに、出頭しない被告を審尋することなく仮執行宣言付判決を出せるようにした。欠席判決の制度も新設した。さらに、仮差押仮処分などの保全手続も整備され、これらも非常によく利用された。法典成立以前には、たとえ裁判に勝訴しても、財産に対する仮差押ができていなかったので、結局、貸し金の返還はなされず、実際のところ勝訴の意味がないようなケースも多く見られた。以上のような手続はいずれも、資本主義経済を発達させるために必要な合理的な債権回収制度の確立をめざしたものである。法典成立以前に、外国人が投資する際に懸案としていた事項として、保全手続のほかに執行手続の不備が挙げられる。身代限法制（明治五年第一八七号布告、明治六年第八八号布告）を廃止して近代的な執行制度を規定するとともに、強制執行の処分を受けた債務者に弁済能力がないときは破産手続をとることができるようになった（非商人の破産について一八九〇年家資分散法、商人破産について一八九〇年旧商法第三篇、さらに一九二二年破産法（法律第一一号）成立）。

さて、一八九一年以降は、民事事件の多くは、訴状による訴えの提起、証拠調、両当事者による口頭弁論を経て裁判官による判決が出されるという判決手続によって解決されたのであろうか。答えは否である。民事事件の多くは貸金返還請求であり、債権者はまず督促手続を利用した。実に全体の六割以上の事件が督促手続を経由して処理されている。督促手続とは、一定の金銭の支払い、その他の代替物（米穀など）または有価証券の一定の数量の給付を目的とする請求について、一方当事者（債権者）の申立てによって、裁判所が支払命令を発し、支払命令送達後一四日以内に債務者が異議の申立てをしない場合、債権者の申立てに基づいて仮執行の宣言がなされ、債権者は更に執行命令を請求することができる手続である。これは、勧解と比較すると、合理的な債権回収に資する制度である。勧解は、裁判官が両当事者を呼び出し和解を勧めても、両者に合意が成立しないかあるいは欠席が続く場合には勧解不調となって終結し新たに裁判を提起する必要があり、勧解での和解の努力が無に帰すことも多かった。

ところで、明治民事訴訟法の施行による勧解制度の消滅は、近代化に伴い必要ではなくなったという理由から廃止されたとは言い難い。民事訴訟法とは別に、裁判官ではない者（地方名望家）による勧解が単行法として起草されていたが（「勧解委員規則」案）、官僚裁判官以外に裁判類似の行為をゆだねることを井上毅ら政府中枢部が嫌ったため、成立することはなかった。勧解で扱われていた事件のうち金銭関係の事件は督促手続によってより合理的に処理することが可能となったが、人事関係の事件は区裁判所の管轄外であるので、地方裁判所が第一審となり、裁判所数の違いを考えれば、訴えを提起しにくい状況となったと言える。一八九〇年頃になると維新以来の地方の混乱（インフレ、松方デフレ、自由民権運動その他）も落ち着き、新たな地主制秩序が形成されつつあった。政府はもはや人民の紛争を積極的に取り上げることを政策とせずに、共同体内部での紛争解決に委ねて（内済の推奨）いったのである（岩村等「内済・勧解・調停――水利の場合について」法の科学四号〔一九七六年〕二三〇頁）。

大正期の民事訴訟法改正と調停制度の導入　一八九八（明治三一）年に民法、一八九九年に商法が全面的に施行されるようになり、これ以降はとくに厳格な法に基づいた紛争解決が行われていった。このことは、裁判官の質を上げるために、明治三〇年代（一八九七～）を通じて法学識を持たない老朽裁判官の淘汰が進んだこととも表裏の関係にある。なお、一八九八年には非訟事件手続法（法律第一四号）、人事訴訟手続法（法律第一三号）が定められた。

さて、日露戦後（一九〇五年）の重工業の発達、さらに第一次世界大戦後（一九一八年）の産業発達と独占資本の確立、それらに伴う都市への労働者の流入・農業の変質は、農村秩序の動揺をもたらし、もはやこれまでのように多くの民事紛争解決を共同体内部に委ねて、ごく僅かの民事紛争のみを裁判で厳格に法を適用して解決するという法的世界と現実の社会との二極分化を保つことはできなくなっていった。国家が、再び私人間の紛争解決に対して制度的保障をする必要性が生じ、積極的に紛争解決の役割を担わなければならなくなってきた。狭い枠に限定されていた法的世界が、社会の中へと拡大し、社会生活に法律が深く浸透していったのである。問題とされたのは、民事紛争の増大に伴う訴訟遅延をいかに解決するかということと、裁判での法運用のあり方とである。

まず、訴訟遅延について考えてみよう。明治民事訴訟法は、徹底した口頭主義を原則として、準備書面の記載事項にも大幅な制現を加えていたが、施行後六、七年を経過した時期から、実務においては当事者から提出される書面は内容のいかんを問わず受理するようになっていた。民事裁判では訴訟当事者に弁護士をつけることを強制していなかったため、準備書面を充実させずに口頭弁論を展開すると訴訟準備が十分できていない場合が多く、かえって審理の場での混乱を引き起こし、訴訟遅延を招いていた。このような状況の中で、訴訟遅延の解消と準備手続制度の充実を中心とした、民事訴訟法の改正がなされたのである。一九二六年民事訴訟法（法律第六一号公布、一九二九年一〇月一日施行）では、裁判所の職権による迅速な裁判の進行をめざし、合意による期日変更・期間の伸縮を廃止し、上訴期間を短縮した。また、訴訟準備を周到にし、審理の適正を期するために準備手続・訴訟の移送・訴訟参加・職権証拠調などの制度を設けた。他方で、欠席判決・証書訴訟・為替訴訟を廃止した。とくに、職権証拠調は実際には用いられることがほとんどなかったが、本人訴訟への配慮から規定されたと考えられている。このように国家の指揮・介入の権限を拡大する職権進行主義を徹底して手続の促進と弁論の集中とをはかり、訴訟遅延を解消しようとしたのである。しかし裁判新受件数は増え続け、しかも裁判官定員数の減少などもあって、結局、改正法によっても訴訟遅延の状態は改善されるまでにいたらなかった（染野・前掲書二四二〜三一〇頁）。

次に、裁判での法運用のあり方への批判は、社会実態を直視せずに、法の形式的適用に終始する裁判官の法解釈姿勢にむけられた。このような批判は、国民の実際的生活を基礎に法律を考察することを要求し、当事者が納得するような具体的事件ごとに妥当な解決を求めるので、法を適用して判決を出すよりも、裁判上の和解を奨励する方向を導いた。さらに、実情に即した紛争解決を法規範に拘束されずに行い、両当事者の納得を得るために、当時の人々に「最先端の紛争解決形態」として認識された調停制度が制定された（川口由彦『近代日本の土地法観念』東京大学出版会、一九九〇年、二三一〜二六六頁）。一九二一（大正一〇）年借地法と借家法が制定され、一九二二年には借地借家調停法が公布されて、東京以下六大都市の府県に施行された。借地借家調停法は一九二三年の関東大震災後に借地借家紛争の処理に大きな役割を果たした。一九二四年には小作争議の抑制策として、小作調停法（法律第一八号）が制定され、一九二六年には大都市における商事紛争の解決にふさわしい方法として商事調停法（法律第四二号）が制定され、一九二六年には労働争議調停法（法律第五七号）も制定された。これらのなかで、実体法が制定されたのは借地法・借家法だけであった。実体法である小作法の立法は企図されていたものの成立することはなかった。このように調停制度では、実体法抜きでの紛争解決をめざすこととなったのである。

一九三二（昭和七）年には経済恐慌に対する臨時非常措置として金銭債務臨時調停法（法律第二六号）が制定され、当初は三年間の時限立法であったが、一九三四年から半恒久的なものとなった。一九三九年には非常時局における家庭平和の維持のため人事調停法（法律第一一号）が制定され、戦死者の恩給・扶助料などを巡る遺族間の紛争解決や夫婦関係の調整などが行われた。同年、鉱害責任を過失責任理論で処理しきれないため、鉱業法の改正により鉱害調停制度が作られた。これらは先の大正期の調停法に比較すると裁判利用を抑制しようとする傾向を示している。金銭債務臨時調停法の申立人は債務者も多くみられ、調停の場で債権者を説得して債務の減額や債務免除を行っていたと考えられる。

近代的な民事裁判は、債権の合理的回収に制度的な保障を与えることと、私人間の紛争を法的規範に基づいて解決するということをめざす。しかし、法規範が西洋法の継受によって成立し、人々の生活実態の中から生まれた規範と同じではなく、ある場合には鋭く対立することさえあった。だから、法規範を用いて紛争解決することに対して政府・司法省が消極的な場合もあった。明治政府は、明治初期の混乱期においては勧解をもちいて、実情に基づく紛争解決を積極的に行っていたが、その後、農村秩序の再編によって村内部での紛争解決に期待が持てるようになると、民事紛争を積極的に取り上げ解決していこうとはしなくなった。政府は、再び共同体内部での紛争解決に期待できなくなり、小作争議の頻発、労働争議、借地借家関係が問題となる一九二〇年代に調停制度を成立させ、積極的に紛争解決に携わっていった。しかし、実体法に基づいて紛争を解決しようとする方向はとらず（借地法借家法をのぞいて実体法は制定されない）、紛争解決の場を提供するにとどまった。人々は、自己の利益主張に終始して、裁判による普遍的秩序の形成を志向せず、個々人の権利行使が客観的規範形成の契機であるという認識を持つことはほとんどなかった。このような法意識が裁判嫌いとみえる文化を作り出したのである。しかし、正式な手続によって裁判を起こす権利を制限されていたわけではない。手続的正当性は近代法の根幹の一つである。この根幹が崩されるのは、戦時民事特別法・戦時刑事特別法によってであり、そこでは国家による紛争の抑圧と手続無視の犯罪捜査が行われたのであった。

第4節　戦時特別法と戦後の改革

一九四一（昭和一六）年の国防保安法（法律第四九号）と治安維持法改訂によって、明治四〇年代に始まった捜査検察権限の拡大強化は頂点に達した。さらに翌年の裁判所構成法戦時特例（法律第六二号）と戦時刑事特別法（法律第六四号）によって刑事手続の全面的簡素化が強行された。同じく一九四二年には戦時民事特別法（法律第六三号）が公布されて、民事に関する裁判手続の簡素化がはかられるとともに、調停が広く一般の民事紛争にも適用されるようになった。

敗戦後のＧＨＱ（連合国最高司令部総司令部）の改革により、刑事訴訟法はおもに人権保障の観点から多くの改革が必要とされた。軍事的脅威の除去と徹底した日本の民主化を求めた初期の占領政策は、大陪審の導入や検事の公選など、アメリカ型司法の導入をめざしていた。しかし、ＧＨＱの司法改革構想は、占領政策の転換と法律スタッフの交替とによって変化し、日本政府に草案作成の主導権を持たせた方が将来にわたって有用な制度を作ることができると考えるようになった。したがって刑事訴訟制度は、憲法レベルでの司法制度構想に比べて、戦前の大陸型司法制度との連続的局面を持つものとなった（出口雄一「ＧＨＱの司法改革構想から見た占領期法継受――戦後日本法史におけるアメリカ法の影響に関連して」法学政治学論究第四四号〔二〇〇一年〕三五一頁以下）。一九四八年七月に旧刑事訴訟法が全面改正（法律第一三一号）され、令状主義による強制処分について人権保障の趣旨が徹底され、被疑者の弁護人選任権が認められた。予審が廃止され、さらに起訴状一本主義がとられ、伝聞証拠禁止の原則や自白の証拠能力の制限など、人権保障に必要な制度が作られていった。当事者主義訴訟構造が確立されたのである。これに伴って公訴提起に付帯して行われる、犯罪の被害者による民事上の請求（損害賠償請求など）を刑事裁判の場で行うことを認めていた附帯私訴の制度が廃止された。附帯私訴の廃止は、当事者主義の採用により、手続が複雑になったので、混乱を生じるとの理由からなされたと言われている（田宮裕『刑事訴訟法（新版）』有斐閣、一九九六年、一六六頁）。また、ＧＨＱは陪審制の復活を求めていたが、日本政府は強く抵抗し、裁判所法第三条第三項に刑事について陪審の制度を設けることを妨げないという規定を置き、将来の検討課題とした。このように戦時特別法は刑事・民事ともに戦後廃止された。民事における調停に関する規定だけは引き続き効力を持つものとされ、一九五一年民事調停法制定まで使われていた。大正民事訴訟法は戦後も現行法として機能していたが、一九九六年に改正された。

第11章　財産法制

第1節　政策道具としての立法活動（民法典の歴史的前提）

富国策と民法　わが国の立法活動では、法が政策の道具として扱われる傾向が強かったことが特徴である。例えば、刑法制定に関する上奏文である「新法ヲ設クル上奏」（一八七六年正月提出）において、司法卿大木喬任は、「法律ハ治国ノ重器ニシテ安民ノ要具固ヨリ不待言也」と述べていた。これが刑法に限ったことではなく、民法にまで及んだ思想であったことは、同年九月二八日提出の「法律起案之儀ニ付申稟」でもうかがえる。そこでは、民法制定が、「一家之経済ヨリ一国之富強ヲ生シ家庭之平穏ヨリ邦家之安寧ニ及ホサシムル」と述べられており、富国政策を一家の経済から説き起こし、これを民法と関係づけて論じているのである。

ボアソナードの民法観　同じ頃、お雇い外国人ボアソナードは、「ユ《ママ》ード［コードの誤り］民法創立ハ最モ要用ナルノ論ニ答ウ」と題する意見書を提出し（七月二九日）、民法創立と、1「国家安寧ノ基」2「民法ノ風俗ヲ正シ人民ノ平和ヲ保ツ」3「各人民自主特立ノ気象ヲ発達ス」4「民ヲ富シ国ヲ富ス」5「所有ヲ安固ナラシメ融通ノ基ヲ為ス」という五つの項目との関係について回答していた。かれによれば、このうち、民法典は、ただ最後の項目とは関係するが、外の項目と関係することはないとし、民法を家族法の部分と財産法の部分に二分しつつ、各種規定を置くことを求めている。「一家之経済」から「一国之富強」を論じ、「家庭之平穏」から「邦家之安寧」を語る大木との違いは歴然としていた（大久保泰甫・高橋良彦『ボワナソード民法典の編纂』雄松堂出版、一九九九年、二〇頁以下）。

では、ボアソナードにとって民法を作るとは、どのような意味を有していたのであろうか。(1) かれは、なによりもわが国における不明確な慣習の存在をその理由にあげている。明確で国際基準として確定した法概念を導入することで、慣習の混沌としたなかに、はっきりとした基準を導入できると考えたわけである（第1巻序文XXI頁以下）。また、興味深いのは、ボアソナードがこの議論を自然法論と結びつけていることである。西欧の共通法としての自然法が特に債権法の分野において強調されていることも見逃せない（第2巻序文Ⅱ頁以下）。

これに対して、家族法の分野については、「古くて強い伝統に基礎づけられており、慣習に充分に配慮してしか法典化されないに違いない」と述べ、草案起草から手を引いている。かれ自身は、この分野を先の意見書において「公法ト私法ニマタガル部分」とも述べており、すでに概念上家族法（身分法）と財産法を区別し、原理的にも別のものとして考えていたようである。民法典が家族法（身分法）を含むことには一定の意義があるとする考えもありえようが、わが国では、法典の導入時から、これに対抗する考え方が強かったのである。(2)

西欧法基準の法典　ボアソナードが国際基準の法典編纂を強調するのは、条約改正の必要という事情が存在したからである。かれ自身、法典論争に際して「明確で理性的でとりわけ平等な法制によって条約改正に立ち向かうことは、日本が外国人に対する立法権と裁判権の事項についてその独立を維持するために立ち回っているこの時に、日本にとって絶対に必要なことではないのか」（第1巻序文XXIV頁）と問いかけていた。その後旧民法は施行延期となるが、条約改正のため、法典が西欧基準のものであることは所与の前提であった。この点で、法典編纂が政策目的の道具としての性格を帯びていたことは、明治民法の性格をも規定していたと考えられよう。たしかに、明治民法の成立により、わが国は、法形式的には西欧型の近代法典を有することとなった。しかし、政策の道具としての近代法導入は、その定着を遅らせ、概念上の混乱をもたらすこととなる。その検討は後述するが、まずは、時代毎に特徴を見ていくこととしたい。

第2節　明治前期における諸立法

裁判基準の変化と民事法制　ボアソナードが「慣習」と言うとき、この慣習は、社会一般で行われている慣行を指していたと考えられる。これに対して、一八七五年の「裁判事務心得」（明治八年六月八日太政官布告第百三号）は、「習慣」を法源として認めながらも、これを江戸時代以来の裁判慣行を指すと理解していた。つまり、同布告第三条は、「成文ノ法律ナキモノハ習慣ニ依リ習慣ナキモノハ条理ヲ推考シテ裁判スベシ」としており、その理解に関する伺いに対して、司法省は「習慣トハ民間ニ於テ習慣俗ヲ為シタル習俗ニハ無之事」とするとともに、「条理ヲ以テ習慣ヲ破ルベキ規則ハナイ」と答えている（同年一一月七日滋賀県伺一一月三〇日回答）。同心得がいう「習慣」は、民間で行われている習俗の事ではなく、政府と人民との間に行われる習慣、江戸時代以来の裁判慣行を言うのであり、成文法のすきまを埋める補充法を意味していたのである。

ところが、その四年後の一八七九年になると、「習慣トハ民間ノ習慣ニシテ即チ民法上従来人民ノ慣行認許セシモノ」とされ（一月一五日司法省達丁第一号）、さらに、「慣習トハ民法上人民ノ慣行認許スル者及ヒ従来官民ノ間ニ慣行スル例ニシテ条理ニ背戻セザル者ヲ謂ウ」とその解釈が改正される（二月二五日司法省達丁第九号）。ここに、習慣は民間の習慣を含むこと、さらに、条理に反しない慣習のみが適用されるべきことがはっきりとしたわけである（牧健二「明治八年民事裁判の原則」法学論叢一七巻二号〔一九二七年〕三四九頁以下）。

このような変化の裏には、江戸時代からの裁判慣行からの離脱が存在したと考えられる。西欧法学を修得した司法官の数は少なかったとしても、司法省系列の判事が、本省からの指令を受けながら判断することが可能な体制が形作られつつあったからである。

当時、各地に設けられた裁判所からは、司法省に対し、取扱に窮した事件に関連し「伺」が送られていた。その際、司法省は、お雇い外国人に対し西欧法での取扱いを質し参考としながら、これに対する回答を作成するとともに、その取扱いを一定にするため、随時「成文ノ法律」を制定していった。したがって、法典編纂以前の段階における諸立法は、各裁判所での取扱いを一定にすることを目的に、西欧法を参照しながら個別的に対応する中で進展していったのである。

明治前期の主要立法　法典編纂以前の立法において、財産法分野における主なものを挙げてみよう。まず、地所永代売買の禁止を解いた一八七二年太政官布告第五〇号をはじめとする地租改正関連の諸立法を筆頭に、土地譲渡続きとの関係で立案された地所質入書入規則（翌年太政官布告第一八号）、契約に際しての代理規定のみならず訴訟代理にまで拡張して適用された代人規則（同年太政官布告第二一五号）、訴訟実務と密接に関連した出訴期限規則（同年太政官布告第三六二号）などの初期立法が目を引く。この時期は、司法省が創設された時期でもあり、訴訟取扱いの必要性をテコに大蔵省などにおける立法活動に対抗してその立案・制定がなされたことが特徴である。明治一〇年代に入ると、利息制限法（一八七七年太政官布告第六六号）、契約証書解釈方法（同年司法省達丁第七五号）などの債権・契約法関連の諸立法が続き、さらに、地租改正がほぼ達成されたことを受けて、一八八〇年土地売買譲渡規則（太政官布告第五二号）が制定される。ここでは、その中から、利息制限法に関する立案過程を紹介しよう（大河純夫「旧利息制限法成立史序説」立命館法学四・五・六号〔すべて一九七五年〕二一九頁以下）。

利息制限法の制定　一八四二年の改正以来、最高利率を一割二分として済方命令を出していた幕府法においては、制限を越える高利については、罰金闕所のみならず刑罰をもってこれを取り締まっていたとされる。しかし、棒利・礼金などの名目での抜け道が存在し、明治時代を迎えた。明治政府は、一八七一年、利息の天引きは禁止するものの旧幕時代の利息制限を撤廃する太政官布告を発する（同年一月一八日太政官布告）。さらに、一八七三年には、利息天引きについても双方合意の上でなされている場合には、これを罰することなく認めるとする布告（同年太政官布告第四〇号）を発し、封建的諸制限の撤廃の一環として、利息を契約自由の下に置いている。

しかし、違約金において問題が発生した。違約金は、売買契約においても問題となるが、金穀貸借における違約金が存在し、利息制限撤廃と同様にこの違約金についてもその効力を認めるかどうか、各裁判所は司法省に伺をたてたのである。

司法省は、当初、証文への記載を条件に違約金契約の自由を回答していた（一八七四年三月二〇日山形県伺、同年四月八日島根県伺）。しかし、違約金契約制限に関する裁判官の要求は強く、翌七五年、司法省は違約金の制限に関する布告案を作成するにいたる。同案は、法制局における審査において、さらに総合的な利息制限の方針へと拡張されたものの、法制化は、営業の自由を後押ししていた大蔵省の反対もあってか、一旦は頓挫した。

司法省が立法化に向けて活動を再開したのは、前回と同様に裁判所からの伺がきっかけである。一八七六年、京都裁判所は実害の無かった債務不履行に関し多額の違約金を定めた契約の効力について伺を立てた。司法省は、これに対し、損害を超過する違約金は賠償の義務はない、という指令を発するとともに、「無原因ノ義務ハ義務者ニ於テ負担スヘキノ責無之」という達（明治九年一一月司法省達第八〇号）を発している。司法省では、おそらくこの間、その効力についてボアソナードに意見を求め、違約金契約の有効性を前提に過当の違約金について原因が無い義務であれば無効になる、という回答を得ていたようである。かれは、むしろ利息の制限に対しては否定的でその自由を主張していたが、違約金契約において、とくに損害が債務不履行と釣り合わないものに設定されていたとき、その無効を回答していたのである。この問題を突破口として先に総合的な利息制限の立法を立案していた法制局は、新たに法案を作成し、元老院の議を経て利息制限法が布告される。同法の制定により、利息を制限すると共に、過大な違約金契約が利息自由の原則により正当化される道を絶ったのである。

このように、明治前期の立法は、裁判所における実情と密接に関わり合いながら法体系の統一をめざしていったのである。

第3節　民法典の体系

西欧基準法典の導入　他方、この時期は、条約改正にうながされ、西欧基準の法典が準備されつつあった時代でもあった。お雇い外国人ボアソナードによる草案の起草に始まる旧民法の制定を経て、民法典論争後、梅謙次郎・冨井政章・穂積陳重による草案を元に審議された明治民法の編纂へといたる過程がそれである。

一八九六年に公布された明治民法（財産法部分）は、ボアソナードによる草案を基礎に制定された旧民法とは編別が異なるものの、西欧法における諸概念に基づき組み立てられている。そこでは、抽象的・観念的概念としての「権利」の導入、物権・債権の峻別の論理など、諸概念の骨子とともに、西欧法概念が体系として提示され導入されたと見ることができる。

もっとも、その内容を詳細に見れば、わが国独自の要素をそこに見いだすこともできる。旧民法草案に対する邦人による審議では、すでにボアソナードが起草した草案からの逸脱を始めていたが、とりわけ、民法典論争の影響によって明治民法に導入された規定が存在したからである。本節では、ボアソナード草案から明治民法の制定までを素材に、若干ではあるが具体例を示しながらわが国の民法典の特徴を探っていきたい。

まずは、ボアソナード草案が採用した体系を、その目次から見ておこう。かれは、法典を五編に分けている。つまり、第一編を「人の身分 l'Etat des Personnes」、第二編を「財産 Des Biens」、第三編を「財産取得の方法 Des Moyens d'acquérir les Biens」、第四編を「債権すなわち対人権の保証あるいは担保 Des Sûretés ou garanties des créances ou droits personnels」、第五編を「証拠および時効 Des Preuves et de la prescription」としている。(3)

この中でとりわけ興味深いのは、第二編「財産」を「物権 Des Droits réels」(第一部)と「人権すなわち債権と債務一般 Des droits personnels ou de créance et des obligations en général」(第二部)に分けて規定していることである。また、ボアソナードは、前述の編別を前提として、第三編では、物権の取得方法に始まり物権および債権を同時に取得する方法、最後に債権のみを取得する方法へと順に規定し、第四編では「人的担保あるいは保証 Des Sûretés ou garanties personnelles」(第一部)と「物的担保 Des Sûretés réelles」(第二部)とに分けて規定している。このような物権と債権の峻別の論理は、明治民法におけるパンデクテン方式の法典への移行を容易にしたと考えられる。旧民法草案冒頭の第一条が規定する「財産とは……権利である」という抽象的・一般的な「財産」概念自体は、明治民法では排除されてしまったものの、少なくとも権利を中心に構成する体系にはその影響を及ぼし、明治民法は、これを物権・債権(第二編・第三編)として編成しなおしたのである。

しかし、より具体的な規定を見ていくと、そこには、大きな断絶も存在した。

賃借権規定の相違点　まず第一に「賃借権」の位置づけがあげられる。ボアソナード草案(旧民法正文も同様)において物権として規定された「賃借権」は、明治民法では債権を生じさせる原因としての契約において規定されている。物権としての「賃借権」は、すでに旧民法典編纂における審議においても批判され、民法典論争においても取り上げられたこともあり、明治民法ではたいした反論もなく債権とされたからである。

もっとも、これに対し、旧民法が物権として規定した「永借権」「地上権」については、明治民法においても物権として存続しており、一見連続しているようにも見える。しかし、明治民法は、前者についてはこれを大幅に地主有利に改めながら「永小作権」（物権）として存続させるとともに、「地上権」の規定については、旧民法とその性質を大きく修正した（旧民法草案につき小柳春一郎『近代不動産賃貸借法の研究——賃借権・物権・ボワソナード』信山社出版、二〇〇一年、三七八頁以下参照）。ボアソナード草案の目次を詳細に見てみると、「永借権 Emphytéose」と「地上権 Superficie」についてはこれを「節 Section」の位置づけで、賃借権の「附録 Appendice」として規定しているることが読みとれる。そしてそこでは、地上権は建物又は樹木を所有する権利と規定しているのが目につく。つまり、旧民法は、地上権を土地に対する他物権（他人の土地に対する物権）として規定しているというより、建物の所有権保護を強調して規定していたのである。

土地の使用に際しては、土地に対する権利に着眼して保護していく法制とともに、建物などの所有を保護することを目的とする法制がありうるが、明治民法は、前者を採用し後者を排除した。この転換は、明治民法が、賃借権を、他人の物を使用する関係として物権・債権の峻別論理の中に位置づけたことによって生じたものである。この点については、建物保護法・借地法制定において、改めて後述することにしたい。

自然義務　ついで、第二編財産の第二部末尾に置かれた「自然義務」を見ておきたい。この規定は、フランス民法にも明文としては存在しないボアソナードの独創であり、民法典論争において批判の対象とされたこともあり、明治民法においては採用されなかった概念である。

ボアソナードは、これを「章 Chapitre」の位置づけで「附録 Appendice」としていた。つまり、「債務の原因ないし淵源 Des Causes ou Sources des obligations」「債務の効力 Des Effets des obligations」「債務の消滅 De l'Extinction des obligations」（各々第一章から第三章）に続き、その附録として「自然債務 Des Oblitaions naturelles」を置いたのである。附録は、裁判に訴えることはできないものの、裁判によって保護を受ける民事上の義務を支える概念として位置づけられている。訴権概念を基礎に、裁判上強制される債務（前三章）と強制されない債務（附録）を描いた構想は、ドイツ法の影響の下、実体的な権利についてその生成・効力・消滅を構想する明治民法では拒否された。そこには、旧民法に存在した証拠に関する編が削除されたことにもあらわれている、訴訟法との峻別の論理を貫徹することによって民法を実体法として純化しようとした態度を読みとることもできよう。

その外の相違点　以上の規定以外にも、旧民法（草案）との相違点は数多く存在する。とりわけ、原則規定を廃し分類に関する諸規定を削除したほか、文体を簡略化し定義規定の体裁を排除したことは重要な変更点であった。それは、西欧法に暗い人にもその内容を読んで理解してもらおうとしたボアソナードの意図が、民法典論争において、教科書のような法典として批判されたことに由来する。また、法典論争において主張された旧慣への配慮から、用益権が廃止され、具体的な内容を伴うことなく「入会権」が規定されたこと、抵当権規定において建物に対して土地とは別に抵当権が設定できる規定を置いたこと（後に不動産登記法の制定を経て、土地と建物は別個の不動産であり、別の公示に服するという状態が生まれた）などを挙げることもできよう。

このように、明治民法は、法典論争による影響を強く受けて成立した法典であった。旧民法自体、フランス革命から遠く隔たった時代を背景にその草案が起草されており、社会の複雑さに対応した技術的な要素を多分に含んだ法典ではあったが、法典論争がとりわけイデオロギー的色彩が強かったこともあり、その反動として、一見するとイデオロギー的潤色の弱い技術的法典として形作られたこともその特徴である。明治民法は、啓蒙期自然法論のような思想的バックグランドは後退し、法律進化論に代表される、時代に適応した柔軟な運用を可能とする簡潔な法典として成立したのである。

第4節　民法典体系の変容と社会問題

条約改正の達成を目指して一八九八年七月一六日に施行された明治民法は、明治末から徐々に変容の兆しを見せ、大正時代にかけて転換点を迎える。ここでは、その過程を判例における民法概念の変容の問題と社会問題への対処を目的とした特別立法などを見ながら検討していきたい。

裁判実務と法典体系　民法典の成立は、それまでの伺・指令体制を前提とした裁判からの転換を意味していた。その施行を挟んで、西欧法を正式に学ぶことなく司法官となっていた人々が「淘汰」されたのもこのころである（いわゆる「司法官の大淘汰」）(4)。

もっとも、わが国の民法典は、西欧近代が自らの社会の中から民法典を獲得したのとは異なり、明治民法が先に検討したような時代の特徴を大きく受けて成立したことにより、不安定な要因を含んでいたことは確かである。西欧法学を起源とする法学を学んだ裁判官たちは、現実の紛争を前に、法典からの逸脱に向かうことになる。

裁判実務における法典からの逸脱　まず、一八九九年（大判明三二・二・一民録五輯二巻一頁）と一九〇一年（大判明三四・六・二〇民録七輯六巻四七頁）にあらわれた権利濫用論が興味深い。本来「権利」とは、「正しい」「まっすぐな」といった意味の言葉であり（フランス語でdroit、ドイツ語でRecht）、特定の個人（主体）について「正しい」ことを「権利」と呼び、社会全体において「正しい」ことを「法」ととらえる。したがって、この「権利」が「濫用」されることは概念矛盾であり、フランスでは「権利濫用」を問題とし古典的な権利概念が動揺するまで法典成立から半世紀近くを要したのである。これに対し、わが国では、明治民法に規定されてはいなかった「権利濫用」概念をその施行直後から採用し裁判所において適用した。法学において最も重要な権利概念が、その実質化へとは向かうことなく、容易に軟化していったことになる。

また、担保法の分野における逸脱の例として、根抵当権の承認と不動産譲渡担保の容認が挙げられる。抵当権は、債権者平等の原則の例外として位置づけられ、人にではなく物に対する特権（物権）として設定できるに過ぎない。したがって、特定の人との関係で容易に特権に転化することがないように、被担保債権を特定し、これを担保することが求められていた。しかし、商人と金融機関などとの継続的取引における融通性を確保するために、これを破る契約が一般化し、大審院もその有効性を、被担保債権の基礎となる「基本契約」を要件に容認するにいたる（大判明三四・一〇・二五民録七輯九巻一三七頁）。同様に、民法に規定した抵当権が存在するにもかかわらず、非占有担保形式の不動産譲渡担保についても、これを容認した（大判大元・七・八民録一八輯六九一頁）。民法典に規定していない法制度が、判例によって認められたわけである。

立法における法典からの離脱　裁判における明治民法からの逸脱とともに、立法においても、その基本的な構造を変革する動きが現れる。まず、施行直後において問題とされたのは、担保法分野における対応である。先に見たように、明治民法は、教科書のような法典に対する反動として簡潔な法典として制定された。このため、旧民法に見られたような詳細な規定を削除することとなった。殊に、ボアソナードが資本主義の発展を見越して独立の編を設けた債権担保に関する規定は、物的担保に関するものは物権編に、人的担保に関するものは債権編に移されるとともに、大幅に削除されている。

しかし、この時期、明治国家は資本主義化を急速にすすめる必要に迫られていた。地主制の展開を背景に、そこで蓄えられた資本を工業生産に振り向けるための信用制度の充実が求められたのである。このため、政府は、一九〇五年、鉄道抵当法（法律第五三号）、工場抵当法（法律第五四号）、鉱業抵当法（法律第五五号）を制定するとともに、一連の財団抵当制度を特別法の形式で設けている。また、同年、担保附社債信託法（法律第五二号）を制定し、担保権を基礎に、資本獲得を容易にすることを目的とした制度を導入している。

とくに指摘しておきたいのは、工場抵当法の必要が、民法における不動産概念の貧困さに由来していたことである。ボアソナードは、旧民法草案において、用法による不動産の規定を設け、工場に設置された機械を含めて抵当に供することができる概念を提示していた。明治民法は、用法による不動産の概念を採用しなかっただけではなく、代わって採用した従物概念を総則規定に置くことにより、担保に供する物件を直接に把握する道を狭めていたからである（附加一体物の規定は存在したが、旧民法のような具体的な例示がなかったこともあり、その概念が工場に設置された機械などをも包含するものとはなりにくかった）。このため、特別法によって担保に供することができるように手当したのである（以上財団抵当につき、清水誠『時代に挑む法律学』日本評論社、一九九二年、一四九頁以下）。

借地法制の変化　社会的需要に対して、民法典の概念を深化する方向で対処するのではなく、特別法によって対処療法的に乗り切ろうとする傾向は、借地・借家関係の立法についても窺える。

明治民法では借地に関し地上権（物権）を設けており、立法に携わった者は、建物所有においては、これが一般的な形態となることを予想していた。ただ、建築形態の多様性もあって、債権契約による建物所有を目的とした賃借権があった場合には、民法六〇五条を用意し、債権である賃借権の登記を制度化していた。しかし、この予想は外れ、経済的にも有利な地位にあった地主との契約は債権契約である賃貸借で結ばれることがほとんどの状態となり、さらに、実務は、これに登記請求権を認めない取扱いを行ったのである（民法六〇五条の空文化）。

いわゆる地震売買が社会問題となったのは、このような権利状態に借地人が置かれていたからである。日露戦争後、大都市への人口集中が進む中で地価が高騰し、市街地は投機的売買の格好の対象となっていった。土地価格に対して地代が相対的に低下したことを受けて、地主たちは、借地の対象となっている土地を第三者に売り渡した場合に賃借権を対抗できない（売買は賃貸借を破る）ことを利用し、地代の増額を要求するために借地人の立退きをせまった。その多くは仮装売買であったと言われるが、土地に対する権限が確保できなくなることにより建物を取り壊さなければならないことから、これを地震による建物倒壊になぞらえて「地震売買」と呼んだのであった。

一九〇九年に制定された「建物保護ニ関スル法律」（建物保護法）はこれに対処するために設けられたものである。この法律は、弁護士の高木益太郎などによって提出された議員立法であり、衆議院・貴族院の両方において修正の上、成立している。なお、法案（工作物保護ニ関スル法律案）には、当初借地権の存続期間の保障に関する規定も存在していたが、地主層による反対もあって貴族院で修正されている。

興味深いことが二つある。それは、同法が地上権についてもその保護の対象としていたことと、土地に対する権利でありながら建物の登記によって対抗できるとしたことである。

前者については、「地上権ニ関スル法律」（民法施行直後の一九〇〇年法律第七二号）が関係する。同法は、民法施行以前から他人の土地を利用していた者の保護を目的とし、これを地上権と推定するとの規定を設けた。しかし、同法には、その登記を一年以内に行わなければ対抗できないという規定（二条）があり、このため、期間内に登記することを忘れ、対抗できない地上権が広範囲に存在していたのである。建物保護法を適用することによって、建物所有を目的とした地上権を保護することができたのである。

後者もまた、明治民法の体系からの大きな逸脱を伴っていた。土地の使用に関する権利であるはずの地上権・賃借権が、土地登記簿には掲載せずに、これとは別の建物登記簿への登記によって対抗可能となったからである。現象的には、建物所有権が「地上権」の定義に含まれるという旧民法（草案も同様）の方向で、立法がなされたことになる。しかし、これは、ボアソナードが構想したような、物権としての賃借権を基礎とした上での地上権構想とは異なっており、何よりも明治民法が採用した体系の上に構築されたものであった。早晩、賃借権自体の保護・強化を課題とせざるをえなかったのである。

また、建物保護法は、建物の登記に土地の権利を確保する効力を与えるという巧妙な手法を用いた。確かに、建物登記は、自己の所有権の登記であり、他人の所有物への登記となる地上権・賃借権の登記とは異なり単独で行うことができ、建物所有者を保護することは容易となった。しかし、そもそも人の手によって作り出すことができる建物について、土地と同様の公簿をもってその権利を明示することには問題があったはずであり、建物の滅失などにより建物登記自体が意味を持たない場合には、有効な手段とはならない。技術的には、地震売買という社会問題に対して対処的に手当した立法だったと言わなければならない。

賃借権自体の保護・強化を目的とした借地法は、借家法とともに大正年代に入って成立している。これは、建物保護法の立法に尽力した高木などによる法案提出などの動きを受け、政府によって立案され、一九一九年の第四一回帝国議会では一度は否決されたものの、その二年後に議会における修正を受け、漸くにして成立したものであった。その施行は、当初は東京など大都市に限定して行われている。

同法は、建物保護法に見られた特徴を受け継ぎながら、さらに、土地に関する権利自体を保護・強化する内容であった。とりわけ、建物所有を目的とした地上権・賃借権を包括的に「借地権」と呼び、建物の構造によってその存続期間に差を設けるなどの特徴を有していた。しかし、物権である地上権と債権である賃借権とを同じ条件で保護することは、物権・債権の峻別を無視することに繋がり、民法の体系からは遠のいたことになる。

調停制度の立法化　大正末期のこの時期、借地法のような社会的要求に対処した立法が相次いでいる。例えば、一九一一年の工場法を皮切りに、社会立法がいくつか成立しているからである。

もっとも、このような諸立法が、民法が導入した原則の上に構築されたというわけではない。例えば、借地借家調停法（一九二二年）や小作調停法（一九二四年）の外、労働争議調停法（一九二六年）といった調停制度の活用による紛争解決が制度化され、裁判による権利の明確化とは異なった方向が打ち出されてきたからである。

民法典への批判　このような諸立法の思想的な背景として、民法典への批判が存在しているのが興味深い。末弘厳太郎が「民法改造の根本問題」発表したのも大正一〇年の初頭のことであった(5)。

末弘の眼目が、条約改正の必要から急造された民法典をわが国の民俗風習と社会需要に適用するために、充分な研究の必要を唱えたことにあり、単なるその廃止を述べた訳ではないことは留意しなければならないが、この時期、民法典が日本社会との関係で大きな転換点にさしかかっていたと認識していたことは確かであろう。

大正期にその研究活動を開始した我妻榮が、このような環境の下、民法原理の修正を唱えたのも、決して偶然のことではない。第一次大戦後のドイツが、社会権の規定を大幅に取り入れたワイマール憲法を制定したことも、その理論に大きな影響を与えたと思われる。いわゆる、「法の社会化」が課題とされたわけである。

問題となるのは、その際、「社会」が強調され「個人」が批判されたことである。そもそも、民法という概念自体、市民社会の法として位置づけられていたはずであり、自由で平等な主体をもって構成される社会を前提としていたのではあった。しかし、そのような確立した個人による社会の基盤が弱かったわが国では、国家が社会の矛盾を解決するという思想が強く、結果的にファシズム国家への道を許すことになる。それは、個人の自由・平等を中核とした民法典の死を意味したのである。

第5節　戦後改革の意義

総則中の総則　一九四七(昭和二二)年法律第二二二号による民法改正は、家族法部分の入れ替えを伴う大改正であったが、財産法分野においても、内容的に重要な改正が含まれていた。というのも、民法第一編総則の冒頭部分に二つの条文を付加・新設し、これを、いわば総則中の総則として位置づけたからである。

もっとも、同改正の財産法分野における評価は現在でも高いものではない。第一条第二項で規定する信義誠実の原則や同三項で規定する権利濫用については、すでに明治末から大正期にかけて判例にも取り上げられ、理論化されており、単にこれを明示したに過ぎないと解釈されてきたからである。第一条ノ二に関しては、専ら家族法における改正とともに論じられ、財産法でこれを正面から取り上げることは稀であったことも災いしていた。

しかし、第一条第一項が規定する公共の福祉概念をはじめとして、この改正は、これまでの民法の位置づけを再考する格好の素材なのであり[6]、そのことは、その編纂史が如実に示しているところである。つまり、この改正は、形式的には大日本帝国憲法の改正として成立しつつあった日本国憲法の原則を民法典において明確にすることを目的にして達成された改正であったからである。

憲法原理と自然権(法)思想　日本国憲法は、国民の代表たる国会を最高機関と規定し、天皇を頂点とした統治機構を否定するなど、統治機構の面でも大きな修正を伴って成立したものであったが、とりわけ人権規定において、個人の尊厳を中核とした諸規定を配し、天皇制国家によって与えられた恩恵としての権利ではなく、これを「侵すことのできない永久の権利」として規定する。このことにより、それまで公法と私法との峻別の論理の中に位置づけられてきた民法が、みずからの位置づけを再定義する必要に迫られたことになる。

民法の再定義　民法は、それまで、公法とは異なる原理に指導されており、公法原理の外に位置づけられてきた。例えば、法典論争期において「国家的民法」をとなえた穂積八束は、民法施行に際し「『此の所民法入るへからす』ト云フ標札ヲ掲ケ新法典〔明治民法典〕ノ実施ヲ迎ヘントス」と述べ、公法領域に、民法が掲げる自由で平等な法的人格の尊重といった原理が進入してくることに警戒していた(7)。民法自身、その適用領域を、私法とりわけ財産法に限定することによって、その存在を示してきたのである。

ところが、日本国憲法は、個人の尊厳を基調とする基本的人権の概念を規定し、その基本原理を転換させた。民法は、矮小化された財産法分野にその原理を適用させるに過ぎなかった存在から、市民社会の基本法としての地位において、自由で平等な法的人格の尊重といった基本原理を主張できることになったのである。

同様の観点は、家族法との関係でも問題となる。戸主権を中核とした家の原理によって指導されてきた家族法は、財産法とは異なる法原理に指導されている、と一般に指摘されてきた。しかし、家族法の改正とともに導入された第一条ノ二は、個人の尊厳と両性の本質的平等をうたいあげるにいたる。ここに、財産法・家族法に通じる基本原則が宣言されたわけであり、財産法分野においてもその意義を有することは、雇用契約における女性差別などを見れば明らかであろう。

戦後改正により、民法典は、自然権的人権規定を背景に、漸くにしてその法原理を社会全体で受けとめる規定を手にしたのである。

（1）　ここでは、旧民法成立後に出版されたボアソナードによる仏文旧民法草案（註釈付）の新版序文を参照した。括弧内は、該当する頁を示している。なお、草案には、諸版があり、新版を含め各々復刻されている。その異同については、雄松堂より復刻された『ボワソナード民法典資料集成 Projet de Code civil pour [l'Empire du] Japon, accompagné d'un Commentaire, premi:ere édition, , Tome 1, 2,』所収の七戸克彦解題iii頁以下を参照されたい。

（2） ボアソナードは、来日直後の法学教育において、「親族ノ法ハ（中略）固ヨリ公法中ニ入ルヘキ者ナリ」（井上操筆記『性法講義（完）——ボナソワード講義』宗文館書店、一九八六年、二一頁）と明言していた。このような考えを押し進めていけば、財産法と家族法（身分法）を別の法典とする体系もありえたであろう。ちなみに、財産法は商法とともに一つの法典として独立させることも可能であり（たとえば現在のスイス債務法など）、明治民法の草案起草者の一人である梅謙次郎は、民商法統一論を主張していた。民法と商法との関係については、財産法制全体の構成と関わる問題であるが、ここでは取り扱わない。水林彪「日本「近代法」における民事と商事」（石井ほか編『近代法の再定位』創文社、二〇〇一年、一八五頁以下）を参照されたい。

（3） ここでは、法律取調委員会で審議された原案と思われる仏文草案の目次を参照した。この草案には、註釈がついておらず、条文だけのものであり、現在、前述の『ボワソナード民法典資料集成』（第2期）において復刻が企画されている。

（4） 「司法官の大淘汰」については、当事者のひとりである加太邦憲が『自歴譜』（岩波書店、一九八二年）で内実を語っている。

（5） 末弘法学については、第18章を参照。なお、大久保泰甫「民法典と日本社会」法律時報八七七号（一九九九年）四頁以下。

（6） 池田恒男「日本民法の展開（1）民法典の改正——前三編（戦後改正による「私権」規定挿入の意義の検討を中心として）」広中・星野編『民法典の百年Ⅰ』有斐閣、一九九八年、六六頁以下を参照。一々引用することはなかったが、第5節を含め、本章は、この池田論文（とりわけわが国における民法の歴史的性格を記述する四六頁以下）によるところが大きい。もっとも、池田論文の中心課題は、民法を「政治社会の基本法」として位置づける点にある。本章ではこの点に触れることはできなかった。重要な課題であり、参照を乞いたい。

（7） 穂積八束は、民法を社会財産の分配法と位置づけ、財産を優者による劣者の食を奪う口実ととらえていた。その標準は個人にあり、個人本位の民法は富者をますます富ませ貧者をますます貧しくするものであり、これを国家的にしなければならないと説く（「国家的民法」穂積重威編『穂積八束博士論文集』有斐閣、一九四三年、二三八頁以下）。その後、明治民法の編纂に際して、その構想を貫徹できなかった八束は、「民法ノ濫用ハ戒メサルベカラズ」と述べ、「警察及財政ノ事項ハ純白ナル公権力ノ行動ニ属シ民法ノ条規ノ適用ヲ容ルルノ余地ナシ」と述べるにいたった。本文引用を含め、「公用物及民法」穂積重威編・前掲書四一二頁以下。

第12章　土地法制

戦前民事法学の泰斗末弘厳太郎は、かつて土地法研究の今後の方向性についてこう指摘した。あらゆる土地の慣行調査を実施し、さらに公私法にまたがる成文土地法全体の研究を行うことによって初めて、わが国土地法全体の総合的かつ体系的な理解に到達しうる、と（末弘厳太郎「土地法総合的研究の必要」末弘厳太郎『民法雑記帳（上）』日本評論社、一九五三年、一九〇頁以下）。本章は、この指摘に学びながら、近代土地法の全体を概観しようというものである。その際、土地私法と土地公法の関連についてとくに留意したいと考えている。[1]

そこで前提的な問題となるのが土地私法と土地公法の区別である。そもそも公法と私法の区別自体、絶対的なものとはいいがたい。一つの法令のなかに私法と公法が混在していることもある。そこで本章は、便宜的に、次のように区別することにした。土地の所有・利用に関係するもの——土地所有、土地利用、土地担保、不動産公示など——を土地私法として扱う。そして、土地の所有権・利用権に対して公法的な規制を加えるもの——土地収用、土地制限、土地整理、土地租税など——を土地公法に分類する。

第1節　明治初年の土地制度改革

地租改正と土地所有権の確立

日本の近代的土地制度は地租改正に始まる。明治政府が地租改正の実施によって解決をはかった歴史的課題は、近世封建制の内的矛盾の顕現である地籍の紊乱を克服するために全国的な地籍整理を実行し、新たな租税制度を打ち立てることにあった。

地租改正の実施にあたり、当初、明治政府は全国総検地を必要とする地籍整理を回避し、とりあえず地券を発行して全国の地価総額を点検し地租賦課の標準としようという方針であった。ここにいわゆる壬申地券の発行が始まる。一八七一(明治四)年一二月まず東京府下市街地に地券——後述の郡村地券と区別してこれを市街地券という——の発行と地租の上納が命じられた。これ以後、他の市街地にも順次地券が発行される。田畑、山林等には郡村地券が発行された。すなわち、一八七二(明治五)年二月地所永代売買の禁制が解かれ、続いて「地所売買譲渡ニ付地券渡方規則」が公布され、土地の売買譲渡のたびに地券が交付されることになった。そして間もなく、売買の有無に係わりなく、全国すべての地所に地券が発行されることになった。これに伴い、各種土地の所有者を確定する作業が進められ、一八七三(明治六)年三月地所名称区別がその基準とされた。

ところが地券の発行作業が中途の段階にあるにもかかわらず、地租改正事業が開始されることになった。いまや政府は地券発行によって全国地価総額を点検するという当初方針を転換し、地租改正(全国の地籍整理と地価査定)の実施に踏み切ったのである。かくて七三年七月地租改正法、地租改正条例など一連の地租改正法令が公布された。改租作業では、一筆ごとに地番を付して土地を特定し(地押)、当該土地の面積を測量し(丈量)、土地所有者(＝納税義務者)を確定するとともに、土地の収益に基づいて地価を査定した。その結果は地券——この地券を改正(更正)地券という——に記載され、土地所有者に交付された。

土地所有者の確定は、七四年一一月地所名称区別改正を基準に実施された。ここでとくに問題になったのは「公有地」の処分である。従来、「公有地」は官有に属する土地と私有に属する土地——主に村持の入会林野など——

の両方を含んでいたが、地所名称区別改正はこれを解体し、改めて官有地と民有地に区分することにしたのである。そして政府は同年一一月「地所名称区別改正ニ付官民有地取調手続ノ件」を根拠法に定め、「公有地」の整理に着手した。いわゆる官民有区分である。その後も、官民有区分の実施法令が相次いで出されたが、法令の不備や官吏の恣意的処分のために本来民有地であるべき土地が不当に官有地に編入されてしまうという事例が少なくなかった。そのため、官民有区分の不当性が後々まで争われた。

租税制度の整備　壬申地券の発行に伴い、従来地子免除地であった市街地には新たに地租が賦課され、地価の二％にあたる地租の納入が土地所有者に義務づけられた。他方、郡村では依然として近世的な貢租制度が維持された。当初、郡村地券は単に土地所有を公証するだけで、まだ収税機能を備えていなかったからである。

市街地への地租の賦課は都市地主層の強力な反対を招き、そのため一八七二(明治五)年六月地租率は地価の一％にまで軽減された。ところが郡村では、七三(明治六)年地租改正法によって旧来の貢租制度が改められ、新たに算定された地価に三％の地租が賦課されることになったため、市街地と郡村の間に税率の格差が生まれてしまった。この格差が是正されるのは七五年になってからである。同年八月郡村、市街地ともに地租率は一律三％とされた(七七年一月には減租布告により二・五％にまで軽減された)。

課税標準となる地価は市街地と郡村とでその性格が異なる。郡村の地価は収益地価主義によって査定されたが、これは七四年五月地租改正条例第八章追加によって改租後五年間据え置かれることになった。八〇年には、さらに五年間据置期間が延長された。こうして郡村の地価は固定化され、法定地価となった。これに対して市街地は、当初、売買地価主義の原則をとっていた。従って、地価は売買の度ごとに変動することになる。しかし、七五年さきの税率格差是正を契機として地価の全面的見直しを迫られ、各都市で――東京では七六年から七八年にかけて――

地価の査定が実施された。多くの都市では、土地売買価格や貸地料等を斟酌して地価を算定したが、ひとり東京だけは土地収益（「地力」）をもとに地価の査定を行った。

八四年三月地租条例が公布され、従来の地租改正関係法令が整備・統一された。同条例は、市街地も郡村もともに地価を「地券ニ掲ケタル価額」に固定化し、地租率を地価の二・五％に統一した。この法定地価はもっぱら地租の課税標準としての意味を持つが、実勢売買価格との制度的連絡を欠いているため、これ以後法定価格と売買価格との乖離は拡大の一途をたどることになる。

土地取引・担保制度　地券は何よりも近代的租税制度を確立するための手段であり、その意味で主に公法的な機能を担うものである。しかし、同時に、土地取引を規律する私法的な機能についても目を向ける必要がある。地券渡方規則は、所有権移転の場合、地券の書替を府県庁に願い出ることを義務づけ、もし「地券ヲ不申請」けずに密売をすれば、行政罰（土地と売買代金の没収）を科すとした。これにより、地券書換は土地取引の必要的方式となった。それでは、その私法的効果はどのようなものであろうか。この点を明確にしたのは七四年一〇月太政官第一〇四号布告であり、地券の書換は所有権移転の効力発生要件であるとされた。

改租事業の本格化に伴って、地券事務（始めは府県庁、後に郡役所で実施）が煩雑化し渋滞するようになると、地券書換に対する非難が次第に高まった。その結果、七七年七月司法省丁第四九号達によって地券書換の効力発生要件としての機能は否定され、戸長奥印をうけた土地売買証書の授受があれば土地所有権は移転することになった。

近世的土地取引慣行では、土地の売買譲渡（所有権移転）と質入書入（担保権設定）の区別は曖昧であった。そこで両者の区分と整備をはかるため、七三年一月地所質入書入規則が制定された。これは土地担保制度を質入（占有担保）と書入（非占有担保）に区別し、質入の場合にのみ地券を質取主に交付することを義務づけた。書入の場合、担保余力があれば二番抵当、三番抵当の設定を認めたことも重要である。さらに同年八月動産不動産書入金穀貸借規則が、抵当物件の流亡・焼失に関わりなく債権を保護するという方針を明示し、また同年六月金穀貸借請人証人弁償規則は、金穀貸借契約書に連印した証人・請人は、文言の有無にかかわらず、弁済義務を負うことを定めた。こうして債権者保護の立場から土地担保法制が整備され、その後の土地担保金融の発展を促すことになった。

不動産公示制度　不動産の権利関係を公示する制度は土地取引の安定に不可欠である。地券制度のもとで土地所有権を公示するのは、言うまでもなく地券である。(2) しかし、地券は土地所有権の化体にとどまるもので、本来、所有権以外の権利、担保権などを表彰するものではない。それゆえ地券は質入書入に関する公示機能を果たすことができない。そこで、明治政府はとりあえず旧慣を基礎とした方式をもって土地担保を処理する法令を布告した。七三年地所質入書入規則（前出）である。これにより質入書入の証文には町村戸長の奥書証印が要求された。そして、戸長役場には奥書割印帳が備え置かれ、願出があれば奥書割印帳に証文の内容を抄記（または謄記）し、「帳面ト証文トニ番号ヲ朱書シ割印ヲ押」す。そして戸長が奥書をした後、証文は質取主・質入主に交付される。この方式を公証制度という。公証制度は、基本的に、江戸時代の名主加判の制を継承したものであるが、奥書割印帳を全国的に制度化したという点で内容的な発展も認められる。

公証制度は、七五年に建物の質入書入と売買譲渡に拡充され、七七年にはさらに船舶にまで拡充された。この間、土地の権利関係の公示は所有権移転は地券で、担保権設定は公証制度でそれぞれ別々に行われていた。このような状態は八〇年一一月土地売買譲渡規則によって清算され、ついに土地の売買譲渡も公証によることになった。こうして地券はその私法的機能のほとんどを喪失したのである。しかし、公証制度は、すでに述べたように、「いわば古き革袋に新しい酒を盛ろうとするもの」（福島正夫「旧登記法の制定とその意義」日本司法書士会連合会編『不動産登記制度の歴史と展望』有斐閣、一九八六年、一八頁）であり、封建的土地制度の外被（形式）を強く残すものであった。それゆえ、時代の進展とともに次第に制度的な限界が明らかになっていく。

土地利用慣行の整理　近代的土地取引・担保法制が形成されていくなかで、土地の利用関係についての立法化も検討された。七三年大蔵省は「地所貸借規則」制定の必要性を太政官に上申し、同省での草案作成を伺い出た。伺文によれば、同規則は市街宅地および農地の貸借関係を包括的に規律することを意図していたようである。その後内務省が草案の作成作業を引き継いだものの途中で頓挫し、わずかに当面の地券交付に必要なかぎりでの処置として旧来の永小作慣行を廃絶する方針を示すにとどまった。そして、七五年二月太政官は内務省方針を許可し、開墾永小作は地主による小作株の買取りか小作人による所有権の買取りとし、認定永小作は年期二〇年以下の普通小作として扱うこととした。

その後、土地利用関係を規律する実体的法規は旧民法の公布まで制定されず、その間は伺指令を通じて個別的な処理が行われるにとどまった。しかし、八四年農商務省編纂「興業意見」が小作条例発布の必要性を強調して以来、同省内で小作条例草案の作成作業が進められたことは注目すべきである（同草案は八七年完成したが、結局、閣議に提出されずに終った）。

第2節　近代土地私法の確立

旧登記法と土地台帳規則　一八八〇、八一年頃の農村社会は米価の高騰などによって異常な好況に潤い、投機の盛行や土地担保金融の発展を見た。ところが、松方デフレ政策が開始されるや、一転して強烈な反動に見舞われ、米価や地価の下落、金融逼迫などによって多くの農民が没落し、土地を失った。この時期、地所の売買譲与・質入書入件数が激増したのはその現れである。こうした状況のなかで公証制度の不備が表面化し、とくに公証に関する詐欺的行為や公証簿に関わる事故が頻発した。公証制度は時代の要求に適合しがたいものになったのである。

こうしたなかで政府は登記制度の調査を開始し、ついに八六年八月一三日登記法を公布した。いわゆる旧登記法である。ここに初めて近代的な不動産公示制度の確立を見た。同法は登記機関を治安裁判所とし、登記事務を内務省から司法省の管轄に移した。登記所では地所、建物、船舶ごとに登記簿（物的編成の台帳式）を備え置き、完全かつ無条件に公開した。実体法との関連で言えば、登記の効力を物権変動を第三者に対抗する要件にとどめた。

他方、旧登記法の施行にもかかわらず、地券は依然として事実的な公示機能を失わず、民衆の信頼を集めていた。こうした状況は地券を登記法運用上の障礙と見る地券廃止論の台頭を促し、ついに八九年三月地券は廃止され、「地租ハ土地台帳ニ登録シタル地価ニ依リ其記名者ヨリ之ヲ徴収」することになった。地券の収税機能は土地台帳制度に移ったのである（同年三月土地台帳規則）。

帝国憲法と旧民法　八九年二月一一日大日本帝国憲法が発布された。憲法は、第二七条第一項において、「日本臣民ハ其ノ所有権ヲ侵サル、コトナシ」として、所有権の不可侵を宣言した。しかし、所有権は「国家ノ下ニ存立スル者」として「国権ニ服属シ法律ノ制限ヲ受ケ」る義務を負うものであり、それゆえ所有権の不可侵性は国権の行使を何ら制約しないと説明された（伊藤博文『帝国憲法義解』）。また同条第二項は、「公益ノ為必要ナル処分ハ法律ノ定ムル所ニ依ル」と規定し、所有権制限の要件として「公益目的」と「法律による制限」の二つを掲げた。

翌九〇年四月には民法財産編・財産取得編・債権担保編・証拠編、一〇月には財産取得編（一部）・人事編が各々公布された。いわゆる旧民法である。旧民法編纂の端緒は一八八〇年にまで遡り、以来、ボアソナードを中心に草案の起草作業が行われた。旧民法は、フランス法主義の編別法をとり、内容的には所有権の絶対、契約の自由、過失責任主義という近代民法の三大原則を明文化した。本章との関係では、旧民法の制定は土地関係の実体的法規を初めて確立したという意味でとりわけ重要である。すなわち、

第一に、旧民法はわが国最初の近代民法典として所有権の不可侵性を規定した。すなわち、所有権は「自由ニ物ノ使用、収益及ヒ処分ヲ為ス権利」であり、「法律又ハ合意又ハ遺言」による以外は制限できない。(3)

第二に、旧民法は不動産利用権として用益権、賃借権、永借権、地上権などの規定を設けたが、これらが一律に物権的構成をとっている点が注目される。このうち用益権は母法(フランス法)を継承したもので、所有権の三つの権能――使用・収益・処分――のうち使用・収益の権能を有する所有権の支分権である。一般的に親族間において無償で設定され、一身専属的かつ終身権的な性格を持つ物権であった。最も注目されるのは賃借権である。債権的構成をとる母法と異なり、旧民法は賃借権の物権的構成を採用したが、それはおもに草案起草者であるG・ボアソナードの社会政策的な意図によるものであった。彼は国民経済的見地から賃借権者の地位強化の必要性を認め、そのために賃借権を物権的に構成し、第三者対抗力を付与したのである。なお、三〇年を越える不動産賃借権は永借権として扱われるが(永借権の存続期間は三〇年以上五〇年以下)、旧来の永小作慣行はここに類別された。

近世以来の土地利用慣行は多種多様であり、所有権類似のものからきわめて権利性の弱いものまで幅広く存在していたが、旧民法はこれらを一律に物権として位置づけ、土地利用権者の法的安定性を確保しようとした。その意味で、すぐれて現状変革的な法典であったと評価することができる。しかし、それは施行にはいたらなかった。旧民法公布の前年に法学士会が旧民法に対する反対意見書を公表したのが端緒となり、いわゆる法典論争が始まったからである。九〇年には穂積陳重が『法典論』を刊行、さらに九二年には「法学新報」が社説「法典実施延期意見」を掲載し、帝国議会での議論も始まるなど、法典の施行をめぐる実施論と延期論との論争が本格化した。

とはいえ、論争はもっぱら身分法に集中し、財産法に関する議論はほとんど眼にすることができない。わずかに旧民法の所有権規定の背景にある自然法思想を論難するものや慣習尊重論の立場から入会権を取り上げたものがある程度である。結局、法典論争は施行延期論の勝利に終り、九三年には法典調査会が設置され、民法の起草（修正）作業が開始された。

明治民法　法典調査会での審議を経て、九六年四月民法第一編（総則）、第二編（物権）、第三編（債権）が公布された（以下、これを明治民法という）。明治民法はドイツ法の影響を受け、パンデクテン主義の編別法をとっている。これにより、旧民法の土地関係規定は次のように大幅に修正された。

第一に、所有権は「法令ノ制限内ニ於テ自由ニ其所有物ノ使用、収益及ヒ処分ヲ為ス権利」と定義された。起草者によれば、この規定は旧民法の「所有権は本来的に無制限である」との思想を否定し、所有権の内容は法律の規定する範囲内に限られるという理念を示している。また所有権制限の要件に関しても、必ずしも「法律による制限」に限定せず、命令（例えば警察令）による制限も認めている。

第二に、賃借権が物権から債権に改められたのが注目される。これは――法典調査会のある委員がいみじくも語ったように――明治民法の賃貸人（地主）保護の立場を鮮明に示すものであった。たしかに、明治民法は不動産賃借権については登記をすれば対抗力を与える旨規定し、賃借人保護の可能性を残した。しかし、この登記は賃貸人と賃借人の共同申請に依り、しかも賃貸人に登記義務がない。つまり、賃借人は単独で賃借権に対抗力を具えることができない。その意味で、民法は「売買は賃貸借を破る」の原則をとったのである。

また、賃貸借の存続期間を契約で定める場合、最長期二〇年以下という制限はあるが、最短期の制限は設けられなかった。更新については、基本的に当事者の自由に任されている。期間の定めがない場合、当事者の一方の解約によって賃貸借は終了するが、解約の申入は賃貸借終了の一年前（土地）または三ヶ月前（建物）でなければならない。

第三に、明治民法の物権規定について。旧民法の用益権は「本邦ニ慣習ナシ」との理由で削除された。用益権に関しては、旧民法の草案審議の過程から反対論や削除論が強かったが、明治民法の制定により削除論の勝利に終ったわけである。永借権と地上権は存続し（ただし永借権は永小作権に名称変更された）、新たに入会権規定が挿入された。このうち永小作権は田畑を、地上権は宅地と林地を対象に設定されることが想定され、当事者はこれら用益物権と債権的賃借権とを選択的に利用することが期待された。旧民法は法の意思により不動産利用権を一律に物権としたが、明治民法は物権と債権の選択を当事者の意思に委ねたのである。

第3節　近代土地私法の変容

都市の発展と「地震売買」　一九〇七年『平民新聞』に掲載された竹内余所次郎「東京市の大地主」によれば、当時、東京市内で宅地一万坪以上を所有する大地主は一〇八人（法人含む）である。しかも、これら大地主が所有する宅地面積は二六七万四九〇〇坪に達し、実に東京市一五区の宅地総面積の約四分の一を占めていた。彼らの多くは旧大名、旧公卿華族、商工的富豪などである。この時期の東京の宅地利用関係はこうした少数の大地主と、地主から土地を借りて借家経営を行う宅地賃借人（家主）、そして家主から借家を借りて生活する建物賃借人という三つの階層で構成されていた。

日露戦争を契機とする国内産業の発展により、農村人口は都市に吸収され、都市は人口の急増と市街地の拡大にみまわれた。これは、当然のことながら、地価の高騰と地代の引上をもたらし、旧来の宅地利用関係に大きな動揺を与えた。地主が民法の規定を悪用して、地代の引上要求に応じない宅地賃借人の追出し——宅地賃借人が家主の場合、地主による家主の追出は建物賃借人の追出にもつながる——をはかる事件が相次いだからである。民法の規定によれば、土地が売買されれば賃借権者は新地主からの土地明渡要求に従わざるをえない。つまり、「売買は賃貸借を破る」。地主側はこの点に着眼して、多くは仮装の売買を仕組んで賃借人に立退きを迫ったのである（いわゆる地震売買）。民法は登記された不動産賃借権に第三者対抗力を認めていたので、登記がなされていれば地震売買も起こりえない。しかし、実際に賃借権が登記されるのは稀であった。地震売買の頻発はこうした明治民法の限界を露呈するものであったということができよう。

建物保護法と借地法・借家法　そこで宅地賃貸借に関する特別法として一九〇九年五月「建物保護ニ関スル法律」、いわゆる建物保護法が公布された。同法は地上権者や賃借人がその土地上の建物の保存登記をしていれば、たとえ地上権や賃借権を登記していなくても第三者に対抗できると規定した。賃借権の登記と異なり、建物登記は建物所有者が単独で行うことができる。いまや「売買は賃貸借を破らない」のである。

しかし、建物保護法が制定されても地主と宅地賃借人との紛争が沈静化したわけではない。地主側は新たに短期賃貸借を利用して地代の引上げをはかったからである。これも最短期の制限を設けていない明治民法の盲点を衝くものであった。そこでいっそうの宅地賃借権の強化が求められ、二一年四月借地法が制定された。同法は建物の所有を目的とする地上権と賃借権を一括して「借地権」とし、民法の関係規定を次のように修正した。第一に、借地権の存続期間の長期化をはかった。期間の定めがない場合には、建物の種類別に法定存続期間を定め、石造・土造・煉瓦造などの「堅固ノ建物」は六〇年、「其ノ他ノ建物」は三〇年とした。期間の定めがある場合でも最短期の制限を設け、「堅固ノ建物」は三〇年以上、「其ノ他ノ建物」は二〇年以上でなければならないとした。第二に、借地権者に更新請求権が与えられた。すなわち、期間満了によって借地権が消滅する場合でも、建物が存在していれば、地主に対して契約の更新を請求することができる。もし地主が更新を拒絶すれば、借地権者は建物等の時価での買取を請求することができる。

借地法と同時に、借家法も公布された。同法は建物賃貸借に関する最初の特別法である。これにより、第一に、建物賃借権は登記がなくても建物の引渡しがあれば第三者に対抗できるようになった。この規定は宅地賃借権における建物保護法に相当する意義をもつものである。第二に、法定更新が認められた。期間についての定めがあっても、賃借人が期間満了後も建物の使用・収益を継続する場合には、賃貸人が遅滞なく異議を述べないかぎり――借地法のように賃借人からの更新請求がなくても――従前賃貸借と同一の条件で契約が更新されたものと見なされる。第三に、賃貸人の解約の自由が一定程度制限された。すなわち、期間の定めがないとき賃貸人の側から解約するためには、解約の申入れは六ケ月前でなければならないとされた。

これら賃借権保護立法はそれぞれ制定の意義が大きく相違するものであることに注意すべきである。建物保護法と借地法は宅地賃借権の保護を目的とし、それを通して借地人の土地への資本投下を保障しようとする、すぐれてブルジョア的な性格を有するものである。これに対して借家法は都市の宅地利用関係の最底辺に位置する借家人の生活と生存を保護することを目的とするもので、社会権的な性格の強いものであった。

小作争議の激化と小作法案の挫折　宅地・建物の賃借権の保護・強化が一連の立法によって推し進められてきたのはすでに見たところであるが、これと対照をなすのは農地の賃借権である。農地賃借権については昭和に入るまで何も立法化の措置がとられなかった。しかし、それは明治民法的な農地賃借権に問題がなかったということを意味しているわけではない。現実はまさに逆であった。

第一次世界大戦以後、小作争議は質的、量的に飛躍的な発展を遂げる。小作人は各地で恒常的な組合組織を作り、一九二二年には全国組織として日本農民組合が結成された。いまや小作人は組合に階級的に団結・結集し、地主層に対する自覚的な権利要求の運動に立ち上がったのである。小作争議の数も、二〇年の四〇八件から二九年には二四〇〇件余りへと激増した。

こうした小作争議の高揚は、労働争議の激化と相まって、政府の政策的対応を促した。農商務省は、二〇年に大臣諮問機関として「小作制度調査委員会」を設置して以後、地主小作関係の安定化を図るため、小作権を保護・強化する小作法案の立案や小作紛争の調停制度などの検討を進めた。このうち小作法案は、幾度か草案がまとめられた後、三一年帝国議会に法案が提出された。しかし、審議未了のため廃案となり、以後、小作法の立法化は沙汰止みとなってしまった。

小作調停法　農地賃借権に関する特別法（小作法）の立法化が難渋を極めるなか、小作争議の調停制度が制度化された。二四年七月小作調停法である。同法によれば、小作争議が発生すれば、当事者は地方裁判所に調停の申立をすることができる。裁判所は、調停委員会を開催して調停を行う。同法は、また、小作官制度を新設し、小作官に調停の場での意見陳述権を認め、また事件の調査を嘱託した。小作官は、事実上、法廷外での調停（法外調停）も行った。

小作調停法には、調停事件について訴訟事件が継続しているときは調停が終了するまで訴訟手続を中止するという規定が盛り込まれている。小作人側はこの規定を積極的に利用し、地主側の立入禁止や立毛差押処分に対抗する手段とした。また、小作官の法外調停も小作人側に有利に行われることがあった。それでも、それは民法の基本枠組みを修正するものにはなりえなかった。

農地調整法　一九三〇年代に入ると、小作争議は二〇年代をはるかに上回る勢いで激増した。この時期、日本は日中戦争へと突入したため、小作争議を沈静化し農村社会の安定を図ることが戦争遂行のために不可避の課題となった。こうした状況の中で三八年四月農地調整法が公布された。同法は、「農村ノ経済更生及農村平和ノ保持」を標榜しつつ、自作農創設維持事業の拡大強化、小作調停機能の強化、農地委員会制度の創設、そして農地賃借権（小作権）の強化をはかった。このうち農地賃借権に関しては、登記がなくても「農地ノ引渡」があれば農地賃借権に第三者対抗力を認め、また、賃借人に「信義ニ反シタル行為」がない限り、賃貸人は賃貸借を解約し、または更新を拒否することができないとした。賃借権に関する保護規定は僅かにこれだけではあるが、農地調整法の制定によって初めて明治民法の枠組みが修正されたのである。それは民法施行後四〇年目のことであった。なお、戦後農地改革はこの農地調整法の改正法律によって遂行される。

第4節　土地公法の発達

帝国憲法と土地収用制度　土地所有・利用秩序に対する公法的規制の憲法的根拠は、言うまでもなく、憲法第二七条第二項である。憲法起草段階での議論を見ると、同条第二項の「公益」に関して、その内容を土地収用に限定する立場（ロエスレル）と、より広く「公益」の内容を捉える立場（井上毅）との対立があった。結局、憲法起草者は前者の立場をとったようだが、後の行論に関係する限りでは、当時所有権制限の中心的な論点が土地収用にあったことを確認しておけば足りよう。

日本の土地収用制度の端緒は一八七五年公用土地買上規則にまで遡ることができる。この規則には外国法の影響はあまり見られず、むしろ日本的実務のなかから生み出されたという性格が濃い。これに代わる八九年土地収用法はプロイセン土地収用法をモデルに制定された、わが国最初の近代的土地収用立法である。ただ、同法はプロイセン法の手続構造を大幅に簡素化するなど、官僚主義的な性格がかなり強いものであった。一九〇〇年には新土地収用法が公布されるが、八九年法の基本構造はそのまま継承された。

収用という公的＝権力的な土地取得を正当化するのは収用目的となる事業の「公益」性である。ところが、当時の制度では、国民の側が国家の認定した「公益」性の是非について争うことは認められていなかった（例えば、一九一八年七月二一日行政裁判所宣告）。また、「公益」内容の時代的な変化にも注意しておきたい。大まかに言えば、明治初年では収用目的の中心は国家の直接的目的——官公庁敷地や軍用地の取得など——にあったが、明治一〇年代以降は殖産興業、とくに鉄道事業の比重が増してくる。さらに明治二〇年代以降の変化として重要なのは、収用制度が都市計画の技法としての役割をも担うようになるという点である。

東京市区改正条例・東京市区改正土地建物処分規則　近代日本の都市計画は、一八七二（明治五）年に開始された銀座煉瓦街計画、八一年神田橋本町全面買上スラムクリアランスなどの前史を経て、八八年八月東京市区改正条例によって本格的に開始された。

これによれば、市区改正計画の設計は内務大臣の監督下にある東京市区改正委員会が行い、内務大臣の審査と内閣の認可を受ける。つまり、市区改正の決定権限は国家に帰属する。ところが、決定権限は国家が掌握しておきながら、事務の執行責任は東京府知事に負わされている。東京府に認められた財源は特別税、河岸地の貸付収入、公債発行だけである。国庫補助は認められていない。また、決定された計画は府知事によって公告される。この計画の公告は事業に関係する土地・建物所有者の私権を制限する根拠となり、事業に関係する土地の権利者は東京市区改正土地建物処分規則（後出）の定める制限に服しなければならない。

東京市区改正条例の関係法令として、翌年一月東京市区改正土地建物処分規則が公布された。これは「日本の都市計画技術手法の出発点となった重要な規則」（石田頼房『日本近代都市計画の百年』自治体研究社、一九八七年、七〇～七一頁）であり、公的土地取得（収用）や建築制限などに関する規定を設けている。第一に買上代価の決定について、①所有者との協議、②評価人による買上代価の評価、③内務大臣の決定、などを内容とする簡易な手続を設けた。第二に土地取得方法について、必要土地の収用によって「一宅地ヲ為スニ足ラサル残余」が生じる場合にはこれも併せて買上げるという残地収用的な規定や、市区改正事業によって生み出された不用地（「一宅地ヲ為スニ足ラサル」土地）で接続地所有者が買受を欲しない場合には府知事が接続地を買上げるという超過収用的規定が設けられた。これらはパリの都市大改造に学んで採用された、当時最新の都市計画手法であった。第三に、市区改正に必要な土地に属する建物の新築・増改築は一定の制限を受けることになる。この制限内で建物の新築・増改築を希望する者は、事前に府知事の認可を受けなければならない。これは計画区域内での無秩序な建物建築を防ぎ、市区改正事業の遂行を円滑ならしめるための規定である。

都市計画法・市街地建築物法　一九〇〇年代に入ると、都市の人口が急増し、行政区域の枠を超えて市街地が郊外へ拡大する現象が顕著となった。東京では市区改正条例が施行されていたが、同条例は既成市街地の改良事業を執行するもので、市街地の外延的拡大という事態に対応しうるものではなかった。そのため、市街地の郊外への膨張は何の法的規制を受けることなく、乱雑・無秩序に展開したのである。

かくて、行政区画の範囲を超えた市街地の拡大に対応し、秩序ある市街地形成を誘導する新しい都市計画手法の立法化が求められ、一九年四月都市計画法が公布された。同法は土地区画整理、用途地域制、建築線制度などの新しい都市計画技法を導入し、都市の膨張と新市街地の形成への対応をはかった。

ところが、市区改正条例と同様に、都市計画法では、都市計画の決定権限は国家に帰属しており、都市計画区域や都市計画などの決定はすべて内務大臣の決定を経て内閣の認可を受けなければならない。都市計画事業の財源も市区改正条例のそれとほぼ同じである。都市計画法原案の検討過程では、新しい財源として土地増価税、間（閑）地税などの導入や一部事業費の国庫補助が提案されたが、結局、そのほとんどが見送られ、新規の財源として認められたのは受益者負担金制度だけであった(4)。

なお、計画決定の法的効果として、計画に関わる土地に都市計画制限が働き私権が制限される。都市計画法では、都市計画事業予定地――市区改正条例の場合はこれだけ――だけでなく、土地区画整理区域、用途地域などまでが都市計画決定のなかに含まれている。

都市計画法と同時に、市街地建築物法が公布された。同法は、わが国で初めての本格的な建築規制立法である。すなわち、同法は都市計画法によって導入された用途地域制の具体的な制限内容を規定し、かつ建築線、建築物の高さ制限、建坪率、防火地区・美観地区指定、建築物の単体規定などの規定を設けた。

近代土地税制の基本構造　近代における（広義の）土地租税制度を国税について見ると、その概要は次の諸点にまとめられる。第一に、土地取得税としては、現行の登録免許税に相当する登録税（一八九六年登録税法により創設）がある。また、一九〇五年相続税法により不動産相続には相続税が課されることになった。第二に、土地保有税としては、地租が代表的である。地租の課税標準は法定地価であるため、時代の進展とともに実勢価格との乖離を深めていくことはすでに指摘した通りである。第三に、土地譲渡所得に対する課税について。一八八七年所得税法は「営利ノ事業ニ属セサル一時ノ所得」を課税の対象外としたため、土地の売買譲渡所得はまったく課税されなかった。このような状態は、一九四二年不動産譲渡利得（＝所得）が臨時利得税の課税対象となるまで続いた。

現代の土地税制は、土地政策の一手段として、土地の供給および有効利用の促進、需要（特に仮需要）の抑制、開発利益の吸収という政策目標を与えられている。しかし、近代土地租税制度にはこれら三つの政策目標が存在しない。換言すれば土地政策的な機能が欠如している。大正期に土地増価税の創設による開発利益の吸収という試みが見られたものの、それも挫折に終わった。租税制度と土地政策の結合はまさに戦後の課題であった。

第5節　戦時期の土地法制

日中戦争、太平洋戦争の本格化に伴い、近代の土地法制も総力戦体制の中に組み込まれ、大きな変容を遂げることになる。農地に関しては、既に見た農地調整法がその一例である。さらに、同法制定以後、明治民法的な土地所有・利用秩序に対する公法的な規制・介入が本格化する。三九年小作料統制令、四一年臨時農地価格統制令、臨時農地等管理令などがそれである。このうち小作料統制令は単に小作料を固定化するだけでなく、地方長官に不当小作料の引下命令権などを付与した。また、臨時農地等管理令は農地転用を地方長官の許可制とし、農地転用の許可基準を示した。さらに不耕作地については地方長官に勧告権を与え、必要な措置を講じることを認めた。このような小作料統制や農地転用許可制は、戦後の農地改革、そして農地法へと受け継がれていくのである。

都市計画法制に関しては、地域制や地方計画、国土計画などの発展が注目される。例えば地域制について。四一年防空法改正は「防空空地帯」制度を創設し、「防空空地帯」に指定された地区での（一定の用途に供する以外の）建築物の建築を禁止または制限したが、これこそ「日本の国内法で市街化抑制のための地域制が制度化された最初の例」（石田頼房『日本近代都市計画史研究』柏書房、一九八七年、二一二頁）であった。戦後の地域制は六八年都市計画法の市街化区域・市街化調整区域制度などが知られているが、その前史は戦時期にまで遡るのである。

このような戦時期土地法の展開過程は土地所有・利用秩序に対する公法的規制・介入の本格的な展開として特徴づけることができる。かかる全面的な公法的規制を正当化した「公益」性は言うまでもなく戦争遂行という国策であった。戦後土地法はこのような戦時期土地法の「公益」性を否定し——それに代わる戦後的「公益」の中核は「高度経済成長」を推進する産業政策であった——、かつ公法的規制をいっそう本格化させていくのである。

（1） 土地私法と土地公法の総合的・体系的な理解を試みた最も早い時期のものに、地政研究会編『土地法制概論』（都市計画協会、一九四七年）がある。これは戦災復興院土地局のメンバーによって執筆されたものである。

（2） 地券渡方規則は台帳の制度も設けている。地券書換の願出があれば、府県庁は本紙と控の二枚の地券を作成し、本紙を地主に授与し、控を県庁備え置きの元帳に綴込むというものである。後に府県庁は郡役所に、地券書換は裏書に、そして元帳は地券大帳、さらに地券台帳へと発展する。しかし、この台帳制度は、本来的に、公示機能を予定していない。

（3） 後の法典調査会では、旧民法は所有権は本来的に無制限であるという自然法思想によるものとして特徴づけられているが、かかる理解が正当なものであるとすれば、旧民法の所有権思想はほぼ同時期に制定された帝国憲法のそれと根本的に対立するものであるといえよう。

（4） 受益者負担金制度は、都市計画法第六条第二項により、「都市計画事業ニ因リ著シク利益ヲ受クル者」に対して、その受益の限度内において、都市計画事業執行費用の全部又は一部を負担させるものである。それは実際には主に道路事業の財源を沿道土地所有者の負担金徴収によって賄おうとするものであった。しかし、受益者負担金制度の実施に伴い、東京、京都、名古屋、神戸などの各地でこれに対する反対運動や訴訟が起こった。

第13章　家族法制

第1節　戸籍法の制定と「家」

戸籍法の制定　維新政府は、封建的支配機構を解体させ新たに中央集権的な統治機構を構築していく一方で、封建的身分の解放を推し進めていった。まず、一八七〇年一〇月（明治三年九月）、江戸時代には原則として禁じられていた庶民＝平民の氏の使用を許し、武士・庶民間の差別撤廃の方向へ一歩を踏み出した。そして、一八七一年一〇月（明治四年八月）には華士族平民間相互の婚姻を、さらに一八七三（明治六）年一月には、華士族平民間相互の養子縁組を許可した。

他方、政府は、成立後直ちに人民掌握政策を展開した。人民掌握は、政府にとって、民治政策を展開していくうえで不可欠とされ、また、脱籍浮浪者の取り締まり・治安維持のためにも急務とされたのである。

まず、一八六八（明治元）年に、当時政権の所在地であった京都府において、京都府戸籍仕法が制定された。これは族属別（身分別）戸籍であり、幕藩体制下における身分別人民掌握方式を継承するものであった。政府は翌年「府県施政順序」において、当時政府の直轄地であった府県一般に対し同法の施行を命じた。さらに政府は全国的な戸籍の編製を目指し、廃藩置県直前の一八七一年五月二二日（明治四年四月四日）、太政官布告によって、藩をも含む全国に施行されるべき「戸籍法」を制定した。その前文は「全国人民ノ保護ハ大政ノ本務」と謳い、保護すべき人民掌握の為に戸籍を編製し、戸数人員を詳らかにする必要性を説く。この明治四年戸籍法は、全国民を、政府が直接、一元的に把握することを目指した「全国総体ノ戸籍法」であった。この布告による戸籍は、編製の年（一八七二）の干支をとって、壬申戸籍と呼ばれる。

まず戸籍法は、族属別編製を廃して住居地に基づく編製方式を採用した。この方式は、身分制を否定して四民同一制を採り、「臣民一般（華族士族卒祠官僧侶平民迄）」を、現実の生活単位である「戸」に基づいて、順次漏れなく掌握しようとするものである。もっとも、戸籍法制定当時においては、穢多非人等賤民は「臣民一般」から除外されていたが、同年一〇月一二日（明治四年八月二八日）、政府は二つの太政官布告（賤民廃止令）を発し、穢多非人の称を廃して彼らを「平民同様」とし、(1)「一般民籍ニ編入」するよう命じた。これによって、実際に戸籍編製が始まる迄には、まさに全国民を掌握する準備が完了した。

次に同法は、戸籍編製・管理の地域単位を区とし、各区に戸籍取扱いの吏員として戸長、副戸長を置いた。そして、戸長より管轄庁へ、さらに管轄庁より太政官へ報告させることにより、政府が全国の「戸」を掌握する方式を設定した。これは、以後展開される地方制度の出発点ともなった。

戸数人員を詳らかにする為には、戸籍に現実の居住関係を正確に反映させる必要がある。そこで、戸籍法は、六年毎の戸籍改製を規定するとともに、(2)「其間ノ出生死去出入等ハ必其時々戸長ニ届ケ（る）」（第五則）べきこととした。また、戸籍の書式として「戸籍同戸列次ノ順」が定められ、「戸」の構成員は、戸主を筆頭に、戸主の直系尊属・配偶者・直系卑属・兄弟姉妹・その他の傍系親という一定の順序で配列された。この「書式ハ臣民トモ体裁一」（第三三則）とされる。すなわち、戸籍の編製を通じて、戸主を頂点とし、尊卑・長幼・男女の序列に従う家族秩序が、華士族から平民に至る臣民一般に共通のものとして、すべての「戸」＝「家」に強制されることとなったのである。

こうして、全国民は、現実の生活単位である「戸」ごとに、同一形式の戸籍によって把握されることになった。そして、平民にも使用が許された氏は、「戸」＝「家」を識別する表象記号としての役割を持つことになる。(3) この戸籍の制度を土台として、「家」制度が形成され、展開していくのである。

「家」制度の形成　家族関係の法規制は、戸籍を通じて行われた。政府は、上述のように戸籍によって「戸」＝「家」の範囲を確定し、戸主と家族員との関係を定め、「家」を通じて現実の家族を統制しようとした。その方向は、時々の必要に応じて発せられる単行身分法規や、伺に対する指令によって確立されていった。また、親族規制は刑罰法規によっても行われた。一八七一年一二月（明治三年一二月）の新律綱領、一八七三（明治六）年六月の改定律例は、尊長、卑幼、夫・妻妾(4)の序列に基づく親族秩序を定めていた。

身分関係の変動は、戸主の届出によって戸籍に記載され効力を生ずる。戸主は「家」の代表者として届出権（義務）を有し、かつ、これを通して家族に対する身分統制権をも持つことになった。さらに戸主は、「家」の代表者として家産の所有主体とも認められた。政府は、戸籍による身分規制を通じて、「家」の財産関係をも規制した。ここに形成された法体系が「戸主ノ法」と呼ばれたものである。「戸主ノ法」の下においては、戸主であることと、家産の所有主体であることとは密接に結びついていた。戸主の交替である家督相続は長男子単独相続の原則が採られ(5)、戸主の地位と家産は、不可分のものとして次の戸主に相続された。また、戸主以外の家族の財産は対外的には否定され、一戸籍内の財産は総て戸主財産＝家産とみなされて、戸主身代限処分の際にはその対象となった。

このように、戸主には身分上および財産上の強い権限が認められたが、その地位は必ずしも絶対的なものではなかった。なぜなら、戸主の意思によらない、親族協議に基づく強制的な戸主の交替＝廃戸主制度（強制的な養子戸主離縁も含む。廃戸主制度については、近藤佳代子「明治民法施行前の廃戸主制度と『家』」阪大法学一一三号〔一九八〇年〕参照）が存在したからである。戸主には、「家」の代表者として「家」を維持・発展させることが要求されたのであり、その任に堪えない者は、廃戸主制度によって、戸主の地位とともに家産の所有権をも失ったのである。このことは、「戸主ノ法」の下においては真の権利主体は「家」であり、一般家族員は勿論、戸主さえも完全な法主体性（権利能力）を有していたわけではなかったことを示している。このような「家」の原理は近代法原理と衝突し、個人所有を認める地券の制度の出現は、「家」から個人を析出させる契機となった。

「家」の変容　政府は、資本主義経済の育成に適合するように、土地に関する封建的制約を撤廃し、土地の商品化への道を開いた。地租改正により発行された地券は、土地所有者＝納税者の確証であると同時に、土地の商品的流通の手段ともなった。土地は元来主要な家産であったが、地券の制度によって個人財産化が進行し、家族の特有財産を認めるとともに、戸主財産の性格をも変えていくことになる。

まず、政府は、土地の自由な流通を図るため、戸主だけでなく家族にも土地の売買を認め（明治七年一月二九日太政官指令）、さらに、家族への地券授与の正当性を確認するとともに、家族の地券は戸主の身代限処分の対象外であるという原則を確立した（明治九年五月一一日太政官指令）。これにより、家族の地券は、対外的にも家族の特有財産と認められるようになった。けれども、家族の土地売買には戸主の連印＝許可が、また、家族の地券には戸主氏名の肩書きが要求され、家族の財産権は、なお戸主による制約を受けていた。しかし、この戸主連印制も一八八二（明治一五）年には廃止され、土地について家族の完全な所有権が承認されるに至った。ただし、妻の土地については、戸主連印制廃止を契機として処分許可権が戸主から夫へ移り、ここに夫権が析出されてくるのである。また、以上のような財産関係の変化は、現実の家族関係が、戸籍による「家」の枠組みと一致しなくなってきていたことをも反映していた。

次に、戸主財産について検討しよう。土地取引の安全を保障するためには、地券に土地所有者が正確に表示される必要がある。したがって、所有権が移転した場合には、地券書替がなされなければならない。家督相続に関する地券書替手続を定めた一八七五(明治八)年太政官第一五三号布告は、死亡者の相続については、所有権は相続人へ当然移転することを認めたが、生前相続の場合には、同年第一〇六号布告の売買手続きに従い、地券を書替えなければ所有権が移転しないこととした。しかしこの取扱いは、戸主の交替により家産の所有権は自動的に後戸主に移転する、という「戸主ノ法」の原理とは、明らかに矛盾する。そこで、司法省は二度にわたって生前相続と死亡相続の手続きを同一にするよう求めたが、太政官はこの主張を退け、一五三号布告の方針を堅持する旨明言した(明治九年五月一一日指令)。こうして、生前相続に関し、戸主の地位と財産との結合が破れ、主要な家産たる土地の自動的移転は認められなくなった。

このように、商品経済の発展を追求する政策は、地券(さらに公証記名財産一般)の個人財産化を促した。しかし、家産の分解は「家」の解体につながる。政府が家産を否定する意図のなかったことは、個人的所有権の承認を公証記名財産に限定したことから明らかであった。したがって、家産分解の危機に瀕して、再び「戸主ノ法」の立場から、それを阻止する方策が講じられることになる。

方策は、とくに他家への財産流出に対して講じられた。養子戸主離縁の際の地券の帰属については早くから問題が提起されたが、政府は、一八七七(明治一〇)年四月二七日太政官指令により、地券は個人に付与するものであると確認しながら、養子中に得た地券は離縁の際持去りを許さないという方針を示した。この方針は、さらに、戸主でない養子や妻の実家復籍の場合にまで拡大された。また、廃戸主の場合も、本人が自発的に公証記名財産の名義書替を行うことは期待できず、書替を所有権移転の要件とする取扱いは廃戸主制度の意義を損なうことになる。この点を指摘した滋賀県伺を受けて、一八八八(明治二一)年五月一八日司法省指令は、財産は総て後戸主の所有となることを認めた。ただし、同時に廃戸主自体の制限も現れ、所有権剝奪との調整が図られた。

このように政府は、一旦公証記名財産が個人財産であることを宣言しながら、戸主名義の財産に関して、その方針を貫くことができなかった。また、家族の財産については、公証記名財産の個人的所有権は承認されたが、それ以外の財産は依然として家産に組み込まれたのである。このような「家」による財産規制の排除は、民法典編纂を通じて実現される。

第2節　明治民法の成立

民法典の編纂　民法典編纂作業は、一八七〇(明治三)年、江藤新平が太政官制度局に民法会議を設置し、フランス民法の翻訳をもとに逐条審議する、という形で開始した。一八七一年の「民法決議」から一八七八年の司法省の「明治一一年民法草案」まで、いくつかの草案が作成されたが、いずれも公布に至らず廃案となった。これら初期の諸草案においては、フランス民法の近代市民法原理を規定しようとするものと、戸籍法に基づく戸＝「家」の原理を導入しようとするものとの二つの流れの交錯が見られる。

一八八〇(明治一三)年、元老院に民法編纂局が設置され、改めて編纂作業が行われることになった。そして、財産法はフランス人ボアソナードに起草を依頼するが、身分法は日本の風俗慣習に基づくべきものとして日本人が起草を担当し、一八八八年に、身分法第一草案（人事編および獲得編第二部）が成立した。しかしこの草案は、「戸主及ヒ家族」の章を置くものの「家」を実質的には否定しており、市民法的性格の強いものであった。また草案は、夫を家長と定め、妻の無能力や、夫への財産的権限の集中などの夫権を設定しており、この点においても近代市民法的なものであった。第一草案は、全国の地方官・裁判官・検事等に回付され、彼らの批判を受けて、「家」の実質化に向けて大幅に修正されていった。そして、一八九〇年、いわゆる旧民法が公布された。

旧民法には、「家」が実質を伴って明確に現れたが、それは、「戸主ノ法」の単なる復活ではなく、近代法原理との整合性を図ったものであった。戸主は「一家ノ長」と規定され、家族に対する戸主権も明確化した。また、家督相続は長男子単独相続制が採られ、戸主に「家」の財産が集中された。しかし、廃戸主制度の廃止と養子戸主離縁の禁止によって、戸主の財産は「家」の制約を受けないものとなり、個人財産としての性格を持つようになった。家族も完全な権利能力が認められ、行為能力も、戸主の制約は排除された。また、第一草案に規定された夫権は、基本的に、旧民法でも維持された。

しかし、このような旧民法も、なお個人主義的であるとの批判や、法による権利義務関係の成立自体を否定する意見等、種々の批判を受け、論争の結果、施行延期となってしまった（法典論争）。そして、一八九三（明治二六）年には法典調査会が設置されて民法の再編纂が行われ、一八九八年六月二一日に民法第四編親族・第五編相続が公布されて、総則・物権・債権の前三編とともに七月一六日に施行された（明治民法）。この編別構成は、家族関係を権利の主体の規定と併せて人事編に、相続関係を財産取得編に規定した旧民法と異なり、家族法を財産法から独立した二編とする構成を採るものであった。

明治民法の構造——観念的「家」と実体的家族　(1)「家」と戸主権　明治民法の家族法は、旧民法では人事編の第一三章に置かれていた「戸主及ヒ家族」の章を親族編第一章総則の次（実質上冒頭）に置くことにより、「家」を中核とすることを明示した。しかも、戸主の変更は「家」構成員の変動をもたらさないことを明記して、家督相続は「家」の代表者たる戸主の交替に過ぎず、「家」は同一性を持って存続することを示した（利谷信義「明治民法における『家』と相続」社会科学研究二三巻一号〔一九七一年〕五八～五九頁、一〇三頁）。すべての国民は戸主あるいは家族としてある「家」に所属する。そして、その「家」の氏を称することが規定された。[6]

戸主の地位と財産は一体である。前戸主の一身に専属するものを除き、祖先祭祠財産（系譜、祭具および墳墓）を含む、前戸主のすべての権利・義務が家督相続の対象となり、単独相続により新戸主に承継された。[7]

また、戸主には家族を身分的に統制するために、家族に対する居所指定権とそれに伴う離籍権、婚姻・養子縁組についての同意権とそれに伴う離籍権・復籍拒絶権、入家・去家についての同意権等の戸主権が与えられた。他方で戸主は、家族に対する扶養義務を負った。これらの戸主権は尊属に対しても行使し得る絶対的なものであった。[8]また、廃戸主制度の廃止によって、戸主の地位そのものも絶対化した。

しかし、戸主権は身分上の権限に限られ、家族に対する戸主の財産的権限は認められなかった。なぜなら、民法は、すべての財産を「家」の規制から解放し、その自由な流通を保障しようとしたからである。それゆえ、家族の財産は、戸主によって制約されることのない、完全な個人財産として確立した。そして、単独相続によって戸主に集中させた「家」の財産すら、廃戸主制度の廃止によって、戸主の個人財産として構成された。[9]このようにして民法は、「家」制度を規定しつつ、それと近代的財産法との整合性を図ったのである。

民法に規定された「家」の範囲は、具体的には戸籍によって確定される。しかし、民法制定当時、既に、戸籍上の「家」と現実の生活共同体との乖離は進行していた。民法はこれを反映し、実体的家族の関係に適合する規定をも準備した。

(2)　夫権・親権　ここでは、まず夫婦財産関係の視点から、明治民法の構造を検討してみよう（夫婦財産関係について詳細は、近藤佳代子「民法典編纂過程における夫婦財産関係」法制史研究三九号〔一九九〇年〕参照）。明治民法は、妻の無能力規定を総則編に、夫婦財産制の規定を親族編に置き、法定財産制として管理共通制を採用した。妻の無能力とは、妻が一定の法律行為を為す場合に夫の許可を必要とする制度であり、また、管理共通制とは、妻が「婚姻前ヨリ有セル財産及ヒ婚姻中自己ノ名ニ於テ得タル財産」を妻の特有財産と認めつつ、夫がそれらを管理する制度である。このような法構成は、夫婦の財産を夫に集中させ、夫により統一的に管理・運用させようとするものである。そして、これは妻が戸主の場合にも適用された。[10] すなわち、民法は、妻の財産所有権を承認し、更に身分統制権としての戸主権も戸主たる妻に与えたが、[11] 財産の管理・運用は、あくまでも夫が行うべきものとしたのである。何故このような構成がとられたのかを、法典調査会の議論を参考にして考えてみよう。

第一四八回法典調査会で、起草委員の一人である梅謙次郎は次のように述べている。「女デモ戸主ニ為レル従ツテ戸主権ヲ行フコトガ出来マス、ケレドモ其外ノ事ハ妻ハ飽クマデモ夫ニ従ハナケレバナラヌ…先ヅ一家ノ大将ハ夫デアル」。そして、「名義上ノ家」「無形ノ家」と、「実際上ノ生活」とを区別し、戸主権は前者の利害に関する「無形上ノモノ」であり女戸主でも行使し得るが、「財産ノ管理ト云フヤウナ」実際上の権限は夫が行使するという（「法典調査会　民法議事速記録六」法務大臣官房司法法制調査部監修『日本近代立法資料叢書6』商事法務研究会、一九八四年、三四五頁）。すなわち、「家」は戸籍に表示される観念的なものであるとして現実の家族とは区別され、後者においては夫が家長と考えられたのである。

そして、現実の家族における家長たる夫は、子に対しては父として親権を行使する。未成年の子に対する[12]監護教育の権利義務や財産管理権等は、戸主ではなく親権者の権利義務であった。さらに、単独相続による家産の独占に対して戸主に課された家族の扶養義務も第一順位とはされておらず、第一に扶養義務を課されたのは配偶者であった。

このように、明治民法は「戸主ノ法」を財産法原理に整合的に位置づけ「家」を家族法の中核に据えたけれども、「家」の観念化の進行という現実を反映し、観念的な「家」と実体的「家族」との二重構造をとったといえるのである。

第3節　民法改正の動き

明治民法に対する批判と民法改正要求　明治民法に対しては、「家」を重視する立場からは、民法が家産を認めなかったことに強い不満が表明されていたが、他方、個人主義や社会主義思想が拡がる中で、「家」制度や女性とりわけ妻の劣位に対する批判も高まってきた。

日清戦争後の資本主義の急速な発展は、共同体的な秩序の解体・家族の解体を促し、家族イデオロギーを弛緩させ、社会情勢の変化をもたらした。寄生地主制の拡大、産業の大規模化等の現象は、日露戦争後さらに加速され、それに伴い、小作争議、労働争議が各地で続発した。さらに民衆の騒擾や市民闘争も活発になり、政権を揺るがすまでになった。このような状況に対して、政府は、一方で家族主義の強調に努め、「地方改良運動」に見られるような農村秩序の再編および家父長的な「家」の強化を図るとともに、支配体制の大幅な再編・強化を企図した（この時期の国家機構等の再編過程について、利谷信義・本間重紀「天皇制国家機構・法体制の再編——一九一〇〜二〇年代における一断面」原ほか編『大系日本国家史5　近代Ⅱ』東京大学出版会、一九七六年参照）。こうした動きの中で、民法改正が具体化してくることになる（磯野誠一「明治民法の変遷」中川ほか編『家族問題と家族法Ⅰ　家族』酒井書店、一九五七年、同「民法改正」鵜飼ほか編『講座日本近代法発達史2』勁草書房、一九五八年参照）。

その直接の契機となったのは、一九一七（大正六）年九月に設置された臨時教育会議が、一九年一月に行った「教育ノ効果ヲ完カラシムヘキ一般施設ニ関スル建議」、特にその中の「我国固有ノ淳風美俗ヲ維持シ法律制度ノ之ニ副ハサルモノヲ改正スルコト」という項目であった。この「淳風美俗」とは、建議の「理由」によれば、上下の秩序を維持し忠孝節義を重んじ、一国は一家のように相和すという状態を指す（海後宗臣編『臨時教育会議の研究』東京大学出版会、一九六〇年、九六二頁）。当時、階級対立はますます激化し、加えて一八年に起こった米騒動は、内閣を総辞職に追いやっていた。建議は、階級間の融和の手段として、「淳風美俗」・「家族制度」イデオロギーの強化の役割を教育に求め、同時に、この教育の方針と撞著する法律制度の改正を要求した。

臨時法制審議会の設置　臨時教育会議の建議を受けて、原敬内閣は一九一九（大正八）年七月臨時法制審議会を設置し、諮問第一号として「政府ハ民法ノ規定中我邦古来ノ淳風美俗ニ副ハサルモノアリト認ム之カ改正ノ要綱如何」を発した。これにより、民法改正事業が開始した。

臨時教育会議が家族制度を「我千載不抜ノ国俗」と考え、その国俗に副わない法律の改正を求めたのに対し、臨時法制審議会では、古来の家族制度に関する法制や風習がすべて「淳風美俗」と言えるわけではないと考えた。そして、「我邦古来ノ制度ニシテ之ヲ将来ニ維持スルコトヲ要スルモノハ家ノ組織ヲ堅実ニシ一家ヲシテ親密ニシテ平和、正当ニシテ公平ナル共同生活ヲ為スコトヲ得セシムルノ一点ニ在リ」とし、そのためには、古来の家族制度の弊害を除去することも家族制度維持の重要な手段であるとした。と同時に、人事に関する法規は道義の観念に基づいて定めるべきであり、しかもそれがどの程度徳義を助長し人情を涵養できるかを顧慮すべきことをも要求していた（「諮問第一号ニ関スル調査要目（其二）」堀内節編著『家事審判制度の研究』中央大学出版部、一九七〇年、五六二頁）。すなわち、審議会における民法改正の方向は、基本的には「家」の制度的・イデオロギー的強化であるが、資本主義の発展に伴う現実の家族関係の変化にも対応し得る改革を企図するものであった。

右の方針に沿って、審議会は、民法本体の検討だけでなく、人事に関する事件の審判調停を行うための新たな国家機関として、家事審判所の構想をもうちだした。これは、家庭内の紛争を、訴訟の形式によって裁断することに対する批判に基づいているが、同時に、共同体的秩序の解体の進行に伴い、従来共同体が担っていた紛争解決機能を国家が代わって果たすべく、提案されてきたものであった。審議会は、民法改正の為の先決問題としてこれを審議し、一九二二(大正一一)年六月「道義ニ本キ温情ヲ以テ家庭ニ関スル事項ヲ解決スル為特別ノ制度ヲ設クルコト」を内閣に答申した。

民法改正要綱　審議会は、引き続き民法本体の審議を進め、一九二五(大正一四)年五月一九日に「民法親族編中改正ノ要綱」三四項目を、一九二七(昭和二)年一二月一日に「民法相続編中改正ノ要綱」一七項目を決議し、両者とも同月二八日に公表した。前述の改正の方針に従い、改正要綱も、「家」制度の強化と、現実の家族関係の変化への対応という二つの側面を持つものとなった。

前者の性格を持つ改正点には次のようなものがある。まず、親族の範囲を大幅に拡張し、祖宗観念や親族関係のイデオロギー的強化を図ろうとした。また、家族に対する戸主の監督保護という総括的な権利義務を定め、かつ「成年ノ家族ニ家名ヲ汚辱スベキ重大ナル非行アルトキ」の戸主の離籍権を新設した。このように戸主の権限を強化する一方で、明治民法で廃止した廃戸主制度を復活させ[13]、これらにより、「家」が基本であることを確認した。さらに、婚姻について父母の同意を必要とする年齢制限を外すなど、親子の秩序を強化した。

後者の主な改正点は次の通りである。まず、分家を容易にして「家」と現実の家族関係との一致を図った。次に、妻の地位の改善がある。これは、妻の能力の拡張と、妻の財産に対する夫の管理権を廃止して別産制を採用したこと、離婚原因の姦通について夫婦平等に一歩近づけようとしたこと、離婚後の扶養義務制度を採用したこと、遺産相続において配偶者を直系卑属と同順位にしたこと、庶子の入家に妻の同意を必要としたこと等である。また、上述のように戸主の権限を強化する一方で、居所指定に関する離籍権を廃止し戸主権濫用の批判に応えた(14)。そして、家督相続に関しては、単独相続制を緩和して家督相続人に対し被相続人の直系尊属・配偶者・直系卑属への財産の分配を義務づけ、また、嫡出女子の相続順位を庶男子に優先させて婚姻尊重の姿勢を示した。

しかし、これらの二つの側面は互いに対立するものではなく、戸籍上の「家」と実体的家族とをできる限り一致させ、その上で「家」の組織をより堅実なものにしようとするものであり、全体として「家」の実質的強化を目指したといえるのである。また、注意すべき点は、家事審判所の制度を前提として民法が包括的なものになり、家事審判所に大きな裁量権が与えられたことである（利谷・本間・前掲論文二一一～二一二頁）。なお、この性格は、戦後の民法にも受け継がれている。

前述の家事審判所に関する答申および民法改正要綱に基づいてそれぞれの法案の起草が進められ、家事審判所については一九四二(昭和一七)年五月に家事審判制度要綱の起案、民法については一九四三年に人事法案の第五次整理案の成立に至ったが、戦争の激化の為作業は中断した。しかし、戦時下に、特に軍人遺家族の紛争解決が急務となり、人事調停法（一九三九年）が制定され、また、民法の一部改正（一九四一年の戸主の居所指定権に伴う離籍権の制限、四二年の私生子の名称廃止、死後認知の許容等）も行われた。

第4節　戦後の民法改正

戦後改革と「家」制度の廃止　一九四五(昭和二〇)年八月、日本はポツダム宣言を受諾して敗戦を迎えた。敗戦は、政治体制を含む諸制度の民主的改革を要請した。国民主権を謳った新憲法（日本国憲法）は、二四条で、夫婦の同権・個人の尊厳・両性の平等を定め、また、一四条で、法の下の平等の原則を宣言した。戸主と家族、夫婦、男女それぞれの間の不平等を規定していた明治民法の家族法は、日本国憲法の精神と明らかに矛盾するものであった。このため、一九四七年四月、「日本国憲法の施行に伴う民法の応急的措置に関する法律」（法律第七四号）全一〇箇条が制定され、改正民法施行までの応急的措置として、民法の「家」や夫婦不平等の規定等が否定された。そして、同年一二月には「民法の一部を改正する法律」（法律第二二二号）が公布され、翌四八年一月一日に施行された。これにより、親族編・相続編は全面改正されて「家」制度は廃止され、また、総則編の妻の無能力に関する規定も削除された。かつ民法の冒頭に、民法全体を貫く指導原理の一つとして、個人の尊厳と両性の本質的平等が掲げられたことも、注目すべきである。

しかし、「家」イデオロギーは、戦前の天皇制国家の支配体制の支柱であったので、「家」制度の廃止には強い抵抗があった。それとの妥協の結果、民法には、親族間の扶け合いの義務や（七三〇条）、また、祭祀財産の特別承継（八九七条）、祭祀財産の承継と氏との結びつき（七六九条、八一七条）、成年養子の容認等、「家」の観念を温存するような規定も残された。

このような妥協点を残しながらも「家」制度を廃止したことは、戦前の改正作業と基本的に異なる点である。けれども、戦後の改正が戦前の改正作業の遺産を引き継いでいることも否定できない。民法の規定が包括的になっていることはその一例である。そして、民法と同時に「家庭の平和と健全な親族共同生活の維持を図ることを目的とする」家事審判法（一九四七年法律第一五二号）が施行され、家庭裁判所が民法の規定の具体的実現に大きく関与することになった。[15] また、「家」制度の廃止により戸籍法も全面的に改正された。新戸籍法は（同年法律第二二四号）、夫婦と氏を同じくする未婚の子を編製の単位とし三世代戸籍を否定したが、なお家族単位であることや、同氏同籍の原則の採用は、「家」意識の温存につながった。

その後の改正　以上のように短期間に行われた改正であったので、国会の審議では、将来の再改正を必要と認める付帯決議がなされた。一九五四（昭和二九）年、法務省の法制審議会に民法改正の諮問がなされ、民法部会が設置されて、民法再改正の審議が始められた。そして、一九七六年には離婚後の婚氏続称を認める改正、一九八〇年には配偶者の法定相続分の引き上げ、また、一九八七年には特別養子制度の新設等、部分的な改正が行われてきた。他方、民法以外の関係法規でも、女子差別撤廃条約との関連で一九八四年に国籍法と戸籍法が改正され、子の日本国籍取得に関して父母両系血統主義が採用され、また、外国人と結婚した者が届出のみで配偶者の氏へ変更できるようになった。別氏が原則だった国際結婚の場合に、夫婦同氏を認める方向で同氏別氏の選択を可能にしたことは、夫婦同氏が強制されている日本人同士の婚姻においても選択制を認めるべきであるという議論を活発化した。

高度経済成長に伴う女性の社会進出や意識の変化は、家族関係の多様化をもたらし、抜本的な制度の見直しが迫られるようになった。法制審議会では一九九一年一月から婚姻法および離婚法見直しのための検討を進めていたが、九六年二月「民法の一部を改正する法律案要綱」を決定し、法務大臣に答申した。この年、民法改正が実現するはずであった。しかし、政府内部から改正に強く反対する声が起こり、改正案は国会上程にも至らなかった。反対は主として、選択的夫婦別氏制の導入と非嫡出子法定相続分の嫡出子との同等化、とりわけ前者に集中した。

法改正が進まない中で、旧姓使用承認は、改姓を望まない人々にとっては次善の策といえる。しかし、旧姓を通称として使用することを拒否された国立大学教授が、国と大学に対し氏名権妨害侵害廃除等を求めて提訴した事件で、一九九三年、東京地裁は原告の請求を棄却した。この事件は、漸く九八年三月になって、東京高裁において旧姓の一部使用を認めることで和解が成立する。

一九九三年六月二三日、東京高裁は、非嫡出子の相続分差別が、法の下の平等を定めた憲法一四条一項に違反するという、画期的な決定を下した。その後同様の判決・決定が続き、流れは定まったかに見えた。(16) しかし、九五年七月五日、最高裁大法廷は、民法が法律婚主義を採っている以上、非嫡出子の法定相続分を嫡出子の二分の一とする民法九〇〇条の規定は、合理的理由のない差別とはいえず、憲法に違反するものではないという決定を下した。

二〇〇〇年代に入り、方向は再転換する。二〇〇八年六月四日、非嫡出子の日本国籍取得につき嫡出子と異なる取扱いを定めた国籍法三条一項が憲法一四条一項に違反するとの最高裁大法廷判決が出され、同年一二月国籍法三条一項が改正された(〇九年一月一日施行)。さらに、二〇一三年九月四日、最高裁大法廷は、全員一致で、民法九〇〇条四号ただし書前段は、遅くとも平成一三年七月(本件相続開始時)当時において、憲法一四条一項に違反していたとする決定を下した。(17) 同年一二月、ただし書前段を削除し非嫡出子の相続分を嫡出子と同等とする民法改正が行われた(一一日公布・施行)。相続分差別の規定は、他の規定に先駆けて改正に至ったのである。

二〇一五年、夫婦同氏を強制する民法七五〇条と、女性のみに六箇月間の再婚禁止期間を定める民法七三三条の合憲性が、初めて最高裁大法廷で判断されることになった。そして、同年一二月一六日、①民法七五〇条は憲法に違反しない、②民法七三三条一項の規定のうち、一〇〇日を超える部分は、上告人が再婚をした平成二〇年当時において違反するに至っていた、とする二つの大法廷判決が出された。判決は、七五〇条および、再婚禁止規定自体の違憲性は認めなかった。七三三条は、再婚禁止期間の一〇〇日への短縮という形で改正されることになるだろう。

家族法の抜本的改正が進まない中で、生殖補助医療の目覚ましい進歩による、民法制定時に想定していなかった親子関係の発生や、嫡出推定規定(七七二条)と離婚後三〇〇日以内出生子の福祉との衝突など、新たな問題も提起されてきている。多様化する家族関係に適合する法の整備は、焦眉の課題である。

（1）布告は、戸籍編入と同時に、従来彼らに認めていた「除蠲」（租税の免除）の廃止をも命じている。これは、「除地」を廃して租税を徴収するだけでなく、地券制と絡んで、「除地」をも含む土地の商品化に向けた準備でもあった（上杉聰『明治維新と賤民廃止令』解放出版社、一九九〇年、第三章および二六七〜二六八頁）。賤民廃止令は真の平等を実現しようとするものではなく、平等実現のための経済的裏付けを与えないまま、彼らを支配体制に「平等に」組み込もうというものであったといえる（井ケ田・山中・石川『日本近代法史』法律文化社、一九八二年、一四頁参照）。

（2）六年目ごとの改製は、一八七三(明治六)年七月八日太政官第二四二号布告によって「追テ相達候迄不及施行」とされるが、結局は実行されなかった。

（3）平民に対する氏使用の許可は、戸籍法施行の前提としての意味を持つものでもあった（山中永之佑『日本近代国家の形成と「家」制度』日本評論社、一九八八年、二四六頁）。かくて、氏の固定、氏の強制が行われ、さらに同戸異姓が禁じられる。しかし、このような扱いの中で、妻の氏に関しては、従来通り、「所生ノ氏」すなわち実家の氏を称すべきこととされ（明治九年三月一七日太政官指令）、夫婦別氏制は明治民法施行まで貫かれたのである。

（4）妾は、新律綱領の五等親図において、配偶者として、妻と並んで二等親に位置づけられ、戸籍にも記載された。また、妾の生んだ子＝庶子は、父の認知を要しない公生子であった。一八八〇(明治一三)年刑法（八二年施行）により、妾は法的に否定される。しかし、既に認知制度が導入され（明治六年太政官第二一号布告）、更に、父の籍に入った認知私生子に庶子の名称を与える方針が確立しており、妾は、庶子を得るために不可欠な存在ではなくなっていた。従って、妾制度の廃止は、一夫一婦制の成立である反面、妾の法的な切り捨ての側面もある。妾制度の廃止と認知庶子制度の確立との関係について、加藤美穂子「庶子制度からみた明治前期の法政策」（福島正夫編『家族　政策と法6　近代日本の家族政策と法』東京大学出版会、一九八四年）参照。

（5）家督相続については、まず一八七一年二月九日（明治三年一二月二〇日）、新律綱領の立嫡違法条が、厳格な長男子単独相続を規定した。ところが、一八七三(明治六)年太政官第二八号布告は、父に相続人決定につき広い裁量権を与えた。これに対し、実子の地位保障の主張や、新律綱領との抵触の指摘がなされ、政府は同年第二六三号布告をもって二八号布告を改め、長男子単独相続の原則を宣言した。この布告は華士族に対するものであったが、平民にも適用されるようになった。

（6）夫婦は同じ「家」に属するので同氏を称することになる。ここに、夫婦同氏制が開始した。

(7) 相続順位は男子優先であり、嫡出女子より庶男子のほうが先順位とされた。

(8) ただし、明治民法における戸主権は、総括的なものではなく個々の権利の集合であり、その範囲は民法に規定されたものに限定された。また、戸主権に従わない家族に対して、居所の強制や、婚姻等の成立の拒絶をなし得るものではなく、単に離籍や復籍拒絶の制裁を行使し得るにとどまる。

(9) 財産関係の構造自体は、旧民法におけるそれと基本的な変化はない。

(10) 民法は、女戸主が入夫婚姻をしたときは入夫が戸主となるが、当事者が反対の意思を表示したときには妻は戸主の地位に留まり得るとした(七三六条)。

(11) 旧民法では、入夫婚姻は家督相続開始の原因とはならないが、「婚姻中入夫ハ戸主ヲ代表シテ其権ヲ行フ」(人事編二五八条)としていた。

(12) 親権に服するのは、独立の生計を営む成年者を除くすべての子であるが(八七七条一項)、個々の親権の規定は殆ど未成年の子に対するものである。

(13) 民法施行以後の家産制度制定要求と改正要綱における廃戸主制度復活の意味について、近藤佳代子「民法改正要綱における廃戸主制度導入とその意味」(日本近代法制史研究会編『日本近代国家の法構造』木鐸社、一九八三年)参照。

(14) 前述のように、明治民法は、戸主に対し家族を身分的に統制するための戸主権を与えていたが、なかでも居所指定権は、それに伴う離籍権の行使によって、家族を離籍するための道具として用いられることがあった。これに対し、一九〇一(明治三四)年六月二〇日大審院判決は、居所指定権を「戸主カ其家政ノ整理ニ必要ナル範囲内ニ於テノミ行使スヘキモノニシテ絶対無限ニ行使スヘキ権利ナリト謂フヘカラス」としてその絶対性を否定し、判例上は、「必要ナル範囲」を超えた行使を権利濫用とみなす法理が確立していた。詳細は、青山道夫『判例身分法研究』日本評論社、一九三四年、七頁以下参照。

(15) 二〇一一年、家事事件手続法(法律第五二号)が制定され、それに伴い家事審判法は廃止された(一三年一月一日施行)。

(16) 住民票記載も、嫡出子・非嫡出子・養子の区別が廃止され、一九九五年三月一日からすべて「子」に統一された。また戸籍は、二〇〇四年一一月一日から、非嫡出子の記載を嫡出子にあわせ、母を基準として「長男」「長女」等と記載することになった。

(17) 同時に最高裁決定は、この違憲判断は、本件相続開始時から本決定までの間に開始された他の相続について、既に確定された法律関係に影響を及ぼすものではない、とした。

第14章　商事・産業法制

明治初期に資本主義が導入されて以来、日本は二つの世界大戦を経て、現在のような「経済大国」と呼ばれる発展を遂げてきた。このような経済発展を支えてきた要因はこれまで多くの論者によって指摘されているが、商事・産業法制が非常に大きな役割を果たしたと考えられる。

本章では、明治初期から一九四五(昭和二〇)年の敗戦までに制定された商事・産業法制の展開を、明治商法の成立とその改正を中心に、他の商事・産業法と関連づけて概観する。すなわち、本章の目的は、商法および商事・産業法が、どのような意図をもって制定され、機能したのか、また、日本の資本主義が、本源的蓄積期から、産業資本主義、および独占資本主義を経て、国家独占資本主義へと移行するに応じて、商法および他の商事・産業法がどのような対応を示し、日本の資本主義に影響を及ぼしてきたのか解明することにある。また、併せて戦前・戦後を通じて継続・発展した現象となっている企業の所有と経営の分離が、商法の規定で、どのように展開したのかについても考察する。

第1節　明治商法の成立

単行法の制定　政府の経済政策は、国内産業の急激な育成を目的とする殖産興業政策に重点があった。政府は、工場、鉱山等を官営とし、進歩した西欧の生産技術を導入して、民間企業に模範を示し、また、会社制度の導入を積極的に推奨した。しかし、一八七七(明治一〇)年の西南戦争を契機とするインフレの発生は、政府の財政を危機に陥れたばかりでなく、これまでの殖産興業政策の遂行も脅かした。一八八一(明治一四)年末、大蔵卿となった松方正義は、紙幣整理とデフレ政策を断行し、兌換制度を樹立するために一八八二年、中央銀行の性格を有する日本銀行を設立した。さらに、殖産興業の模範であった官営工場を民間に払い下げた。

このような政府の経済政策を支える商事・産業法として、一八七二(明治五)年「国立銀行条例」、一八七四年「株式取引条例」、一八八二年「日本銀行条例」、「為替手形約束手形条例」等がそれぞれ制定されたが、いずれも個別的で応急処置的な単行法にしか過ぎなかった(福島正夫『日本資本主義の発達と私法』東京大学出版会、一九八八年、一四〜一六頁)。

旧商法の成立　一八八六(明治一九)年、外務大臣井上馨の主張に基づき外務省に法律取調委員会が設置され、泰西主義(欧米市民法の原則)にしたがった法典編纂の急速な進行がはかられることになった。また、一八八六年には、紙幣整理が一応完了して、通貨の安定と金利の低下が見られるようになり、経済は活況を呈して多くの会社が銀行業をはじめ紡績業、鉄道業において設立された。このような状況は、いままでの商事・産業法では十分に対処できない事態を引き起こし、以前から経済界の要望が強かった会社法に関する一般規定もしばしば立案されながら制定されなかったために、一日も早く統一的な商法典の制定が望まれたのである。

一八八七(明治二〇)年に井上が失脚すると、法律取調委員会が司法省に移管され、司法大臣山田顕義の下で商法典編纂作業が、条約改正と一八八六年以降の経済発展を直接的な原動力として、引き続き行われた。そして、一八九〇(明治二三)年四月二六日、ロエスレルの商法草案をもとにした旧商法(法律第三二号)が公布され、翌一八九一年一月一日から施行されることになった。

旧商法は、総則、第一編商ノ通則、第二編海商、第三編破産の一〇六四条からなり、商号・商業帳簿・運送・保険などの規定が設けられた。第一編商ノ通則に規定された会社法では、設立免許主義が採用され、また、会社合併の規定も欠くなど、後の経済発展にきわめて不便を与えることになった（福島・前掲書七四〜八六頁）。

明治商法の成立　旧商法は一八九一（明治二四）年一月一日から施行される予定であったが、民法典論争に連動して商法施行推進派と商法施行反対派による商法典論争が生じたために、その施行が延期された。すなわち、商法施行推進派は、明治政府や大阪、神戸および長崎の商法会議所（後の商工会議所）等の経済界の一部で、条約改正を有利に推し進め、商法施行による商業活動の安全性確保を強く求め、一方、商法施行反対派は、元老院、東京商工会を中心とした経済界の大半で、商法は我国の旧慣を無視した商業帳簿等の新規定が多く、日本の国情に合わないことを主張し対立したのである。そして、この両派の論争が一八九〇（明治二三）年一一月の第一回帝国議会で展開され、結局、商法施行反対派が提出した「商法及商法施行条例施行期限法律案」が議会を通過したため、旧商法は施行されなかったのである（三枝一雄『明治商法の成立と変遷』三省堂、一九九二年、九二〜九八頁）。

しかし、一八九三（明治二六）年になると、株式市況は活気を呈し、会社の新設・拡張が相次いだ。それに対応して、会社に関するさまざまな弊害が生じ、それを規制する立法の必要性が経済界から強く叫ばれるようになった。その要望に応えて、政府は、同年、旧商法の中から会社法・手形法・破産法の部分を分離して施行した。

日清戦争後、銀行業、鉄道業、紡績業、および鉱工業において、日本勧業銀行、台湾銀行および八幡製鉄所等のような株式会社形態をとった多くの会社が設立された。このような会社設立の状況に対して、前述の会社法でも十分に対応できず、その欠陥があらわれたために、会社法改正の要望が再び経済界から主張されるようになった。この主張は、設立免許主義の廃止と会社合併制度の導入に対する要望であった。そして、これが原因となって、旧商法の修正案が法典調査会や帝国議会の審議を経て成立し、一八九九（明治三二）年三月九日、法律第四八号として公布され、商法施行法とともに同年六月一六日より施行されたのである（福島・前掲書一三九〜一四七頁）。

明治商法の特徴と意義　明治商法は、ドイツ旧商法を母法とし、編別を第一編総則、第二編会社、第三編商行為、第四編手形、第五編海商とし、全編六八九条からなっていた。第四編に手形の規定が入っているほかは、現行商法と同じ編別になっている。また、この商法の特徴は、①株主総会が最高かつ万能の決定機関であり、株主総会中心主義をとったこと、②会社合併、外国会社、倉庫営業に関する規定を新設したこと、③設立免許主義を廃止して準則主義を採用したことなどである（三枝・前掲書一三〇〜一三三頁）。さらに、その意義としては、①日本の経済活動を基本的に規制する法的枠組みが形成されたこと、②準則主義の採用によって、会社設立が容易になったため、とくに株式会社の発展に寄与したこと、③会社合併規定の新設によって、会社の合併・合同が促進されたことなどがあげられる。

以上のように、個別的で応急処置的な単行法から、旧商法を経て、明治商法の成立によって、日本の経済活動を基本的に規制する法的枠組みが形成されたのである。

第2節　一九一一年の商法改正

日露戦争後の商事・産業法制　日露戦争後、日本は朝鮮全体の支配権を確立し南樺太を領内に入れ、満蒙における権益を獲得し国際的地位を高めた。そのため、外資導入が容易になり重工業を中心に日本の経済は発展した。また、政府の軍事化政策・植民地経営（いわゆる「戦後経営」）を反映して主要産業の国有化・国営的企業の植民地における設立が行われた。例えば、一九〇六(明治三九)年制定の「鉄道国有法」による民間主要鉄道の国有化、同年制定の「南満州鉄道株式会社ニ関スル件」による南満州鉄道株式会社の設立等があげられる。

一方、日露戦争後、濫設された泡沫会社の倒産、会社の経営難などによって、小銀行の乱立が激しかった銀行部門を中心に、会社の合併・合同が行われた。これらの合併・合同には、明治商法の合併規定と、銀行の吸収および新設合併の方法・手続を規定していた一八九六(明治二九)年制定の「銀行合併法」が大きな役割を果たした。また、このような会社の合併・合同に要する資金を獲得する手段として社債発行が流行し、その社債発行を法的に保障したものが一九〇五(明治三八)年制定の「担保付社債信託法」で、これは明治商法に欠けていた担保付社債発行制度を新設規定したものであった(三枝・前掲書一四七～一五八頁)。

一九一一年商法改正の成立　このように、日露戦争後、日本の経済は明治商法を中心とする商事・産業法に保障されて発展してきたが、経済発展に伴う商取引が複雑となり、会社の合併・合同が進展するにつれて、これらの明治商法中心の法体系に多くの欠陥・不備があらわれてきた。なかでも明治商法においては、異種類会社の合併規定が不明確で、外国での社債募集に関する規定が欠如していた。また、一九〇八(明治四一)年頃生じた「大日本製糖株式会社事件」、いわゆる「日糖事件」に見られる会社重役の不正事件に対する罰則規定も備わっていなかった[1]
(奥平昌供『日本弁護士史』巌南堂書店、一九一四年、一二七三～一三〇六頁)。これらのことが原因となって、明治商法の改正案が(第二次)法律取調委員会や第二七回帝国議会の審議を経て、一九一一(明治四四)年五月三日に「商法中改正法律」(法律第七三号)として公布され、同年一〇月一日から施行されたのである。

ところで、企業の所有と経営の分離の点から見ると、「日糖事件」はそれが進行していることを示す一つの例証と言える。すなわち、前述したように、日露戦争後、日本の経済が発展し、会社において合併・合同が進むにつれて資本の集中が生じてきた。この資本の集中によって株式会社の巨大化が生じ、その株式は広く大衆の間に分散し、他方、その経営は複雑化・専門化して企業の所有と経営の分離が進行してきた。そして、株主総会よりも取締役の権限が次第に拡大してきたため、取締役の権限濫用が目立ち、安易な経営で倒産を引き起こしたり会社に対して不正を働いたりするようになった。その取締役の権限濫用が顕著にあらわれたものが、この「日糖事件」だったのである。

一九一一年商法改正の特徴と意義　この改正は、二〇〇条以上に及び、とくに会社編は一〇〇条を越えるものであった。その特徴は、①異種類会社の合併を明確にしたこと、②外国での社債募集の規定を新設したこと、③取締役の民事責任を明確化するとともに、新たに刑事責任についても規定し、罰則を一層強化したことなどである（渡辺洋三『現代法の構造』岩波書店、一九七五年、二三二頁）。また、この改正の意義は、①明治商法や他の商事・産業法であらわれた不備・欠陥が是正されたこと、②取締役に対する罰則規定の強化によって、企業の所有と経営の分離から生じる取締役の権限濫用を防止し、会社経営の健全化をはかり、会社に関しての経済活動の安全性を保障したことなどである。

以上のように、一九一一年の商法改正によって、明治商法や他の商事・産業法であらわれた不備・欠陥が是正され、産業資本主義から独占資本主義への移行に対応する商法を中心とした商事・産業法制が整備されたのである。(2)

（北沢正啓「株式会社の所有・経営・支配」矢沢惇編『岩波講座現代法9　現代法と企業』岩波書店、一九六六年、七一～七二頁）。

第3節　第一次世界大戦以後の商事・産業法制の変化

経済状況　一九一四(大正三)年に起こった第一次世界大戦によって、輸出が拡大し多額の正貨が流入し日本は債務国から債権国となった。また、工業部門でも、重化学工業が飛躍的発展し空前の好況となり会社の新設・増資が盛んに行われた。しかし、第一次世界大戦中の好況も一九二〇(大正九)年になると終わり、その後、日本の経済は、震災恐慌、金融恐慌、昭和恐慌などの一連の恐慌に襲われた。このような慢性的恐慌が連続して発生すると政府が経済に対して積極的に干渉・介入することとなった。また、倒産・合併による企業の整理と資本の集中・集積が財閥を中心に進展し、財閥が独占的地位を固めた。このような過程で、明治期よりもいっそう企業の所有と経営の分離が進み独占資本主義が確立したのである(池島宏幸「日本における企業法の形成と展開——二〇世紀初頭、第一次大戦前後を中心として」高柳・藤田編『資本主義法の形成と展開3』東京大学出版会、一九七三年、二二一～二四〇頁)。

商事・産業法制の変化　このような経済状況に対応して、商法を中心とした商事・産業法制に次のような変化が生じてきた。すなわち、第一次世界大戦中の好況時における産業保護助成立法、一連の恐慌に対して資本を救済する救済立法、資本の集中とカルテルによる産業資本の独占を助長する独占促進立法が制定され、これらの立法が独占資本主義を支え、現実に経済を規制する法として登場し、商法を中心とした商事・産業法制からその重点を移してきたのである。また、これらの立法には、国家的干渉・介入の法という側面も有していたために、政府の経済に対する干渉・介入が次第に強くなり、しだいに経済を統制する方向に進み、後述する満州事変後の経済統制法、「国家総動員法」の制定へと結びつくことになったのである。

なお、これらの立法のうち、独占促進立法としての役割を果したものには、次のようなものがある。例えば、一九二五(大正一四)年制定の「輸出組合法」・「重要輸出品工業組合法」は、輸出業者の間に秩序と統制を与えて輸出貿易の振興をはかり、主に中小企業対策としてカルテルを助長し、それを補強するためのアウトサイダー規制(統制服従命令)を含んでいた。また、一九二七(昭和二)年制定の「銀行法」は、資本金一〇〇万円以下の銀行を整理して大銀行へ統合することを目的にした銀行合併を奨励した法であり、後述する国家独占資本主義の展開にとって要となる金融独占資本の支配を法律的に整備する措置でもあった(長谷川正安・利谷信義「日本近代法史」伊藤正己編『岩波講座現代法14 外国法と日本法』岩波書店、一九六六年、七四〜七九頁、金沢良雄「産業法(法体制再編期)」鵜飼ほか編『講座日本近代法発達史4』勁草書房、一九五八年、三〇二〜三一一頁)。

第4節 国家総動員法の制定と一九三八年の商法改正

満州事変以後の商事・産業法制 一九三一(昭和六)年の満州事変を契機に、政府は同年金輸出再禁止を断行し、続いて円の兌換を停止したことにより(金本位制の停止)、日本は管理通貨制度の時代に入った。これにより、政府の経済に対する干渉・介入および統制が従来に比べて格段と強化され、日本の資本主義は、国家独占資本主義の段階に入った。

その特徴をあらわすものとして、①直接的かつ全面的に経済を規制する経済統制法が制定され、②事業法・特殊会社法に基づいて、政府の統制が及ぶ許可会社、特殊会社の設立が行われた。

①経済統制法として、一九三一年に「重要産業ニ関スル法律」いわゆる重要産業統制法が制定された。これは、主務大臣に統制命令権を与え、公益に反するカルテルに対して国家の取消し・変更権を認めるものであった。これによって、日本の産業の全般にわたって国家権力を裏付けとしたカルテル化がはかられることになった。さらに、

一九三七(昭和一二)年には「臨時資金調整法」、「軍需工業動員法ノ適用ニ関スル法」、「輸出入品等臨時措置法」等のいわゆる統制三法が制定された。「臨時資金調整法」は、軍需産業に必要な資金を確保するものであり、「軍需工業動員法ノ適用ニ関スル法律」は、工場・鉱山その他の設備を軍部が管理・使用・収用できるようにしたものであった。また、「輸出入品等臨時措置法」は、軍需工業の原材料を確保する目的で、生産、配給、消費に関して制限を加えるものであった(渡辺洋三「日本ファシズム法体制・総論」東京大学社会科学研究所編『ファシズム期の国家と社会4 戦時日本の法体制』東京大学出版会、一九七九年、二六〜二七頁)。

②許可会社は、主に重化学工業部門の事業法に基づく会社のことで、政府から特権と恩典を与えられ、さらに、政府の統制をも受ける点で一般の株式会社とは区別される。その特権と恩典には、土地収用法の優先的適用や租税免除等があり、統制面では、業法に規定されている事業を営む者は政府の許可を受けなければならず、譲渡・休廃止あるいは合併・解散決議にも政府の許認可を必要とした。

また、特殊会社は、一連の特殊会社法に基づき、戦時国防経済を支える国策会社であり、許可会社以上に政府の統制、保護を受ける会社であった。これは、株式会社の形態をとりながら資本金の半額が政府出資で構成され、その設立手続は政府主導で行われるものであり、取締役の任命権・解任権も政府が有し、一般的業務を監督する監督官も政府が会社に送り込むことできるものであった。さらに重要なことは、特殊会社において、政府は株主総会の決議が法令・定款に違反し公益を害すると判断した場合には、その決議を取り消すことができ、株主総会の最高機関性に制限が加えられたことである。これは、政府が「企業それ自体」の公益性を貫徹するために「私的所有権の経営支配」を制限したものであり、政府によって企業の所有と経営との一定限度の分離が行われたことを意味したのである(渡辺洋三『法社会学研究4 財産と法』東京大学出版会、一九七三年、九六〜一〇〇頁)。

このような経済統制法の制定、許可会社、特殊会社の設立によって政府の経済に対する本格的な統制が進んでいくが、それを最も徹底させたものが、一九三八(昭和一三)年四月一日に陸軍主導の下で制定された「国家総動員法」(法律第五五号)であった。

国家総動員法の制定　「国家総動員法」は、政府が、戦争遂行のために、議会の承認なしに経済と国民生活の全体にわたって直接的・権力的に統制する権限を有することを規定したものであった。この法の意義は、①明治憲法体制における議会主義を否定して、ファシズム権力の掌握する行政権力の一元的支配を貫徹すること、②近代的意味における法治主義を全面的に解体し政治が法の拘束から完全に自由になるということであった。そして、「国家総動員法」が制定された結果、他の経済統制法はこの法の体系下に置かれ、この法に基づいて機能することになったのである(渡辺・前掲論文「日本ファシズム法体制・総論」三八～四〇頁)。なお、「国家総動員法」に基づく統制のうち、企業に関する企業統制としては、前述した一連の許可会社、特殊会社等が広範囲な分野に出現した。例えば、一九三八(昭和一三)年制定の「電力管理法」による日本発送電株式会社、一九三九(昭和一四)年制定の「米穀配給統制法」による日本米穀株式会社等があげられる。

昭和一三年の商法改正　「国家総動員法」制定と同じ年の一九三八(昭和一三)年四月五日に全体で五〇〇条に及ぶ商法改正(法律第七二号)が行われた。

この改正の原因は、①商法が一九一一年の改正以後、約三七年間改正されず、会社法の不備・欠陥が著しくあらわれてきたこと、②日中戦争の勃発に関連して、国民経済の健全な運行を確保し、国の経済を支える会社制度をより堅実なものとし会社法の完備を期する必要があったということである。また、この改正の特徴は、①人材を株主以外から広く求めるために、取締役は株主中から選任する必要はないとしたこと、②企業の所有と経営の分離が進行している現状をふまえて、一九一一年の商法改正よりも、取締役の責任を重くし、罰則を著しく強化したこと、③会社の合併・合同がいっそう進行している事態に応じて合併契約書の承認等合併に関する規定につき大幅な修正を加えたこと、④議決権なき株式、転換社債、転換株式の制度の新設によって、日中戦争の勃発で、ますます必要となる企業資金確保のため、資金調達方法の多様化・完全化をはかり、株式の流通を容易にしようとしたことなどがあげられる[3]（田中耕太郎『改正商法及有限会社法概説』有斐閣、一九三九年、四三～五三頁）。

以上のことから、一九三八年商法改正の意義は、戦争遂行という目的を達成するために制定された国家総動員法体系の下に、商法を位置づけ適合させることとともに、国家独占資本主義体制にも適合しうる商法の改正でもあったと言えよう。

太平洋戦争時の商事・産業法制　一九四一（昭和一六）年の国家総動員法の改正に伴い、国民の根こそぎ動員が行われ、さまざまな経済統制法もその物的動員により重要な役割を果たすこととなった。なかでも、企業に関する統制において、一般会社に対する政府の統制が全面化するに伴い、一般会社も特殊会社と同様な規制を受ける傾向が増大した。それを示す法として、一九四一年の「企業許可令」、翌四二年の「企業整備令」等が制定された。また、特殊会社以上に政府の統制を受けるものとして軍需会社と営団・金庫も設立された。

この軍需会社は、一九四三（昭和一八）年制定の「軍需会社法」に基づく会社のことで、株式会社形態を維持しながら生産は国家目的遂行のためのものであり、国が会社経営を丸がかえすると同時に、生産責任者を準官吏として配置しこれに権限を集中させて生産の責任を負わせるものであった。さらに、株主総会は存続するが、その権限は極力弱められた。

また、営団・金庫は、後者が金融事業を対象とするのに対し、前者が金融以外の一般事業を対象とするという点で相違があるが、その法的性質はほとんど同じであった。すなわち、営団・金庫は、政府の出資または政府と少数関係者との出資で構成される資本金を有し、経営が政府任命の理事機関に委ねられ、株主総会がなく、単に諮問機関としての官選の評議員会が存在するだけであった。なお、営団・金庫は企業の営利性と公益性を統一した最も現代的な企業形態であると言われ、例えば、産業設備営団、食糧営団、帝都高速度交通営団、国民更生金庫、南方開発の諸金庫等があった。これらの営団のなかには、戦後になってから、新しい形態をとって、公企業および現代商法の対象とされていったものがある（渡辺洋三・前掲書『財産と法』一〇〇～一〇七頁）。

以上のように、満州事変以後の商事・産業法制では、国家独占資本主義の展開に対応し、また戦争遂行のために、政府の統制があらゆる方面に及ぶことを目的として制定されたさまざまな経済統制法が主に機能して、国民や経済を規制していた。さらに、「国家総動員法」が制定されると経済統制法はその下に位置づけられ、商法も一九三八年の改正でその下に位置づけられたのである。また、許可会社、特殊会社、軍需会社、営団・金庫の設立によって、企業の所有と経営の分離がなお一層進行することとなり、なかでも、営団は戦後に引き継がれたのである。

商事・産業法制における戦前と戦後の断絶・継承　前述したように、戦前の商事・産業法制は、ドイツ法を基本的に継受した商法中心の商事・産業法制から経済統制法中心の商事・産業法制へと変化して敗戦を迎える。戦後、アメリカ法を導入した一九四七（昭和二二）年四月の独占禁止法制定および一九五〇（昭和二五）年五月の商法改正によって、両者を中心とした新しい商事・産業法制が展開する。継受した法が異なるという点では、商事・産業法制において、戦前と戦後では断絶が生じていると言えよう。

一方、企業の所有と経営の分離という現象に即してみれば、それは、戦前においても非常に進行しており、戦後になってなお一層進行し、現在においても継続しているという点では連続していると言えよう。すなわち、一九四七年制定の独占禁止法では、株式保有が制限されることになり、株式の大衆化が促進され、企業の所有と経営の分離は格段と顕著となった。これを受けて、一九五〇年の商法改正では、株主総会の権限を縮小して、取締役の権限を著しく拡大し、企業の所有と経営の分離の徹底をはかった。その後、一九六二(昭和三七)年、一九六六(昭和四一)年の商法改正においても、その精神が引き継がれ現在にいたっているのである。

さらに、企業の所有と経営の分離が進み、取締役の権限が拡大してくるにしたがって、取締役の民事・刑事責任の強化の問題と取締役に対する責任追求の問題が生じてくる。取締役の民事・刑事責任強化の問題については、前述したように、一九一一年、一九三八年の商法改正において、罰則規定が強化され、一九五〇年の商法改正で、なおいっそう罰則規定が強化された。現行商法においてもその精神が引き継がれているのである。また、取締役に対する責任追求の問題についても、明治商法では、株主にある程度監督是正権が認められ以後も存続した。その後、一九五〇年の商法改正では、株主に認められていた監督是正権にかわり、アメリカ法にならい株主の代表訴訟制度が採用された。そして、一九九三(平成五)年の商法改正では、訴訟費用・訴訟提起手数料に改善が加えられ、株主の代表訴訟が提起しやすくなったのである。

しかし、現在において、ますます企業の所有と経営の分離が進み、取締役の権限が拡大していくなかで、これらの商法の規定だけでは十分でなく、株主権の保護、取締役の民事・刑事責任の強化と取締役に対する責任追求が問題とならざるをえないと言えよう(大隅健一郎『新版株式会社法変遷論』有斐閣、一九八七年、二六二〜二六七頁)。

(1)　この事件は、大会社である大日本製糖株式会社の取締役が、「砂糖戻税法改正法案」および「砂糖官営法案」等の通過をはかるために、衆議院議員に賄賂を送り、会社に対して不正を働いた事件であった。明治商法は、このような背任行為を予定しておらず、これを処罰する規定を有していなかったために、罰則規定を適用することができなかった。

（2） 一九一一年の商法改正の時期は、財閥にとって一つの転換期であった。すなわち、この時期に、財閥は、系列の各企業を株式会社として法的に独立させコンツェルンの形態に転換させたのである。

（3） なお、この改正と同時に制定された「有限会社法」は、一八九二年のドイツの有限責任会社法を範とし、相互に信頼関係の厚い少数者によって組織される会社である有限会社を認め、それを規定する法律である。特徴としては、有限責任社員の一元的組織、設立手続の簡易、公示主義の緩和をあげることができる。また、この改正に先立ち、有価証券取引の発展と国際的統一手形法および統一小切手法への参加の必要上から、一九三二（昭和七）年には手形法が、翌一九三三年には小切手法が、それぞれ商法から独立した。

第15章　社会・労働法制

近代日本は、まごうかたなき資本主義社会であった。ある社会を資本主義社会たらしめる要件は、資本―賃労働関係の自立的な展開にあるから、近代日本の最も重要な基底をかたちづくる社会関係が資本―賃労働関係であったことも、自明のことである。したがって近代日本社会の解明のためには、資本―賃労働関係解明の課題をさけて通るわけにはいかない。

また現代日本は世界にもまれなる経済成長を達成し、その原動力が「日本的経営」＝「労資関係の良好なパフォーマンス」にあることは多くの見解が一致して指摘するところである。このような労資関係がいかにしてかたちづくられるにいたったかの究明は、直接には経営史・労資関係史などの課題であるが、この過程に国家＝法がどのように関与したか、また戦前の遺産が戦後にどのような影響を及ぼしているかなどは、法史学の課題でもある。このような観点から近代日本における社会・労働法制を振り返っておくことにしよう。

第1節　資本―賃労働関係の形成

資本主義が成立するためには、言い換えれば資本―賃労働関係が成立するためには、一方において資本制的企業が確立すると同時に、他方において資本が雇用しうる労働者（財産を持たず、かつ人身の束縛から自由、という二重の意味における「自由な」労働者）の一群が存在することが必須の要件である。前者の解明は第14章にゆずり、本章では後者の検討に課題を限定する。

資本制的な資本―賃労働関係が日本社会の中で形成されようとするとき、その課題の前に立ちふさがる二つの障害があった。ひとつは、「村」および「家」に代表される共同体であり、他方はギルド＝株仲間・同職団体やのちに登場する労働組合などの中間団体（国家と市民社会の間に介在する団体。市民社会の自由競争にさまざまな規制を加えるため、この活動を規制するかそれとも容認するかがつねに問題となった）である。資本蓄積にとって規制・阻害要因となりかねない、共同体および中間団体というファクターとの対決・処理こそが、近代日本の企業および労働をめぐる歴史の焦点であった（岡田与好『独占と営業の自由』木鐸社、一九七五年、同『経済的自由主義』東京大学出版会、一九八七年）。

共同体からの労働力の析出　共同体を解体し、そこから労働力を析出する過程を、資本の「本源的蓄積過程」と呼ぶ。イギリスでは、この過程は「囲い込み」というかたちで国家の強力をも利用しつつ遂行された。村落共同体から排出された農民は、都市に流入し膨大な無産者＝プロレタリアートの大群を形成した。かの国では本源的蓄積過程は、暴力的にかつ徹底的に遂行された。日本においては、地租改正や松方デフレが本源的蓄積過程にあたると考えられている。しかし日本ではこの過程は不徹底にしか行われなかった。土地を失った農民の多くは、都市に流入するのではなく、農村にとどまり小作人となって、むしろ地主―小作関係形成の基盤となった。このような事態は、資本―賃労働関係の形成には、かならずしも望ましくない現象である。このマイナス要因を、資本は「家」を媒介にすることによって、資本―賃労働関係形成にとってのプラス要因に転化させた。この成功は、第一に、日本の産業革命が繊維工業すなわち軽工業を中核とするものであったこと、第二に、したがってそこで需要される労働力が若年女子労働力であったという条件によって支えられた。「家」は、共同体から引き出されようとする労働力が農業経営を支える中核的労働力であったときは、徹底的にこれに抵抗した。例えば、徴兵令に対する一揆や合法的脱法闘争をみよ。しかし、資本から求められた労働力が若年女子であったかぎりにおいて、「家」はこれを口減らしとして歓迎し、むしろ積極的に送り出すこととなった。この出稼ぎ的性格を強く帯びた若年女子労働力は、きわめて低賃金であり、失業後も「村」や「家」に還流したので社会保障費の節約にもつながった。ここにおいて「家」を支える家父長制の原理は、資本の要請に適合的な作用をしたのである（福島正夫『日本資本主義と「家」制度』東京大学出版会、一九六七年、一〇～一五頁）。

中間団体排除と「営業の自由」　次に、中間団体排除のほうはどうか。これは、明治維新直後の経済政策がギルド＝株仲間排除の政策を採用したことによって、かなり徹底したかたちで実現された。一時、輸出産業における労働力不足・粗悪品濫造などの弊害続出という事態にさいして、同業組合を再建してその規制力に期待する政策が検討された。しかしこの試みは、「同業組合準則」（一八八四年）という中途半端な規則の制定を見ただけにおわり、労働力確保策（職工・徒弟条例制定問題）の方は、法というかたちに結実しなかった。したがって、中間団体の排除という課題はかなりはやく実現され、資本活動の自由・レッセ・フェール、「営業の自由」原則は確立したといってよかろう。

第2節　近代天皇制国家確立期の労働法制

一八八九（明治二二）年の明治憲法発布によって、国家統治の基本的な構造がかたちづくられた。この国家統治の基本的骨組みは、産業革命を経てその内容を充実させ、下部構造を含めた戦前日本の支配的構造が確立したのは、一九〇〇（明治三三）年前後と考えられる。労働法制において戦前段階における基本的枠組みが確立したのも、ほぼこのころであった。その指標は、第一に明治民法の成立、第二に工場法の制定問題の展開、第三に治安警察法の制定である。

明治民法の成立――「家」制度と資本主義の緊密な結びつき　明治民法典の財産法（総則・物権・債権編）が一八九六（明治二九）年に、また家族法（親族・相続編）が一八九八（明治三一）年に成立した。民法典の成立は、労働法制のうえでも見逃しえない重要な意味を持っていた。まず第一に、債権編の中に「雇用」の節がもうけられ、典型契約の一類型とされた。これは、資本家が労働者を傭う関係が「雇用」として近代法的な契約の形式をまとうようになったことを意味した。

第二に、民法典の家族法部分は、「家」を法的な制度として構成し、確立した。さきに指摘した農村からの若年女子労働力の析出が、本人の意思ではなく家父の権威を媒介にしてなされる事態、すなわち家父長制的な「家」制度と資本主義の蜜月関係が、国家法の形式において確認されることとなり、「家」制度は資本主義の再生産構造の中に組み込まれるにいたった。

工場法制定問題の展開　ところで民法典の雇用規定は、その入口（＝契約締結）および出口（＝解雇・解約）にかんする若干の法的規制を定めたに過ぎず、雇用契約の中身すなわち労働条件についてはほとんど規制せず、当事者間の交渉にまかせた。資本家と労働者の力関係を考えれば、このことは工場内の規律の全権を資本の専制に委ねたに等しかった。

産業革命に突入した国々においては、低賃金・長時間労働、劣悪な労働環境、そして労働者居住地区のスラム化などが普遍的に見られた。このような「原生的労働関係」と呼ばれる事態は、法的にみれば「私的自治」「契約の自由」という市民法の原則が生み出したものにほかならなかった。国家が市民社会の自治に介入せず、その契約内容を当事者の自由に委ねるときこのような否定的現象が生じるのであれば、国家はレッセ・フェールの原則を修正して、契約内容にまで立ち入り労働者の保護をはからざるをえない。工場法は、このような文脈において、その制定が問題となったものである。イギリスでは一八〇二年に最初の工場法が制定され、またドイツ・フランス・アメリカ等でも一九世紀なかばには次々に工場法が制定されていった。

日本においても、明治三〇年代を通して工場法制定の是非をめぐる議論がはなばなしく展開された。工場法を制定して労働者の保護をはかることを主張したのは、農商務省や内務省の開明的官僚層や社会政策学会に結集した学者たちであった。また工場法の制定に頑強に抵抗したのは、製糸業や紡績業を中心とする資本家およびその同調者たちであった。結局日本において工場法が成立したのは、ようやく一九一一(明治四四)年にいたってであり、またその規制内容も、労働者保護法と呼ぶにはきわめて低位のものであった。しかもその施行は、一九一六(大正五)年まで遅れたばかりでなく、眼目であった女子・年少労働者の夜業禁止は一九二九(昭和四)年まで実施が引き延ばされた。

このように低水準かつ不十分な工場法ではあったが、同法の成立は法原理の転換をもたらしたという意味において重要である。工場法の本質やなにゆえ同法が一九一一年に成立しえたのかという要因については、「社会政策論争」などにおいてさまざまな議論が展開されたが、いまだに決着をみたとは言えない。大河内一男は、「原生的労働関係」における労働力使いつぶしを放任するとやがて資本主義的再生産そのものが不可能になるとの総資本的理性が働いた結果ととらえるのに対し、風早八十二や岸本英太郎は労働者階級の運動の展開という圧力がなければ工場法の制定はありえなかったと主張した。また、徴兵適齢男子の体力低下という軍事的要因や、大企業対中小企業、紡績資本対製糸資本という資本間の競争に工場法成立の契機を求める説もある。
筆者は、これらに加えて共同体すなわち「家」と「村」からの抵抗という要因を考えたい。産業革命期、「家」はきわめて従順に資本に対して労働力を提供し、また失業後の受け入れ先としての機能を果たしつづけてきた。しかし何ものの制約も受けない資本の労働力使いつぶしは、ほとんど暴力的なすさまじさであった。工場から帰村した女子労働者の二四％は、病魔に犯されていたというデータもある。東北のある村では、女工の持ち帰った結核がもとで、村全体がほとんど壊滅的な打撃を受けたと伝えられる。工場および寄宿舎内の監獄的状況が広く知れわたるとともに、女工の募集も困難をきわめるようになった。また女工の逃亡や早期廃業という消極的抵抗は、熟練工の不足をもたらし、工場主同士による女工の争奪を激化させた。これらは、資本にとって操業の継続の大きな制約条件となりつつあった。従前どおり「家」からの労働力供給を受けつづけるためには、資本の側でも何等かの規制を受け入れざるをえないという状況が生まれていたのである（石原修「女工と結核」一九一三年国家医学会における講演より）。

治安警察法第一七条　産業資本主義の成立をへて、日本でも本格的な労働組合運動が展開されはじめた。一八九七（明治三〇）年労働組合期成会の設立、翌九八年の日鉄機関方のストライキなどはその指標である。こうして新たに登場してきた中間団体＝労働組合に、どのような態度をとるかが課題となった。結論から言うと、この時点における国家＝法は、労働組合というファクターが労資関係に関与することを拒絶し、これを排除する方針をとった。すなわち治安警察法の制定（一九〇〇年）がそれである。
治安警察法は、第一七条においてストライキの誘惑・煽動を科刑の対象とした。ストライキそれ自体が違法とされたわけではないが、その誘惑・煽動の禁止は事実上ストライキそのものの圧殺と変わるところがなかった。また同条は、団結・団体交渉目的の「暴行・脅迫・公然誹毀」をも処罰の対象とした。治安警察法第一七条は「労働組合死刑法」と呼ばれ、生まれたばかりの労働組合運動の上に猛威をふるった。

このほか、治安警察法の集会・多衆運動取締条項、違警罪即決例（一八八五年）、行政執行法（一九〇〇年）、警察犯処罰令（一九〇八年）、刑法（一九〇七年）中の内乱・騒擾・公務執行妨害・脅迫罪などさまざまな法令が、労働組合運動の取り締まりに威力を発揮した。

こうして明治民法の編纂・治安警察法の制定・工場法の成立は、あいまって近代天皇制国家確立期の労働法制の枠組をかたちづくった。それはひとことで言うと、「家」など共同体を資本主義の再生産構造に組み入れつつ、他方で労働組合という中間団体をあくまで排除するシステムにほかならなかった。

第3節　労働法制の再編成、社会法制の萌芽

第一次大戦後、日本社会は大きな変動を経験することとなった。経済の独占資本主義化の進展とそれに規定された軍事的対外的進出、総じて日本国家の急速な帝国主義国家化と呼ばれる現象がすすんだ。これとともに国内矛盾も激化し、労働運動・小作運動など大衆運動が空前の盛り上がりをみせた、この背後にはロシア革命・ＩＬＯの成立などの国際的条件も働いたことは言うまでもない。これらの動きに対処するため、国家は大衆的支配・統合の新しい様式を模索することを余儀なくされた。これは当然、前の時期に確立した法体制の再編をもたらさずにはいない。労働法制の支配的枠組みの再編がすすめられるとともに、社会保障法制の構築も、新たな課題として登場することとなった。

「家」の変貌と資本主義との適合的関係の再編

前の時期に適合的関係を構築した資本主義と「家」の関係も、こ

の時期には再検討を迫られることになった。まず、「家」の側においては、大家族の小家族への解体現象が着実にすすみ、「家」の観念化と呼ばれる現象が顕著となった。また戦争を契機とする重化学工業化の進展によって、基幹的労働力たる成年男子労働者の増加をみた。この時期まだ女子労働者が男子を数のうえでは上回っていたとはいうものの、都市に定住する労働者家族の登場は、「家」的システムの見直しを促進する一要因となった。このような状況に対して、臨時教育会議・臨時法制審議会などで民法改正が論議されることになるが、このくわしい検討は第**13**章に委ねよう。

労働法制の再編成　資本の専制に委ねられていた労働条件を規制する主体として、労働組合がふたたび登場してきた。一九一二(大正元)年労使協調団体として結成された友愛会は、しだいに組織を拡大していき、労働組合としての態勢をととのえるにいたった。第一次大戦後、労働組合数は増加し、ストライキの件数も飛躍的に増大した。国家=法が、労働組合ひいては労働者階級の運動に対してどのような態度をとるべきか、当時政府の内部でさまざまな構想が検討された。まず第一は、従来の労働組合否認の法制を改めることなく、治安警察法第一七条を中心とする取り締まりによってのぞむという、司法省の路線であった。第二は、企業内の労働組織(いわゆる「タテの組合」)を養成し企業内に協調的労使関係を打ち立てようとする床次内相らの路線。第三は、地域別職業別の組合のみを認めていこうとする農商務省の路線。そして第四は、現実に存在する労働組合運動を認め、それを積極的に国家法のうえに位置づけていこうとする内務省若手官僚の構想であった。一九二二年設置された内務省社会局(外局)に結集した彼らは、ワイマールの労働法制など西欧諸国の経験にもまなびつつ、現代資本主義国家に共通する労資関係の枠組み形成へむけた立法構想を追究していた。具体的には、治安警察法第一七条の撤廃、労働組合法の制定、労働争議調停法の制定を一連のものとする立法方針の追究である。だが同時に社会局官僚は、この政策の受け皿として労働組合主義に立つ穏健な労働組合（総同盟など）の発展に期待をよせ、階級闘争主義に立つ「過激」な組合（評議会など）に対しては弾圧でのぞむ方針を堅持していたことを忘れてはならない。

このように第一次大戦後の労働政策に関して、政府内部にも諸構想の対立が存在したということは、日本の社会と国家が危機に直面していたことを示している。こと労働政策に関して言えば、最も包括的な構想を示していたのは社会局の政策であった。しかし、この再編構想に対しては大きな抵抗勢力が存在した。第一は、社会局と路線を異にする前述の諸省であったが、この対立は内閣の諮問機関たる行政調査会（一九二五年）・社会政策審議会（一九二九年）などで調整された。第二に、労働組合も、政府策定の法案は彼らの理想から大きく外れているとして反対したが、現実の立法過程には影響力を持っていなかった。第三のそして最大の反対勢力は、資本家団体であった。かれらは一九二六年および三一年の政府提案の労働組合法案にも、ほとんど「必死的なすさまじさ」で反対運動を組織し、ついにこれを葬りさってしまった。なお、労働運動の長年の念願であった治安警察法第一七条の撤廃は、第五一帝国議会（一九二六年）において実現し、それと同時に、労資紛争の処理を調停という手続で解決させようとする労働争議調停法が、可決・成立している。

また目を労資関係へ転ずると、大企業では熟練労働力の企業内養成・定着をめざして、自前の労働者教育機関を用意するとともに、福利厚生施設を充実するなど、「家族主義的」労務管理政策を導入していった。また工場委員会と呼ばれる意思疎通機関を設置することによって、労働組合を大企業の労資関係から排除することにも成功した。これら諸施策により、労働者の資本への取り込みがある程度奏効したことは、今日の労資関係にも通ずる現象として見過ごすことはできない。

結局、労働組合を資本主義労資関係へビルト・インさせようとする一九二〇年代における社会局の構想は、半ば達成され、半ば不成就という結果に終わった(矢野達雄『近代日本の労働法と国家』成文堂、一九九三年)。

社会保障法制の萌芽　この時期新たな政策課題として登場したものに、社会保障法制がある(小川政亮「社会保障法(法体制再編期)」鵜飼ほか編『講座日本近代法発達史1』勁草書房、一九五八年)。社会保障法は、公的扶助＝救貧制度と社会保険制度からなる。社会保障法制は、病気や災害または失業などにより労働過程(すなわち会社や工場)からはじきだされた労働者が、労働能力を回復するまであるいは新たな労働力需要の喚起によってふたたび雇用されるにいたるまでの間、その労働者および家族の生活を保障するところにその本質がある。この時期さまざまな社会保障法制が立案され検討されたということは、「村」や「家」の持っていた労働力の再生産を保障する機能が弱くなったことの裏返しと考えることができる。

日本における救貧法制としては、そもそもきわめて不十分な一八七四(明治七)年の恤救規則しか存在しなかった。一八九〇年代に新たな救貧法案が議会に提出されたが、いずれも成立しなかった。軍人については、第一次大戦中一九一六(大正五)年に軍事救護法が成立したが、一般的な扶助法としては一九二九(昭和四)年の救護法の制定までまたねばならない。

また米騒動の後、社会保険立法が日程にのぼり、一九二二年健康保険法が成立した。同法は、労働力保全を目的とすると同時に、労資協調・産業平和政策の一環でもあった。また同法によれば、保険料は労使折半で、業務上の事故(従来は事業主の負担であった)をも含んでいたから、事業主の負担は比較的軽減されていた。このように問題をはらみながらも疾病保険がスタートすることとなったのに対し、失業保険法のほうはたびたび問題になりながらも、戦前にはついに実現しなかった。これは直接には、失業は個人の責任であり、かつ失業保険給付は惰民をふやすという思想によるものであるが、同時に「家」や「村」の救済機能に期待するという考えが依然として根強いことを物語っていた。

第4節　労働法制のファシズム化

産業報国運動　戦時過程に入ると、労働組合運動は陰に陽に圧迫され、次第に衰退していった。一九三七(昭和一二)年七月日中戦争がはじまるや、一〇月総同盟は「罷業絶滅宣言」を発した。そして三八年以降、産業報国運動が開始されると、右派・中間派の組合があいついで解散し、産報運動の中に吸収されていった。総同盟も四〇年七月には解散に追い込まれ、自主的労働組合は消滅した。

こうして労働組合は姿を消したが、そのことは必ずしも総力戦体制下における労資関係の安定・争議の絶滅を意味したわけではない。むしろ労働条件に対する不満・苦情は鬱屈して潜在し、欠勤・遅刻・早退、怠業、脱法的労働移動や、組合の関与しない自然発生的ストライキ等が起きる可能性が存在したからである。

組合不在状況のもとにおける新しい統合方式として官民協同で取り組まれたのが、産業報国運動であった。産報運動は、「労資一体」をスローガンに各事業場単位に産業報国会を設立していった。単位産報の懇談会は、管理者と工員代表の懇談を通して、労働者の不満解消と生産方針の上意下達をめざしたが、必ずしも有効に機能せず単なる苦情処理施設に終わった。しかし、戦時体制のもと事業場単位に工職一体の組織として産報が組織された経験は、第二次大戦後の企業別組合の簇生《そうせい》につらなるものとして注目する見解もある(大河内一男『労使関係論の史的発展』有斐閣、一九七二年、三九八頁)。

「人的」動員法　すでに泥沼の日中戦争に突入していた一九三八年四月、国家総動員法が成立した。同法は、総力戦体制構築をめざし、戦時・準戦時における「人的・物的資源の統制・運用」を規定したものである。この法の成立は、全面的な統制経済の時代をもたらした。

戦時経済は、軍需品に対する無限に近い需要を前提とする。とくに急速な重化学工業化の要請は熟練・半熟練労働者の不足をまねき、また厖大な労働力移動をもたらす。したがって、労働力の軍需部門への集中配置、その他分野への労働力の再配置、未就労遊休労働力の動員などが必須の課題とならざるをえない。まず、動員可能な労働力の把握をめざすための措置として、職業紹介法の改正（三八年）・国民職業能力申告令（三九年）などがある。つぎに技能者の養成をめざす、学校技能者養成令・工場事業場技能者養成令（三九年）などが発せられた。労働者の移動・引き抜きの防止策としては、学校卒業者使用制限令（三八年）、従業者雇入制限令（三九年）、青少年雇入制限令・従業者移動防止令（四〇年）、国民労務手帳法（四一年）などがある。さらに、労務調整令（四一年）は、指定職種・業種の技術者・労働者の雇入・解雇・就職・退職等を国民職業指導所（旧来の職業紹介所を改称したもの）の紹介・認可を要することとしたため、「職業選択の自由」はまったく形骸化してしまった。また、自営業者を収奪し遊休労働力の就労強制の機能を営んだものとして国民徴用令（三九年）に基づく徴用制度がある。のちにこの制度は、「新規徴用」のみならず、既存職場への釘付けを意味する「現員徴用」にまで拡大された。

労働者を重要産業に動員・確保するだけでは、労務統制の目的は達せられない。動員した労働者を継続的・安定的に生産活動に従事せしめなければならない。そのためには労働者および家族の生活保障が要請される。生理的限界を超えた長時間の酷使を制限するための労働時間の規制が必要であり、また軍需インフレ防止と労働者の生活保障をにらんだ賃金規制も必要となる。労働時間制限としては工場就業時間制限令（三九年）が、また賃金規制としては賃金統制令・賃金臨時措置令（三九年）などが発せられているが、現実にどの程度効果があったか疑わしい。しかし戦時賃金統制の過程で、賃金について生活補給的手当の考えかたがあらわれ家族手当制度が実現したことや、基準賃金凍結の迂回路として昇給・賞与制度の普及、ベース賃金の端緒（賃金水準を支払総額でみる考え方）があらわれたことなどは、戦後につながるものとして注目される（氏原正治郎「戦時労働論覚書」東京大学社会科学研究所編『戦後改革5　労働改革』東京大学出版会、一九七四年、三六〇～三八七頁、利谷信義「戦時体制と家族――国家総動員体制における家族政策と家族法」福島正夫編『家族　政策と法6』東京大学出版会、一九八四年、三一四～三二〇頁など）。

第5節　戦前と戦後の断絶と継承

周知のように第二次大戦後、労働組合法・労働基準法・労働関係調整法のいわゆる労働三法が制定された。また日本国憲法は、第二七条で勤労の権利を規定すると同時に、第二八条で団結権・団体交渉権・団体行動権を保障した。これは、戦前の労働関係法が団体交渉権やストライキ権を明文では認めなかったのに比べて、法の理念の面における大きな前進であった。また第二五条で生存権を規定したことによって、戦前ついぞ認められることのなかった「権利としての社会保障」法制を展望する憲法上の根拠があたえられた。

戦後改革の諸事業は占領軍の指令によって開始されたとの印象が強く持たれており、それは決して誤りではないが、労働三法の立案に関して言えば、GHQの指示以前に日本側のイニシアティブにより開始されている。このことは、一九二〇年代の立案経験に依るところが大きかったことを物語っている。また、労働者の自主的団結を承認し、資本家との団体交渉によって労働者の労働条件の維持・改善をはかるという労働法制の枠組みも、二〇年代の社会局構想と多くの共通点が存在する。

ところで「日本的経営」（終身雇用、年功序列型賃金、企業別組合）が顕著な成功をおさめた背景として、日本人特有の「集団主義」にその原因を求めたり、封建的あるいは家族主義的な労働慣行の存在を指摘する見解がくりかえし表明されている。しかし、「日本的」とされている労働慣行のほとんどは、近代の所産に過ぎない。「主従の情誼」「家族的情誼」が存在するという主張は、工場法など社会政策的諸施策を回避するためのイデオロギー的主張にほかならなかった。また「経営家族主義」と言われるものも、主として独占段階以降において企業が労働力を統轄・確保するために導入した施策であった。協調主義的労資慣行、「企業一家」論なども同様である。むしろ「日本的経営」のさまざまな要素のうち若干のものは、そのルーツを総力戦体制下の労資関係にさかのぼらせてとらえたほうが適合的な場合も少なくない。こうして考えていくと、社会・労働法制における戦前と戦後の関係は断絶か連続かという単純なものではなく、きわめて複雑な様相を呈していることがわかる。

第16章　近代日本の対外的軌跡と国際法制——日清戦争から満州事変まで

本章では、戦前日本の国際社会における軌跡と、日本の国際関係を規定した国際組織や条約などの国際法制についてふれたい。時期的には、日清・日露両戦争から満州事変までを対象とする。江戸時代末期に欧米列強の外圧によって開国を強制された日本は、日清・日露の両戦争を契機に、東アジアでの唯一の植民地を領有する帝国主義国家として、国際法主体性を確立し、列強の仲間入りをした。第一次世界大戦後の国際秩序の再編にあたっては、日本は、その国際的地位と帝国体制を維持・拡大することを目標とした。第一次世界大戦後の日本をめぐる国際関係を規定したのは、世界史上最初の普遍的国際組織としての国際連盟を中軸とするベルサイユ体制とワシントン体制であった。とくに、ワシントン体制は、太平洋をめぐる日米関係を含めて、東アジアの国際秩序を定めるものであった。このワシントン体制の崩壊の契機となったのは満州事変である。開国から満州事変までの日本は、その時々の国際法常識を尊重し、国際法の認める範囲内で対外政策を展開し、欧米列強も、日本の行動を基本的に承認していた。しかし、満州事変は、欧米列強の複雑な反応を生みだし、また、中国のナショナリズムをますます刺激し、日本が国際社会で孤立し、さらに国際秩序を破壊するものとみなされていく分岐点となったのである。

また、開国以後の日本では、国際的契機が国内体制に大きな影響を与え続けた。要するに、国際的契機が国内体制の課題を設定し、その発展方向を規定したのである。不平等条約改正のための外交交渉を進展させるためにヨーロッパ流の法典編纂が進められ、それは、国内の社会的諸関係の発展と整合性を持たないままに進められた。また、富国強兵策による急激な資本主義形成と軍事力育成は、政治・経済・社会・文化の発展に大きなゆがみを与えた。また、日露戦後は、満蒙の特殊権益論を典型として、帝国体制の維持が国際情勢の変動によっても変更されえない至上命題とされ、国内政治に大きなかげりを与えた。

以下において、各時期毎に、主題にそって検討していきたい。

第1節　明治維新以後の日本の対外政策の基調と日清戦争

東洋では、古来、中国を中心とした「華夷」秩序のもとに国際関係が組み立てられていた。近世にあっては、さらに清・朝鮮における海禁体制、日本にあっては幕府による鎖国体制のもとで、二百数十年にわたって平和が続いていた。この平和を脅かしたのは、一九世紀以後の欧米列強による東アジアへの進出である。列強の圧力はまず中国に向かい、一八五四(嘉永七)年にはアメリカのペリー艦隊の圧力によって日本が開国を強制された。東アジアは欧米列強を主役とする国際体制に組み込まれ、国際政治の荒波にもまれることになった。

日本の開国は幕藩体制崩壊の直接のきっかけとなり、明治維新を引き起こすにいたった。明治維新以後の日本政府の対外政策の基調は次の二点にある。第一は、幕末の開国の過程で締結された各国との不平等条約を改正し、列強と対等・平等の国際法主体として承認された独立国となること、第二は、隣国朝鮮で支配権を確立し、さらに中国への侵略の機会をうかがうこと、であった。この目標の実現のために、国内的には、国家体制の確立、近代的諸法典の編纂、資本主義的経済諸関係の形成と確立をはかって、国際社会に加入するための国内的条件の整備を進めた。対外的には、一方で岩倉遣外使節以来さまざまな条約改正交渉に取り組むとともに、他方でおりにふれては、朝鮮の事変に介入して、清国の影響力を排除し、日本の支配権の確立をめざした。朝鮮の支配権をめざすことは、朝鮮の宗主国として、清朝関係をより近代国際法上の支配服従関係に改編しようとしていた清国との対立を必然的にもたらすものであった。このため、日本政府は、対清戦争を想定して、本格的対外戦争準備を着々と進めることになった。またこの間、通商航海条約などによって各国と外交関係を結ぶとともに、万国郵便連合などの国際行政連合に参加した。

条約改正交渉と朝鮮での支配権確立をめざして一進一退を続けていた日本にとっての大きな転機は、一八九〇(明治二三)年前後に訪れることになった。このころ、日本では、憲法の制定を初めとして国家体制の整備が一応整い、近代的法典編纂のめどがたち、日本資本主義の基礎が構築されていた。これは、欧米列強にとっては日本との条約改正を拒否する根拠が基本的に喪失したことを意味した。こうして国内的条件が整備したこととあわせて、とくに重要なことは、シベリア鉄道を建設して東方進出を一層進めようとするロシアをおさえるために、イギリスが、好意の手を日本にさしのべてきたことであった。

こうした情勢のなかで、条約改正交渉に関しては、青木外相がイギリスを相手に交渉を開始し、一八九二(明治二五)年からは陸奥外相のもとで交渉は一層進展することになった。また、対清戦争準備に関しては、山県有朋が、第一議会で、「利益線」保護を主張して、朝鮮の「独立」保護のために陸軍二〇万の建設と愛国心高揚のための教育の充実を訴えたのである。こうした政府の対外政策の進展にとって障害となったのは、予算に反対する民党の議会での優位と、対外強硬路線を主張する野党連合、対外硬派の運動であった。ここでは、政局打開のために、何らかの方策が必要となっていた。折しも、一八九四(明治二七)年二月、朝鮮南部で東学党の乱がおこり、清国が反乱鎮圧のために派兵するという報に接するや、六月二日、政府は閣議で、衆議院の解散と朝鮮派兵を即日決定、天皇は、同五日、大本営の動員を裁可即日設置して、日本は戦争状態に入った。七月一六日には、日英通商航海条約が調印され、領事裁判権の廃止と関税自主権の一部回復がなった（関税自主権は、一九一一年に完全回復する）。こうして条約改正がなって日本の国際法主体性が確立するとともに、日本は、二三日に朝鮮王宮に侵入し、二五日には清国艦隊を攻撃して、日清戦争の戦端が開かれた。近代日本が初めて体験した本格的な対外戦争である日清戦争で、日本は勝利した。総動員兵力二四万人余、戦死者一万三千三〇九人（うち病死一万一千八九四人）、戦費二億余円であった。この間、九四年一〇月頃からアメリカ・イギリスの講和斡旋の動きがあらわれたが、講和条約は一八九五（明治二八）年四月一七日にようやく調印され、日本側の要求がほとんど貫徹した。主な内容は、①朝鮮の独立（第一条）②遼東半島・台湾全島・澎湖列島の割譲（第二条）③賠償金庫平銀二億両（約三億円）の支払い（第四条）④通商航海条約の締結と最恵国待遇条款の確立（第六条）⑤条約施行の担保としての威海衛の一時占領（第八条）であった。講和条約に基づき日清通商航海条約が一八九六（明治二九）年七月に調印され、日本は列強と同様の条約上の権利やその他の利権を獲得し、この権利は最恵国条項によって列強も取得できた。だが、日清戦争の結果は露仏独の三国干渉を引き起こし遼東半島は返還されることになった。台湾では一応の占領に四カ月を費やすという激しい島民の抵抗にあい、朝鮮では以後ロシアの勢力の進出に悩まされ、戦争目的が十分に達せられたとは言えない。だが、ともかくもこの戦争により日本は、東アジアでの帝国主義陣営に加わる条件を獲得し、また償金二億両は金本位制の実施を可能とした。

第**2**節　日露戦争と日本帝国主義の確立

日清戦後経営と日英同盟　日清戦争の国際的な意義は、清国の敗戦によって列強による朝鮮・中国をめぐる領土分割競争が一気に激化したことであった。三国干渉以後中国に進出したロシアは、一八九八(明治三一)年には大連・旅順両港の租借権と南満州鉄道敷設権をも獲得し、朝鮮でも、一八九五年一〇月の閔妃殺害事件によって政治的に優位にたつことになった。日本も、「日清戦後経営」と称される諸施策を実施して、朝鮮・中国への進出を引き続き強めた。

一八九九(明治三二)年の義和団事件後もロシアは満州占領を続行し、朝鮮進出の姿勢をも示した。日本の懸案である朝鮮問題の処理にはロシアとの交渉が不可欠となり満州問題と関連せざるをえなくなったのである。日本では、政府部内でロシアの満州支配を認める代わりに、日本の朝鮮支配を認めさせようとする日露協商論と、イギリスの支持を得て日本の立場を強化することを先決とする日英同盟論とが対立したが、結局一九〇一(明治三四)年春から日英間に交渉がはじまり、一九〇二(明治三五)年一月三〇日ロンドンで日英同盟協約が調印された。協約の期間は五年で締約国の一方が他の一国と戦争する場合、もう一方の同盟国は中立を守ること、二国以上と戦争する場合、同盟国は参戦することを義務とした。

日英同盟の締結後、両国の軍部代表による数回の協議で明らかになったことは、この同盟はフランスがロシア側にたって参戦することに対しては有効な抑止力となるが、日露両国間だけに限定された戦争の場合には軍事同盟としての機能が十分に発揮されないということであった。しかも、この同盟の秘密公文によって東アジアでの第三国の海軍力に優越する海軍力を保持することが規定されたため、日本の海軍増強は必至となり、また同盟は海軍の共同行動を中心としたもので、東アジアでの陸戦は日本陸軍だけで担任しなければならないこともほぼ明確になった。以上のような軍事同盟としての限界は、同盟がイギリスにとってはロシアの東アジアでの進出をおさえるための政策の一環に過ぎないということによるものであった。だが、日本が奉天開市などを要求して門戸開放政策のアメリカの後援を獲得したこととあわせて、日英同盟は、日清戦争後続いてきた日本の不安定な国際的立場を初めて安定させ、ロシアに対して対等に交渉する地歩を日本に提供した。

日露戦争　日英同盟成立後もロシアは基本的に満州に居すわった。日本国内では対露開戦論が世論のなかからも高まり、開戦にいたるロシアとの交渉では、日本政府の立場は強硬で朝鮮に対する要求についてはほとんど譲歩せず、満州問題についてもこの地域を完全にロシアの勢力範囲としては認めようとしなかった。ロシア側の一九〇三(明治三六)年一二月一一日の回答は、日本の朝鮮に対する優勢な利益を認めず、満州についてはまったく日本の利益範囲外とするものであった。日本政府はやがて一二月より具体的な開戦準備に入り、翌一九〇四(明治三七)年二月八日から九日にかけて仁川上陸および仁川・旅順のロシア艦隊に対する奇襲攻撃を行い、一〇日宣戦を布告した。その後の戦闘では、日本側が一応優勢であったが、一九〇五年の奉天会戦以後、それ以上の進撃は兵力および補給力から無理となり、講和を求めてアメリカへの働きかけを強化、五月の日本海海戦を契機としてルーズベルト・アメリカ大統領が日本の講和斡旋に乗り出した。日本の講和条件の大綱は一九〇五(明治三八)年六月に閣議で決定し、朝鮮の自由処理についてイギリスとアメリカの了解を獲得した(第二次日英同盟、桂・タフト協定)。講和会議は八月一〇日からアメリカのポーツマスで開催され、割地と償金の問題で行き詰まったが、八月二九日、日本は軍費要求および樺太北半を放棄して妥協が成立した。主な内容は、①日本の朝鮮支配の承認(第二条)②関東州租借地および東支鉄道南満州支線を清国の同意を得て日本へ譲渡(第六条)③南樺太島の日本への譲渡(第九条)であった。調印の日、戦争の犠牲と負担に耐えてきた国民が講和反対国民大会を東京日比谷で開催し、焼き打ち事件が勃発した。日露戦争での日本軍の損害は、総動員兵力一〇九万人以上、戦死者約八万四〇〇〇人、戦傷者約一四万三〇〇〇人を数えた。なお戦費は、開戦前の財政当局試算では二期二カ年で六億七〇〇〇万円であったが、実際には約二〇億円が使用され、このうち約八億円はイギリス・アメリカ市場での外債募集によりまかなわれた。

日本帝国主義の確立　日露戦争は国際関係を大きく変動させた。まずこの戦争は日本の帝国主義国家としての地位を確立した。日本は、一九一〇(明治四三)年ついに韓国を併合した。

朝鮮の植民地化の過程は政治勢力としての軍部が成立する過程でもあった。満州の権益に関しては、一九〇五年一二月二二日に清国との間で「満州に関する日清条約」を締結し、清国政府は日露講和条約でロシアが日本に行った一切の権益の譲渡を承諾した(第一条)。政府は、一九〇六(明治三九)年一一月南満州鉄道株式会社(満鉄)を設立し、満鉄を中軸として満州への経済的進出を進めていくことになった。

また、日露戦争後、数次にわたり改訂された日英同盟協約、一九〇五年七月、日米間の桂・タフト秘密協定、一九〇七(明治四〇)年六月の日仏協約、一九〇七年七月の第一次協約以来の四次にわたる日露協約が、新しい東アジア秩序を形成した。

日露戦争での日本の勝利は、ヨーロッパ列強の支配下にあるインド・東南アジアなどの人々からは、アジア人のヨーロッパに対する最初の勝利と受けとられ、それらの地域の独立運動を力づけた。しかし日本の側では、日本がアジアに対する指導的地位を獲得したことと意識され、日本をアジアの盟主とする思想が広まることになった。また戦争で獲得した満州権益は、その永続化と拡大をはかることが以後の対外政策の自明の前提とされた。また国際的地位を確保するための軍備拡張と重工業での産業革命の進展をはかる日露戦後経営が進められ、国内体制の政治的再編も進行した。

一九一四(大正三)年八月に勃発した第一次世界大戦で、日本は侵略的衝動を強め、ヨーロッパの戦乱を機に中国への進出を一気に強めた。日本は、日英同盟の名のもとに同月二三日、ドイツに宣戦布告し、ドイツの中国租借地山東省青島を攻撃陥落させ、ドイツ領南洋諸島を占領した。また、一九一五(大正四)年一月一八日大隈内閣の加藤高明外相は、五号二一ヵ条の要求を中国大総統袁世凱に提出した。この要求に対し、中国側は頑強に抵抗し、旅順・大連の租借と満鉄・安奉鉄道権益延長しか認めず、日本が列強に第五号を内示しなかったことを利用して積極的にこれを暴露した。対華二一ヵ条要求は、日中関係をきわめて悪化させた。アメリカは機会均等主義に反するとの抗議的覚書を日本に提出し、日米対立が顕在化することになった。また、ロシア革命の勃発に際しては、一九一八(大正七)年一月二日、日本は諸国に先んじて出兵を宣言、約束を無視して三カ月後には七万人以上を派遣し、東部シベリアを席巻した。

第3節　第一次世界大戦後の国際社会と日本——国際連盟とワシントン体制

ベルサイユ会議と国際連盟　第一次世界大戦は、戦闘人員の戦死者約一〇〇〇万人、負傷者約二〇〇〇万人、非戦闘員の死者約一〇〇〇万人からなる犠牲者をだし、また直接戦費一八六三億ドル、間接戦費一五一六億ドルを消費した未曾有の総力戦・消耗戦であった。しかも、それはそれまで欧州の政治的安定方式として承認されてきた勢力均衡体制の破綻のみならず、既存の国際法秩序の攪乱を招いた。国際平和を維持し、国家の安全を確保するには、どうしても従来とは異なる安全保障方式を追求しなければならなかった。高度に政治的な分野での国際社会の組織化が焦眉の課題となった。大戦後の国際体制の枠組み作りにおいて基準となったのは、第一次世界大戦末期にアメリカ大統領ウィルソンによって提唱された一四ヵ条(一九一八年一月)であった。主な内容は、①秘密外交の廃止(一条)②海洋の自由(二条)③経済的障壁の除去(三条)④軍備縮小(四条)⑤植民地住民と当該政府双方の利害関係の公平な調整(五条)⑥民族的権利の尊重(六~一三条)⑦国際連盟の設立(一四条)などからなっており、一方でソビエト革命に対抗するものであるとともに、他方で平和の原則が民主主義的な原則によらなければならないことをも意味した。

第一次世界大戦後の国際体制の新しい枠組みを形成したのはベルサイユ講和会議であった。英米仏を中心とする連合国側によってのみ構成されたこの会議は、ドイツなどの敗戦国との講和条件などの戦後処理を扱うとともに、国際連盟の創立を決定した。ウィルソンの一四ヵ条を基準に、大戦中から英米仏などの諸国で研究が開始されていた国際連盟の具体案のうち、英米案を基礎に、連盟規約が採択され、こうして史上初の「普遍的・一般的国際組織」として国際連盟が成立した。ベルサイユ講和条約の第一編として掲げられた国際連盟規約が各国の代表によって調印されたのは一九一九(大正八)年六月二八日であり、発効したのは一九二〇(大正九)年一月一〇日であった。国際連盟は、その設立の目的を国際平和の維持と国際協力の調整に置き、普遍的な規模での組織的協力を推進しようとした。国際連盟の機構は、総会、理事会、事務局からなり、いずれもジュネーブに置かれた。それに付属して常設司法裁判所や国際労働・経済金融・通信運輸・保健などの機関があった。また、敗戦国ドイツやトルコの旧植民地領土は、委任統治領として主要戦勝国に分配された。

ベルサイユ会議での日本の講和方針は、山東省のドイツ利権の譲渡と、ドイツ領南洋諸島の割譲など東洋に限定されており、国際連盟問題には当初積極的な関心も準備もなく、大勢順応主義であった。だが、休戦条約成立後ウィルソンの一四ヵ条が講和会議の基準となると伝えられてから、にわかに一四ヵ条の研究を始め、連盟問題について、具体的な提案がやむをえず成立する場合には、人種差別待遇撤廃条項を連盟規約に挿入することを提案することとした。ただし、この提案は採択されなかった。国際連盟が発足すると、日本は重要な構成国となり、常任理事国ともなって、連盟の活動に貢献することとなった。総会に代表を派遣し、各種常設委員会ないしは臨時委員会、国際労働機関、および常設国際司法裁判所などの活動に参加協力し、事務次長には新渡戸稲造が就任した。連盟は、ようやく一九二六(大正一五)年九月にドイツが加盟して常任理事国となるとともに、世界機関としての実体を備え、処理問題も漸次欧州外におよび、成立後一〇年間は着々と実績を積み重ねた。

国際連盟は、国際的平和の維持のために、戦争を違法とし、違法な戦争を起こした国に対する制裁を定め、また、戦争の第一の原因を国家間の同盟にあるとした。したがって、連盟は、対立する国家をすべて包み込む体制、対立者を同盟の外におかない体制、つまり集団安全保障体制をめざした。しかし、この願いは失敗する。国家の多元的併存状態を一挙に国際組織へと止揚する機が熟していなかった。ウィルソン大統領が提唱者であったにもかかわらず、アメリカは最後まで国際連盟に加入しなかった。連盟に参加した諸国も旧式の武力外交的な思考で連盟を後退させた側面もあった。連盟発足当初は、イギリス、フランス、日本、イタリアは、大戦中の秘密条約による敗戦国の領土や権益の分配に必死であった。連盟規約第一六条は、紛争の平和的解決手続から逸脱した戦争を禁止したが、これに反して戦争に訴えた国に対して、他のすべての加盟国が共同して制裁するものとした。非軍事的措置に関しては自動的かつ全面的なものと定めた。ところが、一九二一(大正一〇)年の第二回総会で採択された解釈決議は、連盟規約に違反して戦争が起こされても、違約国と他の連盟国との間に自動的に戦争状態が生じるのではなく、単に戦争開始を宣言する権能を与えているに過ぎないとした。また、経済制裁も当初はゆるやかなものから徐々に厳重な手段へと移るものとした。この決議は明らかに連盟規約第一六条の解釈としては成り立たないものであったが、連盟の制裁措置を骨抜きにした。さらに、連盟規約そのものにも欠陥があった。連盟規約は、一定の範囲で戦争を禁止したが、その範囲は広くなかった。その結果、禁止された戦争と、許された戦争という奇妙な区別を作りだした。また、戦争にいたらない武力行使については、規約はなにも規定していなかった。連盟の集団安全保障体制のこれらの欠陥を連盟の外から補強しようとしたのが一九二八(昭和三)年の不戦条約であるが、この条約にも欠陥があった。第一に、この条約の違反を担保すべき実定法上の制裁措置が定められていなかった。第二に、平和的手段による解決とは、戦争以外の解決のすべてを含むという姑息な解釈の余地を残した。

ワシントン体制　ベルサイユ講和会議は、主としてヨーロッパ問題を処理したものであり、複雑化した東アジア問題、太平洋問題はほとんど未解決の問題として取り残された。東アジア関係を複雑なものとしたのは、日米関係であった。第一次世界大戦を通じてますます成長した経済的実力を背景として、アメリカは強い政治的発言権をもち、東アジアの経済と政治へも積極的にかかわるようになった。一九一五年の日本の対華二一ヵ条要求に対する非難、一八年以降の日本のシベリア出兵のありかたに対する抗議、一九年のベルサイユ会議での山東問題での激突、同年から二〇年にかけての新四国借款団をめぐる日米間の対立、さらにこれらの動向は、太平洋における激しい日米間の海軍軍拡競争をもたらし、日米戦争の可能性すら論じられるようになった。しかも、日米両国の関係は深く、とくに開国以来の日本にとって、アメリカは、政治・経済(貿易)・文化の面で質的にも量的にも強く依存する大国であった。

ところで、一九二〇年三月に発生した戦後恐慌は、日本のみではなく全世界的なものであった。膨大な建艦計画を実行しつつあったアメリカも財政難に陥り、それと対抗する形で計画をたてていたイギリスも同様の問題に直面した。この機会にアメリカは、戦争の惨禍に苦しむ国際世論に訴えながら画期的な軍縮提案を行い、あわせて崩壊した第一次世界大戦前の東アジア国際政治の枠組みに代わる新しい枠組み創出のイニシアチブをとることによって、日本の中国・シベリア市場の独占化を阻止するとともに安定した日米関係を作り出そうとした。東アジアと太平洋での新しい国際的枠組みを作りだすために、一九二一年一一月からワシントン会議が、アメリカ大統領ハーディングの提唱で開催された。会議には、提唱国アメリカの外に、イギリス、イタリア、オランダ、中国、日本、フランス、ベルギー、ポルトガルが参加した。

日本にとって、この会議は、日米関係を調整し、またイギリスが継続を望まない日英同盟に代わる国際的枠組みを求める場となった。さらに日中関係の険悪化は、日貨排斥運動などによって対中国貿易に多大な損害を与えてきており、この意味からも日中関係を正常化することが経済界から求められていた。

ワシントン会議では、七つの条約と二つの補足協定が成立した。条約のうち二つは海軍の軍備制限および潜水艦および毒ガスに関するもので、日本・イギリス・アメリカ・フランス・イタリアの五ヵ国間で結ばれた。そのほか、太平洋水域の属領諸島に関する相互の権利の尊重およびそれに関する紛争の処理方法を約束した日本・イギリス・アメリカ・フランスの四ヵ国条約が二つ、また中国の独立と領土の保全および関税自主権の拡大に関する九カ国条約が二つ、さらに山東還付に関する日華条約が、それぞれ調印された。また二つの補足協定とは、ドイツ所有の海底電線の分配に関する協定と、旧ドイツ領のヤップ島に関する日米の協定である。四ヵ国条約および九ヵ国条約の成立によって日英同盟および石井・ランシング協定の廃棄が決定され、また日本の対華二一ヵ条要求の一部放棄、膠州湾租借地の返還、シベリアからの撤兵が約束された。以上の条約を基礎にして形成された東アジアの国際秩序がワシントン体制である。

幣原外交　ワシントン会議以後、日本政府の外交方針は、ワシントン条約で作られた東アジアのあらたな国際関係を維持する方向がとられた。外相幣原喜重郎の名前をとって「幣原外交」と呼ばれる政策が展開される。幣原は国家的利益は列国相互の調和によって確保されるという原則に立ち、また中国の内政問題に関しては一切干渉しないとの意図を明言し、中国人自身による国家統一の道を支持する。ただし、かれは同時にこれまでの条約で明記された日本の権益、とりわけ満蒙地方での既得権益擁護の立場も明白にし、外交ルート以外の方法でのその変更の動きに強く反対した。日ソ関係では、一九二五(大正一四)年一月、日ソ基本条約が調印されロシア革命後八年ぶりに国交が樹立された。

第4節　満州事変とその後

一九二五年の五・三〇事件以後中国全土で反帝反軍閥運動がかつてなく高揚したが、一九二六年七月には、蔣介石を総司令とする国民革命軍は広東から北伐を開始した。一九二八年六月の張作霖爆殺事件後、国民政府は満州をも勢力下に組み入れ、ナショナリズムの力に支えられながら日本に対し強硬な態度をとるようになった。日本政府は中国本土である程度譲歩しながら満蒙での既得権益を守ろうとの基本方針の上に一九三〇(昭和五)年五月、中国に関税自主権を認めた日華関税協定に調印するが、国民政府は次の目標を治外法権の全面的撤廃におき、日本・アメリカ・イギリスなどの部分的譲歩案と正面から対立してきた。しかも日本政府はこの段階になると、枢密院の反対を恐れ、蘇州・杭州などにある小租界を返還して中国側の軟化を図るという政策の採用すら踏み切ることができなくなっていた。中国の強硬姿勢と国内の右傾勢力との板ばさみとなって身動きがとれなくなったのである。また、ロンドン海軍軍縮条約の調印に際しても、兵力量決定の補弼機関でない政府が補弼機関である軍令部長の反対を無視したのは統帥権の干犯であるとして、政府は、野党政友会、軍令部長、枢密院から攻撃されていた。

このようなジレンマは、満蒙問題ではきわめて鮮明な形をとってきた。中国の国権回復要求は治外法権のみならず、航行権や鉄道などの諸利権回収を含めるにいたった。またこの頃、満州では、万宝山事件、中村大尉事件などが引き起こされていた。他方、幣原外相の態度を弱腰とし、満蒙は日露戦争で多くの日本人の血をもって権益を勝ち取った日本の生命線であり、外交的手段をもってしてはなんら解決の見通しがないとする関東軍を先頭とした軍部や、軍部と結びつく満蒙在留日本人（当時二三万人）の活動は、ますます激烈なものとなっていた。とくに南満州は、南満州鉄道株式会社を中心とする日本の特殊権益地域で、日本の海外投資額の過半がつぎこまれており、また重工業原料の産地としても日本の生命線とされた。

こうして満州をめぐる情勢は、いよいよ緊迫の度を加え、ついに、一九三一（昭和六）年九月一八日、板垣征四郎、石原莞爾ら関東軍の中堅将校が満州事変を引き起こした。柳条湖事件ののち、関東軍はただちに全面的な軍事行動をおこし、満鉄沿線、ついで北満の諸都市を占領した。張学良は錦州に仮政府をおいて応戦したが、国民政府は共産軍討伐に全力をあげ、これを援助せず、日本軍は三二年初頭までにはほぼ東三省の占領を終え、三月満州国を発足させた。満州事変は、日本の国際連盟脱退（一九三三年三月二七日）をもたらした。一九三六年にはワシントン・ロンドン両海軍軍縮条約が失効、一九三七年には日中戦争が勃発し、日本は国際的孤立を深めてゆく。一九四一年には、ついに太平洋戦争を開始し、「大東亜共栄圏」の名のもとに、アジア諸国を侵略して、近隣諸民族に多大の犠牲と損害を与え、日本国民にも厳しい苦難を強いることになった。

第5節　現代世界と日本

ほとんど全世界を戦争にまきこみ、第一次世界大戦以上に悲惨な損害を生み出した第二次世界大戦が終結すると、戦勝国である連合国側は、国際連合を結成し、世界平和の維持を誓い合った。また、敗戦国日本は、日本国憲法を制定し、平和国家として再出発することを誓った。今では、第二次世界大戦の終結から約五〇年が経過し、冷戦構造の終えん、ソビエト連邦の崩壊、民族問題の噴出と、戦後体制の崩壊と国際秩序の動揺期を迎えている。しかも、ある国家や民族が別の国家や民族を支配することが帝国主義であるとするならば、この帝国主義的支配衝動は、いまなお地球上から消滅していない。また、これまで戦争の原因であるとみなされていたものが、いまなお世界中に存在しているように思われる。とくに、帝国主義的支配衝動は、今日でも主たる戦争原因であり、途上国が抱える経済問題は武力によっては解決できない国際秩序の不安定要因となっている。現在、いくつかの「主権国家」の内部の武力紛争を解決するために、国際連合が介入しつつあり、「経済大国」日本は、国際連合を構成する「有力な国家」として、「わが国の地位に見合った責任」を果たすことを求められている。その際、ＰＫＯまたはＰＫＦという形態での自衛隊の紛争地域への派遣が要請されている。このようななかで、日米安保体制のもと、戦後長期にわたって政府・自民党によって「一国平和主義」を追及してきた日本はとまどいのなかにいる。国際連合の一員として、世界平和の維持や地域紛争の解決で日本が求められている「貢献」、または日本が果たすべき「責任」を考える上で、第二次世界大戦以前の、日本帝国主義の歩みと、日本をめぐる、また、世界の国際関係の推移や、国際連盟と日本とのかかわりあいの歴史を、あらためて振り返ることが重要である。

第17章　植民地法制——台湾を中心に

日本帝国主義による植民地支配の歴史は一八九五年の台湾領有に始まった。その後、その版図は関東州・南樺太（一九〇五年ポーツマス条約）、韓国（一九一〇年日韓併合条約）、南洋群島（一九一四年軍事占領、一九二〇年委任統治領）と拡大の一途を辿っていく。そして、一九三一年満州事変以後、日本帝国主義は——「満州国」という傀儡国家を隠れ蓑にして——中国東北部を直接的に支配し、さらには「大東亜共栄圏」の美名のもとに中国本土から東南アジアの全域にまでその勢力圏を拡大していった。

これらの諸国家・諸地域はすべて日本帝国主義の政治的・経済的・軍事的従属下に置かれたが、国際法的な観点からすればその性格は必ずしも一様なものではなかった。つまり、台湾や韓国（朝鮮）は日本の直接的な領土として併合され、国際法上は日本の領土の一部として観念された。これに対して傀儡国家である「満州国」は、形式的には主権国家の体裁を失ってはいない。「大東亜共栄圏」も——建前は——主権国家間の横の同盟関係である。帝国主義的な支配・従属関係としての本質は同一でも、それぞれの法形式は大きく異なる。

我々がここで植民地という場合、前者——つまり台湾や朝鮮など——のケースを想定している。本章の課題はこのような植民地を支配するために整備された植民地法制を概観することである。ただ、すべての植民地を取り上げることは紙幅の関係もあって困難であるため、もっぱら対象を台湾に限定した。台湾を取り上げる理由は他でもない、日本の植民地の中で最も古い歴史を有しているからである。

第1節　植民地統治体制の確立

台湾の軍事的制圧と抗日武装闘争　一八九五年四月一七日日清講和条約が調印（同月二〇日批准、五月八日批准書交換）され、ここに約八ヶ月に及ぶ日清戦争はその終結を見た。講和条約は第二条において遼東半島、台湾全島及びその付属島嶼、澎湖列島の日本への割譲を宣言し、したがって、当該地域は批准書の交換をもって日本の領有に帰属した（周知のように、遼東半島は三国干渉により清国に返還された）。日本による台湾（澎湖島を含む）領有、そして植民地支配の歴史の始まりである。

同年五月日本政府は海軍大将樺山資紀を台湾総督に任命し、台湾の掌握に乗り出した。樺山総督は同月台湾総督府仮条例を制定して暫定的な植民地統治機構を確立するとともに、同月中に台湾北部に上陸、軍事的な台湾接収作戦を開始した（事務的には六月二日清国側と台湾接受手続を完了）。しかし、台湾本島では日本の台湾領有に反対する動きが活発化し、在台清朝官僚や台湾上層階級によって「台湾民主国」が設立され、あるいは一般住民を中心とした激烈な抗日武装闘争が繰り広げられた。

抗日武装勢力に対する軍事行動を展開しながら、植民地支配体制の実質は次第に整備されていく。樺山総督は台湾総督府を設置し、六月一七日には台北で始政式を開催した。さらに地方官仮官制を制定して、台北県、台湾県（台中）、台南県の三県、一二支庁を設置した。しかし、抗日武装闘争の激しさは日本政府の予想を超えるものがあり、ついに八月台湾総督府条例が公布され、台湾全島が鎮定されるまで軍政が施行されることになった。すなわち同条例は台湾総督府の機構を「軍事官衙」とし、台湾総督とそれを補佐する参謀長の下に陸軍局・海軍局・民政局を設置した。この「台湾の軍政が台湾統治史の上において有する意味は、台湾総督が長年の間、単に国務機関であるにとゞまらず、軍令系統としての機関を兼ね、武官総督制を続けて来たことの起源となつたことにある」（中村哲『植民地統治法の基本問題』日本評論社、一九四三年、五〇頁）。

九五年一〇月下旬日本軍は台南に入城し、翌一一月中旬には樺山総督から大本営に対して「今ヤ全島全ク平定ニ帰ス」との報告がなされた。かくて台湾西部はほぼ軍事的に制圧されたのである[1]。そこで日本政府は翌九六年四月一日を期して軍政から民政への移行を決定し、植民地統治機構の本格的な整備に着手した。

委任立法制度　植民地統治体制の本格的な整備に当たり根本的な問題として解決を迫られたのは、植民地法制と国内法（とくに憲法）との関係である。憲法を植民地に施行するのか、そして植民地住民に本国国民と同様の法的・政治的保障を与えるのか。これは植民地政策の根本に関わる問題であり、フランス的な植民地同化主義政策をとるならば憲法の植民地への施行は当然であり、そうでなければ憲法の施行に否定的たらざるをえないことになる。日本政府は、かかる憲法問題に明確な定見を持たないまま、現地の台湾総督に広範な植民地立法権を委任するという方法（委任立法制度）を選択した。すなわち、九六年三月「台湾ニ施行スヘキ法令ニ関スル法律」（法律第六三号）、いわゆる六三法を制定し、台湾総督に「法律ノ効力ヲ有スル命令」（律令）を発する権限を与えた。律令を制定するには台湾総督府評議会の議決を要し、拓殖務大臣を経て勅裁を請わなければならない。ただ「臨時緊急ヲ要スル場合」には、台湾総督は上記の手続を経ずに直ちに命令を発することができる。これ以外に、内地の法律を台湾に施行する必要がある場合には、勅令をもってこれを定めるとした（同法は施行期間三年の時限立法[2]）。

植民地統治機構の整備　九六年三月日本政府は拓殖務省官制を制定して拓殖務大臣を置き、台湾に関する政務の管理と台湾総督に対する監督権限を与えた（その後、中央の監督機関は内閣総理大臣、内務大臣など目まぐるしく変転する）。同月制定された台湾総督府条例は総督府の軍事組織から民政機構への大幅な改組を行った。しかし、それは総督の任命資格を陸海軍大将・中将に限定し（武官総督）、総督に軍隊統率権と一般政務統理権を掌握させるなど、軍政期の名残を色濃くとどめていた。六三法が定めた台湾総督府評議会の具体的な組織・権限については、台湾総督府評議会章程がこれを定め、律令案の議決と一定の諮詢事項について台湾総督に答申する権限を与えた。

軍事制圧された西部地域では、台湾総督府地方官官制によって地方統治機構が整備され、新たに台北県、台中県、台南県、澎湖島庁を置き（便宜県の下に支庁を置く）、知事・島司・支庁長を配した。(3) 県・支庁・島庁の下には警察署を置き、警察機構の整備がはかられた。他方、東部山岳地帯については、台湾総督府撫墾署官制を制定し、山地に近接する要地に撫墾署を設置して「蕃人」「蕃地」(4) に関する行政に当たらせた。

治安機構の整備　日本軍の軍事的制圧後も抗日武装勢力——日本側は彼らを「土匪」と呼んだ——の出現は止まず、各地で日本軍との小規模な衝突が繰り返された。とくに台湾北部では九五年一二月に、南部では九六年六月に武装大蜂起が発生し、これ以後一九〇二年まで粘り強い抗日武装闘争が展開された。こうした状況の中で、治安政策は植民地統治政策のもっとも重要な柱の一つとならざるをえなかった。九六年五月台湾総督府は台湾総督府法院条例を制定し、地方法院、覆審法院、高等法院を設置して三審制を整備した。しかし、抗日武装勢力の行為に関しては、これら法院の裁判管轄から除外し、別に臨時法院を便宜の場所に設け、一審かつ終審の裁判で処理することとした。さらに、同年一〇月「拘留又ハ科料ノ刑ニ該ルヘキ犯罪即決例」は、警察署長、憲兵隊長などに対して、一〇日以内の拘留に相当する犯罪等を即決する権限を与えた。

日本語教育と戸口調査　台湾総督府は台湾領有直後から日本語教育を重視し、早くも九五年七月には台北士林街の士紳子弟を芝山巌に集め日本語の伝習を開始した。そして翌年三月台湾総督府直轄諸学校官制によって国語学校と国語伝習所を設置した。(5) かかる日本語教育の重視は統治政策を遂行する上での現実的な必要性から出ただけでなく、さらには台湾住民の教化、「帝国臣民」化をめざすものでもあった。(6)

また総督府は、九六年八月から戸口調査に着手し、憲兵や警察官を動員して各戸ごとに住民の住所・氏名・年齢等を調査した。この調査をもとに戸口調査簿が編成された。ただ戸口調査簿は警察行政に資するためのものであるため身分関係の記載がなく、また現住地主義をとるなど、戸籍のような身分登録簿的な機能を有していなかった。なお東部山岳地帯についても、同年一一月から撫墾署を通じて蕃社（高山族の村落）の名称・人口などの調査――実地調査ではなく、多くは文献や聞き取りによる――が行われた。

第2節　台湾統治政策の本格化――児玉後藤政治

児玉後藤政治　一八九八年二月児玉源太郎が第四代台湾総督に任命され、同年三月児玉の抜擢により後藤新平が民政局長（後に民政長官）に就任して以後、彼らがその任を退く一九〇六年までの時期において、台湾ではいわゆる児玉後藤政治が展開された。児玉後藤政治とは何か。かつて矢内原忠雄はその特徴をこう指摘した。「台湾社会の特殊性認識に基き社会的には旧慣尊重、政治的には本島人に対する差別的警察専制統治、政治の内容は治安の設定、島内産業の資本主義的発展、内地人の官僚及資本的勢力の確立、及び教育施設に対する冷淡」にあると（矢内原忠雄「帝国主義下の台湾」『矢内原忠雄全集2巻』岩波書店、一九六三年、三七五頁）。

実際、当事者はみずからの基本政策として、第一に、同化主義政策の推進による台湾住民の帝国臣民化、第二に、台湾の資本主義化、台湾財政の自立化の推進を掲げた。しかし、前者はその実現まで数世紀を要するとして事実上軽視され、もっぱら後者の課題が重視された。次に児玉後藤政治の「成果」を辿ることにしよう。

土地調査事業　日本領有以前の台湾土地制度についてここで詳述することはできないが、その特徴として、土地所有関係が封建的性質を有すること、公権力の把握していない隠田が多いこと、そして東部山岳地帯に居住する高山族の問題などを指摘することができる。もともと台湾全島は高山族の居住地であったが、次第に中国大陸から植民者の侵入を受け彼らの居住地域は侵食されていった。とくに清朝期には中国人移民が増加し、政府の許可を得て（あるいは無許可で）西部の平野部を中心に開墾の鍬を下ろした。こうして形成された開墾地には複雑な権利関係が成立した。すなわち、政府から開墾の許可を受けた開墾権利者または許可を受けない無断開墾者（彼らを大租戸という）は、その土地を実際の開墾経営者（これを小租戸と称す）に貸与し、この経営者は土地をさらに小作に出す。小作人（現耕佃人）は小租と呼ばれる租穀を開墾経営者（小租戸）に納め、小租戸はさらに大租と称される租穀を大租戸に納めた。開墾権利者である大租戸の場合、さらに政府に地租を納めた。このように同一土地上の権利関係はゲベーレ的であり、各々の権利の性質は不明確なものであった。そこで総督府は台湾領有に当たり、大租戸、小租戸の何れをもって「業主」――中国では、業主権が土地に関する最高の権利であった。中国では純然たる所有権観念は育たず、「王土」思想に基づく「業主権」観念が生み出されたからである。――と見るべきか、したがって納税義務者と見るべきかを確定しなければならなかった。

総督府は一八九八年七月「民事商事及刑事ニ関スル律令施行規則」を制定して土地に関する権利については当分の間旧慣による旨を定めた。そして、その一方で抜本的な権利関係の整理をめざして土地調査事業に着手した。まず、同月台湾地籍規則と台湾土地調査規則を制定して、業主（＝小租戸）にその土地を強制的に申告させ、――申告に基づいて地盤の丈量を行い、それを地方土地調査委員会が査定した上で――土地台帳と地図を調製し、それを地方庁に備え置くこととした。九月には土地調査事業の実行機関として臨時台湾土地調査局を設置し、地籍調査、土地台帳・地図調製に関する事務に当たらせた。

土地調査は主に台湾西部の田園（田畑）を対象に実施され、当該土地上の大租権が調査された。そして一九〇三年一二月「大租権確定ニ関スル件」によって、調査された土地の大租権者を地方庁備付けの大租名寄帳で公示し、権利者を確定した（以後、大租権の新規設定は認められない）。そして、翌一九〇四年五月「大租権整理ニ関スル件」によって、確定された大租権を補償金をもって消滅せしめた。その結果、従来の複雑な権利関係は消滅し、小租戸が業主として確定された。これに伴い、一一月台湾地租規則が制定され、田畑、養魚池の業主に対して地租の納入が命じられた。また一九〇五年五月台湾土地登記規則によって不動産公示制度が整備された。これに関しては、相続・遺言の場合を除き、登記を権利移転の効力発生要件として登記を強制している点が特徴的であった[7]。

土地調査はどのような効果を示したか。それは、何よりも、土地の権利関係を整理することによって資本による土地投資、企業設立の安全を与えた点に求められる。つまり、「土地調査は台湾資本主義化、わが資本による台湾征服の必要なる前提であり基礎工事」（矢内原・前掲書二〇六頁）であった[8]。

戸口調査　地籍とともに人籍の掌握は植民地支配にとって不可欠である。それゆえ、総督府は一八九六年以後数度にわたり戸口調査を実施し、戸口調査簿の編成に務めてきた。しかし、調査自体が不徹底であり、戸口調査簿も身分登録簿的な機能を持たないという点で不十分なものであった。そこで総督府は一九〇五年六月臨時台湾戸口調査規則を制定し、同年一〇月一日を期して近代的な国勢調査の方法をもって全島一斉に戸口調査を実施した（高山族は除かれた）。これにより戸口調査は一つの完結を見た。他方、調査後の異動を確実に把握するために届出制が整備され、同年九月「人口異動ニ関スル届出規則」、一二月戸口規則などが制定された。この戸口規則によって、現住地主義とは別に本籍主義が導入され、家を単位として家族全員を記載する戸籍的なものが完成した[9]。

治安体制の強化　児玉後藤政治のもとでの治安体制の強化は、三つに分類される。一つは、台湾住民の組織化である。総督府は一八九八年八月保甲条例を公布して保甲制を創設した。保甲制は治安維持、とくに土匪対策を目的とするもので、台湾住民をおおよそ一〇戸単位に甲に組織し、さらに一〇甲を単位として保を編成した。保甲人民は連座制によって連帯責任を負わされ、また保甲ごとに匪賊や水火災の警戒防御の実行機関として壮丁団が置かれた。こうして台湾住民は組織化され、治安警察機構の末端に組み込まれた。二つには、過酷な弾圧立法の整備がある。同年一一月匪徒刑罰令、一九〇〇年一月台湾新聞紙条例、二月台湾出版規則、一一月台湾保安規則、一九〇六年三月台湾浮浪者取締規則などがそれである。このうち匪徒刑罰令は、内地法（いわゆる旧刑法）の兇徒聚衆罪――首魁・教唆者は三月以上三年以下の重禁錮に処される――に相当する行為を死刑をもって処断するという過酷なものであった。しかし、問題は適用刑罰の過酷さだけではない。治安法規が恣意的に運用され、その弾圧的性格がいっそう強められたという事実も無視できないからである。[10] 三つには、糺問主義的で弾圧的な刑事司法手続の整備である。一九〇一年五月「刑事訴訟手続ニ関スル律令」は、検察官に対して、現行犯事件でなくても急速の処分を要すると思料するときは公訴提起前に拘引状や拘留状を発し、検証・差押・捜索をなすことを認めた。かかる検察官への強制処分権限の付与は、一九〇五年七月刑事訴訟特別手続にも継承されるが、これは内地法との比較において台湾刑事訴訟法制の際だった特徴となっている。[11] また、一九〇四年三月新しい犯罪即決例が制定され、旧法以上に広い範囲の犯罪に関して庁長（地方長官）に即決処分の権限を与えた。

蕃人蕃地政策　従来、台湾総督府は、撫墾署（後に弁務署）を通じて、「懐柔主義」的な政策をもって高山族に臨んできた。例えば、一八九六年蕃地出入取締規則を制定して、特定の企業家以外の立入りを制限し、また同年以後「蕃人」「蕃地」の調査などを実施した。一九〇〇年には「蕃人」以外の者による蕃地の占有を禁止した。[12]

しかし、台湾西部での抗日武装闘争が一九〇二年にほぼ終息したことを契機として、一九〇三年以後総督府の関心が「蕃人」「蕃地」問題に注がれることになる。同年一月総督府は「蕃人」「蕃地」に関する事務を総督府民政部警察本署に移管し、警察行政の一部に組み込んだ（これに伴い地方庁でも警察の主管に移った）。そしてこの警察力をもって隘勇線（蕃界線）の前進を図った。隘勇線とは、高山族の占有地域とそれ以外の地域とを画するもので、武装警備員（隘勇）の守備する塹壕が等間隔に配置され、その間を道路が連絡するものである。警察は繰り返し討伐隊を編成して高山族占有地域に侵入し、隘勇線を前進させながら支配地域を拡大していった。(13)

教育制度の整備　本島人に初等教育（日本語を中心とする）を施す唯一の機関として一八九六年総督府が設立した国語伝習所は、九八年公学校に改められた。公学校は新たに街庄社の経営に委ねられ、街庄社で設置・維持の経費を負担しうるかぎりでその設置が許可された。他方、内地人の初等教育は九六年設立の国語学校付属学校において本島人子弟とともに実施されていたが、九八年小学校の設置によって内地人子弟の初等教育は独立し、本島人子弟と別系統の初等教育制度が確立した。

内地人の中等教育は、当初、国語学校付属学校で行われていたが、これも独立の教育系統として次第に整備されていった（一九〇七年中学校、高等女学校設立）。これに対して本島人の中等教育機関は、依然、国語学校のみという状態にとどまった。(14)その一方で、専門学校として、九九年四月台湾総督府医学校が設置され、もっぱら本島人子弟が収容された。

産業奨励政策　台湾産業の大宗といわれる糖業に関して、総督府は一九〇五年六月製糖場取締規則を制定し、大資本の製糖会社にそれぞれの原料採取区域を指定した。この指定区域内では在来の中小資本による工場新設を認めず、かつ甘蔗農家に対して指定の製糖会社のみに甘蔗を売ることを義務づけた。しかも甘蔗の価格決定権は製糖会社が掌握していた。糖業に次ぐ台湾の主要産業である製茶、樟脳、米などについても総督府の手厚い保護・奨励政策がとられ、例えば、樟脳は一八九九年から専売制度を実施し、外国資本の駆逐に成功した。

第3節 「内地延長主義」政策への転換

明石総督と統治政策の転換　児玉後藤政治が台湾植民地史に一時代を画したとすれば、次に時代を画したのは明石元二郎（在任一九一八～一九年）であろう。矢内原忠雄は、明石総督以後に展開される台湾統治政策の特徴を次のように指摘した。「台湾社会の特殊性認識より転じて内地延長主義同化主義に移り、教育尊重、文治政治、民族的融和を説くと共に、経済的には島内産業の開発より進みて特に台湾と内地との連結及び南支南洋への発展を高調するに至つた。前期（児玉後藤政治を基調とする――引用者）を日本帝国主義下の台湾の警察政治的建設時代といはば、後期は文治的発展期に入れるものである」[15]（矢内原・前掲書三七五頁）。

明石総督のもとでは、教育制度改革、司法制度改革、台湾総督府官制改正などが実施されたが、このうち台湾総督府官制改正は、台湾総督の任用資格に関する現役武官条項を削除し、文官総督の任用に道を開いた（これに伴い、総督に委任されていた兵権は解除され、新たに台湾軍司令官が設置された）という点で、武断政治から文治政治への転換をもっとも端的に示すものであった。

文官総督の登場　文官総督の登場は意外に早かった。明石総督が急な病いで倒れた後、一九一九年一〇月田健治郎が最初の文官総督（在任一九一九～二三年）に任命されたからである。これ以後、田総督のもとで同化主義・内地延長主義政策が本格的に展開される。田総督はその施政方針をこう述べる。台湾は帝国憲法の統治に従属する版図であり、本国の政治的・経済的支配地にすぎない欧米の植民地と同一視すべきものではない。この点を出発点として台湾経営を行い、本島人に帝国臣民としての忠誠・義務観念を涵養する。ただ、その実行方法は漸進的であるべきで、急激に内地と同一の法律制度を実施するのは妥当ではない。まず教育[16]の普及によって本島人を内地人に「醇化融合」させて社会的平等を実現し、最終的には政治的平等の実現にいたるよう教化・善導すべきである、と。

委任立法制度の改正　内地延長主義（同化主義）への転換は委任立法制度の改正にも示された。従来の六三法、それを継承する一九〇六年「台湾ニ施行スヘキ法令ニ関スル法律」（法律第三一号、いわゆる三一法）では、原則的に台湾総督が植民地立法権（律令制定権）を掌握し、例外的に必要がある場合に限り勅令をもって内地の法律を台湾に施行した。しかし、二一年三月に公布された「台湾ニ施行スヘキ法令ニ関スル法律」（法律第三号）、いわゆる法三号は、勅令をもって内地の法律を台湾に施行することを原則とした。そして、例外として、台湾特殊の事情により必要がある場合に限り、台湾総督が「法律の効力を有する命令」を制定することになったのである。

内地法との統一　法三号の制定に伴って、多くの内地法が台湾に施行された。従来、例えば台湾刑事令、台湾監獄令、台湾民事令（ともに一九〇八年公布）などの律令は内地法の依用を行っていた――台湾民事令の場合、民事に関する事項は民法、商法、民事訴訟法等に依ると定める――が、それは内地法の台湾への施行ではなく、あくまで内地法を依用する律令の施行に過ぎない。したがって、理論的には台湾総督はそれを自由に改廃することができた。しかし、二二年勅令第四〇六号による民法、商法などの台湾への施行は、内地法の台湾への直接的な施行であり、台湾への施行範囲の拡大にほかならない。したがって、台湾総督が自由にそれを改廃することはまったく不可能であった。このような内地法の施行が内地延長主義政策に基づくものであることはいうまでもない。なお台湾にそのまま施行し難いものについては特例が設けられた。民法では、本島人のみの親族・相続に関する事項については慣習に依らしめ、祭祀公業の慣習[17]が維持された。

教育制度・評議会・地方制度　同化主義政策の要である教育に関しては、二二年台湾教育令によって大幅な改革が実現された。すなわち、初等教育では、国語を常用する者は小学校に、国語を常用しない者は公学校に入学することとなった。中等教育では、従来の内台別系統の教育制度が撤廃され、内地人と台湾本島人の共学が実現した。中等教育ではほぼ内地並の教育制度が実現したと言えよう。

かつて六三法のもとでは律令案の議決機関として台湾総督府評議会が設置されていたが、一九〇六年三一法の制定に伴い自然消滅した。その後、一九〇七年総督府は律令審議会を設置した。これらはみな総督府官吏によって組織され、民意を問う機関ではなかった。そこで田総督は、二一年六月、総督の諮問機関として台湾総督府評議会を設置し、内地人とともに本島人の民間人を評議会員に任命した。

二〇年には地方制度改革が行われ、一九〇一年以来の〈総督府―庁―街庄社〉という機構が新たに〈総督府―州―郡（市）―街庄〉に改組された。すなわち全島に五州を設けて知事を置き、州内には郡と市を設けて官選の郡守と市尹を置いた。郡はもっぱら行政区画である。そして、各郡内には街・庄（町村に相当する）が置かれ、それぞれに官選の街庄長を配した。州市街庄は、一面で地方公共団体として地方税を賦課する権能を与えられ、学校、土木、衛生等の経営に当たることができた。また、それぞれに諮問機関として協議会が設置された。このような地方制度改革は、「他日自治制を行ふの準備的基礎制度」（田健治郎）として位置づけられるものであった。

台湾住民の政治・社会運動　一九二〇年前後における台湾の政治的・社会運動は一つの転換期を迎えていた。一九〇二年抗日武装闘争の終焉後も台湾住民の抵抗運動は決して終息したわけではなく、一九〇七年北埔事件、一二年林圮埔事件、一三年羅福星事件、一四年六甲事件、一五年西来庵事件など小規模な武装蜂起事件が相次いだ。しかし、こうした武装蜂起とは別に、二〇年前後には日本的な教育制度のもとで育った若い世代の政治運動が成長しつつあった。それは民族自決主義、アナーキズム、共産主義などの近代諸思潮の影響を強く受け、武力闘争だけでなく、幅広い政治的・組織的活動を展開するものであった。一四年台湾同化会、二〇年新民会、台湾青年会、二一年文化協会の設立などがそれである。

こうした勢力を中心に二一年から台湾議会設置請願運動が開始され、公選された議員で組織する台湾議会の設置と台湾に施行する特例法律と予算の協賛権付与の要求を掲げた（この運動は三四年まで継続した）。台湾議会設置運動は民族自治主義を基調とする運動であり、その限りで日本の同化主義政策と対立するものであるため、官憲から激しい弾圧を受けた。

当時、台湾議会設置運動の中で重視された政治課題は農政問題であった。とくにいわゆる竹林問題、芭蕉実（バナナ）問題、蔗農問題、台湾拓殖会社問題などがあった。それらに共通する問題は何か。要するに、台湾農民が抱える困難は単に地主小作関係の桎梏だけではなかった。それにもまして彼らは総督府や大企業資本家による強権的・経済的搾取に苦しまなければならなかったのである。これに対して、二六年台湾農民組合が設立され、日傭農最低賃金法の制定、耕作権の確立、生産物管理権の確立、立毛差押・立入禁止反対、悪法撤廃などの要求を掲げた。また労働組合運動では、二九年台湾工友総連盟が組織された。

社会主義的な思潮の影響が強くなるとともに、それまで台湾議会設置運動でまとまってきた台湾の政治運動も分裂の様相を呈するようになった（二七年文化協会、分裂）。こうした動向は政治結社の組織化に拍車をかけ、二七年文化協会の分裂した一方が台政革新会（後に台湾民党、台湾民衆党）を組織し、二八年には台湾共産党が結成された。

地方自治制と戸口制度　その後、一九三〇年代に入ると、台湾総督府は高揚する政治・社会運動に激しい弾圧を加える一方で、同化主義政策のいっそうの推進をはかった。すなわち、三五年州制・市制・街庄制を改正し、地方自治制を実現した。これにより、州市街庄は法人とされ、それぞれに議決機関（州会、市会）や諮問機関（街庄協議会）が設置された。議員や会員の半数は民選によって選出されるが、選挙権資格には独立の生計、六ヶ月以上の居住、年額五円以上の市税納入という厳しい制限が課せられた。

二つ目は戸口規則の改正である。すでに〇五年戸口規則が戸口調査簿に戸籍の機能を付与したが、それは内地の戸籍との制度的連絡をまったく欠くものであった。そのために発生したのが「内台共婚問題」(9)である。これの解消は同化主義政策の柱の一つとされ、三二年にようやく制度改正が実現した。すなわち、三二年一一月「台湾ニ施行スル法律ノ特例ニ関スル件」改正（勅令第三六〇号、いわゆる共婚法）と関係法令の制定によって、内地人と本島人の間での認知、養子縁組、養子離縁、婚姻、離婚の手続が可能となった（翌年三月から施行された）。

第4節　戦時下の皇民化政策

小林総督と皇民化政策　一九三六年九月小林躋造海軍大将が台湾総督に就任し、一七年ぶりに武官総督が復活した。小林総督（在任一九三六～四〇年）は、その施政方針として、普通教育・社会教育による「皇民化」の推進や重要産業の振興などを掲げた。皇民化政策は、従来の同化主義政策の延長線上にあるものの、日中戦争の本格化（三二年七月蘆溝橋事件）という時代背景の中で、台湾住民の戦争動員政策としての性格を露骨に具現したものとなっている。皇民化の具体的な施策として実施されたのは、日本語常用運動（三六年五〇音の絵入冊子を各戸配布、民風作興協議会が新聞漢文欄廃止を決定、翌三七年公学校漢文科廃止）、三七年国民精神総動員本部の設置、三八年台北市で本島人を総動員して実施された皇民化訓練(34)、四〇年戸口規則改正とそれに伴う改姓名運動などである。

皇民化政策の徹底　小林総督以後、最後の台湾総督安藤利吉まで武官総督が続くが、この間戦線が拡大し戦況が深刻化するなか、皇民化政策はいっそう徹底して実施された。すなわち、四一年三月台湾教育令改正によって、従来の公学校と小学校の区別が廃され、国民学校に統一された。これにより初等教育での内台共学が実現した。この段階ではまだ義務教育制が実施されていなかったが、それも四三年から導入された。四二年一一月には「朝鮮総督及台湾総督ノ監督等ニ関スル件」（勅令第七二九号）等により、台湾総督に対する各国務大臣の監督・指示権限が強化され、内地との行政的一元化が促進された。また、四二年陸軍特別志願兵制度が、四五年には徴兵制が実施された。また四五年には、台湾人・朝鮮人に選挙権を付与するために衆議院議員選挙法と貴族院令の改正が行われた。

かつて田健治郎台湾総督は、同化政策の道程を〈教育の普及→社会的平等（＝内台人融合）の実現→政治的平等（＝参政権付与など）の実現〉として描いたが、日中戦争の泥沼化、対米英戦争の遂行という状況の中で、戦時期の台湾総督府はその歩みを一気に加速させ、ついに最終的な目的地にまで到達したわけである。しかし、皮肉にもそれは日本の植民地支配が終焉を迎える時でもあった。

第5節　国際法秩序と植民地支配

最後に国際法と植民地の関連について簡単に触れておきたい。我々がここで取り上げようとしているのは「近代国際法において植民地（および植民地住民）はどのような法的処遇を受けていたのか」という問題である。いわば国際法秩序における植民地（住民）の位置づけの問題である。

端的な事例を挙げよう。一九二五年一二月日本政府は三つの国際条約を批准・公布した。①「醜業ヲ行ハシムル為ノ婦女売買取締ニ関スル国際協定」（一九〇四年パリで締結）、②「醜業ヲ行ハシムル為ノ婦女売買禁止ニ関スル国際条約」（一九一〇年パリで締結）、③「婦人及児童ノ売買禁止ニ関スル国際条約」（一九二一年ジュネーブで締結）である。これにより、いかなる場合があっても未成年者に売春をさせることは禁止された。また、成年（満二一歳以上）の女性であっても強制的手段による勧誘・誘引・拐去によって売春をさせることは禁止された。ところが、これらの条約は台湾・朝鮮・関東租借地等には適用されなかった。条約の調印に際し、日本政府はこれら植民地を除外する旨を合法的に宣言したからである。一五年戦争の過程で日本軍が大量の従軍慰安婦を植民地から徴集したのは、こうした国際条約による制約が植民地住民に及んでいなかったからでもある。

植民地は「国内法的には外国であり、国際法的には国内である」と言われることがある。これは植民地（住民）には国内法的な権利保障も国際法上の保護も与えられていないことの謂でもある。まさしく植民地は国際法と国内法の狭間にあった。前述の婦女売買取締に関する国際条約において植民地への適用除外が合法化されていたのはそのあらわれに他ならない。そのようなものとして植民地は国際法秩序のなかに存在していたのである。

しかし、第一次世界大戦後の状況には重要な変化が生起していた。戦時動員のため「民族自決原則」を「戦争目的」に取り入れてから、旧来の植民地支配はその正当性を主張することができなくなったのである。植民地主義が正当性を失った時代に、どうすれば帝国主義を正当化できるか（そして植民地を維持しうるか）。これが第一次大戦後の帝国主義国が直面した中心課題であった。こうして委任統治、内政干渉条約等の諸形式が新しい支配・従属の形式として登場したのである。要するに、二〇世紀前半の国際法秩序は、一方で植民地を依然として「法の世界」の外に置きながら、他方では植民地支配のイデオロギー的正当性を否定しつつあったのである。第二次世界大戦後の変化の特徴は、何よりもこのような植民地支配の否定というイデオロギーがまさに「現実」に転化したという点に求められる。

(1) 日本軍の軍事行動は台湾西部の平坦地域の掌握に一応限定されていた。したがって、全島総面積の三分の二を占める東部山岳地帯(高山族の居住・支配地域)に対する攻撃は行われなかった。日本(台湾総督府)が東部山岳地帯の掌握に乗り出すのは一九〇三年以後のことである。

(2) このいわゆる六三法は台湾総督にきわめて広範囲な律令制定権を与えたものであることから帝国憲法の立法権規定に抵触するのではないかとの疑義を生み、議会内外での激しい論議を引き起こした。いわゆる六三問題である。

(3) その後、地方統治機構は一八九七年五月台湾総督府地方官官制改正や「台湾総督府管内街、庄、社ニ長ヲ置クノ件」の制定によって大幅に改変された。すなわち、新たに県(または庁)内の須要の地に弁務署が設置され、これも新たに設置された街庄社長を監督する権限が付与された。街庄社長は日本の市町村長に相当し、部内の行政事務を補助執行する権限を与えられた。これによって、〈台湾総督府——県(庁)——弁務署——街庄社長〉の地方統治機構が確立した。

(4) 当時、日本政府は山岳地帯に居住する原住民(高山族)を「蕃人」といい、彼ら高山族の居住する山岳地域を「蕃地」と呼んだ。

(5) 国語学校は台北国語学校の一校が設置された。国語学校は師範部と語学部に分かれ、されに付属学校を加設していた。師範部では教員養成を、語学部では「国語」「土語」の教授などを行い、付属学校(三校設置)では内地人(日本人)と本島人(台湾住民)に対する初等教育を行った。国語伝習所は本島人に対して国語を教授し、日本的精神の養成を本旨とするもので、各地に一四伝習所が設置された。

(6) かかる同化主義政策的な観点から国語教育を推進したのは、かつての文部官僚であり教育学者である台湾総督府学務部長伊沢修二(一八五一~一九一七年)である。

(7) この土地調査はおもに台湾西部の田園を対象に実施された。その後、台湾総督府による土地の権利関係の整理は林野に及び、一九一〇年から五ヶ年を費やして林野調査が実施され、官民有区分が行われた。この結果、林野の大部分が官有に区分された。同時に、旧来の住民の用益慣行はいわゆる縁故関係として保存された。そこで一九一五年から始まる官有林野整理事業はこれら縁故関係を整理し、林野の利用・処分を容易ならしめんとした。かくして林野整理事業の一九二五年度での終了をもって台湾東部林野の所有関係の整理は完了した。これは「林野の資本主義化」(矢内原・本文前掲書二〇八頁)にほかならない。なお、高山族が居住する台湾東部では、林野整理事業の付帯事業として台東庁、花蓮港庁で土地調査が実施され、主に田園の権利関係が整理された。

（8）　矢内原忠雄は、土地調査の効果として、第一に地理地形を明らかにしたことによって治安上の便を得たこと、第二に隠田の整理、大租権消滅による地租の改正増徴によって財政上の増収を得たこと、そして第三に土地の権利関係を明確化したことによって資本家による土地投資、企業設立の安全をもたらしたことをあげている。

（9）　戸口調査簿が戸籍的な実質を備えることに伴って新たに生まれた問題が「内台共婚問題」である。内地人が本島人を妻とした場合は、内地人の本籍地において戸籍に登載することができるが、本島人が内地人を妻とする場合は戸籍に登載することができず、そのため内縁関係にとどまることになる。入夫婚姻、養子縁組においても同様の事態が発生する。これが解決されるのは一九三二年のことである。

（10）　一九〇二年衆議院特別委員会において竹内正志議員は次のように述べている。「新聞紙条例ガドウモ厳酷ニ過ギテ居ル（略）厳酷ノ上ニ当局者ガ随分苛クヤルト云フヤウナコトガアツテ、極端ニ云ヘバ台湾ノ施政以外――今総督ノヤラレル台湾ノ施政ニ反対スルモノハ、成ルベクイロイロナ手段ヲ設ケテ警告ヲ与ヘ、若クハ容易ニ許可ヲセナイトカ、許可ヲシテモ直ニ禁ズルトカ取消スト云フヤウナコトガアル」。

（11）　当時、内地ではいわゆる明治刑事訴訟法（一八九〇年法律第九六号）が施行されていたが、同法は、現行犯の場合を除いて、検事に強制処分権限を付与していない。もっぱら強制処分権限を掌握しているのは予審判事である。検事に広範な強制処分権限が認められるのは、いわゆる大正刑事訴訟法（一九二二年法律第七五号）の制定によってである。台湾の刑事訴訟法制はこうした国内法の動向を大幅に先取りしたものとなっているのである。

（12）　懐柔主義的な政策が基調であるといっても、一八九六年からは高山族に対する武力討伐が開始されている。かかる武力討伐の過程で、高山族に対する残虐行為や財物窃取が行われたことも忘れてはならない（一九〇二年二月五日衆議院特別委員会での永江純一議員の質問に対する江藤新平政府委員の答弁）。

（13）　こうした武断的な政策はその後も継承され、とくに五ヶ年計画理蕃事業（一九一〇～一四年）は軍隊も動員して大規模な武力討伐作戦を展開したもので、最も武断的な政策であった。

（14）　台湾総督府が本島人の中等教育機関として中学校を設立したのは一九一五年になってからである。

（15）　このような内地延長主義と対外的な経済発展政策への転換は何によるものか。この点に関して、矢内原はこう説明する。第一に、台湾本島人の郷関たる華南地域において国民党が政治的基盤を得、台湾島内でも本島人の民族的運動が成熟の度合を強めつつあった。これに対応するため文治政治への転換と内台人の共存融和が高調された。第二に、第一次世界大戦後の世界的な植民地統治政策の転換に伴い、日本政府も植民地と本国との経済的結合の強化、植民地を基盤とする世界経済への積極的進出を策することとなった。台湾における経済発展政策はその一表現に過ぎない（矢内原・本文前掲書三七六頁）。

（16）　田総督はここにいう「教育」を他の場所では「教化」と言い替え、それを次のように説明している。教化とは、第一に政治上の教化、第二に社会上の教化、第三に教育による教化がある。政治上の教化では、本島人の官吏採用の促進、笞刑の廃止などを実施すべきである。社会上の教化では、社会生活における内台人の友誼的交際の促進、とくに内台通婚や日本語学習の促進などが課題である。教育による教化では、義務教育制度の施行（ただし将来的な課題）、内台人共学の実現などである。

（17）　祭祀公業とは死者の祭祀を目的として設定された独立の財産である。台湾の相続慣行は分頭(分割)相続であったため、祖先祭祀のために遺産の中から一定の財産を抽出して独立の財産を設定し、その収益によって祖先の祭祀に充てることにしたのである。

第18章　近代法学の形成と展開

日本近代法学史は西欧近代との接触から始まる。幕末から明治初年には対外的危機感から「万国公法」への関心が呼び起こされたほか、あらゆる分野の法制が研究された。それらの多くは学問的関心によるというよりは、むしろ外交・内政上の政策的必要によるものであったが、法学はこの時期西欧近代という未知の文明への知的好奇心を満たす窓口ともなっていたのである。ただ、法学への関心が「黒船」に代表される「強い国家」への驚きと憧れに過ぎないのなら、近代法学は誕生の瞬間から権力の侍女たるを運命づけられていたことになろう。そして、法学史は官僚制や裁判制度の歴史の添えものとして、あるいはせいぜい政治・社会思想史の一部分としてしか描けなくなってしまうだろう。

しかし、西欧近代の文化的特質の一つはその法文化にあったはずである。西欧は近代市民革命以前、中世に大学が誕生して以来法学が神学と並んで重んじられてきた社会であることを見逃すことができない。江戸時代の日本がそうであったように、経済社会の発達が必ず民商法学の誕生と結びつくわけではないのである。事実、「アジアに民法の意想なし」との「驚き」から日本近代法学史のあゆみは始まった。

本章では、新しい学問、思想としての日本近代法学が、いかに形成されどのような展開を遂げたかを概観する。

第1節　日本における近代法学の形成

異文化との出会い──「私法」の発見　幕末から明治初年にかけて、「私法」が法学史の焦点となっていた。天保の一蘭学者はオランダ民法の書を「これは人が見ると狂人になる本だ」と風呂敷に包み封印したという（水田義雄『西歐法事始』成文堂、一九六七年、八八頁）。明治初年箕作麟祥（一八四六〜九七）はナポレオン法典を翻訳したが、そのとき「民権（droit civil）」という訳語をめぐり「民に権があるとはどういうことか」と激しい論議を巻き起こした（山中永之佑「箕作麟祥」潮見・利谷編著『日本の法学者』日本評論社、一九七四年、一頁）。さらに自由民権期に目を転じれば、例えば小野梓（一八五二〜八六）の『民法之骨』は「アジアの人民に民法の意想なし」との問題意識から著わされたものだったのである。

なぜ「私法」が新しかったのか。それは、江戸時代には土地登記・手形・船荷証券など種々の私法的諸制度が発達したにもかかわらず、これらを客観的に記述する学問たる「私法学」が成立していなかったためである。武士層はもとより町人層からも、政治経済を論じる者はあらわれても、市民個人の権利に立脚して慣習法の類集や私法的考察を試みる者はあらわれなかった（福島正夫「明治初年における西欧法の継受と日本の法と法学」『福島正夫著作集1巻』勁草書房、一九九三年、一七四〜一七五頁）。ここで重要なのは「私法」が単に新しかっただけではなく、「風呂敷に包み封印」云々のエピソードが伝えるように、危険思想でもあったことである。では、なぜ「私法」は危険思想であったのか。

法学における「近代」　その理由は近代法学の前提する「社会」観にある。それは「争い」を予定する社会、市民が互いに権利主張を競い合う社会である。そしてこれを「権利の体系」として秩序づけて、市民的権利の確保と擁護に奉仕する学問が近代法学である。個人の権利に立脚する学問が、君主の命令や国家法を国家経営の術として用いる治者の眼には、反体制的な危険思想と映ったのも不思議ではない。

日本近代法学の歴史は、近代市民革命を体験した西欧近代と、律令学の伝統を擁する前近代日本との接触に始まった。日本では、法学は「法＝刑法」と考えられてきた伝統を反映して狭義の刑法学から整備され、他の分野でも国家主義的・権威主義的な法学が依然優勢であった。その後こうした官僚法学の伝統に対抗し、個人の権利に立脚して近代法学を再構築しようとする学問的努力が試みられた。しかし、それは決して平坦な道ではなかった。天皇機関説事件や滝川事件を思い出してほしい。第一次護憲運動以後の大正デモクラシーを理論的に指導した憲法学の美濃部達吉（一八七三～一九四八）や罪刑法定主義を徹底し国家刑罰権の限界を画すことに努めた刑法学の滝川幸辰（一八九一～一九六二）は、こうした課題に取り組んだ学者であるが、一九三〇年代半ば相次いで権力的弾圧を被っていった（奥平康弘「美濃部達吉」、小田中聰樹「滝川幸辰」潮見・利谷編著・前掲書）。

自由民権法学の市民的基盤　天皇機関説事件をふりかえるとき、美濃部理論がアカデミズムにおいて通説的権威を獲得した時期にも初等中等教科書の世界には十分浸透することができなかったという点（家永三郎『日本近代憲法思想史研究』岩波書店、一九六七年、二五〇頁）を忘れてはならない。高等教育を受けた者の間で「密教」的に常識として共有された美濃部理論は、啓蒙書『憲法講話』によって広く「顕教」の領域と関わりを持ったときに問題視されたのだった（石田雄『日本近代思想史における法と政治』岩波書店、一九七六年、八二頁）。では法学教育における二元構造はなぜ生れたのか。「法律は難しいもの」という意識は今日も根強く残っているようだが、法学はその初めからいたずらに高踏的で市民の日常生活との接点に乏しかったのだろうか。

ここで注目されるのは、草創期の私立法律学校には受験向けの法技術だけではなく近代的教養としての法学への期待が見られたことである（天野郁夫『旧制専門学校論』玉川大学出版部、一九九三年、一二〇頁）。自由民権期の法学は全国各地の小中学校や代言人事務所での法律講習といった市民的基盤を擁していた。各種の「私擬憲法草案」は国民的な法律学習熱の結晶として知られる。自由民権運動家も決して政権獲得に汲々とする者だけだったわけではなく、例えば改進党系の小野梓は「制度とその担い手創出」を射程に入れつつ自己の憲法・民法構想を展開し（吉井蒼生夫「小野梓の法思想」『近代日本の国家形成と法』日本評論社、一九九六年）、小野のライバルたる自由党系の馬場辰猪（一八五〇～八八）もまた国民が「一般普通の法学」になじむ必要性を説き民商法をはじめとする近代法学の教育啓蒙に献身した（小沢隆司「「在野の法学者」馬場辰猪――「福沢諭吉の影」の下に」福沢諭吉年鑑二七号〔二〇〇〇年〕）。これらの近代法学の啓蒙活動は、まさに市民的法学の興隆という時代的背景のもとに「官僚の法学」ではない「市民の法学」を構想した帰結だった。

政府も新律綱領の民間書肆による印行販売を許可する等の施策を早くからとっており、江戸時代の御定書が秘密法典であったのと比べるならはるかに開明的であったと言える。しかし、それは近世中期以来幕府・諸藩が体制の建て直し策として五人組前書帳や式目往来を教育現場に普及させ政策遂行の徹底をはかった（石川松太郎『藩校と寺小屋』教育社、一九七八年、三二頁）のと同様、官僚の立法への遵法精神を浸透させるための政策の一環に過ぎず、市民的権利の思想の「横行」を歓迎するものではなかったのである。

第2節　近代的法解釈学の確立

刑法学の跛行的形成　近代的法解釈学の歴史は近代西欧型主要法典の整備に沿って刑法学から始まった。最初の近代西欧型法典たる旧刑法は、「西欧近代」の法という面と母体が何であれやはり「刑法」であるという面とを兼ね備えており、この二面性のどちらを生かすかが試されることになった。結果的には、刑法学の初期形成の歴史は法学の権威主義的・国家主義的な体質の克服につき多くの負債を残した。水野政権がオランダ刑法を翻訳させ（水田・前掲書六七頁以下）、箕作が『仏蘭西法律書』の翻訳を刑法から命じられた（吉井蒼生夫「近代日本における西欧型刑法の成立と展開」吉井・前掲書八六～八七頁）ように、刑法は統一国家の官僚的統治技術として為政者に期待された領域だった。その限りでは経世済民の学としての権威主義的な伝統に何らの飛躍も要することなく刑法学は誕生しうる。事実、近代日本の刑法学は「治者の学」としての性格を十全に克服することはできなかったのである（内藤謙『刑法講義　総論(上)』有斐閣、一九八三年、八六頁）。

旧刑法下の刑法学は宮城浩蔵（一八五〇～九三）の『日本刑法講義』に代表される旧派理論から開花したが、やがて新派の国家主義的な社会防衛論と刑法改正運動の席巻を許した（内藤謙「日本における「古典学派」刑法理論の形成過程」法学協会編『法学協会百周年記念論文集2巻』有斐閣、一九八三年）。立法論や政策論の優位、西欧の最新理論動向への過敏性は「刑法典の精神」を探究する近代的法解釈学としての学的伝統の構築を妨げてしまう。例えば、富井政章（一八五八～一九三五）は旧刑法の寛刑主義、客観主義は、犯人の利益のみを擁護する時代遅れの空理空論だと非難したのである（三井・町野・中森『刑法学のあゆみ』有斐閣、一九七八年、七七頁）。

民商法学はその前提たる法典の整備が遅れた。旧民商法の公布は旧刑法の約一〇年後、明治民商法の全面施行はさらにその約一〇年後であった。しかも、刑法学と異なり民商法学では、市民個人の権利に立脚した慣習法の類集や私法的考察の蓄積を欠いていたため、事実上全く新しい学問をゼロから構築しなければならなかった。日本の近代的法制度が国民の生活から出発したものではなく国家統治の便宜から導入されたという事情は、法学史上も不利に働いた。民商法学に先行して刑法学のみが跛行的に形成されたことは、それを象徴しているだろう。

民商法学の形成は関係各章の叙述に譲る。ここでは富井、梅謙次郎（一八六〇〜一九一〇）そして穂積陳重（一八五五〜一九二六）の明治民法起草者三名に共通して国家主導型の法律観が見られたことだけを指摘するに留める（瀬川信久「梅・富井の民法解釈方法論と法思想」北大法学論集四一巻五・六号〔一九九一年〕）。こうした権威主義的な性格の根本的な転換は、末弘厳太郎（一八八八〜一九五一）の登場を待たなければならなかった。

官僚法学的統合　旧刑法公布の年の代言人規則および教育令改正以来、官僚養成制度への高等法学教育の従属が深まり、法学は官僚法学に収斂していった。法学教育史上はこれら代言人規則改正、教育令改正そして官僚養成制度の形成の施策がいずれも、国民各層の諸要求を権利化すべく努めた自由民権期の法学の活動を抑圧する政策であったことが重要である。一連の官僚法学的統合の結果、高等文官試験の出題委員をほぼ独占した帝国大学教授の講義を頂点とする「パンのための学問」の階層秩序が誕生した。日本語による促成法学教育を提供する教育機関として発足した私立法律学校の多くもこの体制の補完に甘んじた（利谷信義「日本資本主義と法学エリート（一）（二）――明治期の法学教育と官僚養成」思想四九三、四九六号〔一九六五年〕）。草創期私学の日本語での講義は国民的法学の育成を展望しえたし、講義録の発行が通信教育として法学教育の底辺を支えたとはいえ、私立法律学校の試みにも硬直した法学の性格そのものを変えてゆく力はなかった（天野・前掲書七五頁以下）。

ここで決定的だったのは、官僚法学の求心性がその内容をも規定したことであろう。法学は足下の現実社会に踏み込むことが少なく、逆に西欧の学界動向には機敏に反応した。異文化との接触により創造的思考が促されるのは、異文化の異質性への驚きがその事象の意味を問う方向へと深められるときである。異文化との緊張と対決の持続が思想の創造性の源泉となる。したがって、特権的な専門家集団が伝統的な下位文化との接触を失い自己の閉鎖性に甘んじてしまうと、この閉鎖的集団は西欧など他の社会の文化との接触においても、もはや創造的な緊張と驚きを感じることができなくなる（石田・前掲書四七頁以下）。例えばドイツ的な概念法学の完成者の一人鳩山秀夫（一八八四～一九四六）の著作が歓迎されたのは、鳩山が「裁判の理由づけになるような名文句を」「すぐ引用できるように書くことが上手」だったからだという（日本評論社編集局編『日本の法学』日本評論社、一九五〇年）。これはやや誇張気味の評かもしれないが、法学が社会性を失ったときそこに何が残るのか示唆していよう。

こうして自由民権期に法学が有していた社会性は失われた。旧刑法公布後の法解釈学の展開は、当初からこの環境変化に大きく規定されていたことを見落としてはならない。

第3節　近代法学の展開

末弘厳太郎による『物権法(上)』出版と判例研究会の開始（一九二一年）は法源論・法学方法論上の原理的転換を画したことで知られる。末弘法学の登場は「大正デモクラシー法思想の凝結」点（磯村哲『社会法学の展開と構造』日本評論社、一九七五年、六三頁）と評せられる近代法学史上の画期をなした。出来合いの法律の条文の解釈を暗記するのが法学のすべてなのか。日本近代法学史の転換期において、末弘法学の登場を中心とする民商法学の展開は、法学と法学者のあり方を根底から問い返してゆくことになった。

牧野法学と進化論的法学　近代法学の展開は、成文法典の自己完結性に依拠する思考法、いわゆる概念法学的法実証主義の考え方への批判を軸とする。ところで末弘法学の登場以前、概念法学の確立が試みられていたときに既に有力な批判が存在した。それが「法律進化論」である。

法律進化論はもともと穂積陳重が提唱した理論で、穂積は立法整備にあたり、世界の五大法族中西欧近代が法の進化の最高段階にあるとして、国家主導による近代法制の漸進的改良を正当化したのである（利谷信義「戦前の法社会学」川島武宜編『法社会学講座2巻』岩波書店、一九七二年、一八七頁以下)。穂積のライフワークたる『法律進化論』は未完に終わった。しかし、古今東西の文献を渉猟し世界規模で法の進化の歴史を描いた穂積の構想は、マルクシズム法学の創始者である平野義太郎(一八九七〜一九八〇)ら概念法学に飽き足らぬ後進の学者に影響を与えた。明治期から民刑両分野にわたり「法律の社会化」の必要性を説き、学界に影響力を持った牧野英一(一八七八〜一九七〇)が、やはりこの穂積理論への傾倒を明言していた(中山研一「牧野英一の刑法理論」吉川ほか編著『刑法理論史の総合的研究』日本評論社、一九九四年)。

牧野は、新派主観主義刑法学を進化の産物として体系化し、またはやくから自由法論を紹介した。牧野法学は特に大正前期には、治安警察法第一七条問題をストライキの権利を承認するところから検討できたように、一定の進歩性を発揮した。しかし、昭和期には罪刑法定主義の解消を示唆、思想犯保護観察法や治安維持法における予防拘禁を支持するにいたる。進化論的思考は社会の変化に柔軟に対応でき社会政策的な妥当性が追及しやすい反面、個人の自由と権利を擁護するための原理的な歯止めが不明確で、現状の追認に陥りやすい弱点があったのである(内藤・前掲論文五一六〜七頁)。

末弘法学と民商法学の展開　一九二〇年代の末弘は、社会に内在する「ある法律(生ける法)」は法典と外国法律書の中に求めることはできないとして判例研究を刷新、裁判官の法創造を積極的に承認して国家法万能主義を相対化した。これによって末弘は、従来無権利状態に置かれてきた労働者、農民の生存権的要求を法学的に保障しようと努めたのである。しかし、一九三〇年代半ばに言論弾圧を受けた後、末弘法学は統制経済を承認しその枠内での社会改良を主張する方向へと「転換」をみせる。こうした変化はともすれば倫理的非難の対象になりがちであったが、むしろ「転換」の前後で末弘の現実主義・目的合理主義が一貫していたことの意義を追及することが今日法学史の一つの重要な課題となっている（石田眞「末弘法学論——戦前戦中における末弘厳太郎の軌跡」法律時報六〇巻一一号〔一九八八年〕六四頁）。

社会的事象に理論的検証を加え、仮説を提示・修正してゆくという経験科学的方法論をとったところが末弘法学の特徴であった。末弘以後、民法解釈学主流では我妻栄（一八九七〜一九七六）が、末弘の開拓した判例研究の成果や資本主義経済と私法の関連の独自の考察をふまえ、『民法講義』に代表される民法学体系を戦後にかけて築き上げてゆく（星野英一「『民法講義』など」『民法論集4巻』有斐閣、一九七八年）。また、末弘法学は戒能通孝（一九〇八〜七五）と川島武宜（一九〇九〜九二）の手により発展的に継承され、戦後の日本法社会学の確立へとつながることになる。戦後には一九三〇年代に徹底した弾圧を被ったマルクシズム法学も復興、両者が法社会学論争、法解釈学論争などを活発に交わしあうなかで戦後の法学史はスタートしていくのである。なお、民法学、憲法学に比べ刑法学はこれらの戦後の法学論争に対して冷淡であったと言われる（長谷川正安『法学論争史』学陽書房、一九七六年、一四三頁以下）。

末弘の活躍と同じ頃、田中耕太郎（一八九〇〜一九七四）は「商的色彩論」を唱えて民法学に対する商法学の自立性を宣言した。田中は松本烝治（一八七七〜一九五四）、竹田省（一八八〇〜一九五四）らによって確立期を迎えた商法学の成果をふまえ、その哲学的総合を試みたのである。商事取引における個性喪失や集団性に商法学の固有の対象を求めた商的色彩論は、今日の通説たる企業法論の登場を媒介した（菅原菊志「学説一〇〇年史・商法——商法一般・商行為」ジュリスト四〇〇号〔一九六八年〕八五〜八七頁）。田中の特色は独特のカトリック的自然法論の立場にある。田中はそこから法実証主義・自由法論の批判に向かうとともに、手形法の世界統一など私法交通の世界性に着目した『世界法の理論』では強い理想主義的傾向を示した（鈴木竹雄編『田中耕太郎　人と業績』有斐閣、一九七七年）。

法学の大衆化

ところで末弘は、雑誌『改造』での「嘘の効用」「農村法律問題」の連載、関東大震災後の穂積重遠（一八八三〜一九五一）との東大セツルメントの主催、そして末弘責任編集と銘打つ『現代法学全集』および「法律時報」の発刊を通じて、官僚法学の講壇的閉鎖性そのものの改造に突き進んでいった。この間に書かれた『農村法律問題』自序」「東京帝国大学セツルメント設立趣意書」「『民法講話(上)』はしがき」「『法律時報』発刊の序」などの一連の綱領的文書には「法科大学の開放」（『現代法学全集』広告）に邁進する末弘の意思が確認できる。末弘は美濃部と異なり当初から議会外の労働者、農民の運動の発展に期待を寄せていただけに、民衆の「法律の不知」を憂い、啓蒙活動に力を注ぎ、セツルメント労働学校では労働者自身を相手に労働法制を講じた。『法律時報』創刊（一九二九）においては法律ジャーナリズムの世界を開拓してゆくことにもなった（川島武宜「法律ジャーナリズムの元祖」、山本秋「法律時報創刊前後のこと」昭和の法と法学（法律時報創刊五〇周年記念臨時増刊）一九七八年）。

末弘以前にも、例えば「在野法曹」高木益太郎の『法律新聞』創刊（一九〇〇）といった法律ジャーナリズムの先駆的活動はあり（清水誠「高木益太郎」潮見俊隆編著『日本の弁護士（法学セミナー増刊）』日本評論社、一九七二年、一九二頁以下）、セツルメントの同僚穂積重遠も社会教育的な主張と実践に熱心だったが、一法学者が自ら社会の中へここまで踏み込んで多方面の仕事を成就した例はない。おそらく末弘こそ第一次世界大戦と関東大震災後の社会と文化の変化を正面から受けとめた学者であった。

末弘法学のこうした一面をよく示しているのが『現代法学全集』の刊行であろう。現在では法学全集も珍しいものではないが、昭和初年当時には「人或は、ラヂオの普及発達により、法律学校の存在は、その理由を失はないであらうかを問題とする。既にラヂオを待つまでもなく、「現代法学全集」の出現は、所在に法律教育の場所を簇生せしめ、法律学校の存在理由に、一石を投じたと見る向もある」（広浜嘉雄「法律教育の基礎的一考察」法律時報四巻二号（一九三一年）六頁）と伝えられるほどであった。法学版「円本」である総ルビつきの『現代法学全集』の出現は『物権法(上)』出版に勝るとも劣らない衝撃力をもって社会に迎えられたのである。

第4節　西欧・日本・中国

刑法学者の小野清一郎（一八九一～一九八六）は東洋哲学に依拠して独特の正義論を展開し、ファシズム期に「日本法理」研究を主唱した一人として知られる。小野は、一君万民の国体を日本の根本法理、最高の道義とした上、国家的・道義的な公刑法思想が東洋古来の純粋な法思想であると説き、さらに移植的性格の強い民商法学についても「私即公」「個即全」の日本法理的普遍に基礎づけることができるとしたのである。

しかし、小野清一郎自身が認めざるをえなかったように、日本法学の歴史は何より西欧近代法学との相互交渉の歴史だった。近代日本法学史を考える場合においても、日本近代が留学・洋行や印刷物、外国人教師・顧問を通じての、欧米やアジア諸国との同時代的な相互交通の真っ只中で成立しているという「思想連鎖」の視角が重要なのである（山室信一「知の回廊——近代世界における思想連鎖の一前提」溝部英章ほか『近代日本の意味を問う』木鐸社、一九九二年）。

西欧理論の摂取　西欧との思想連鎖の典型は明治初期の諸法典の編纂であるが、法典編纂は他章に詳しいのでここでは省く。その後の西欧理論の摂取の特徴の一つとして、古典的理論の確立の努力の傍らで早くもその批判理論が輸入されたことがあげられる。例えば刑法学では、旧派理論が確立される間もなくその批判理論たる新派理論が摂取された。新派理論の創始者リストのマルブルグ大学綱領（一八八二）が出現したとき、西欧には啓蒙思想の歴史を別にしてもフォイエルバッハ以来約一世紀の旧派理論の学問的蓄積があったが、日本ではようやく西欧型刑法典が公布されたばかりだった。

民法学はドイツ的な概念法学に依拠して体系化を試みた。しかし、この「学説継受」期に西欧はナポレオン民法百周年を迎えており、自由法論による概念法学批判が台頭していた。一七、八世紀に「ローマ法の現代的慣用」を経ていたドイツと異なり、概念法学の確立とその批判理論たる自由法論の摂取が並行した日本では、当初から概念法学の徹底が阻まれることになったのである（利谷・前掲論文「戦前の法社会学」一九五頁、北川善太郎『日本法学の歴史と理論――民法学を中心として』日本評論社、一九六八年、三一九頁以下）。

日本において近代法学が形成された一九世紀末葉から二〇世紀初めとは、西欧では資本主義経済の発展に伴う社会問題の発生を背景に、古典的な近代市民法理論への批判が台頭していた時代であった。日本では急速な経済発展から同時代の西欧と同様の政策的課題が意識されたことから、個人の権利保障を第一に考える学問的伝統を欠いたまま、西欧の最新の理論動向に早熟的に適応していったと言えるだろう。

日本近代法学と中国　法学における人的物的交流は、西欧との間にのみあったのではない。特に旧刑法まで律令系の法文化圏に服してきた日本法学にとって、中国との関係は非常に屈折した展開を見せていった。幕末明治初期の知識人は、『万国公法』をはじめとする漢訳西書を西欧近代法の理解の一助とした（「西欧→中国→日本」の回路）。日清戦争後には中国から留学生が多数渡日し、これに対し梅謙次郎が法政大学法政速成科を開設するなどの対応がみられた。また「日本教習」が招聘され、彼らは北京法律学堂にて刑法、民商法、訴訟法等を講義、清末民国初の立法事業に協力した（「西欧→日本→中国」の回路）。日本への留学は日露戦争後にピークを迎えたが、革命・民族運動に対する両国政府の取締の強化により衰微していった（山室・前掲論文二二一頁以下、島田正郎『清末における近代的法典の編纂』創文社、一九八〇年、二一九頁以下）。

その後中国大陸への日本の帝国主義的侵略に伴い、日本近代法学の対中国姿勢は一方的に高圧的なものに転じてゆく。この変質の頂点を飾ったのが、日本軍占領地における東亜研究所と満鉄調査部による「華北農村慣行調査」の実施（一九四〇～四二）である（利谷・前掲論文「戦前の法社会学」二三六頁以下）。調査方針をまとめたのは末弘厳太郎であり、末弘は多数の法学者を動員するにあたって占領政策への従属を拒み学術的調査に徹すべく努めたが、今日では末弘が「政策目的から価値自由」たりえたかが問題とされている（石田・前掲論文六二頁以下）。慣行調査が日本における法の社会科学的研究の発展に寄与したという事実は、調査に直接関与した学者に限らず、現代の法学者にとっても看過し得ない問題として残されている。

むすび──「民法典からの訣別」のあとに

戦後日本国憲法上、学問の自由、表現の自由が高らかに謳われ、法学をめぐる環境は一新された。しかし「パンのための学問」に逼塞した法学の体質と構造はどれほど変化したのだろうか。

法学者の大量転向は国家権力が法学を直接弾圧した一九三〇年代中葉ではなく、国家総動員法と統制経済の時代であった。大恐慌以降の資本主義の危機克服のための法体制の刷新として、厖大な戦時立法に多くの学者が「体系的」解説を加えていった（渡辺治「時代の概観と革新的法律学の課題・総論」法律時報六〇巻一一号、五一頁）。

ファシズム期の法学の底流にはおそらく、ナチスが「民法典からの訣別」を掲げたような、個人主義的・功利主義的な近代市民法の論理の排撃への共感があった。本来法学者が「法律の社会化」「民法改造」を構想したときの近代法批判は、ファシズムの近代批判とは主観的意図において一線を画すものだったはずだが、実際には個人の自由・人権を第一義とする伝統の弱さを増幅することにも手を貸してしまったのである。

日本近代法学とは何だったのか。戒能通孝は「法学はファシズムに反対し、社会を社会たらしめる学問」（戒能通孝『法律講話』日本評論社、一九五二年、二八頁）だと言っている。戒能が「国民的総学習」の時代と呼んだ自由民権期の法学とそれ以後の法学の歩みをここで改めてふりかえるなら、戒能のこの言葉は、日本近代法学史への最も厳しい批判と読めないだろうか。

終章　戦後改革と法

ポツダム宣言の受諾と民主的改革の始動

一九四五（昭和二〇）年八月一五日、天皇は日本降伏を詔書朗読によって国民に伝えた。詔書は「朕ハ国体ヲ護持シ得テ忠良ナル爾臣民ノ赤誠ニ信倚シ常ニ爾臣民ト共ニ在リ」と述べて「国体護持」＝天皇制維持を強調していた。

しかし、我が国が八月一四日に受諾したポツダム宣言は、日本国民を侵略戦争に駆り立てた権力や勢力の永久の除去、日本軍の完全な武装解除と戦争犯罪人の処罰だけでなく、日本政府に対して国民の間にある民主主義的傾向の復活強化に対する一切の障害の除去や言論・宗教・思想の自由と基本的人権の確立を要求していた。このような基本的目的が達成され、国民の自由意思に従った平和的傾向を有する責任ある政府が樹立されれば、連合国占領軍は直ちに日本から撤収すると宣言は述べていた。(1) 八月から一〇月にかけて軍事組織は、ほぼ完全に解体された。

ポツダム宣言は、日本がそれを受諾し、一九四五（昭和二〇）年九月二日の降伏文書に署名することによって、国際法的拘束力を有する一種の条約としてそれを履行する法的義務を連合国、日本の双方に課すものであった。

しかし、ポツダム宣言の受諾にあたって総辞職した鈴木内閣を継いだ東久邇内閣は、一部の例外を除けば日本を非軍事化、民主化しようとする連合国の方針とことごとく対立した。連合国総司令部は、一九四五（昭和二〇）年一〇月四日「政治的・宗教的・市民的自由ニ対スル制限ノ撤廃ニ関スル覚書」によって、天皇・皇室・政府を対象とする自由な討議を含む、思想・宗教、集会や言論の自由を制限、維持してきた治安維持法、思想犯保護観察法施行令を撤廃すること、内務省警保局、府県特高課の廃止、内務大臣・警保局長をはじめ全国の警察幹部約五〇〇人を罷免すること、共産党の合法化と政治犯・思想犯を即時釈放することなどを命じた。東久邇内閣は、この指令に従えば国内の治安維持はできないという理由から一〇月五日に総辞職し、戦前から親英米派であった幣原喜重郎を首相とする後継内閣が成立した。幣原首相は、一〇月一一日に連合国最高司令官マッカーサーと初めて会見したが、その席上、マッカーサーは、一〇月四日の「覚書」を具体化した五項目の改革を即時実施するように口頭で要求したと言われている。五項目の改革とは、㈠婦人の解放、㈡労働組合の結成奨励、㈢学校教育の自由化、㈣専制政治の廃止、㈤経済機構の民主化である。

いわゆる戦後改革とその法制上の整備は、この五項目を基本方針として推進されていったのである。以下、この基本方針に沿って行われた諸改革（その過程で戦争犯罪人を裁く極東国際軍事裁判が、一九四六年五月に開廷され、一九四八年一一月に判決が下された）の主なものを順次概観しておこう。この基本方針は、大日本帝国憲法とは、当然、相入れるものではなかったから政府にとってまず憲法の改正が不可避の課題となった。

憲法の制定（2）　新しい憲法の制定作業を行うようマッカーサーからの指示を受けた幣原内閣は、憲法問題調査委員会を設置して改正憲法草案（「憲法改正要綱」＝甲案）を作成した。しかし、その内容は、帝国憲法と大差のないものであった。連合国総司令部は、この改正憲法草案を拒否し、一九四六（昭和二一）年二月、「人民主権」などが盛り込まれた「総司令部案」を政府に渡し、これを最大限に取り入れて新憲法草案を作成するように求めた。政府は、はじめはこの「総司令部案」に抵抗しようとしたが、総司令部のホイットニー民政局長は、天皇を戦犯として追及する国際世論が高まっていること、この案こそが天皇制を維持する道であり、この案を受け入れなければ、総司令部は、この案を直接国民に提案することを主張して受け入れることを日本政府に求めた。総司令部側が、このように強硬な態度をとったのは、戦後の労働者・農民運動や都市民衆運動の高揚の中に、平和と民主主義を求める日本国民の動向をいち早く察知していたからであった。もし政府が総司令部案を拒否したことが国民にわかれば、政府が国民からきびしく批判されることにもなりかねないような情況があったのである。

そこで、政府側は、いわば「煮え湯」を飲まされるような気持ちで「総司令部案」に沿って三月二日に改正憲法草案の作成を完了した。「三月二日案」と呼ばれるものであるが、この案は、「総司令部案」より大きく帝国憲法の方へ後退したものであった。この案は、三月四日に総司令部に提出されたが、総司令部は、その場で共同研究会を設けて「最終案」を作成することを提案、「三月二日案」が検討され「総司令部案」のかなりの部分が復活、「憲法改正草案要綱」が作成された。このような日本国憲法制定経過が、やがて「押しつけ憲法論」の論拠となっていくのである。また、このような憲法制定経過の中で、国民の間では、日本自由党、日本進歩党、日本社会党などの各政党や憲法研究会などの団体によって憲法草案が発表されている。これらの憲法草案の中で、憲法研究会案が総司令部案に影響を与えたと言われている。総司令部は、憲法研究会案の、国民主権を認めている点や天皇制のあり方などを評価したのである。

政府は、「憲法改正草案要綱」を四月一七日に発表した。これは、六月から一〇月にかけて第九〇回帝国議会で審議され、成立した。一一月三日には、日本国憲法として公布され、翌一九四七(昭和二二)年五月三日から施行された。日本国憲法は、形式的には帝国憲法の改正という形をとってはいるが、半年間にわたって国会の内外で議論されて制定されたもので、欽定憲法である帝国憲法とは制定過程はまったく異なっている。

また、内容的にも、基本的人権の尊重・国民主権・恒久平和主義の三大原理が明確に示されており、さらには象徴天皇制、議会制民主主義、地方自治を規定し、自由権だけでなく、社会権（生存権、教育を受ける権利、勤労の権利、労働基本権）を保障している点などにおいて、帝国憲法とは根本的に異なるものである。

したがって、日本国憲法は、国民の意思を無視した総司令部からの「押しつけ憲法」であると一概に言うことはできない。内容的には、外国人の人権が規定されていないなどの問題はあるが、日本国憲法は、侵略戦争に対する反省と二度にわたる世界大戦の苦い経験を経て生まれてきた平和と人権を尊重する思想に基づいた画期的な憲法であり、戦後日本の国是として国民から歓迎されたのである（歴史科学協議会編『日本現代史』青木書店、二〇〇〇年、一九二頁〔柴山敏雄執筆〕）。

次に民主化政策として、まず日本軍国主義の経済的基礎を破壊する農地改革と財閥解体について見ておこう。

農地改革　農地改革とは、貧しい小作農民をなくするために、土地を強制的に地主から買い上げ、その土地を耕作していた小作人に売り渡すという政策である。この改革は、連合国側にとっては日本の非軍事化・民主化を行うに際して必要・不可欠なものと考えられていた。高い小作料に苦しむ小作農民は、低賃金労働者や一般兵士の供給源として日本帝国主義に利用されてきたからである。

一九四五（昭和二〇）年一二月九日、総司令部は「農地改革ニ関スル覚書」を日本政府に交付し、農地改革計画を提出するように命じた。それより五日前の一二月四日には、幣原内閣が戦前の「農地調整法」（一九三八年、前述二五頁参照）の改正案を帝国議会に提出し、一二月一八日に農地改革法案（第一次農地改革法案）を成立させた。この第一次農地改革法の内容は、不在地主の全小作地と在村地主の全国平均五町歩をこえる小作地を小作人に譲渡するとともに残存する小作地の小作料を金納化するというものであった。しかし、これによって解放される小作地面積は二六〇万町歩のうち一〇〇万町歩であり、四〇パーセントにも満たなかった。日本農民組合は、このような不徹底な改革に反対し、総司令部や対日理事会も徹底化を求めた。その結果、一九四六(昭和二一)年一〇月一一日「自作農創設特別措置法」(法律第四三号)と「農地調整法改正法」(法律第四二号)が成立、公布された。

この第二次農地改革法によって、内地平均一町歩・北海道四町歩をこえる在村地主の小作地が買収の対象とされ、自作地も内地は平均三町歩、北海道は一二町歩以上で「耕作の業務が適正でないもの」が買収できるものとされた。国が制限面積をこえる小作地を地主から強制買収してから、それを小作人に売り渡す方法がとられ、この方法をもって一九五〇(昭和二五)年までに約一九三万町歩の耕地が買収されて農家約四七五万戸に売り渡された。その結果、農地改革前、耕地面積の約四六パーセントを占めた小作地は約一〇パーセントに減少し、寄生地主制は、ほぼ完全に解体された。この農地改革によって、小土地所有者となった農民は保守化し、農民組合運動は衰退していった。このように第二次農地改革が行われた結果、我が国の農業と農村は大きく変わったのである。なお、農村の改革とともに漁村の民主改革も行われ、従来の漁業権を国の補償によって消滅させ、自営漁民に新しい漁業権を与えるという基本方針に沿って一九四九(昭和二四)年「漁業法」が全面改正された(法律第二六七号)。

財閥解体　周知のように日本の独占資本=財閥は、軍事経済の主要な担い手であり、侵略戦争の一原因でもあった。この財閥を解体することは、日本の非軍事化をめざす総司令部にとって当初からの課題であった。総司令部は、財閥と日本政府の抵抗を排して財閥解体の実施を勧告・指示した。財閥解体の具体的内容は、㈠財閥の中心であった持株会社の解体、㈡財閥同族の持株の強制譲渡、㈢財閥家族の公職、大企業経営からの追放などであった。

この方針に沿って、一九四六(昭和二一)四月、戦前の財閥統合をつくり上げた持株会社の解体を行うため「持株会社整理委員会令」(勅令第二三三号)が公布され、同委員会が発足した。翌一九四七(昭和二二)年九月まで同委員会による五次にわたる指定により、三井・三菱・住友・安田等の財閥本社を含む関連企業が解体させられた。ついで、一九四八(昭和二三)年一月には「財閥同族支配力排除法」(法律第二号)が公布され、財閥家族とその関係者が会社役員の地位を追われた。

また一九四七(昭和二二)年一二月には、財閥解体の対象とならなかった大企業を解体するため、「過度経済力集中排除法」(法律第二〇七号)が制定され、日中戦争以降に拡大し、独占化した企業の分割が行われた。これによって日本製鉄・王子製紙・三菱重工業などの企業が分割された。

財閥・独占企業の解体とともに、その復活を阻止するため、一九四七(昭和二二)年四月には「私的独占の禁止及び公正取引の確保に関する件」(法律第五四号)＝「独占禁止法」が制定され、その実施機関として公正取引委員会が設けられた。次に農地改革・財閥解体とならんで戦後の三大改革と言われる労働運動の解放について見ておこう。

労働改革と労働組合法の制定　労働組合法は、資本家の反対により戦前の日本では制定されなかった。[3] 工場法は制定されたが、工場労働者のうち、保護を必要とする年少労働者・女子労働者などの労働条件だけを制限したが、男子労働者の労働条件は制限しなかった。そのうえ労働争議においても労働者を逮捕・投獄するなど、警察が強権的に干渉を行っていた。このような労働者の状態が、低賃金労働をもたらして国内市場を狭め、不当な国際競争力をつけて企業が対外進出を行い、また軍隊による対外侵略を招いたと考えていた総司令部は、労働改革の実施を強く要請した。

こうして、一九四五(昭和二〇)年一二月に労働組合法が制定され、労働者に団結権・団体交渉権・その他の団体行動権が保障された。また、同法では組合員資格の性差別も禁止された。ついで、翌一九四六(昭和二一)年九月には、労働争議の斡旋・調停・仲裁を行うために[4]「労働関係調整法」(法律第二五号)が判定された。政府が、この法律の制定を急いだのは、労働関係調整法の非現業公務員の禁止条項や公益企業における労働争議調停中は三〇日間ストを禁止する条項などをストライキ取り締まりに用いようとしたからである。

さらに、一九四七(昭和二二)年四月には「労働基準法」(法律第四九号)が制定され、八時間労働制・男女同一労働同一賃金、女性・少年の時間外労働の制限など労働条件の基準が細かく規定された。また生理休暇、産前産後休業など母性保護の諸規定も設けられた。

上述したような一連の立法によって労働者の基本的権利は保障され、労働関係立法は、戦前に比して原理的に転換したと言えよう。その結果、多くの労働組合が結成されたが、労働運動が連合軍の占領目的を阻害するとされる場合には、一九四七年二・一ゼネストに対する総司令部の中止命令に見られるように、運動が抑圧されたことは看過されてはならない。(渡辺ほか編『現代日本法史』岩波書店、一九七六年、二六〜二七頁)

教育改革と国家神道の解体　戦後改革の中で無視できないのは、日本国民を軍国主義と侵略戦争に動員したイデオロギー的諸制度、諸機構の改革である。戦前、一般の日本人が天皇制を信奉し、軍国主義を支え、アジアの人々に対して蔑視観を持った大きな原因の一つが教育にあったことは言うまでもない。総司令部は、日本政府に対し、一九四五(昭和二〇)年一〇月二二日「日本ノ教育制度ノ行政ニ関スル覚書」によって軍国主義的・超国家主義的思想の流布を禁止し、民主主義教育の推進、徹底を指令した。ついで総司令部は、三〇日には、教育分野の軍国主義者・超国家主義者の追放とそれを行うための調査機関の設置を指令した。さらに同年一二月三一日には、総司令部は、皇国史観で貫かれた修身科、日本歴史科および地理科の授業停止とそれらの科目の教科書の回収を命じた。

一方、総司令部は、同年一二月一五日、「神道(国家神道、神社神道)ニ対スル政府ノ保護、支援、保全、監督及ビ弘布ノ廃止ニ関スル覚書」を日本政府に交付した。この指令によって、神道と国家が分離され、国公立学校における神道の普及が禁止された。一九四六(昭和二一)年一月には、一九四〇(昭和一五)年に創設された神祇院も廃止され、二月には、神社は他の宗教法人と同じく宗教組織となった。近代国家の基本原則である政教分離が、日本においてようやく実現されたのである。

さらに総司令部は、教育改革を企図して、米国に対して、日本に専門家を派遣するよう要請するとともに、日本政府に対しては、一九四六(昭和二一)年一月、米国より派遣の教育使節団に協力する日本側の教育家委員会を設置するよう指令した。同年三月、来日した米国教育使節団は、短期間で日本において民主主義教育を行うための報告書をまとめ、総司令部に提出した。この報告書は「個人の価値と尊厳」を承認し、個人の持つ能力を最大限に伸ばすことを基本原理とし「教育の自由」の確立を主張するものであった。報告書は、この原理に基づいて教科書国定制度の廃止、中央集権的教育制度の改革(公選制による教育委員会の創設など)、教育の機会均等を実現するため、無償九年間の義務教育、男女共学などを提言した。日本側の教育家委員会が作成した改革案も米国使団の報告書とかなり似かよったものであった。しかし、日本側の教育家委員会の報告書は、教育勅語を「天地の公道を示されしものとして決して謬りにはあらざる」ものとするなど、国民主権の教育理念という点では、問題のあるものであった。

一九四八(昭和二三)年八月、日本側の教育家委員会は、新委員を加えて教育刷新委員会に改組され、内閣総理大臣に建議する機関になった。同委員会の検討を経て教育憲法といわれる「教育基本法」(一九四七年三月、法律第二五号)、六・三制を採用した「学校教育法」(一九四七年三月、法律第二六号)、教育委員公選制を規定した「教育委員会法」(一九四八年七月、法律第一七〇号)などが法制化された。教育基本法は「民主的で文化的な国家を建設して、世界の平和と人類の福祉に貢献しようとする」憲法の理念を実現するため「個人の尊厳を重んじ、真理と平和を希求する人間の育成」と「普遍的にしてしかも個性ゆたかな文化の創造をめざす教育」を普及、徹底することを明確にした。

また、憲法、教育基本法が制定されたことによって、教育勅語は憲法、法律に違反するものとして一九四八（昭和二三）年六月、衆参両院で教育勅語等の排除（参議院は失効確認）に関する決議がなされ、その無効が確認された。上述した教育制度改革とともに重要な意味を持つのは、両性の平等と「家」制度の廃止を中心とする改革である。

両性の平等と「家」制度の廃止　既述したように、総司令部の五項目の改革の第一は、婦人の解放であった。これに基づいて、後述するように一九四五（昭和二〇）年一二月、衆議院議員選挙法が改正され、女性に選挙・被選挙権が認められた。また、日本国憲法は両性の平等原則を明確にし、第一四条で「法の下の平等」を規定し、第二四条で「婚姻は、両性の合意のみに基いて成立し、夫婦が平等の権利を有する。」と、夫婦の権利が平等であることを規定した。

戸主や親の権限が強大で、家族の自由が権利が大幅に規制されていた戦前の民法の「家」制度は、こうした憲法の規定とは相入れないため、一九四七（昭和二二）年一二月には民法の親族・相続編が改正（一九四八年一月一日施行）され、「家」制度が廃止された。この改正によって、女性の「家」からの解放、両性の平等が法的には基本的に実現され、女性の法的地位は向上した。しかし、夫婦別姓が認められないこと、[5]世帯（夫婦とその間の未婚の子を構成員とする家族）単位の戸籍制度、非嫡出子の差別的扱いなどの課題は残された。民法の改正とともに刑法も改正され、女性だけに適用されていた姦通罪が廃止された。

このように日本国憲法の制定と民法改正のほか、既述したように労働組合法、労働基準法、教育基本法などによって女性の法的地位は、戦前に比して飛躍的に改善されたが、現実の社会構造の中では、女性差別はさまざまな態様で現在も残っている。しかし、女性の権利を認めた日本国憲法をはじめとする諸法が、女性がより実質的な権利を獲得するに際して法的根拠となっていることは看過されてはならない。

統治機構の改革　統治機構の改革において、その最も核心となるのは、日本国憲法において、帝国憲法の天皇主権から国民主権へと転換したことである。日本国憲法の制定によって、この最高法規を具体化する各種の下位法規が統治機構においても制定・改正された。

まず立法機関においては、国会が「国権の最高機関であって、国の唯一の立法機関である。」(憲法第四一条)と定められたが、これを具体化する「国会法」(法律第七号)が日本国憲法の制定に先立って、一九四七(昭和二二)年四月三〇日、帝国憲法下の「議院法」(一八八九年二月一一日、法律第二号)に代わって制定された。これは日本国憲法が国民主権原理をとったことによる当然の帰結である。

また、国民主権の原理から当然に帰結する選挙法の改革も、既述した総司令部の五項目の改革を受けて行われ、一九四五(昭和二〇)年一二月一七日、「衆議院議員選挙法中改正」法(法律第四二号)が制定された。この法律には婦人参政権、大選挙区制(日本国憲法制定時に中選挙区制に改正)、選挙年齢の引き下げ、選挙運動の制限緩和等が規定され、はじめて真の普通選挙制が実現された。(6)

さらに国民主権となった結果、帝国憲法下の天皇の官制大権も否定され、国の行政の組織に関する基本事項は、国会のコントロールの下に置かれ、法律によって定められることとなった。こうして、帝国憲法下の「内閣官制」(一八八九年一二月二四日、勅令第一三五号)や「各省官制通則」(一八八六年、一九〇〇年、一九〇三年、一九一四年)に代わり、「内閣法」(一九四七年一月一六日、法律第五号)や「行政官庁法」(一九四七年四月一八日、法律第六九号)→「国家行政組織法」(一九四八年七月一〇日、法律第一二〇号)およびそれらの下に各省庁の設置法が制定され、府(総理府・法務庁→法務府)・省・委員会・庁・官房・局・部などは、法律によって定められることになった。総理大臣の権限も帝国憲法下より大幅に強化された。官吏制度も帝国憲法下の天皇の官吏から国民「全体の奉仕者」(憲法第一五条）である公務員に改められた（一九四七年一〇月二一日、法律第一二〇号、国家公務員法）。

地方制度の分野においても、日本国憲法と「地方自治法」（一九四七年四月一七日、法律第六七号）の制定によって、戦前の中央集権的、官治的性格は、制度上は根本的に改められた。府県、市町村などの地方公共団体の首長は公選制がとられ、住民自治権が拡大され、住民参加の地方自治が実現した。しかし、地方財政の面では、中央集権的構造は改められず、それが要因となって三割自治と言われるような情況が生まれたのである。

また、日本国憲法の制定にともない「裁判所法」（一九四七年四月一六日、法律第五九号）が制定され、司法権の独立がはかられた。裁判官の職権行使の独立と裁判官の身分が保障されるとともに、司法行政権は、最高裁判所以下の裁判所に属するものとされ、裁判所と検察庁が分離された（以上、統治機構の改革の項の叙述は、渡辺ほか編・前掲書三二一頁〜三二四頁による）。

戦後（法）改革と現代日本　以上に述べたように戦後改革によって、日本の政治理念や法制度は大きな変革を遂げた。国民主権原理を中核とする日本国憲法の制定と農地改革をはじめとする諸改革は、戦前日本社会の構造を根本から改革しようとするものであった。この諸改革の評価については、戦前日本社会の中にすでに戦後改革と連結する運動や構想、改革があったことを重視する連続説と戦後改革によってはじめて戦前日本社会の構造的変革が行われたとする断絶説がある。

戦後日本は、すでに述べたような農地改革、財閥解体、日本国憲法の制定を基軸とする民主的諸改革によって、基本的な転換を遂げたことは明白であり、この歴史的意義は大きい。しかし、戦後改革が総司令部、とくに米国の対日対策の枠内という制約の中で行われたことは、民主的改革を不徹底に終わらせるとともに、日本を米国の敵対者から従属者にさせ（渡辺ほか編・前掲書二一七頁）、さらに、米国、マサチューセッツ工科大学のジョン・ダワー教授が指摘されたように、「冷戦」における米国の「従属的パートナーとしはじめた」のである（ジョン・ダワー〔三浦陽一・高杉忠明・田代泰子訳〕『敗北を抱きしめて　第二次大戦後の日本人(上)』岩波書店、二〇〇一年、六頁）。こうして日本は、米国の「従属的パートナー」となった。この日本の位置は、高度成長により日本が先進国型社会（歴史科学協議会編・前掲書三七四頁〔山田敬男執筆〕）に移行して「束の間の大国」となり、バブルが崩壊し、冷戦が終結して「日本が『ナンバーワン』だとつぶやく者ももういない」（ジョン・ダワー・前掲書四二八頁）今も変わってはいない。それどころか、現今の日本では、米国の「従属的パートナー」としての位置をますます強化し、それに伴って戦後、日本国民が培ってきた平和主義、立憲主義、法治主義が壊されていく事態が進行している。[7]

現在、日本および日本国民に課せられている重要な課題は、このような事態を打開し、克服することにあると言えよう。この課題について考えるためにも、日本の近代法の歴史とそれを基底としてつくられてきた法文化を究明し、さらにそれを戦後改革から現代社会にいたる歴史の中に正しく位置づけることは不可欠な作業である。

それは、戦後（法）改革の意義を明確にし、「逆コース」と言われる流れの中で、日本が米国の「従属的パートナー」として位置づけられてきた歴史的経過を明らかにすることに他ならないからである。このような歴史的経過を明らかにすることなくしては、日本は米国の「従属的パートナー」からの脱却と自立の道は見出しえないと言っても過言でない。敢えて付言するならば、米国を含むあらゆる世界の国々の尊厳を認め、相互に対等のパートナーシップを結び、憲法の理念に基づき、世界の平和に貢献することこそ、現代日本の進むべき道であると言えよう。[8]

本書は、このようなことを考えるために刊行されるものではないが、その一助ともなれば望外の喜びである。

（1）ただし沖縄は、米国の琉球軍司令官にとって直接、統治され、日本国憲法や法律は適用されず、米軍による統治が行われた。

（2）憲法の制定については、ジョン・ダワー〔三浦陽一・高杉忠明・田代泰子訳〕『敗北を抱きしめて　第二次世界大戦後の日本人(下)』岩波書店、二〇〇一年、一〇九〜一九三頁が、これまで知られていなかった憲法制定に関する興味深い事実を紹介している。参照されたい。

（3）戦前、内務省において労働組合法案は何度か立案されたが、資本家団体の反対で実現されなかった。

（4）この仕事は、労働委員会が行った。委員会は、労働者・使用者・公益代表から構成されている。

（5）近年、夫婦別姓をめぐる論議が行われ、政府においても法務省が別姓案を作成したりしている。この点については、山中永之佑「夫婦同氏の原則と憲法」追手門経営論集三巻一号（一九九七年）が、戦後の民法改正過程も含めて先学の業績を紹介、検討しながら憲法と夫婦同氏の原則に関する問題を論じている。参照されたい。

（6）衆議院議員総選挙は、一九四六(昭和二一)年に実施された。公職追放等によって従前の衆議院議員の九〇パーセント以上が立候補できなかった。

（7）これは、渡辺治氏の言われる企業社会に相当するであろう。この点について渡辺氏は、次のように述べておられる。

「企業社会は、戦後型日本社会の全構造の基底をなしていた。それは、経済の高度成長による企業業績の向上＝パイという条件の下ではじめて確立をみたのであるが、同時に経済の高度成長の推力となってその持続的展開を可能にした。この経済の高度成長自体が戦後型社会の重要な構成部分であり、自民党政治の継続の土台となったのである。経済の高度成長自体は第二次大戦後の資本主義の一般的特徴であるが、日本においてはそのスピードが群をぬいていたことと共に、オイルショックによる不況で他の先進資本主義諸国が成長を停止させて以降も、逸早く不況を克服して持続的成長を続けた点に大きな特徴がある。そして、この点に企業社会の構造が大きく影響していると思われる。」（渡辺治「総論」坂野ほか編『シリーズ日本近現代史　構造と変動4　戦後改革と現代社会の形成』岩波書店、一九九四年、一〇〜一一頁）。

（8）総司令部の政策は、中国内戦における共産党の勝利が明白になり、東欧においても米ソ対立が深まるに従い、日本をソ連・中国に対抗する米国側の国家として強化するという方向に重点が転換していった。これ以後、総司令部の民主化政策の修正が「逆コース」と言われる一連の動きとなってあらわれた。それは、とくに、警察予備隊の創設（一九五〇年）とその自衛隊への改組（一九五四年）のほか、教育・労働などの分野における戦後の民主的改革の修正に顕著に見られる。

ジョン・ダワー教授も、日本について「日本の戦後システムのうち、当然崩壊すべくして崩壊しつつある部分とともに、非軍事化と民主主義という目標も今や捨て去られようとしている。」（ジョン・ダワー・前掲書四二九頁）と述べておられる。

Horitsu Bunka Sha

2002年7月15日　初版第1刷発行
2016年4月30日　初版第6刷発行

新・日本近代法論

編　者　山中永之佑

発行者　田 靡 純 子

発行所　株式会社　法律文化社

〒603-8053 京都市北区上賀茂岩ケ垣内町71
電話 075(791)7131　FAX 075(721)8400
URL:http://www.hou-bun.com/

印刷：中村印刷㈱／製本：㈱藤沢製本
装幀　前田俊平
ISBN 4-589-02585-X

執筆者紹介（執筆順）

山《やま》中《なか》永之佑《えいのすけ》　大阪大学名誉教授　序章・終章

三《み》阪《さか》佳《よし》弘《ひろ》　大阪大学大学院高等司法研究科教授　第1章第1節・第7章

白《しら》石《いし》玲《れい》子《こ》　元神戸市看護大学看護学部准教授　第1章第2節・第6章

藤《ふじ》田《た》正《ただし》　元北海学園大学法学部教授　第2章

岩《いわ》谷《たに》十《じゅう》郎《ろう》　慶應義塾大学法学部教授　第3章第1節

出《で》口《ぐち》雄《ゆう》一《いち》　桐蔭横浜大学法学部教授　第3章第2節

中《なか》尾《お》敏《とし》充《みつ》　奈良大学教養部教授　第4章

石《いし》川《かわ》一《ひ》三《さ》夫《お》　中京大学名誉教授　第5章

吉《よし》井《い》蒼《た》生《み》夫《お》　神奈川大学法学部教授　第8章

菊《きく》山《やま》正《まさ》明《あき》　宇都宮大学名誉教授　第9章

林《はやし》真《ま》貴《き》子《こ》　近畿大学法学部教授　第10章

高《たか》橋《はし》良《よし》彰《あき》　山形大学人文社会科学部教授　第11章

橋《はし》本《もと》誠《せい》一《いち》　静岡大学人文社会科学部教授　第12章・第17章

近《こん》藤《どう》佳代子《かよこ》　宮城教育大学名誉教授　第13章

高《たか》倉《くら》史《ふみ》人《と》　高岡法科大学法学部教授　第14章

矢《や》野《の》達《たつ》雄《お》　広島修道大学法学部教授　第15章

岩《いわ》村《むら》等《ひとし》　大阪経済法科大学法学部教授　第16章

小《お》沢《ざわ》隆《たか》司《し》　札幌学院大学法学部教授　第18章

◆ 参考文献一覧

※ 著者，編者名が4名以上に及ぶ場合，国立国会図書館文献検索サイト等通例の表記方法に則り冒頭の1名のみ挙げ「……ほか編」と記載した。
※ 参考文献一覧は，著書・資料と論文に分け，著者・資料，編者名の五十音順（同じ著者，編者によるものは発行年順）に配列した。
※ 参考文献のうち各章に直接関連するものは，発行年の後の〔 〕の中に章名を記した。
例：〔序〕→序章，〔終〕→終章，〔*1*〕→第*1*章，〔*2*〕→第*2*章

著 書

A・オプラー〔内藤頼博・納谷広美・高地茂世訳〕『日本占領と法制改革』日本評論社 1990年〔終〕
青山道夫『判例身分法研究』日本評論社 1943年〔*13*〕
赤木須留喜『〈官制〉の形成――日本官僚制の構造』日本評論社 1991年〔序〕
朝尾直弘ほか編『岩波講座日本通史17巻 近代2』岩波書店 1994年〔序〕
朝尾直弘ほか編『岩波講座日本通史19巻 近代4』岩波書店 1995年〔終〕
天野郁夫『旧制専門学校論』玉川大学出版部 1993年〔*18*〕
新井勉『大津事件の再構成』御茶の水書房 1994年
安在邦夫ほか『日本の現代――平和と民主主義』梓出版社 1994年〔終〕
家永三郎『日本近代憲法思想史研究』岩波書店 1967年〔*3*，*18*〕
家永三郎『歴史の中の憲法(上)(下)』東京大学出版会 1977年〔序，終〕
五百旗頭真『米国の日本占領政策(上)(下)』中央公論社 1985年〔*3*，終〕
井ケ田良治・山中永之佑・石川一三夫『日本近代法史』法律文化社 1982年〔序，*6*，*13*，*14*〕
石井金一郎『日本帝国主義の権力と機構』三一書房 1966年〔序〕
石井紫郎編『日本近代法史講義』青林書院新社 1972年〔序〕
石井紫郎・水林彪校注『日本近代思想大系7 法と秩序』岩波書店 1992年〔序，*8*〕
石井良助『明治文化史2 法制編』洋々社 1954年（新装版：原書房 1980年）〔序，*1*，*3*〕
石井良助『民法典の編纂』創文社 1979年〔序〕
石井良助『家と戸籍の歴史』創文社 1981年〔序〕
石川一三夫『近代日本の名望家と自治』木鐸社 1987年〔序，*5*〕
石川一三夫『日本的自治の探求』名古屋大学出版会 1995年〔*5*〕
石川一三夫・矢野達雄『法史学への旅立ち』法律文化社 1998年〔序〕
石川松太郎『藩校と寺子屋』教育社 1978年〔*18*〕
石田雄『近代日本政治構造の研究』未來社 1956年〔*5*〕
石田雄『日本近代思想史における法と政治』岩波書店 1976年〔*18*〕
石田頼房『日本近代都市計画の百年』自治体研究社 1987年〔*12*〕
石田頼房『日本近代都市計画史研究』柏書房 1987年〔*12*〕

磯村哲 『社会法学の展開と構造』 日本評論社 1975年 〔18〕
伊藤孝夫 『大正デモクラシー期の法と社会』 京都大学学術出版会 2000年 〔序〕
伊藤隆 『昭和初期政治史研究』 東京大学出版会 1969年 〔7, 16〕
伊藤敏行 『日本教育立法史研究序説』 福村出版 1993年 〔6〕
伊藤博文 『憲法義解』〔12〕
伊藤之雄 『立憲国家の確立と伊藤博文——内政と外政 1889～1898』 吉川弘文館 1999年
伊藤之雄 『立憲国家と日露戦争——外交と内政 1898～1905』 木鐸社 2000年
井戸田博史 『家族の法と歴史——氏・戸籍・祖先祭祀』 世界思想社 1993年 〔序, 終〕
井戸田博史 『「家」に探る苗字となまえ』 雄山閣 1986年
稲田正次 『明治憲法成立史(上)(下)』 有斐閣 1960, 62年 〔序〕
稲田正次 『明治憲法成立史の研究』 有斐閣 1979年 〔序〕
稲田正次編 『明治国家形成過程の研究』 御茶の水書房 1966年
稲生典太郎 『東アジアにおける不平等条約体制と近代日本』 岩田書院 1995年 〔16〕
井上操筆記 『性法講義——ボワソナード講義』 宗文館書店 1986年 〔11〕
岩村等・三成賢次・三成美保 『法制史入門』 ナカニシヤ出版 1996年 〔序〕
上杉聰 『明治維新と賤民廃止令』 解放出版社 1990年 〔13〕
鵜飼信成ほか編 『講座日本近代法発達史１～11』 勁草書房 1958～67年 〔序, 15〕
潮見俊隆・利谷信義編著 『日本の法学者』 日本評論社 1974年 〔18〕
内川芳美 『マス・メディア法政策史研究』 有斐閣 1989年 〔8〕
内山尚三 『「家」と労使関係——新版・家父長制労働論』 法政大学出版局 1984年 〔15〕
梅溪昇 『明治前期政治史の研究——明治軍隊の成立と明治国家の完成』 未來社 1963年（増補版：1978年）〔序〕
梅溪昇 『軍人勅諭成立史——天皇制国家観の成立(上)』 青史出版 2000年
梅溪昇 『教育勅語成立史——天皇制国家観の成立(下)』 青史出版 2000年
江村栄一校注 『日本近代思想大系９ 憲法構想』 岩波書店 1989年 〔3〕
江村栄一編 『自由民権と明治憲法』 吉川弘文館 1995年 〔3〕
江村栄一・松永昌三郎・家永三郎編 『明治前期の憲法構想(増訂版第２版)』 福村出版 1987年 〔3〕
江守五夫 『日本村落社会の構造』 弘文堂 1976年 〔序, 5〕
大石嘉一郎 『日本地方財行政史序説』 御茶の水書房 1961年 〔序, 5〕
大石嘉一郎 『近代日本の地方自治』 東京大学出版会 1990年 〔序, 5〕
大石嘉一郎・西田美昭編 『近代日本の行政村』 日本経済評論社 1991年 〔序, 5〕
大石眞 『議院法制定史の研究——日本議会法伝統の形成』 成文堂 1990年 〔序〕
大石眞 『日本憲法史』 有斐閣 1995年 〔序〕
大江志乃夫 『統帥権』 日本評論社 1983年 〔序, 7〕
大江志乃夫編 『日本史10 現代』 有斐閣 1978年 〔終〕
大木雅夫 『日本人の法観念——西洋法的観念との比較』 東京大学出版会 1983年 〔序〕

大久保利鎌 『明治憲法の出来るまで』 至文堂 1956年 〔序，*3*〕
大久保泰甫・高橋良彰 『ボワソナード民法典の編纂』 雄松堂出版 1999年 〔*11*〕
大隅健一郎 『新版株式会社法変遷論』 有斐閣 1987年 〔*14*〕
大蔵省 『明治大正財政史１，６，７巻』 財政経済学会 1938年 〔*4*〕
大蔵省昭和財政史編集室 『昭和財政史２，３，５，14巻』 東洋経済新報社 1955～57年 〔*4*〕
大蔵省百年史編集室 『大蔵省百年史(上)(下)(別巻)』 大蔵財務協会 1965年 〔*4*〕
大河内一男 『労使関係論の史的発展』 有斐閣 1972年 〔*15*〕
大阪弁護士会編（山中永之佑指導・助言）『大阪弁護士会百年史』 大阪弁護士会 1989年
大島太郎 『日本地方行財政史序説』 未來社 1968年 〔序，*5*〕
大島太郎 『官僚国家と地方自治』 未來社 1981年 〔序〕
大島美津子 『明治のむら』 教育社歴史新書 1977年 〔序，*5*〕
大島美津子 『明治国家と地域社会』 岩波書店 1994年 〔序，*4*，*5*〕
大竹秀男・牧英正編 『日本法制史』 青林書院新社 1975年 〔序〕
大野達三 『日本の政治警察』 新日本出版社 1973年 〔*7*〕
大濱徹也 『天皇の軍隊』 教育社 1978年 〔序〕
大濱徹也 『日本人と戦争――歴史としての戦争体験』 刀水書房 2002年 〔序〕
小笠原正 『日本教育法制史序説』 敬文堂 1991年 〔*6*〕
岡田与好 『独占と営業の自由』 木鐸社 1975年 〔*15*〕
岡田与好 『経済的自由主義』 東京大学出版会 1987年 〔*15*〕
荻野富士夫 『増補特高警察体制史』 せきた書房 1988年 〔*7*〕
奥田晴樹 『地租改正と地方制度』 山川出版社 1993年
奥平昌洪 『日本弁護士史』 巌南堂書店 1914年（復刻：1971年）〔序，*14*〕
奥平康弘 『治安維持法小史』 筑摩書房 1977年 〔序，*8*〕
小倉武一 『土地立法の史的考察』 農林省農業総合研究所 1951年 〔序，*12*〕
小倉武一 『小倉武一著作集１～３巻』 農山漁村文化協会 1982年（信山社：1994年，新青出版：1995年）〔序，*12*〕
小田康徳 『日本近代史の探究』 世界思想社 1993年 〔序〕
小田中聰樹 『刑事訴訟法の歴史的分析』 日本評論社 1976年 〔序〕
小田中聰樹 『治安対策と法の展開過程』 法律文化社 1982年 〔序，*8*〕
小田中聰樹 『刑事訴訟法の史的構造』 有斐閣 1986年 〔序，*9*，*10*〕
大日方純夫 『天皇制警察と民衆』 日本評論社 1987年 〔序，*7*〕
大日方純夫 『日本近代国家の成立と警察』 校倉書房 1992年 〔序，*7*〕
大日方純夫 『近代日本の警察と地域社会』 筑摩書房 2000年 〔序，*7*〕
海後宗臣編 『臨時教育会議の研究』 東京大学出版会 1960年 〔*13*〕
戒能通孝 『法律講話』 日本評論社 1952年 〔*18*〕
戒能通孝編 『警察権』 岩波書店 1960年 〔*7*〕
外務省条約局編 『台湾の委任立法制度〈外地法制誌第３巻〉』 文生書院 1990年 〔*17*〕
外務省条約局編 『律令総覧〈外地法制誌第４巻〉』 文生書院 1990年 〔*17*〕
外務省条約局編 『日本統治下五〇年の台湾〈外地法制誌第５巻〉』 文生書院 1990年

〔*17*〕
外務省編　『日本外交年表並主要外交文書』 日本国際連合協会　1957年（復刻版：原書房　1966年）〔*16*〕
外務省編纂　『日本外交年表並主要文書1840―1945(上)』 原書房　1965年 〔*1*〕
笠原英彦　『明治国家と官僚制』 芦書房　1991年 〔序〕
風早八十二　『日本社会政策史』 日本評論社　1937年 〔*15*〕
鹿島守之助　『日本外交史２巻　条約改正問題』 鹿島研究所出版会　1970年 〔*1*〕
霞信彦　『明治初期刑事法の基礎的研究』 慶應通信　1990年 〔序，*8*〕
勝田政治　『内務省と明治国家形成』 吉川弘文館　2002年 〔序〕
加藤一明　『日本の行財政構造』 東京大学出版会　1980年 〔*4*〕
加藤雅信ほか編 『民法学説百年史』 三省堂　1999年 〔*11*，*18*〕
兼子一・竹下守夫　『裁判法』 有斐閣　1959年 〔*9*〕
加太邦憲　『自歴譜』 岩波書店　1982年 〔*11*〕
神島二郎ほか編　『日本人と法』 ぎょうせい　1978年 〔序，終〕
神谷力　『家と村の法史研究――日本近代法の成立過程』 御茶の水書房　1976年
川口由彦　『日本近代法制史』 新世社　1998年 〔序〕
川口由彦　『近代日本の土地法観念』 東京大学出版会　1990年 〔序，*10*，*12*〕
川島武宜　『日本人の法意識』 岩波書店　1967年 〔序〕
川田敬一　『日本近代国家の形成と皇室財産』 原書房　2001年
姜再鎬　『明治前期の末端地方行政区画制』 東京大学都市行政研究会　1992年 〔序〕
神田修也編　『史料教育法』 学陽書房　1973年 〔*6*〕
神田文人　『昭和の歴史８巻　占領と民主主義』 小学館　1989年 〔終〕
菊山正明　『明治国家の形成と司法制度』 御茶の水書房　1993年 〔序，*9*〕
亀卦川浩　『明治地方自治制度の成立過程』 東京市政調査会　1955年 〔序，*5*〕
亀卦川浩　『地方制度小史』 勁草書房　1962年 〔*5*〕
亀卦川浩　『明治地方制度成立史』 柏書房　1967年 〔序〕
亀卦川浩　『自治五十年史(制度篇)』 文生書院　1977年 〔序〕
北岡伸一　『日本陸軍と大陸政策――1906～1918年』 東京大学出版会　1978年 〔*16*〕
北川善太郎　『日本法学の歴史と理論――民法学を中心として』 日本評論社　1968年 〔序，*18*〕
北崎豊二　『近代大阪の社会史的研究』 法律文化社　1994年
北野弘久　『納税者の権利』 岩波書店　1981年 〔*4*〕
吉川経夫ほか編著 『刑法理論史の総合的研究』 日本評論社　1994年 〔*18*〕
木野主計　『井上毅研究』 続群書類従完成会　1995年
許世楷　『日本統治下の台湾』 東京大学出版会　1972年 〔*17*〕
清宮四郎　『外地法序説』 有斐閣　1944年 〔*17*〕
金長権　『近代日本地方自治の構造と性格』 刀水書房　1992年 〔序〕
金原左門　『地域をなぜ問いつづけるか』 中央大学出版部　1987年 〔*5*〕
楠精一郎　『明治立憲体制と司法官』 慶應通信　1989年 〔*9*〕
楠精一郎　『児島惟謙』 中央公論社　1997年 〔*9*〕
熊谷開作　『日本近代法の成立』 法律文化社　1955年 〔序〕

熊谷開作 『婚姻法成立史序説』 酒井書店 1970年 〔序，13〕
熊谷開作 『日本土地私有制の展開』 ミネルヴァ書房 1976年 〔序〕
熊谷開作 『日本の近代化と「家」制度』 法律文化社 1987年 〔序，13〕
熊谷開作 『日本の近代化と土地法』 日本評論社 1989年 〔序〕
熊谷開作 『近代日本の法学と法意識』 法律文化社 1991年 〔序〕
倉沢康一郎・奥島孝康編 『昭和商法学史』 日本評論社 1996年 〔18〕
現代文化研究会編 『戦後日本の国家権力』 三一書房 1960年 〔終〕
梧陰文庫研究会編 『明治国家形成と井上毅』 木鐸社 1992年
黄昭堂 『台湾民主国の研究』 東京大学出版会 1970年 〔17〕
江丙坤 『台湾地租改正の研究』 東京大学出版会 1974年 〔17〕
国立教育研究所編 『日本近代教育百年史』 国立教育研究所 1973～74年 〔6〕
小路田泰直 『憲政の常道——天皇の国の民主主義』 青木書店 1995年
小路田泰直 『日本近代都市史研究序説』 柏書房 1991年 〔序，5〕
小路田泰直 『国民(喪失)の近代』 吉川弘文館 1998年
小嶋和司 『小嶋和司憲法論集１ 明治典憲体制の成立』 木鐸社 1988年 〔序，3〕
小嶋和司 『日本財政制度の比較法史的研究』 信山社 1996年 〔4〕
古関彰一 『新憲法の誕生』 中央公論社 1995年 〔3〕
後藤正人 『社会化教育と法社会史』 昭和堂 1992年
後藤正人 『権利の法社会史——近代国家と民衆運動』 法律文化社 1993年
小早川欣吾 『明治法制史 公法之部(上)(下)』 巌南堂書店 1940年 〔序〕
小早川欣吾 『続明治法制叢考』 山口書店 1944年 〔序〕
小早川欣吾 『明治法制叢考』 京都印書館 1945年 〔序〕
小林直樹・水本浩編 『現代日本の法思想 近代法100年の歩みに学ぶ』 有斐閣 1976年 〔18〕
小宮一夫 『条約改正と国内政治』 吉川弘文館 2001年 〔1〕
小柳春一郎 『近代不動産賃貸借法の研究：賃借権・物権・ボワソナード』 信山社 2001年 〔11〕
小山仁示編 『大正期の権力と民衆』 法律文化社 1980年 〔序〕
近藤哲生 『地租改正の研究』 未來社 1967年 〔序〕
最高裁判所事務総局 『裁判所百年史』 大蔵省印刷局 1990年 〔9〕
三枝一雄 『明治商法の成立と変遷』 三省堂 1992年 〔序，14〕
坂井雄吉 『井上毅と明治国家』 東京大学出版会 1983年
坂本義和・R・E・ウォード編 『日本占領の研究』 東京大学出版会 1987年 〔3〕
佐口和郎 『日本における産業民主主義の前提』 東京大学出版会 1991年 〔15〕
佐口卓 『日本社会保険制度史』 勁草書房 1977年 〔15〕
佐々木寛司 『地租改正』 中央公論社 1989年 〔序〕
佐々木高雄 『戦争放棄条項の成立経緯』 成文堂 1997年 〔3〕
佐藤進 『文学にあらわれた日本人の納税意識』 東京大学出版会 1987年 〔4〕
佐藤達夫（3，4巻佐藤功補訂）『日本国憲法制定史１～４巻』 有斐閣 1962～94年 〔3〕
志田鉀太郎 『日本商法典の編纂と其改正(復刻版)』 新青出版 1995年 〔序，14〕
幣原喜重郎 『外交50年』 読売新聞社 1951年（復刻版：中央公論社 1987年）

〔*16*〕
信夫清三郎 『日本外交史1853～1972Ⅰ』 毎日新聞社 1974年 〔*1*〕
柴田光蔵 『法のタテマエとホンネ——日本法文化の実相を探る』 有斐閣 1983年〔序〕
芝原拓自・猪飼隆明・池田正博校注 『日本近代思想大系12 対外観』 岩波書店 1988年 〔*1*〕
芝村篤樹 『日本近代都市の成立——1920，30年代の大阪』 松籟社 1998年 〔序〕
島田正郎 『清末における近代的法典の編纂』 創文社 1980年 〔*18*〕
島恭彦編 『町村合併と農村の変貌』 有斐閣 1958年 〔*5*〕
清水伸 『明治憲法制定史(上)(中)(下)』 原書房 1972，72，74年 〔序〕
清水誠 『時代に挑む法律学』 日本評論社 1992年 〔*11*〕
ジョン・ダワー〔三浦陽一・高杉忠明・田辺泰子訳〕『敗北を抱きしめて 第二次大戦後の日本人(上)(下)』 岩波書店 2001年 〔はしがき・終〕
末弘厳太郎 『農村法律問題』 農山漁村文化協会 1977年 〔*12*〕
菅野和太郎 『日本会社企業発生史の研究』 経済評論社 1966年 〔*14*〕
鈴江英一 『北海道町村制度史の研究』 北海道大学図書刊行会 1985年 〔序〕
鈴木武雄 『財政史』 東洋経済新報社 1962年 〔*4*〕
鈴木竹雄編 『田中耕太郎 人と業績』 有斐閣 1977年 〔*18*〕
鈴木正幸 『国民国家と天皇制』 校倉書房 2000年 〔序〕
鈴木安蔵 『日本現代史体系 法律史』 東洋経済新報社 1960年 〔序〕
染野義信 『近代的転換における裁判制度』 勁草書房 1988年 〔序，*9*，*10*〕
大霞会編 『内務省史２』 原書房 1970年 〔序，*7*〕
台湾経世新報社編 『台湾大年表 復刻版』 緑蔭書房 1992年 〔*17*〕
台湾総督府警務局 『台湾社会運動史〈台湾総督府警察沿革誌第二編・領台以後の治安状況(中巻)〉 復刻版』 龍渓書房 1973年 〔*17*〕
高久嶺之介 『近代日本の地域社会と名望家』 柏書房 1997年 〔序，*5*〕
高梨公之 『日本婚姻法史論——日本における婚姻の実態とその変遷についての一考察』 有斐閣 1976年 〔序〕
高野雄一 『岩波講座現代法12 現代法と国際社会』 岩波書店 1965年 〔*16*〕
高野雄一 『全訂新版 国際法概論(上)』 弘文堂 1986年 〔*1*，*9*〕
高柳賢三・大友一郎・田中英夫 『日本国憲法制定の過程——連合国総司令部側の記録による Ⅰ原文と翻訳／ Ⅱ解説』 有斐閣 1972年 〔*3*〕
高柳真三 『日本法制史(二)』 有斐閣 1965年 〔序〕
高柳真三 『明治前期家族法の新装』 有斐閣 1987年 〔序，*13*〕
瀧井一博 『ドイツ国家学と明治国制——シュタイン国家学の軌跡』 ミネルヴァ書房 1999年 〔*3*〕
瀧川叡一 『日本裁判制度史論考』 信山社 1991年 〔序，*9*，*10*〕
瀧川叡一 『明治初期民事訴訟の研究』 信山社 2000年 〔*10*〕
武井正臣ほか 『日本近代法と「村」の解体』 法律文化社 1965年 〔序〕
竹前栄治 『GHQ』 岩波書店 1983年 〔*3*，終〕
竹前栄治・岡部史信 『日本国憲法検証1945—2000 資料と論点１巻 憲法制定史』 小学館 2000年 〔*3*，終〕

田中耕太郎 『改正商法及有限会社法概説』 有斐閣 1939年 〔14〕
田中英夫 『憲法制定過程覚え書』 有斐閣 1979年 〔3〕
田中浩 『戦後日本政治史』 講談社 1996年 〔終〕
田宮裕 『刑事訴訟法(新版)』 有斐閣 1996年 〔10〕
田村明 『まちづくりの発想』 岩波書店 1987年 〔5〕
田村譲 『日本労働法史論』 御茶の水書房 1984年 〔15〕
地政研究会 『土地法制概論』 都市計画協会 1947年 〔12〕
辻清明 『日本官僚制の研究(新版)』 東京大学出版会 1969年 〔序〕
辻清明 『日本の地方自治』 岩波書店 1976年 〔5〕
土屋忠雄ほか編 『教育学全集増補版3 近代教育史』 小学館 1975年 〔6〕
筒井若水ほか編 『法律学教材 日本国憲法史』 東京大学出版会 1976年 〔3〕
『帝国議会衆議院委員会議録28(復刻版)』 臨川書店 1984年 〔17〕
『帝国議会衆議院議事速記録47』 東京大学出版会 1982年 〔4〕
手塚豊教授退職記念論文集委員会編 『明治法制史政治史の諸問題』 慶應通信 1977年 〔序〕
手塚豊 『明治法学教育史の研究』 慶應通信 1988年 〔9〕
手塚豊 『手塚豊著作集全10巻』 慶應通信 1982～94年 〔序〕
手塚豊 『明治刑法史の研究(上)(中)(下)』 慶應通信 1984～86年 〔8〕
東京大学社会科学研究所編 『ファシズム期の国家と社会4 戦時日本の法体制』 東京大学出版会 1979年 〔序, 8〕
東京大学社会科学研究所編 『現代日本社会4 歴史的前提』 東京大学出版会 1991年 〔序〕
東京大学社会科学研究所編 『現代日本社会1 課題と視角』 東京大学出版会 1991年 〔終〕
東京大学社会科学研究所編 『戦後改革1～7』 東京大学出版会 1974～75年 〔終〕
東京大学百年史編集委員会 『東京大学百年史 通史1』 東京大学出版会 1984年 〔9〕
東条由紀彦 『製紙同盟の女工登録制度』 東京大学出版会 1990年 〔15〕
遠山茂樹 『日本近代史Ⅰ』 岩波書店 1975年 〔序〕
利谷信義 『日本の法を考える』 東京大学出版会 1985年 〔序, 18, 終〕
利谷信義・吉井蒼生夫・水林彪編 『法における近代と現代』 日本評論社 1993年 〔序〕
外岡茂十郎編 『明治前期家族法資料(全11冊)』 早稲田大学 1967～78年 〔13〕
都丸泰助 『地方自治制度史論』 新日本出版社 1982年 〔序, 5〕
豊下楢彦 『日本占領管理体制の成立』 岩波書店 1992年 〔3〕
内閣官房編 『内閣制度七十年史』 大蔵省印刷局 1955年 〔序〕
内閣記録課 『台湾ニ施行スヘキ法令ニ関スル法律其ノ沿革並現行律令』 1915年 〔17〕
内藤謙 『刑法講義 総論(上)』 有斐閣 1983年 〔18〕
仲新・伊藤敏行編 『日本近代教育小史』 福村出版 1984年 〔6〕
仲新監修 『学校の歴史』 第一法規出版 1979年 〔6〕
永井和 『近代日本の軍部と政治』 思文閣出版 1993年 〔7〕

長尾龍一 『思想としての日本憲法史』 信山社 1997年 〔3〕
中川善之助・宮沢俊義 『現代日本文明史５ 法律史』 東洋経済新報社 1944年 〔序〕
中島太郎 『近代日本教育制度史』 岩崎学術出版 1969年 〔6〕
中塚明 『近代日本の朝鮮認識』 研文出版 1993年
中野登美雄 『統帥権の独立』 原書房 1973年 〔7〕
中野目徹 『近代史料学の射程――明治太政官文書研究序説』 弘文堂 2000年
中村菊男 『近代日本の法的構成(新版)』 有信堂 1963年 〔序〕
中村吉三郎 『明治法制史１～３』 清水弘文堂 1967，68年 〔序〕
中村吉三郎 『大正法制史』 清水弘文堂 1971年 〔序〕
中村哲 『植民地統治法の基本問題』 日本評論社 1943年 〔17〕
中村政則 『現代史を学ぶ 戦後改革と現代日本』 吉川弘文館 1997年 〔終〕
中山研一 『現代社会と治安法』 岩波書店 1970年 〔8〕
中山勝 『明治初期刑事法の研究』 慶應通信 1990年 〔8〕
西修 『日本国憲法はこうして生まれた』 中央公論社 2000年 〔3〕
西成田豊 『近代日本労資関係史の研究』 東京大学出版会 1988年 〔15〕
西村信夫 『戦後日本家族法の民主化(上)(下)』 法律文化社 1978，91年 〔13〕
日本近代法制史研究会編 『日本近代国家の法構造』 木鐸社 1983年 〔序〕
日本近代法制史研究会編 『日本近代法120講』 法律文化社 1992年 〔序，終〕
日本弁護士連合会編 『日本弁護士沿革史』 日本弁護士連合会 1959年 〔序〕
丹羽邦男 『明治維新の土地変革』 御茶の水書房 1962年 〔序，12〕
野田良之・碧海純一編 『近代日本法思想史 （近代日本思想体系７）』 有斐閣 1979年 〔18〕
野村平爾編 『日本における法律学の発展』 早稲田大学稲緑会 1949年 〔18〕
唄孝一 『戦後改革と家族法 唄孝一家族法著作選集１巻』 日本評論社 1992年 〔序，13〕
長谷川正安 『昭和憲法史』 岩波書店 1961年 〔序，終〕
長谷川正安 『法学論争史』 学陽書房 1976年 〔18〕
長谷川正安・渡辺洋三・藤田勇編 『講座革命と法３ 市民革命と日本法』 日本評論社 1994年 〔序，終〕
浜田道代編 『日本会社立法の歴史的展開』 商事法務研究会 1999年 〔14〕
林屋礼二 『民事訴訟の比較統計的考察』 有斐閣 1994年 〔10〕
林屋礼二・菅原郁夫 『データムック民事訴訟(ジュリスト増刊)』 有斐閣 2001年 〔10〕
原田敬一 『日本近代都市史研究』 思文閣出版 1997年 〔序，5〕
原田敬一 『国民軍の神話』 吉川弘文館 2001年
原田慶吉 『日本民法典の史的素描』 創文社 1954年 〔序〕
原秀三郎ほか編 『大系日本国家史 ４近代Ⅰ ５近代Ⅱ』 東京大学出版会 1975，76年 〔序〕
坂野潤治 『明治憲法体制の成立』 東京大学出版会 1971年 〔2，4〕
坂野潤治ほか編 『日本近現代史４ 戦後改革と現代社会の形成』 岩波書店 1994年 〔終〕
兵藤釗 『日本における労資関係の展開』 東京大学出版会 1971年 〔15〕

平野義太郎 『日本資本主義の機構と法律』 法政大学出版局 1971年 〔序〕
広中俊雄 『農地立法史研究(上)』 創文社 1977年 〔序〕
広中俊雄 『警備公安警察の研究』 岩波書店 1973年 〔 7 〕
広中俊雄・星野英一編 『民法典の百年』 有斐閣 1998年 〔 11 〕
フィリップ・ダービー著〔岩村等ほか訳〕『帝国主義の3つの顔——アジア・アフリカへのアプローチ，1870～1970』 昭和堂 1989年 〔 16 〕
福島正夫 『日本資本主義と「家」制度』 東京大学出版会 1967年 〔序，13，15〕
福島正夫 『増訂版 地租改正の研究』 有斐閣 1983年 〔序，12〕
福島正夫 『日本資本主義の発達と私法』 東京大学出版会 1988年 〔序，11，14〕
福島正夫 『福島正夫著作集全9巻』 勁草書房 1993～96年 〔序，9，11，12，13，14〕
福島正夫 『地租改正』 吉川弘文館 1995年 〔序〕
福島正夫編 『戸籍制度と「家」制度』 東京大学出版会 1959年 〔序〕
福島正夫編 『家族 政策と法1，6，7巻』 東京大学出版会 1975，76，84年 〔序，13〕
福島正夫編 『日本近代法体制の形成 (上)(下)』 日本評論社 1981，82年 〔序，14〕
福島正夫・利谷信義 『明治前期地方体制と戸籍制度』 橘書院 1981年 〔序〕
藤田勇編 『権威的秩序と国家』 東京大学出版会 1987年 〔序，終〕
藤田嗣雄 『明治軍制』 信山社 1992年 〔 7 〕
藤田武夫 『日本地方財政制度成立史』 岩波書店 1941年 〔 5 〕
藤田武夫 『日本地方財政発達史』 河出書房 1949年 〔 4 〕
藤田武夫 『日本資本主義と財政』 実業之日本社 1956年 〔 4 〕
藤田弘道 『新律綱領・改定律例編纂史』 慶應義塾大学出版会 2001年 〔序，8〕
藤森照信 『明治の東京計画』 岩波書店 1982年 〔 12 〕
藤原明久 『ボアソナード抵当法の研究』 有斐閣 1995年
藤原彰 『軍事史』 東洋経済新報社 1961年 〔序〕
藤原彰 『日本近代史Ⅲ』 岩波書店 1977年 〔終〕
藤原彰 『天皇制と軍隊』 青木書店 1986年 〔 7 〕
藤原彰・荒川章二・林博史 『日本現代史』 大月書店 1986年 〔終〕
『法学セミナー増刊総合特集シリーズ36 警察の現在』 日本評論社 1987年 〔 7 〕
北條浩 『明治初年地租改正の研究』 御茶の水書房 1992年 〔序〕
北條浩 『地券制度と地租改正』 御茶の水書房 1997年 〔序〕
法務大臣官房司法法制調査部監修 『日本近代立法資料叢書(5)(6)(7)法典調査会民法議事速記録(五)(六)(七)』 商事法務研究会 1984年 〔 13 〕
星野英一 『民法論集8巻』 有斐閣 1996年 〔 11 〕
星野通 『明治民法編纂史研究』 ダイヤモンド社 1943年 〔序〕
星野通 『民法典論争史』 河出書房 1949年 〔序〕
細貝大次郎 『現代日本農地政策史研究』 御茶の水書房 1977年 〔 12 〕
細川亀市 『日本近代法制史』 有斐閣 1961年 〔序〕
細谷千博・斎藤真編 『ワシントン体制と日米関係』 東京大学出版会 1978年 〔 16 〕

堀内節編著 『家事審判制度の研究／続　家事審判制度の研究』 中央大学出版部　1970，76年 〔13〕
堀内節編 『明治前期身分法大全１～４巻』 中央大学出版部　1973，74，77，81年〔13〕
ボワソナード民法典研究会編 『ボワソナード民法典資料集成(復刻版)』 雄松堂出版　1999～年 〔11〕
牧英正・藤原明久編 『日本法制史』 青林書院　1993年 〔序，10，14〕
牧野英一 『刑事学の新思潮と新刑法(増訂版)』 有斐閣　1919年 〔8〕
増田知子 『天皇制と国家――近代日本の立憲君主制』 青木書店　1999年 〔序，7〕
松尾章一 『近代天皇制国家と民衆・アジア(上)(下)』 法政大学出版局　1997・1998年〔序，終〕
松尾尊兊 『普通選挙制度成立史の研究』 岩波書店　1989年 〔序〕
松尾尊兊 『大正デモクラシーの群像』 岩波書店　1990年 〔3〕
松下芳男 『明治軍制史論(下)』 有斐閣　1956年 （改訂版：国書刊行会　1978年）〔序，7〕
松本暉男 『近代日本における家族法の展開』 弘文堂　1975年 〔序〕
松本三之介・山室信一校注 『日本近代思想大系11　言論とメディア』 岩波書店　1990年 〔8〕
御厨貴 『明治国家形成と地方経営』 東京大学出版会　1980年 〔序〕
御厨貴 『首都計画の政治・形成期明治国家の実像』 山川出版社　1984年 〔12〕
水田義雄 『西歐法事始』 成文堂　1967年 〔18〕
水林彪ほか編 『新体系日本史２　法社会史』 山川出版社　2001年 〔序，10〕
三谷太一郎 『近代日本の司法権と政党』 塙書房　1980年 〔序，8，10〕
三谷太一郎 『政治制度としての陪審制――近代日本の司法権と政治』 東京大学出版会　2001年 〔10〕
三井誠・町野朔・中森喜彦 『刑法学のあゆみ』 有斐閣　1978年 〔18〕
美濃部達吉 『憲法撮要(第４版)』 有斐閣　1929年 〔7〕
宮川澄 『旧民法と明治民法』 青木書店　1965年 〔序〕
宮川澄 『日本における近代的所有権の形成』 御茶の水書房　1969年 〔序〕
宮川澄 『日本における近代的所有権意識の変遷』 青木書店　1976年 〔序〕
宮地正人 『日露戦後政治史の研究』 東京大学出版会　1973年 〔序〕
宮地正人 『日本通史Ⅲ　国際政治下の近代日本』 山川出版社　1987年 〔16，終〕
宮本憲一 『地方自治の歴史と展望』 自治体研究社　1986年 〔序，5〕
陸奥宗光 『蹇蹇録(新訂版)』 岩波書店　1983年 〔16〕
村上一博 『明治離婚裁判史論』 法律文化社　1994年 〔13〕
明治財政史編纂会 『明治財政史１，３，５，６巻』 吉川弘文館　1971年 〔4〕
明治文化資料叢書刊行会編 『明治文化資料叢書３，４巻　法律編(上)(下)』 風間書房　1959，60年 〔13〕
毛利敏彦 『江藤新平』 中央公論社　1987年 〔9〕
百瀬孝 『事典　昭和戦前期の日本　制度と実態』 吉川弘文館　1990年 〔序〕
森岡清美 『華族社会の「家」戦略』 吉川弘文館　2002年
森秀夫 『日本教育制度史』 学芸図書　1984年 〔6〕

文部省 『学制百年史』 帝国地方行政学会 1972年 〔6〕
安田浩 『大正デモクラシー史論——大衆民主主義体制への転形と限界』 校倉書房 1994年 〔15〕
矢内原忠雄 『帝国主義下の台湾』〔17〕
矢内原忠雄編 『現代日本小史(下)』 みすず書房 1952年 〔序〕
矢野達雄 『近代日本の労働法と国家』 成文堂 1993年 〔序，15〕
山崎佐 『日本調停制度の歴史』 日本調停協会連合会 1957年 〔10〕
山崎丹照 『内閣制度の研究』 高山書院 1942年 〔序〕
山田公平 『近代日本の国民国家と地方自治 比較史研究』 名古屋大学出版会 1991年 〔序，5〕
山中永之佑 『日本近代国家の形成と官僚制』 弘文堂 1974年 〔序，2，5，7〕
山中永之佑 『日本近代国家の形成と村規約』 木鐸社 1975年 〔序，5〕
山中永之佑 『日本近代国家の形成と「家」制度』 日本評論社 1988年 〔序，13〕
山中永之佑 『近代日本の地方制度と名望家』 弘文堂 1990年 〔序，5〕
山中永之佑 『幕藩・維新期の国家支配と法——官僚制・兵制・村・家・婚姻を主題とする』 信山社 1991年 〔序〕
山中永之佑 『日本近代国家と地方統治 政策と法』 敬文堂 1994年 〔序，4〕
山中永之佑 『近代市制と都市名望家—大阪市を事例とする考察』 大阪大学出版会 1995年 〔序，5〕
山中永之佑 『日本近代地方自治制と国家』 弘文堂 1999年 〔序，5〕
山辺健太郎編 『現代史資料21，22』 みすず書房 1971年 〔17〕
山主政幸 『日本社会と家族法』 日本評論社 1958年 〔序〕
山室信一 『法制官僚の時代』 木鐸社 1984年 〔序〕
山室信一 『近代日本の知と政治』 木鐸社 1986年 〔序〕
山本茂 『条約改正史』 高山書院 1943年 〔1〕
由井正臣・大日方純夫校注 『日本近代思想大系３ 官僚制・警察』 岩波書店 1990年 〔7〕
由井正臣・藤原彰・吉田裕校注 『日本近代思想大系４ 軍隊兵士』 岩波書店 1989年 〔7〕
吉井蒼生夫 『近代日本の国家形成と法』 日本評論社 1996年 〔序，8〕
米原謙 『近代日本のアイデンティティと政治』 ミネルヴァ書房 2002年
臨時台湾旧慣調査会 『台湾私法１巻』 1910年 〔17〕
歴史科学協議会編 『日本現代史 体制変革のダイナミズム』 青木書店 2000年 〔終〕
我妻栄編 『戦後における民法改正の経過』 日本評論社 1956年 〔13〕
若林正丈 『台湾抗日運動史研究』 研文出版 1983年 〔17〕
渡辺治 『現代日本の支配的構造分析——基軸と周辺１』 花伝社 1988年 〔終〕
渡辺治 『「豊かな社会」日本の構造』 労働旬報社 1990年 〔終〕
渡辺洋三 『土地建物の法律制度(上)』 東京大学出版会 1960年 〔11，12〕
渡辺洋三 『法社会学研究４ 財産と法』 東京大学出版会 1973年 〔14〕
渡辺洋三 『現代法の構造』 岩波書店 1975年 〔序，14，終〕
渡辺洋三 『法を学ぶ』 岩波書店 1986年 〔終〕
渡辺洋三 『法と社会の昭和史』 岩波書店 1988年 〔序，終〕

渡辺洋三　『戦後日本の民主主義』　労働旬報社　1991年　〔終〕
渡辺洋三　『現代日本の法構造』　法律文化社　1989年（新版：1995年）〔終〕
渡辺洋三ほか　『現代日本法史』　岩波書店　1976年　〔序，終〕
渡辺洋三ほか　『現代日本法入門』　岩波書店　1981年　〔終〕

論　文

R・E・ウォード　「戦時中の対日占領計画――天皇の処遇と憲法改正」　坂本義和・R・E・ウォード編『日本占領の研究』　東京大学出版会　1987年　〔3〕
青山道夫　「民法典論争」『続近代家族法の研究（増補版）』　有斐閣　1971年　〔序〕
秋元せき　「明治地方自治制形成期における大都市参事会制の位置――京都市の事例を中心に」　日本史研究472号　2001年　〔5〕
浅古弘　「明治４年戸籍法における届出人」　早稲田大学大学院法研論集12号　1975年〔序〕
浅古弘　「戦後改革と現代法の形成」　牧英正・藤原明久編『日本法制史』　青林書院　1993年　〔終〕
浅古弘　「司法省裁判所私考」　杉山晴康編『裁判と法の歴史的展開』　敬文堂　1992年〔9〕
安達三季生　「小作調停法」　鵜飼信成ほか編　『講座日本近代法発達史７』　勁草書房　1959年　〔12〕
渥美東洋　「コミュニティ・ポリースィングについて」　警察学論集47巻９号　1994年〔7〕
天川晃　「３つ目の「偶然」――憲法制定史研究ノート」　松田保彦ほか編『国際化時代の行政と法　成田頼明先生横浜国立大学退官記念』　良書普及会　1993年　〔3〕
新井勝紘　「明治政府の憲法構想」　江村栄一編『自由民権と明治憲法』　吉川弘文館　1995年　〔3〕
新井勝紘　「自由民権運動と民権派の憲法構想」　江村栄一編『自由民権と明治憲法』　吉川弘文館　1995年　〔3〕
新井勉　「旧刑法の編纂（1）（2完）」　法学論叢98巻１号，４号　1975，76年〔序，8〕
新井勉　「明治日本における政治犯罪の裁判管轄について――司法権独立との距離を測る」　日本法学66巻２号　2000年
安藤陽子　「山県有朋の欧州視察と府県制・郡制草案の編纂問題」　中央史学８号　1985年
飯塚一幸　「日清戦後の地方制度改革――府県制郡制改正をめぐる政党と官僚」　史林79巻１号　1996年
飯塚一幸　「日清・日露戦間期の地方制度改革構想――市制町村制改正案の形成過程を中心に」　山本四郎編『日本近代国家の形成と展開』　吉川弘文館　1996年
飯塚一幸　「連合町村会の展開と郡制の成立」　日本史研究326号　1998年　〔序〕
家永三郎　「天皇大権行使の法史学的一考察」『刀差す身の情けなさ』　中央大学出版部　1985年　〔7〕
池島宏幸　「日本における企業法の形成と展開――20世紀初頭，第一次世界大戦前後を

中心として」 高柳信一・藤田勇編『資本主義法の形成と展開３』 東京大学出版会 1973年 〔14〕
池田恒男 「日本民法の展開(１) 民法典の改正――全三篇（戦後改正による「私権」規程挿入の意義の検討を中心として)」 広中俊雄・星野英一編『民法典の百年』 有斐閣 1998年 〔11〕
井ヶ田良治 「民法典論争の法思想的構造」 思想493号，506号 1966，67年 〔序〕
井ヶ田良治 「明治民法と女性の権利」 女性史総合研究会編『日本女性史４巻 近代』 東京大学出版会 1982年 〔13〕
石田眞 「末弘法学論――戦前戦中における末弘厳太郎の軌跡」 法律時報60巻11号 1988年 〔18〕
石原修 「女工と結核」 籠山京編集解説『生活古典叢書⑤女工と結核』 光生館 1970年（初出：国家医学会 1914）〔15〕
磯野誠一 「民法改正」 鵜飼信成ほか編『講座日本近代法発達史２』 勁草書房 1958年 〔序，13〕
磯野誠一 「明治民法の変遷」 中川善之助ほか編『家族問題と家族法１ 家族』 酒井書店 1957年 〔13〕
伊東巳代治 「軍令と軍政」 小林龍夫編『伊東家文書 翠雨荘日記』 原書房 1966年 〔7〕
伊藤すみ子 「ロエスレル商法草案の立法史的意義について」『石井先生還暦祝賀 法制史論集』 創文社 1976年 〔14〕
伊藤孝夫 「明治初期担保法に関する一考察」 法学論叢128巻４～６号 1991年 〔序〕
伊藤孝夫 「治安警察法第17条問題(１)(２完)」 法学論叢129巻４号，５号 1991年 〔序〕
伊藤孝夫 「借地法・借家法」 日本近代法制史研究会編『日本近代法120講』 法律文化社 1992年 〔序〕
猪飼隆明 「第１回帝国議会選挙と人民の闘争」 史林57巻１号 1974年 〔序〕
岩井忠熊 「帝国憲法体制の崩壊――内閣官制・公式令・軍令をめぐって」 岩井忠熊編『近代日本社会と天皇制』 柏書房 1988年 〔7〕
岩井忠熊 「軍事・警察機構の確立」『岩波講座日本歴史15 近代２』 岩波書店 1976年 〔7〕
岩谷十郎 「二つの仏文刑法草案とボアソナード」 法学研究64巻１号 1991年 〔8〕
岩谷十郎 「明治期司法官の近代法適用をめぐる逡巡」 杉山晴康編 『裁判と法の歴史的展開』 敬文堂 1992年 〔序〕
岩谷十郎 「訓令を仰ぐ大審院――明治12年代の司法権」 法学研究66巻８号 1993年 〔9〕
岩谷十郎 「明治時代の罪と罰」 水林彪ほか編『法社会史』 山川出版社 2001年 〔10，8〕
岩村等 「勧解」 日本近代法制史研究会編『日本近代法120講』 法律文化社 1992年 〔序〕
岩村等 「内済・勧解・調停――水利の場合について」 法の科学４号 1976年 〔10〕
植木枝盛 「市町村制『土陽新聞』(明治21年５月２～10日)」 海野福寿・大島美津子校

注『日本近代思想大系20　家と村』 岩波書店　1989年 〔5〕
潮見俊隆 「日本の司法制度改革」 東京大学社会科学研究所編『戦後改革4　司法改革』 東京大学出版会　1975年 〔9〕
氏原正治郎 「戦時労働論覚書」 東京大学社会科学研究所編『戦後改革5　労働改革』 東京大学出版会　1974年 〔15〕
内川芳美 「新聞紙法の制定過程とその特質」 東京大学新聞研究所紀要5号　1956年 〔8〕
宇野文重 「廃戸主判決に見る「家」の近代化と戸主権保護――熊本・福岡地裁廃戸主判決の分析から」 九大法学79号　2000年
海後宗臣 「教育法」 鵜飼信成ほか編『講座日本近代法発達史1』 勁草書房　1958年 〔6〕
江村栄一 「幕末明治前期の憲法構想」 江村栄一校注『日本近代思想大系9　憲法構想』 岩波書店　1989年 〔3〕
大河純夫 「旧利息制限法成立史序説」 立命館法学4号，5号，6号　1975年 〔11〕
大國仁 「行政警察活動と犯罪捜査」 ジュリスト増刊『刑事訴訟法の争点』 有斐閣　1991年 〔7〕
大久保泰甫 「民法典と日本社会」 法律時報877号　1999年 〔11〕
大島美津子 「地方制度（法体制確立期）」 鵜飼信成ほか編『講座日本近代法発達史8』 勁草書房　1959年 〔序〕
大竹秀男 「日本近代化始動期の家族法」 家族史研究4号　1981年 〔序〕
奥平康弘 「検閲制度」 鵜飼信成ほか編『講座日本近代法発達史11』 勁草書房　1967年 〔8〕
奥平康弘 「美濃部達吉」 潮見俊隆・利谷信義編著『日本の法学者』 日本評論社　1974年 〔18〕
奥平康弘 「治安維持法の歴史」 季刊現代法7　1976年 〔序〕
奥平康弘 「日本出版警察法制の歴史的研究序説（1）～（7）」 法律時報39巻4号～10号　1967年 〔8〕
奥村弘 「「大区小区制」期の地方行財政制度の展開――兵庫県赤穂郡を中心として」 日本史研究258号　1984年 〔序〕
奥村弘 「近代国家形成期における地域社会把握の方法について――水林彪氏の研究を手掛りとして」 日本史研究326号　1989年
奥村弘 「三新法下における府県会の特質について」 神戸大学文学部紀要27号　2000年
奥村弘・居石正和 「市制町村制・府県制・郡制の成立過程について」 山中永之佑ほか編『近代日本地方自治立法資料集成2〔明治中期編〕』 弘文堂　1994年 〔序〕
小沢隆司 「「在野の法学者」馬場辰猪――「福沢諭吉の影」の下に」 福沢諭吉年鑑27　2000年 〔18〕
小田中聰樹 「滝川幸辰」 潮見俊隆・利谷信義編著『日本の法学者』 日本評論社　1974年 〔18〕
小田中聰樹 「明治憲法下の刑事手続」 法学教室121号　1990年 〔10〕
大日方純夫 「日本近代警察の確立過程とその思想」 由井正臣・大日方純夫校注『日本近代思想大系3　官僚制　警察』 岩波書店　1990年 〔7〕

居石正和 「三新法体制期の府県会制度――府県会の予算議定権を中心として」 同志社法学35巻４号 1984年
居石正和 「府県会規則第７条（建議権）改正問題をめぐって――我が国における「法治国」の形成」 法制史研究38号 1988年
居石正和 「明治地方制度の成立とその特徴（１）――府県制の成立過程を中心に」 島大法学38巻１号 1994年
居石正和 「明治地方制度の成立とその特徴（２）――モッセの自治論を中心に」 島大法学38巻４号 1995年
居石正和 「明治地方制度の成立とその特徴（３）――府県制内閣原案をめぐる論争」 島大法学39号４号 1996年
居石正和 「府県制の編纂とロエスレル氏府県制郡制論」 島大法学40号４号 1997年
居石正和 「明治地方制度の成立とその特徴（４）――府県制草案へのロエスレルの批判」 同志社法学49巻５号 1998年
甲斐道太郎 「日本における所有権思想の変遷――土地所有権を中心として」 甲斐道太郎・稲本洋之助ほか 『所有権思想の歴史』 有斐閣 1979年 〔**12**〕
戒能通孝 「戦前における治安立法体系」 法律時報臨時増刊「治安立法――その過去と現在」 1958年 〔**8**〕
香西茂 「幕末開国期における国際法の導入」 法学論叢97巻５号 1975年 〔**1**〕
加藤美穂子 「庶子制度からみた明治前期の法政策」 福島正夫編『家族　政策と法６　近代日本の家族政策と法』 東京大学出版会 1984年 〔**13**〕
金沢史男 「両税委譲論展開過程の研究」 社会法学研究3611 1984年 〔**4**〕
金沢良雄 「産業法（法体制再編期）」 鵜飼信成ほか編『講座日本近代法発達史４』 勁草書房 1958年 〔**14**〕
川島武宜 「法律ジャーナリズムの元祖」 昭和の法と法学（法律時報創刊50周年記念臨時増刊） 1978年 〔**18**〕
川島武宜・利谷信義 「民法（上）」 鵜飼信成ほか編『講座日本近代法発達史５』 勁草書房 1958年 〔**13**〕
神田文人 「明治憲法体制における天皇・行政権・統帥権」 日本史研究320号 1989年〔序，**7**〕
菊山正明 「江藤新平の司法改革構想と司法省の創設」 早稲田法学63巻４号 1988年〔序〕
菊山正明 「江藤新平の司法改革」 法制史研究39号 1989年 〔序〕
菊山正明 「明治八年の司法改革」 早稲田法学66巻１号 1990年 〔序〕
北沢正啓 「株式会社の所有・経営・支配」 矢沢惇編『岩波講座現代法９　現代法と企業』 岩波書店 1966年 〔**14**〕
楠精一郎 「裁判所構成法小考」 中村勝範編『近代日本政治の諸相』 慶應通信 1989年 〔**9**〕
久保田穣 「明治司法制度の形成・確立と司法官僚制」 利谷信義ほか編『法における近代と現代』 日本評論社 1993年 〔**9**〕
熊谷開作 「商法典論争史序説」 松山商科大学商経研究会編『星野通博士退職記念論集　法史学及び法学の諸問題』 日本評論社 1967年 〔**1**，**14**〕
クリスチャン・ヴォルシュレーガー〔佐藤岩夫訳〕「民事訴訟の比較歴史分析――司法

統計からみた日本の法文化(1)(2)」 大阪市立大学法学雑誌48巻2号，3号 2001年 〔*10*〕
後藤正人 「自由民権運動と法」 長谷川正安・渡辺洋三・藤田勇編『講座革命と法3 市民革命と日本法』 日本評論社 1993年 〔序〕
小柳春一郎 「穂積陳重と旧民法——『民法原理』講義に」 法制史研究31号 1981年〔序〕
小柳春一郎 「穂積陳重と旧民法」 法制史研究31号 1982年 〔序〕
小柳春一郎 「穂積陳重と賃借権」 山梨大学教育学部研究報告33号 1982年 〔序〕
小柳春一郎 「明治憲法下における会計制度の形成——剰余金支出の問題を中心に」 近代日本研究会『年報近代日本研究8 官僚制の形成と展開』 山川出版社 1986年〔*4*〕
小柳春一郎 「旧民法編纂過程における賃借権論争」 法学政治学論究8号 1991年〔序〕
小山博也 「条約改正（法体制確立期）」 鵜飼信成ほか編 『講座日本近代法発達史2』 勁草書房 1958年 〔*1*〕
近藤佳代子 「明治民法施行前の廃戸主制度と『家』」 阪大法学 1980年 〔序，*13*〕
近藤佳代子 「民法改正要綱における廃戸主制度とその意味」 日本近代法制史研究会編『日本近代国家の法構造』 木鐸社 1983年 〔*13*〕
近藤佳代子 「民法典編纂過程における夫婦財産関係」 法制史研究39号 1990年〔*13*〕
近藤佳代子 「近代の「家」——「家」の論理と商品交換法の論理との交錯」 利谷信義・吉井蒼生夫・水林彪編『法における近代と現代』 日本評論社 1993年 〔*13*〕
坂井雄吉 「明治地方制度とフランス——井上毅の立法意見を手がかりとして」 日本政治学会編『年報政治学——近代日本政治における中央と地方』 岩波書店 1984年
繁田実造 「改正刑法草案と改正刑法仮案との連続性」 法律時報臨時増刊「改正刑法草案の総合的検討」 1975年 〔*8*〕
柴田紳一 「帝国憲法第67条施行法（会計法補足）制定問題と井上馨」 悟陰文庫研究会編『明治国家形成と井上馨』 木鐸社 1992年 〔*4*〕
芝原拓自 「対外観とナショナリズム」 芝原拓自・猪飼隆明・池田正博校注『日本近代思想大系12 対外観』 岩波書店 1988年 〔*1*〕
島田尚武 「『地域安全活動』とは？」 警察学論集47巻9号 1994年 〔*7*〕
島田邦二郎 「立憲制体改革の急務」 江村栄一校注『日本近代思想大系9 憲法構想』 岩波書店 1989年 〔*5*〕
清水誠 「高木益太郎」 潮見俊隆編著『日本の弁護士（法学セミナー増刊）』 日本評論社 1972年 〔*18*〕
白石玲子 「民法編纂過程における女戸主の地位と入夫昏—『家』」 法制史研究32号 1982年 〔序〕
末弘厳太郎 「土地法総合的研究の必要」 末弘厳太郎『民法雑記帳(上)』 日本評論社 1953年 〔*12*〕
菅原菊志 「学説100年史・商法——商法一般・商行為」 ジュリスト400号 1968年〔*18*〕
鈴江英一 「大区小区制下の村について——「旧村埋没」論をめぐる研究史の整理と克

服のために」 史学62巻1，2号　1992年
住友陽文「公民・名誉職理念と行政村の構造――明治中後期日本の一地域を事例に」歴史学研究713号　1998年
瀬川信久「梅・富井の民法解釈方法論と法思想」北大法学論集41巻5・6号　1991年〔18〕
高木鉦作「都市計画法」鵜飼信成ほか編『講座日本近代法発達史9』勁草書房　1960年〔12〕
高倉史人「明治44(1911)年商法改正の意義――罰則規定の改正を中心に」法制史研究46号　1996年〔序，14〕
高倉史人「商法典の成立」ジュリスト1155号　有斐閣　1999年〔序〕
高倉史人「昭和25年(1950)商法改正の意義と位置づけに関する一考察――株主の権利・地位の強化を中心に」国際公共政策研究6巻6号　2001年〔14〕
髙橋良彰「取引社会と紛争解決」水林彪ほか編『法社会史』山川出版社　2001年〔10〕
高柳真三「法典の成立」開国百年記念文化事業会編『明治文化史論集』乾元社　1952年〔序〕
滝口剛「地方行政協議会と戦時業務――東條・小磯内閣の内務行政1～3」阪大法学50巻3号，50巻5号，51巻1号　2000，2001年〔序〕
田口昌樹「明治44年市制改正に関する一考察――市制改正と市政改革」中京大学大学院法学研究論集15号　1995年〔序〕
田口昌樹「明治21年市制における執行機関」中京大学大学院法学研究論集16号　1996年〔序〕
田口昌樹「明治21年市制と執行機関――名古屋市を事例として」同志社法学49巻5号　1998年
竹前栄治「占領とGHQ」竹前栄治・中村隆英『GHQ日本占領史1巻　GHQ日本占領序説』日本図書センター　1996年〔3〕
田島昇「大区小区制と区会議について」近代史研究6号　1983年
田中亜紀子「明治33年感化法に関する一考察」阪大法学198号　1999年
田中英夫「憲法制定をめぐる2つの法文化の衝突」坂本義和・R・E・ウォード編『日本占領の研究』東京大学出版会　1987年〔3〕
出口雄一「ＧＨＱの司法改革構想から見た占領期法継受――戦後日本法史におけるアメリカ法の影響に関連して」法学政治学論究44号　2001年〔10〕
出口雄一「ＧＨＱの司法改革構想と国民の司法参加――占領期法継受における陪審制度復活論」法学政治学論究49号　2001年〔終〕
遠山茂樹「民法典論争の政治学的考察」法学志林49巻1号　1951年〔序〕
利谷信義「「家」制度の構造と機能――「家」をめぐる財産関係の考察」社会科学研究13巻2・3号合併号，4号　1961年〔序，13〕
利谷信義「日本資本主義と法学エリート(1)(2)――明治期の法学教育と官僚養成」思想493号，496号　1965年〔序，9，18〕
利谷信義「明治民法における『家』と相続」社会科学研究23巻1号　1971年〔序，13〕
利谷信義「明治前期の法思想と裁判制度」利谷信義編『法学文献研究5　法と裁判』

学陽書房　1972年〔序，10〕
利谷信義「戦前の法社会学」川島武宜編『法社会学講座２　法社会学の現状』1972年〔18〕
利谷信義「伝統社会とその近代化，日本２明治以後」川島武宜編『法社会学講座９・歴史・文化と法１』岩波書店　1973年〔序〕
利谷信義「近代法体系の成立」『岩波講座日本歴史16近代３』岩波書店　1976年〔序，1〕
利谷信義「明治憲法体制と天皇——大正政変前後を中心として」法学新報83巻11．12．13（合併）号　1977年〔序，2〕
利谷信義「条約改正と陪審制度」社会科学研究33巻５号　1981年〔序〕
利谷信義「天皇制法体制と陪審制度論」日本近代法制史研究会編『日本近代国家の法構造』木鐸社　1983年〔序，9，10〕
利谷信義「戦時体制と家族——国家総動員体制における家族政策と家族法」福島正夫編『家族　政策と法６』東京大学出版会　1984年〔15〕
利谷信義・本間重紀「天皇制国家機構・法体制の再編——1910～20年代における一断面」原秀三郎ほか編『大系日本国家史５近代Ⅱ』東京大学出版会　1976年〔序，2，13〕
利谷信義・水林彪「近代日本における会社法の形成」高柳信一・藤田勇編『資本主義法の形成と展開３』東京大学出版会　1973年〔14〕
利谷信義・渡辺洋三「日本資本主義経済と法」渡辺洋三編『岩波講座現代法７　現代法と経済』岩波書店　1966年〔序，14，終〕
内藤謙「日本における『古典学派』刑法理論の形成過程」法学協会編『法学協会百周年記念論文集2巻』有斐閣　1983年〔8，18〕
内藤謙「日本における『古典学派』刑法理論と立法問題」創価法学21巻２・３合併号　1992年〔8〕
内藤正中「自由民権運動と府県会(１)(２)」島大経済論叢87巻１号，４号　1961年
長井純市「山県有朋と地方制度確立事業——明治21年の洋行を中心として」史学雑誌第100編４号　1991年
中尾敏充「1896（明治29年）営業税法の制定と税務管理局官制」近畿大学法学39巻１．２合併号　1990年〔4〕
中野目徹「明治太政官期の内閣書記官」国立公文書館報26号　1994年
中野目徹「明治12年の太政官制改革——「官符原案」を手がかりとして」日本歴史586号　1997年
中村哲「植民地法」鵜飼信成ほか編『講座日本近代法発達史５』勁草書房　1958年〔序，17〕
中村英郎「近代的司法制度の成立と外国法の影響」早稲田法学42巻１・２号合併号　1966年〔序〕
中山研一「牧野英一の刑法理論」吉川経夫ほか編著『刑法理論史の総合的研究』日本評論社　1994年〔18〕
成田憲彦「日本国憲法と国会」内田健三・金原左門・古屋哲夫編『日本議会史録４』第一法規出版　1990年〔2〕
西原春夫「刑法制定史にあらわれた明治維新の性格」比較法学３巻１号　1967年

二宮尊徳 「二宮翁夜話」 奈良本辰也・中井信彦校注『日本思想大系52巻 二宮尊徳・大原幽学』 岩波書店 1973年 〔5〕
丹羽邦男 「地租改正と財政機構の確立」 福島正夫編『日本近代法体制の形成(下)』 日本評論社 1982年 〔4〕
丹羽邦男 「明治政府勧解制度の経済史上の役割」 神奈川大学商経論叢30巻１号 1994年 〔10〕
丹羽邦男・福島正夫 「土地に関する民事法令の形成」 福島正夫編『日本近代法体制の形成(下)』 日本評論社 1982年 〔12〕
橋本誠一 「小作調停法」 日本近代法制史研究会編『日本近代法120講』 法律文化社 1992年 〔序〕
橋本誠一 「1899（明治22）年土地収用法の立法過程(１)(２完)」 静岡大学法経研究39巻３号，40巻３．４合併号 1990・92年 〔12〕
長谷川正安・利谷信義 「日本近代法史」 伊藤正己編『岩波講座近代法14 外国法と日本法』 岩波書店 1961年 〔序，14〕
林真貴子 「勧解制度消滅の経緯とその論理」 阪大法学46巻１号 1996年 〔序〕
林真貴子 「紛争解決制度形成過程における勧解前置の役割」 阪大法学46巻６号 1997年 〔10〕
林真貴子 「勧解から督促手続への変化」 法制史研究48号 1998年 〔序〕
原禎司 「明治初期の進退制度に関する若干の考察」 法学政治学論究６号 1990年〔9〕
原田久美子 「明治14年の地方議会と人民の動向――京都府の場合」 日本史研究57号 1961年
原野翹 「現代警察法における治安と人権」 杉村敏正ほか『治安と人権』 岩波書店 1984年 〔7〕
播磨信義 「日本国憲法制定過程における『日本国民の自由に表明せる意思』――その２ 憲法審議・採択の方法を中心に」 山口大学教育学部研究論叢（人文科学・社会科学）32巻第１部 1983年 〔3〕
坂野潤治 「明治立憲制の３つの選択――超然主義，政党内閣主義，議会主義」 思想 1986・12年 〔2〕
平野武 「憲法の制定」 福島正夫編 『日本近代法体制の形成(下)』 日本評論社 1982年 〔1〕
広瀬和子 「『国際社会の変動と国際法の一般化――19世紀後半における東洋諸国の国際社会への加入過程の法社会学的分析」 寺沢一ほか編 『国際法学の再構築(下)』 東京大学出版会 1978年 〔1〕
広浜嘉雄 「法律教育の基礎的一考察」 法律時報４巻２号 1932年 〔18〕
福沢諭吉 「分権論，通俗民権論」 慶応義塾編『福沢諭吉全集４巻』 岩波書店 1959年 〔5〕
福沢諭吉 「国家難局の由来」「地租論」 慶応義塾編『福沢諭吉全集６巻』 岩波書店 1959年 〔5〕
福島正夫 「近・現代」 北島正元編 『土地制度史Ⅱ』 山川出版社 1975年〔序，12〕
福島正夫 「軍事機構の建設」 福島正夫編『日本近代法体制の形成(上)』 日本評論社

1981年 〔序，7〕
福島正夫 「地租改正と財政機構の確立」 福島正夫編『日本近代法体制の形成(下)』日本評論社 1982年 〔12〕
福島正夫 「旧登記法の制定とその意義」 日本司法書士会連合会編『不動産登記制度の歴史と展望』 有斐閣 1986年 〔12〕
福島正夫 「明治初年における西欧法の継受と日本の法と法学」 福島正夫『福島正夫著作集１巻』 勁草書房 1993年 〔18〕
福島正夫・徳田良治 「明治初年の町村会」 明治史料研究連絡会編『地租改正と地方自治制』 御茶の水書房 1956年 〔序〕
福島正夫・利谷信義 「明治以後の戸籍制度の発達」 中川善之助ほか編『家族問題と家族法７』 酒井書店 1957年 〔序，13〕
福島正夫・拝司静夫 「金融法（法体制確立期）」 鵜飼信成ほか編『講座日本近代法発達史６』 勁草書房 1959年 〔14〕
藤田正 「旧刑法の編纂におけるボアソナードの役割」 北海学園大学学園論集72号 1992年 〔序，8〕
藤原明久 「明治初期における土地担保法の形成――明治６年『地所質入書入規制』を中心にして」 神戸法学雑誌25巻１．２合併号 1975年
藤原明久 「明治６年における京都府と京都裁判所との権限争議(上)(下)」 神戸法学雑誌38巻３号，４号 1984年 〔9〕
藤原明久 「明治15年の条約改正予備会議と日本裁判権の地位 (上)(下)」 神戸法学雑誌38巻２号，３号 1988年 〔1〕
藤原明久 「条約改正会議と裁判管轄条約案の成立 (上)(中)(下)」 神戸法学雑誌40巻２号，41巻３号 1990・1991年 〔1〕
藤原明久 「大隈外相の条約改正交渉と日本裁判権の構成 (上)(中)(下)」 神戸法学雑誌43巻２号，44巻１号，２号 1993.1994年 〔1〕
ヘイリー・渥美東洋 「《対談》コミュニティ・ポリ―スィングと警察」 警察学論集47巻３号 1994年 〔7〕
星野英一 「日本民法典に与えたフランス民法の影響 総論（人―物）」 星野英一『民法論集１』 有斐閣 1970年 〔序〕
星野英一 「『民法講義』など」 星野英一『民法論集４巻』 有斐閣 1978年 〔18〕
星野英一 「日本民法学史(１)～(４)」 法学教室８～11号 1981年 〔序〕
星野通 「民法制定以後の婚姻法」 中川善之助ほか編『家族問題と家族法２』 酒井書店 1957年 〔序〕
堀田暁生 「大阪市の成立と大阪市参事会」 大阪市公文書館研究紀要６号 1994年
穂積八束 「国家的民法」「公用物及民法」 穂積重威編『穂積八束博士論文集』 有斐閣 1943年 〔11〕
前田正治 「明治初年の相続法」 中川善之助ほか編『家族問題と家族法６』 酒井書店 1961年 〔序〕
牧健二 「明治８年民事裁判の原則」 法学論叢17巻２号 1927年 〔11〕
増田知子 「政党内閣と枢密院」 年報近代日本研究６ 1984年 〔2〕
増田知子 「明治立憲制と天皇」 社会科学研究41巻４号 1989年 〔2〕
増田知子 「斎藤実挙国一致内閣論」 坂野潤治ほか編『シリーズ日本近現代史３ 現代

社会への転形』 岩波書店　1993年 〔2〕
松井芳郎 「条約改正」 福島正夫編『日本近代法体制の形成(下)』 日本評論社　1982年 〔1, 16〕
松尾章一 「明治政府の法学教育――明法寮と司法省法学校の史料を中心として」 法学志林64巻3．4合併号　1967年 〔序〕
三阪佳弘 「明治9・10年の裁判所機構改革」 法制史研究38号　1989年 〔9〕
三阪佳弘 「近代日本の司法省と裁判官(1)」 龍谷法学29巻1号　1996年 〔9〕
水野直樹「戦時期の植民地支配と『内外地行政一元化』」人文学報79号　1997年 〔序〕
水林彪 「日本近代土地法制の成立」 法学協会雑誌89巻11号　1972年 〔序〕
水林彪 「新律綱領・改定律例の世界」 石井紫郎・水林彪校注『日本近代思想大系7　法と秩序』 岩波書店　1992年 〔10, 8〕
水林彪 「近代日本における民事と商事」 石井三記ほか編『近代法の再定位』 創文社　2001年 〔11〕
三井誠 「検察官の起訴猶予裁量――その歴史的及び実証的研究(一)」 法学協会雑誌89巻9号, 10号　1970年 〔10〕
宮内裕 「治安警察法序説(3)」 法学論叢80巻5号　1967年 〔8〕
宮負定雄 「民家要術」 芳賀登・松本三之介校注『日本思想大系51巻　国学運動の思想』 岩波書店　1971年 〔5〕
向井健 「会社法草案の編纂始期――明治初期商法編纂史の一齣」 法制史研究22号　1972年 〔14〕
向井健 「民法典の編纂」 福島正夫編『日本近代法体制の形成(下)』 日本評論社　1982年 〔序〕
向井健・利谷信義 「明治前期における民法典編纂の経過と問題点」 法典編纂史の基本的諸問題・法制史研究14号別冊　1963年 〔序〕
村上一博 「旧民法公布（明治22年）以前の離婚判決と『破綻主義』――大阪上等・控訴裁判所および同控訴院の判決を中心として」 神戸法学雑誌39巻4号　1990年
茂木陽一 「大区小区制下における町村の位置について」 社会経済史学52巻2号　1986年 〔序〕
泉二新熊 「刑法改正仮案の眼目」 岩切登編纂『泉二新熊伝』 中央出版社　1955年 〔8〕
森邊成一 「1920年代における自作農創設維持政策と小作立法の展開過程(1)～(5完)」 法政論集（名古屋大学）111．113．115～117号　1986～87年 〔序〕
安川寿之輔 「学校教育と富国強兵」『岩波講座日本歴史15　近代2』 岩波書店　1976年 〔6〕
安田浩 「近代天皇制国家試論」 藤田勇編『権威的秩序と国家』 東京大学出版会　1987年 〔2〕
矢野達雄 「労働争議調停法」 日本近代法制史研究会『日本近代法120講』 法律文化社　1992年 〔序〕
矢野達雄 「資本主義と『家』の構造的連関」 阪大法学42巻2．3合併号(下)　1992年 〔序〕
山中至 「明治前期における裁判離婚法の一研究――妻の保護とくに離婚意思の保護の立場から」 法政研究48巻2号　1981年

山中永之佑　「箕作麟祥」　潮見俊隆・利谷信義編著『日本の法学者』　日本評論社　1974年　〔18〕
山中永之佑　「日本帝国主義国家体制の形成と町村制度――兵庫県伊丹地方の町村行財政を事例とする一試論」　大阪歴史学会編『近代大阪の歴史的展開』　吉川弘文館　1976年　〔序〕
山中永之佑　「教育制度」　福島正夫編『日本近代法体制の形成(上)』　日本評論社　1981年　〔序，6〕
山中永之佑「『韓国併合』と皇族・華族制度の変容――『一九一〇年体制論』の意義」　阪大法学63巻3・4号　2013年　〔序〕
山中永之佑　「現代土地法の歴史的位置づけ――戦前日本の土地改革と土地法」　渡辺洋三・稲本洋之助編『現代土地法の研究(上)』　岩波書店　1982年　〔序〕
山中永之佑　「内閣制度の形成と展開」　日本行政学会編『年報行政研究21　内閣制度の研究』　ぎょうせい　1987年　〔序〕
山中永之佑　「明治前期における地方制度の展開――幕藩体制下の村から明治17年の改正まで」　山中永之佑ほか編『近代日本地方自治立法資料集成1〔明治前期編〕』　弘文堂　1991年　〔序〕
山中永之佑　「明治40年内閣官制の改定と軍令」　杉山晴康編『裁判と法の歴史的展開』　敬文堂　1992年　〔序，7〕
山中永之佑　「大日本帝国憲法の制定と地方自治制」　山中永之佑ほか編『近代日本地方自治立法資料集成2〔明治中期編〕』　弘文堂　1994年　〔序〕
山中永之佑　「普選・治安維持法体制の形成と地方自治制」　山中永之佑ほか編『近代日本地方自治立法資料集成4〔大正期編〕』　弘文堂　1996年　〔序〕
山中永之佑　「ファシズム法体制の成立と地方自治制」　山中永之佑ほか編『近代日本地方自治立法資料集成5〔昭和前期編〕』　弘文堂　1998年　〔序〕
山中永之佑　「大阪都市圏における近代市民的権利意識に関する一試論――講員たちの「権利のための闘争」」　宇田正・畠山秀樹編『歴史都市圏大阪への新接近』　嵯峨野書院　2001年
山中永之佑・向井健・利谷信義　「戦後における明治家族法史研究の問題点（学会動向)」　法制史研究13号　1963年　〔序〕
山畠正男　「明治民法以後の離婚法」　中川善之助ほか編『家族問題と家族法3』　酒井書店　1958年
山室信一　「知の回廊――近代世界における思想連鎖の一前提」　溝部英章ほか『近代日本の意味を問う』　木鐸社　1992年　〔18〕
山本秋　「法律時報創刊前後のこと」　昭和の法と法学（法律時報創刊50周年記念臨時増刊）　1978年　〔18〕
由井正臣　「日本帝国主義成立期の軍部」　原秀三郎ほか編『大系日本国家史5　近代Ⅱ』　東京大学出版会　1976年　〔序，7〕
横山晃一郎　「刑罰・治安機構の整備」　福島正夫編著『日本近代法体制の形成(上)』　日本評論社　1981年　〔7，9，10〕
吉井蒼生夫　「中央権力機構の形成」　福島正夫編『日本近代法体制の形成(上)』　日本評論社　1981年　〔序，2〕
吉井蒼生夫　「大正デモクラシーと法」　長谷川正安ほか編『講座革命と法3　市民革命

と日本法』 日本評論社 1994年 〔序, 2, 8〕
吉井蒼生夫 「現行刑法の制定とその意義」 杉山晴康編『裁判と法の歴史的展開』 敬文堂 1992年 〔序, 8〕
吉井蒼生夫 「近代日本における西欧型刑法の成立と展開——立法過程からみた一考察」 利谷信義・吉井蒼生夫・水林彪編『法における近代と現代』 日本評論社 1993年 〔8〕
吉井蒼生夫 「小野梓の法思想, 近代日本における西欧型刑法の成立と展開」 吉井蒼生夫『近代日本の国家形成と法』 日本評論社 1996年 〔18〕
吉井蒼生夫 「旧刑法の制定と『皇室ニ対スル罪』」 神奈川法学13巻3号 1997年 〔序〕
依田精一 「戦後家族制度改革の歴史的性格」 福島正夫編『家族 政策と法1 総論』 東京大学出版会 1975年 〔13〕
渡辺治 「1920年代における天皇制国家の治安法制再編成をめぐって——治安維持法成立史論」 社会科学研究27巻5・6号合併号 1976年 〔序, 8〕
渡辺治 「天皇制国家秩序の歴史的研究序説——大逆罪・不敬罪を素材として」 社会科学研究30巻5号 1979年 〔8〕
渡辺治 「現代警察とそのイデオロギー」 講座現代資本主義国家編集委員会編 『講座現代資本主義国家2 現代日本の国家構造』 大月書店 1980年 〔7〕
渡辺治 「時代の概観と革新的法律学の課題・総論」 法律時報60巻11号 1988年 〔18〕
渡辺治 「総論」 坂野潤治ほか編『シリーズ日本近代史4 戦後改革と現代社会の形成』 岩波書店 1994年 〔終〕
渡辺洋三 「日本ファシズム法体制・総論」 東京大学社会科学研究所編『ファシズム期の国家と社会4 戦時日本の法体制』 東京大学出版会 1979年 〔序, 14〕